Dmitri Wolkogonow

Triumph und Tragödie

Politisches Porträt des

J. W. STALIN

Band 2/2

Dmitri Wolkogonow

Triumph und Tragödie

Politisches Porträt des J.W.STALIN

In zwei Bänden

Band 2/2

Brandenburgisches
Verlagshaus

Originaltitel: Д. А. Волкогонов
Триумф и трагедия.
Политический портрет И. В. Сталина.
Книга 2, часть 2.

Der Autor dankt allen Genossen herzlich, die ihm bei der Vorbereitung des Buches uneigennützig geholfen haben, insbesondere A. P. Balaschow, F. D. Bobkow, N. G. Fokina, I. J. Jefimow, I. P. Kalinina, B. I. Kaptelow, J. I. Korabljow, M. N. Sujew, G. G. Tschornobrowkin, G. A. Wolkogonowa und I. J. Wyrodow.

Deutsch von Hartwig *Eisel* und *Intertext Fremdsprachendienst e. G.*

Fotos aus dem Zentralen Staatsarchiv für Film- und Fotodokumente der UdSSR,
dem Zentralen Revolutionsmuseum der UdSSR,
der Staatsbibliothek der UdSSR «W. I. Lenin»,
dem Archiv von APN und des APN-Verlages
und aus persönlichen Archiven sowie von J. Chalip, D. Debabow, P. Simonow und A. Wologodski.

Volkogonov, Dmitrij Antonovič:
Triumph und Tragödie : Politisches Porträt des J. W. Stalin :
In zwei Bänden: Band 2/2 / von Dmitri A. Wolkogonow. –
1. Aufl. – Berlin : Brandenburg. Verlagsh.,
1990. – 256 S.: 52 Abb.
Übers. aus d. Russ.

ISBN *für Gesamtausgabe* 3-327-01037-4
ISBN *für Gesamtband 1* 3-327-01038-2
ISBN *für Band 1/1* 3-327-01040-4
ISBN *für Band 1/2* 3-327-01041-2
ISBN *für Gesamtband 2* 3-327-01039-0
ISBN *für Band 2/1* 3-327-01042-0
ISBN *für Band 2/2* 3-327-01043-9

1. Auflage, 1990

Printed in the German Democratic Republic
Lichtsatz: Interdruck GmbH Leipzig
Druck und buchbinderische Verarbeitung: Druckhaus Schöneweide
Lektor: Hartwig Eisel, Benno Götzke, Siegfried Jaeger
Typographie: Ingeburg Zoschke
Einbandgestaltung: Günter Hennersdorf
Redaktionsschluß: 14. Juni 1990
Bestellnummer: 747 402 7 Forts.-Nr. 931

Inhalt

Kapitel 4

Die grausamste Tyrannei ist diejenige,
die im Schatten der Legalität
und unter der Flagge der Gerechtigkeit auftritt.

Ch. Montesquieu

Auf dem Höhepunkt des Kultes

Am 9. Mai überbrachte man Stalin das Stenogramm von der Unterzeichnungszeremonie der Urkunde über die bedingungslose Kapitulation des faschistischen Deutschlands. Dem Text nach zu urteilen war alles schnell über die Bühne gegangen. Obwohl es da doch eine kleine Stockung gegeben haben mußte. Deswegen hatte ihn Serow aus Berlin angerufen, und dann hatte auch Berija Meldung erstattet. Nach ihren Worten war bei der Unterzeichnungszeremonie eine zwei- bis dreistündige Verzögerung eingetreten «aus Gründen fahrlässigen Verhaltens des Mitarbeiters des Volkskommissariats für Auswärtige Angelegenheiten, Botschafter Smirnow, der im Text über die Kapitulation der Deutschen, der ihm aus Moskau übermittelt worden war, vier Zeilen ausgelassen hat. Die Alliierten haben das bemerkt und sich geweigert zu unterzeichnen. Nach einem Vergleich mit unserem authentischen Text wurden die ausgelassenen Stellen hinzugefügt, und der Text des Kapitulationsdokuments erregte keine Einwände mehr.»[1] Stalin war damals von der permanenten Schlampigkeit peinlich berührt, die uns allerorten begleitet.

Bei der Lektüre des Stenogramms war der Oberste Befehlshaber bemüht, sich gedanklich die Atmosphäre vorzustellen, in der die Unterzeichnung der Kapitulationsurkunde vor sich gegangen war. So ein langer und schrecklicher Krieg und so ein kurzes Ende! Shukows letzte Worte als Leiter des Unterzeichnungsaktes erschienen Stalin allzu prosaisch: «Ich beglückwünsche Luftmarschall Tedder, den Generaloberst der amerikanischen Armee Spaatz und den Oberkommandierenden der französischen Armee, General de Lattre de Tassigny, zum siegreichen Ende des Krieges gegen Deutschland.»[2] Welch gewöhnlicher, alltäglicher Abschluß! Eigentlich war ja die Sache noch nicht zu Ende gebracht. Noch stand der schwere Handel mit den Alliierten über die Nachkriegsordnung der Welt aus. Der Krieg gegen Japan würde zwar nicht mehr viel Zeit in Anspruch nehmen, aber wieviel wichtiger war es doch, die wichtigste Frucht des Krieges zu bewahren – einen langen und dauerhaften Frieden!

Stalin hatte erkannt, daß seine Autorität, die vor dem Krieg auf das eigene Land, bestenfalls noch auf die Komintern beschränkt gewesen war, nun internationale, globale Dimensionen angenommen hatte. Die Führer der Westmächte zollten bei ihren persönlichen Begegnungen und in der umfangreichen Korrespondenz dem Führer des Sowjetstaates und Obersten Befehlshaber der Streitkräfte der UdSSR Lob und Respekt. Der neue USA-Präsi-

1 ЦГАОР, Fundus 9401, Liste 2, Akte 96, Bd. V, Bl. 1.
2 ЦАМО, Fundus 233, Liste 2380, Akte 44, Bl. 1–3.

dent, Harry S. Truman, bemerkte in seiner Botschaft an Stalin: «Sie haben die Fähigkeit eines freiheitsliebenden und außerordentlich mutigen Volkes demonstriert, die bösen Kräfte der Barbarei, so stark sie auch sein mögen, zu vernichten. Anläßlich unseres gemeinsamen Sieges grüßen wir das Volk und die Armeen der Sowjetunion und ihre überragende Führung.»[3] Churchill verfaßte eine wie immer emotionsgeladene und wohl auch besonders tiefgehende Botschaft. Diese verlas im Auftrag des britischen Premiers Lady Clementine Churchill im Rundfunk. Darin hieß es: «Ich sende Ihnen allen tiefempfundene Grüße anläßlich des glänzenden Sieges, den Sie mit der Vertreibung des Aggressors aus Ihrem Heimatland und mit der Niederwerfung der Nazityrannei errungen haben. Es ist mein fester Glaube, daß von der Freundschaft und Verständigung zwischen dem britischen und dem russischen Volk die Zukunft der Menschheit abhängt. Wir hier auf unserer heimatlichen Insel denken heute sehr oft an Sie, und wir wünschen Ihnen aus tiefstem Herzensgrunde Glück und Wohlergehen und hoffen, daß wir nach all den Opfern und Leiden in diesem Tal der Finsternis, durch das wir gemeinsam gegangen sind, auch in aufrichtiger Kameradschaft und Freundschaft im Sonnenlicht eines siegreichen Friedens vorwärtsschreiten werden.»[4] Damals galt es noch als ziemlich unwahrscheinlich, daß derselbe Mann nur wenig später in Fulton etwas völlig anderes sagen würde.

De Gaulle, den Stalin für einen empfindlich stolzen Mann hielt, anerkannte in seinem Grußtelegramm ebenso Stalins besondere Rolle bei der Erringung des Sieges: «Sie haben aus der UdSSR eines der Hauptelemente des Kampfes gegen die Unterdrückermächte geschaffen, und gerade dem ist zu verdanken, daß der Sieg errungen werden konnte. Das große Rußland und Sie persönlich haben sich den Respekt von ganz Europa verdient, das nur in Freiheit leben und erblühen kann ...»[5] Als ob sich nach dem Sieg alle abgesprochen hätten ... Und was hatten sie noch vor dem Krieg gesagt?! Wieviele Glückwünsche doch heute eingingen! Da gab es Grußtelegramme von Bolesław Bierut, Jiang Jieshi (Tschiang Kai-shek), Josip Broz Tito, den Regenten von Bulgarien, Mackenzie King, Johan Nygaardsvold, Joseph Chifley, Mahmoud Fahmy al-Noqraschi, Zdeněk Fierlinger, Béla Dálnoki Miklós, Karl Mannerheim und vielen anderen Staatsoberhäuptern. Nachdem Stalin den Haufen von Grußbotschaften beiseitegeräumt und nach alter Manier die Pfeife zur Hand genommen hatte, nahm er die langjährige Gewohnheit, in seinem Arbeitszimmer auf und ab zu gehen, wieder auf – zwanzig Schritt an der einen Wand entlang, ebensoviele an der anderen Wand.

In der aufgewühlten Welt war alles in Bewegung geraten: die Völker, die Armeen und ihre Führer. Selbst der halbgelähmte Roosevelt hatte sich mit Kreuzern und Flugzeugen auf weite Reisen begeben. Nur Stalin hatte sich während des verflossenen Krieges auf ein Minimum an Reisen beschränkt: Der einzige Flug seines Lebens hatte ihn 1943 nach Teheran geführt, Anfang 1945 war er zum Treffen mit Churchill und Roosevelt auf die Krim gefahren, und im August 1943 hatte er der Front einen geheimen Besuch abgestattet. Der «Führer» des größten Staates der Welt schätzte es nicht, sein Reich zu durchqueren. Er wollte zwar alles erfahren, aber nur von der Warte seines Arbeitszimmers aus. Aus dem Kreml heraus, so schien ihm, hatte er gelernt, so weit zu blicken wie vom Gipfel des El-

3 Briefwechsel Stalins mit Churchill, Attlee, Roosevelt und Truman 1941–1945, Berlin 1961, S. 730.
4 Ebenda, S. 433f.
5 Внешняя политика СССР, Moskau 1947, Bd. V, S. 602f.

brus. Stalins Neigung zu einsiedlerischem Leben (zwischen Kreml und «Blishnjaja Datscha», dem Landhaus in Kunzewo) verstärkte noch seine «Rätselhaftigkeit». Ich weiß nicht, wie er sich gefühlt hätte, wenn es damals bereits Fernsehen gegeben hätte. Hätte er wie Breshnew pausenlos über den Bildschirm flimmern wollen? Damals vertrat Stalin die Meinung, daß über ihn mehr gesprochen und geschrieben und an ihn gedacht wurde, je seltener man ihn sah. Er pflegte nur mit einem sehr engen Personenkreis persönlichen Umgang: mit den Mitgliedern des Politbüros, zuweilen mit einigen Volkskommissaren und Heerführern und seltener mit ausländischen Staatsmännern und Politikern.

Bald darauf sollte ihm die letzte Auslandsreise seines Lebens bevorstehen. Über den Sonderberater des USA-Präsidenten, Harry Hopkins, mit dem Stalin am 26. Juni in Moskau zusammengetroffen war, hatte er den Alliierten vorgeschlagen, die Dinge nicht auf die lange Bank zu schieben und das Gipfeltreffen in Berlin abzuhalten. Stalin spürte, daß sich in ihm während des Krieges eine bleierne Müdigkeit angestaut hatte, die immer schwerer zu überwinden war. Seine 65 Lebensjahre, von denen die meisten sehr stürmisch verlaufen waren, hingen ihm wie Gewichte an den Beinen. Er hatte sich fest und ernsthaft vorgenommen, nach Beendigung des Krieges im Fernen Osten einen ausgedehnten Urlaub im Süden anzutreten. Er glaubte daran, daß ihm der heimatliche Kaukasus wieder neue Kräfte einflößen würde. Vor dem Krieg war Stalin gewöhnlich bei Sommersende in den Süden gefahren, hatte aber auch von Sotschi aus aufmerksam seine Amtsgeschäfte wahrgenommen.

Nachdem Truman und Churchill ihre Zustimmung zum Treffen in Berlin gegeben hatten, wurde das Datum auf den 15. Juli 1945 festgesetzt. Stalin wußte noch nicht, daß der USA-Präsident, als er den Konferenztermin vorschlug, davon ausgegangen war, daß dann alles zum Test der US-amerikanischen Kernsprengbombe bereit sein würde. (In der Sowjetunion waren ebenfalls die Arbeiten auf diesem Gebiet angelaufen, die voranzutreiben Berija beauftragt worden war. Bereits im März 1945 hatte Stalin den Chef der Hauptverwaltung Kader beim Volkskommissariat für Verteidigung, Generaloberst F. I. Golikow, zum Vortrag bestellt, ob aus der Armee Physiker für das Physikalische Forschungsinstitut von D. W. Skobelzyn und andere Wissenschaftszentren abgestellt werden könnten. Berija hatte schon früher gemeldet, daß er im Zuständigkeitsbereich des NKWD mehrere Laboratorien habe einrichten lassen, in die Wissenschaftler aus dem Kreis der Strafgefangenen einbezogen wurden.) Als aber Truman in Potsdam Stalin vom erfolgreichen Atombombentest in Alamogordo Mitteilung machte, erregte das äußerlich bei diesem kein Interesse. A. A. Gromyko, der Teilnehmer der Berliner (Potsdamer) Konferenz gewesen war, schrieb in seinen Memoiren, daß «Churchill unruhig das Ende des Gespräches zwischen Truman und Stalin abwartete. Und als es dann vorbei war, beeilte sich der englische Premier, den USA-Präsidenten zu fragen:

‹Nun, wie?›

Jener antwortete: ‹Stalin hat mir keine einzige Frage zur Erklärung gestellt und sich nur darauf beschränkt, sich für die Information zu bedanken.›»[6]

Die Gesprächspartner rätselten nun, ob Stalin die Bedeutung dieser Mitteilung überhaupt begriffen habe. Sie konnten nicht wissen, daß am selben Abend ein chiffriertes Telegramm an Berija nach Moskau abging, das von der Notwendigkeit sprach, die Arbeiten

6 А. А. Громыко, Памятное, Moskau 1988, S. 221.

auf nuklearem Gebiet erheblich zu beschleunigen. Doch diese Begebenheit sollte sich erst am 24. Juli in Potsdam zutragen. Einstweilen bereitete er sich noch auf die Reise vor.

Der «Führer» verwarf sofort den Vorschlag, mit einer «Douglas» zu fliegen. Berija versuchte unter Berufung auf Spezialisten nachzuweisen, daß ein Flug absolut ungefährlich sei. Aber der Diktator ließ sich nicht umstimmen. Mit Grauen erinnerte er sich daran, wie er Ende 1943 nach Teheran geflogen war und das Flugzeug über dem Gebirge mehrmals in ein Luftloch abgesackt war. Mit in die Sessellehnen verkrallten Händen und angstverzerrtem Gesicht war der Oberste Befehlshaber kaum zu sich gekommen und hatte sich lange nicht entschließen können, den gegenüber sitzenden Woroschilow anzuschauen, ob der auch nichts von seinem hilflosen Zustand bemerkte. Aber dieser durchlitt offensichtlich dieselben Qualen. Deshalb beschloß Stalin, nach Berlin mit dem Zug zu reisen. Berija suchte eine besondere Strecke aus, die weiter nördlich von der üblichen Route verlief. Benutzt werden sollte ein Sonderzug mit gepanzerten Waggons sowie mit besonderer Sicherung und Eskorte.

Ich berichte deshalb so detailliert von dieser Operation, weil die Fahrt des «Führers» nach Berlin wohl sorgfältiger vorbereitet worden ist als viele Kampfoperationen. Stalin verlangte oft Berichte über den Gang der Konferenzvorbereitungen und über die Absicherung der Fahrt. Er interessierte sich für Einzelheiten und erteilte Weisungen. Zur Beförderung und zum Personenschutz des «Führers» wurden mehrere zehntausend Mann herangezogen. Zwei Wochen vor der Fahrt lag auf dem Schreibtisch des Generalissimus ein Dokument, das so gut wie kein anderes Stalins Verhältnis zur eigenen Person charakterisiert.

«Genossen Stalin, J. W.

Genossen Molotow, W. M.

Das NKWD der UdSSR meldet den Abschluß der Vorbereitung der Maßnahmen zur Vorbereitung des Verfahrens und zur Unterbringung der bevorstehenden Konferenz (*sic! – D. W.*). Vorbereitet wurden 62 Villen (10 000 Quadratmeter und eine zweistöckige große Villa für Genossen Stalin: 15 Zimmer, offene Veranda, Mansarde, 400 Quadratmeter). Die Villa ist mit allem versorgt. Eine Fernmeldezentrale ist vorhanden. Angelegt wurden Vorräte an Wild, Geflügel, Delikatessen und Nährmitteln und anderen Produkten und Getränken. Eingerichtet wurden drei Nebenwirtschaften 7 km von Potsdam mit Vieh- und Geflügelfarmen und Obstversorgungsbasen; 2 Brotbäckereien sind in Betrieb. Sämtliches Personal ist aus Moskau. Bereit stehen zwei Spezialflugplätze. Zur Sicherung sind 7 Regimenter NKWD-Truppen und 1 500 Mann aus dem operativen Bestand eingeteilt. Die Sicherung ist in 3 Ringen organisiert. Chef der Sicherung der Hauptvilla ist Generalleutnant Wlassik. Sicherung des Konferenzortes Kruglow.

Vorbereitet ist ein Sonderzug. Die Strecke hat eine Länge von 1 923 Kilometern (durch die UdSSR 1 095, Polen 594, Deutschland 234). Die Sicherheit der Strecke garantieren 17 000 Mann NKWD-Truppen und 1 515 Mann des operativen Bestandes. Auf jeden Kilometer Eisenbahnstrecke entfallen 6 bis 15 Mann von der Sicherung. Auf der Strecke werden 8 Panzerzüge der NKWD-Truppen verkehren.

Für Molotow ist ein 2stöckiges Gebäude (11 Zimmer) vorbereitet. Für die Delegation gibt es 55 Villen, davon 8 große.

2. Juli 1945. *L. Berija.*»[7]

7 ЦГАОР, Fundus 9 401, Liste 2, Akte 97, Bd. VI, Bl. 124–130.

Ich habe nur wenige Details weggelassen. Für solcherart Sicherheitsmaßnahmen lassen sich schwer Präzidenzfälle finden. Wie weit hatte sich der «Führer» doch schon von seiner «Askese» der zwanziger Jahre entfernt! Je mehr Ruhm Stalin genoß, desto mehr war er um sich besorgt, desto stärker fürchtete er für sein Leben. Bis zur eigentlichen Abfahrt vergewisserte sich Stalin bei Berija, mitunter mehrmals am Tag, ob der Zeitpunkt der Abfahrt geheim geblieben sei, wie dick die Panzerplatten seines Waggons seien, wo die Strecke über polnisches Gebiet verlaufe ... Dachte er überhaupt einmal daran, daß denselben Weg – von Moskau bis Berlin – der sowjetische Soldat zu Fuß und unter gegnerischem Feuer zurückgelegt hatte? Nach dem Umfang der Vorbereitungen zu urteilen, kaum.

Als Stalin am 17. Juli um 12.00 Uhr in Potsdam mit Präsident Truman zusammentraf, sagte er nach den Begrüßungsformalitäten: «Ich bitte Sie, meine Verspätung um einen Tag zu entschuldigen. Ich bin wegen der Verhandlungen mit den Chinesen aufgehalten worden. Ich wollte zwar fliegen, aber die Ärzte haben es nicht erlaubt.»

«Verstehe ich vollkommen. Ich bin erfreut, die Bekanntschaft von Generalissimus Stalin zu machen», entgegnete Truman.

Stalin hatte sich verspätet, um seine Bedeutung herauszustreichen. Auf einen großen Führer konnte und mußte man warten ... Diesen psychologischen Trick wendete Stalin nicht nur einmal an. Das Mitglied der britischen Delegation bei den Verhandlungen in Potsdam Sir William Heighter erinnerte sich: «... Stalin kam die ganze Zeit über zu den Sitzungen zu spät, und wir mußten dann lange auf seine Ankunft warten.»[8]

Am Abend des 17. Juli 1945 begannen die «Großen Drei», die Früchte des Sieges in Europa zu verteilen. Das erwies sich als einfacher, als das Bündnis länger aufrechtzuerhalten. Alle spürten, daß die Tage ihrer eigentümlichen Allianz gezählt waren. In der Tat ließ der August noch einmal die Erinnerung an dieses Bündnis aufleben.

Weder Stalin noch seine Partner konnten damals wissen, daß die Welt Jahrzehnte später vom «neuen Denken» erfahren sollte, das die Priorität allgemein menschlicher Werte formulieren würde. Damals schien dies noch absolute Utopie zu sein ... Die Alliierten hatte nicht nur die Früchte des Sieges zu verteilen, sondern auch über die neue Kräftekonstellation nachzudenken.

Früchte und Preis des Sieges

Die lange Wagenkolonne, die Stalin beförderte und begleitete, hatte von Schloß Cecilienhof, der Residenz des früheren Kronprinzen Wilhelm, bis zur grauen Villa sieben bis acht Minuten Fahrt. Vom 17. Juli an zogen die Staats- und Regierungschefs der drei Mächte im Laufe von zwei Wochen Bilanz des Krieges, bestimmten die Zukunft Europas, suchten nach Lösungswegen für die «polnische Frage», teilten die deutsche Flotte unter sich auf, legten den Umfang der Reparationen fest, trafen vertragliche Abmachungen für das Gericht über die Kriegsverbrecher sowie über die jeweiligen Termine für die Beendigung des Krieges gegen Japan und besprachen eine Vielzahl anderer Dinge. Auf dreizehn Sitzun-

8 Zit. nach Ch. L. Mee jun., Die Teilung der Beute. Die Potsdamer Konferenz 1945, Wien – München – Zürich – Innsbruck 1977, S. 90.

gen der Regierungschefs und zwölf der Außenminister wurden Dutzende Fragen beleuchtet und über hundert Entwürfe für verschiedene Dokumente erörtert.

Wenn Stalin in seine zweistöckige Villa zurückkehrte, sah er die chiffrierten Telegramme aus Moskau durch, rief manchmal über die Regierungsleitung dort an, trat dann ans Fenster, setzte sich in einen Sessel und ließ seinen Blick über den Park, den schönen See und die struppigen Kiefern schweifen. Woran dachte Stalin, als er sich in dem Land aufhielt, das die gigantische Kriegsmaschinerie hervorgebracht hatte, gegen die er in vier unendlich langen Jahren einen kräftezehrenden Kampf auf Leben und Tod geführt hatte? Möglicherweise erinnerte er sich daran, daß hier, in diesem Land, die Ideologie entstanden war, deren wichtigster Hoherpriester er nun schon lange Jahre war. Vielleicht dachte er an das Plenum des ZK der Partei im Januar 1924 zurück, als er in der Debatte zu Sinowjews Bericht über die internationale Lage das Wort ergriffen und erklärt hatte, daß er «nicht die Repressalien gegen Radek für seine Irrtümer in der deutschen Frage» unterstützte.[9] Stalin hatte Radek aber für seinen Kurs auf ein Bündnis mit der deutschen Sozialdemokratie verurteilt, ohne zu begreifen, daß von hier im Grunde genommen eine seiner fehlerhaften Linien in internationalen Angelegenheiten ihren Ursprung nahm. Vielleicht hätten es die Kommunisten im Bündnis mit den Sozialdemokraten der Hydra des Faschismus verwehrt, ihr Haupt zu erheben ... Für Repressalien war es damals noch zu früh, ihre Zeit war noch nicht gekommen.

Als Stalin so an Radek dachte, fiel ihm ein Lapsus ein, der diesem 1928 in der Tomsker Verbannung unterlaufen war. Jetzt aber war er bereits von Stalin verbannt worden, und dieser verzieh ihm den Lapsus nie. Dem Generalsekretär war hinterbracht worden, daß Radek in engstem Freundeskreis gesagt hatte: «Wir haben mit Stalin eine Differenz in der Agrarfrage. Er möchte, daß meine Person im Schoße der Erde ruhe, und ich will es umgekehrt ...» In Wahrheit aber wechselte Radek während seiner Verbannung die Orientierung. Noch im September 1928 hatte er an Stalin ein Protesttelegramm gegen die unausgesetzten Verhaftungen und Verbannungen von Angehörigen der trotzkistischen Opposition geschickt und von ihm gefordert, Trotzki wegen seines Gesundheitszustandes von Alma-Ata zurückzuholen. Und schon ein halbes Jahr später hatte er in einem Brief an Stalin und an das ZK der KPdSU(B) Trotzkis Äußerungen in der bürgerlichen Presse verurteilt ...

Je älter man wird, desto häufiger wendet sich die Erinnerung der Vergangenheit zu. Radek gab es schon lange nicht mehr, und doch erinnerte er sich an ihn, wie er sich Anfang der zwanziger Jahre mit der «deutschen Frage» befaßt hatte. Vielleicht erinnerte sich Stalin auch, wenn er erschöpft von den langen Debatten mit Truman und Churchill dasaß, an Thälmann, dem er nicht zu helfen vermocht (oder gewollt) hatte. Ende 1939 hatte Molotow von einem Telegramm berichtet, das der damalige Rat an der sowjetischen diplomatischen Vertretung in Berlin, Kobulow, geschickt hatte. Darin hatte dieser Kobulow mitgeteilt, daß ihn Ernst Thälmanns Ehefrau in der Vertretung aufgesucht habe. Im Wissen um den Abschluß des «Freundschaftsvertrages» mit Deutschland habe sie Moskau gebeten, sich dafür einzusetzen, daß ihr Mann aus den faschistischen Folterkammern befreit werde. Von sich selber habe sie berichtet, daß sie keinen Ausweg sehe, da sie ohne Exi-

9 ЦПА ИМЛ, Fundus 17, Liste 2, Akte 109, Bl. 32f.

stenzmittel dastehe und buchstäblich Hunger leide. Kobulow habe ihr erklärt, wie es im Telegramm hieß, daß «wir ihr mit nichts helfen können». Da seien ihr die Tränen in die Augen getreten, und sie habe gefragt: «Sollte denn seine ganze Arbeit für das Wohl des Kommunismus vergebens gewesen sein?» Kobulow habe seine Antwort wiederholt. Der Rat teilte mit, daß Thälmanns Frau ihn um «unseren Ratschlag gebeten» habe, «ob sie sich mit einer Eingabe an Göring wenden kann; ich antwortete, daß das ihre Privatangelegenheit ist. (Frau) Thälmann ist sehr verbittert gegangen.»[10]

Stalin entsann sich, daß er damals Molotow angeschaut und gefragt hatte, ob nicht zu bedenken wäre, Frau Thälmann mit einem Markbetrag zu helfen. Aber eine radikale Entscheidung zu Ernst Thälmann, dem es gelungen war, aus den faschistischen Kerkern heraus mehrere Briefe mit Bitten um Hilfe nach Moskau zu schicken, wurde nicht getroffen. Stalin wollte sich nicht mit dieser Bitte persönlich an Hitler wenden und «keinen Schatten auf den Freundschaftsvertrag werfen». Obwohl sich sicher eine Gruppe von entschlossenen Antifaschisten gefunden hätte, nicht nur Thälmann zu befreien. Kobulow hatte wohl recht, als er erklärte, daß das Rosa Thälmanns «Privatangelegenheit» sei. Wie stets war Stalin von keinerlei Gewissensbissen geplagt. Ein in die Vergangenheit gerichtetes Gewissen gab es für ihn schon gar nicht mehr ... Während er so an Rosa Thälmann dachte, fiel ihm ein, daß ihm gleich nach dem siegreichen Schlußakkord des Krieges Berija ein Dokument vorgelegt hatte, das auf den Führer des deutschen Proletariats Bezug nahm. Ja, ja, er erinnerte sich sehr gut daran, daß es ein solches Dokument gab.

«S(taatliches) V(erteidigungs-)K(omitee).

Genossen Stalin, J. W.

Der Bevollmächtigte des NKWD der UdSSR für die 2. Belorussische Front, Gen. Zanawa, teilte mit, daß operative Gruppen des NKWD E. Thälmanns Frau Rosa Thälmann, die aus dem Konzentrationslager geflohen ist und sich in der Stadt Fürstenberg versteckt gehalten hat, und Thälmanns Tochter Fester, Irma, die von Truppenteilen der Roten Armee aus einem Konzentrationslager in der Stadt Neubrandenburg befreit wurde, ausfindig gemacht haben.

Thälmann, R. erzählte, daß sie Thälmann das letzte Mal am 27. Februar 1944 im Gefängnis der Stadt Beuthen in Gegenwart eines Gestapo-Mitarbeiters gesehen hat. Er sagte, daß man ihn ständigen Foltern unterwirft und verlangt, seinen Überzeugungen abzuschwören ...

11. Mai 1945.

L. Berija.»[11]

Nachdem Stalin die Meldung durchgelesen hatte, sagte er zu Proskrjobyschew, man möge veranlassen, daß den befreiten nächsten Angehörigen Ernst Thälmanns entsprechende Bedingungen geschaffen werden und sie die nötige Hilfe erhalten. Möglicherweise war den «Führer» ein verspätetes Rühren überkommen ... Und überhaupt, wieviele solche Dinge ereigneten sich doch bei Kriegsende! Da teilte Serow, ein Stellvertreter Berijas, mit, daß am Frontabschnitt, an dem die 1. Polnische Infanteriedivision handelte, aus dem deutschen Konzentrationslager bei Oranienburg der frühere Premierminister der Spani-

10 ЦГАСА, Fundus 33 987, Liste 3, Akte 1 241, Bl. 61.
11 ЦГАОР, Fundus 9 401, Liste 2, Akte 96, Bd. V, Bl. 4.

schen Republik, Francisco Largo Caballero, befreit worden sei. Er befinde sich in einem Zustand extremer Auszehrung und bitte darum, seine Familie zu benachrichtigen, daß er am Leben sei ...[12] Oder diese Mitteilung von Kruglow, daß der rumänische König Mihai seinem Verwandten, dem Major von Hohenzollern, und dem Sohn des deutschen Industriellen Krupp, Oberleutnant von Bohlen und Halbach, zur Flucht aus der Gefangenschaft verholfen habe ...[13] Konnte er denn noch das ganze Kaleidoskop gegenwärtiger und verflossener, prominenter und gewöhnlicher Personen verfolgen und angemessen darauf reagieren?! Sollten sich doch Berija und Molotow mit diesen Dingen befassen! Von ihm, Stalin, hing jetzt viel Wichtigeres ab, nämlich die *politische* Vollendung des Krieges. Hatte man einen militärischen Sieg errungen, dann stand einem nicht das Recht zu, ihn auf politischem Feld zu verschenken! Die aktuellen Geschäfte nahmen ihn nun stärker in Anspruch. Trotzdem konnte sich Stalin, obwohl ihn nach dem Krieg Erschöpfung befallen hatte, nicht ganz von der Vergangenheit lösen und wollte sich bei ihm ob des Sieges kein totales Triumphgefühl einstellen.

Vom ovalen Balkon der Villa sah er, daß überall – am Seeufer, am Zugang zum kleinen Park seiner Residenz, auf der stillen Straße, vor der alle Anwohner ausquartiert worden waren – Wachposten standen. Er war der Meinung, daß der Krieg aus ihm endgültig einen Militär gemacht habe. Bis ans Ende seiner Tage trennte er sich nicht mehr von seiner Marschallsuniform. Gerade zur rechten Zeit hatten ihm A. W. Chruljow und die Mitglieder des Politbüros drei Burschen in einer Uniform vorführen lassen, die zur Hälfte aus goldenen Litzen, goldenen Lampassen und Goldstickereien an allen möglichen Stellen bestand ...

«Was soll das?» fragte Stalin verständnislos mit Blick auf die Eingetretenen.

«Das sind drei Entwurfsvarianten für die Uniform des Generalissimus der UdSSR», antwortete Chruljow, damals Chef der Hauptverwaltung der Rückwärtigen Dienste der Roten Armee.

Stalin warf noch einmal einen bösen Blick auf die vergoldeten Dressmen und wies die ganze Gesellschaft aus seinem Arbeitszimmer. Woran erinnerte doch bloß diese Uniform? An den Portier eines teuren Restaurants oder an einen Clown? Solche Schwachheiten!

Stalin erinnerte sich auch daran, daß Chruljow seine Weisungen zur Ausfertigung des Musters für den Siegesorden schnell ausgeführt hatte. In der ersten Variante, die der Oberste Befehlshaber am 25. Oktober 1943 zu Gesicht bekommen hatte, waren in der Mitte des Ordens die Umrisse von Lenin und Stalin zu sehen. Dem Obersten Befehlshaber mißfiel die abgenutzte, in tausenderlei Varianten anzutreffende Abbildung der beiden Führer, auf denen sein, Stalins, Profil nur an der charakteristischen Kaukasiernase und dem Schnurrbart zu erkennen war ... Der sich zum Triumph rüstende künftige Generalissimus schlug vor, in der Mitte des Ordens die Kreml-Mauer mit dem Spasski-Turm auf blauem Grund zu plazieren. Der Orden sollte aus Platin gefertigt werden, und mit Brillanten sollte nicht gespart werden. Noch vor der Stiftung dieses höchsten Feldherrnordens beschloß Stalin, daß er jeweils nur einmal verliehen werden dürfe. Am 5. November 1943 bestätigte Stalin den Entwurf des Ordens, und am 8. verabschiedete das Präsidium des

12 Ebenda, Akte 95, Bd. IV, Bl. 323.
13 Ebenda, Akte 135, Bd. II., Bl. 277.

Obersten Sowjets der UdSSR den Erlaß über dessen Stiftung. Stalin stöhnte, daß man selbst Orden nicht ohne ihn zuwege brächte.

Wieder aus der ferneren und der näheren Vergangenheit zurückgekehrt, widmete sich Stalin den aktuellen Sorgen. Wenn er der Übersetzung der Reden seiner Verhandlungspartner lauschte, kritzelte und zeichnete er gewohnheitsmäßig auf einem Blatt Papier herum. Gewöhnlich lagen vor ihm mehrere Buntstifte und ein Federhalter. Manchmal schrieb er mechanisch Dutzende Male irgendein Wort auf, wobei er sich zwischendurch auf dessen verborgenen und wahren Sinn konzentrierte: «Reparationen», «Kontributionen», «Reparationsanteile» ... Bisweilen zeichnete Stalin, wie Lord Beaverbrook zur Zeit seiner Verhandlungen in Moskau zu Kriegsbeginn bemerkt hatte, «eine unendliche Menge von Wölfen auf Papier und verzierte den Hintergrund mit Rotstift.»[14] Sobald der Dolmetscher seine Übersetzung beendete, fügte er dem Rudel einen weiteren Wolf hinzu, der sich in der blutigen Dämmerung der grausamen Zeit auflöste ...

Stalin hatte erkannt, daß die Zerschlagung des Faschismus die UdSSR in den Rang einer Supermacht erhoben und ihn, den Führer eben dieser Macht, zu einem der größten Führer der Gegenwart (wenn nicht gar zum größten Führer überhaupt, wie er im Grunde seines Herzens dachte) gemacht hatte. Seine westlichen Partner waren zeitweilige Figuren, «Kinder der Demokratie». Roosevelt war zwar ein großer Politiker, mußte aber, wenn seine Zeit abgelaufen war, das Weiße Haus verlassen, so er noch am Leben war. Churchill war zur Konferenz in der vollen Überzeugung angereist, daß seine Partei die Unterhauswahlen gewinnen würde. Stalin entsann sich, wie Truman bei ihrer Begegnung am 17. Juli auf seine Frage, ob der Präsident schon mit Churchill zusammengetroffen sei, geantwortet hatte, «daß er gestern morgen eine Zusammenkunft mit Churchill hatte. Churchill sei von seinem Wahlsieg überzeugt.

... das englische Volk könne den Sieger nicht vergessen», stimmte ihm damals Stalin zu.[15]

Und doch kam es ganz anders. Am 26. Juli verlautbarte, daß die Konservationen eine Wahlniederlage erlitten hatten und daß der neue britische Regierungschef, Clement Attlee, Churchill bei den Verhandlungen in Potsdam ablösen würde. Für Stalin war so etwas unfaßbar. Diese «verfaulten Demokratien» schwächten sich selbst, meinte der Generalissimus. Das System, das er aufgebaut hatte, schloß solches «Bockspringen» aus. Er war sich sicher, daß er sich so lange auf dem Gipfel der Macht befinden würde, wie es seine Gesundheit zuließ. (Und auf seine Gesundheit vertraute er trotz der aufgetretenen Übermüdungssymptome. Schließlich stammte er aus dem Kaukasus!) Stalin wußte, daß auf diesem von den Stürmen der Geschichte umwehten Gipfel nur für ihn allein Platz war.

Stalin hatte sich – ähnlich wie der französische «Sonnenkönig» – schon lange mit dem Staat, der Gesellschaft, der Partei identifiziert. Der Vorsitzende des Rates der Volkskommissare war auch daran gewöhnt, im Namen des Volkes zu sprechen und ihm den Weg zur totalen Überzeugung zu weisen, daß er es glücklich machen werde. Je größer die Macht ist, desto höher steht auch ihr Führer. Der Krieg hatte die UdSSR auf höchste Positionen in der Welt gestellt. Und für Stalin brachte das die größte Beförderung. Von den

14 W. Averell Harriman/E. Abel, Special Envoy to Churchill and Stalin 1941–1946, New York o. J., S. 92.

15 Die Potsdamer (Berliner) Konferenz der höchsten Repräsentanten der drei alliierten Mächte – UdSSR, USA und Großbritannien (17. Juli–2. August 1945). Dokumentensammlung, Bd. 6, Moskau – Berlin 1986, S. 38.

ersten Nachkriegsmonaten an begann sich die Kurve seines Schicksals schnell dem Scheitelpunkt weltweiten Ruhms, der Machtgefühle und des Heiligenkults anzunähern.

Zu den Früchten des Sieges rechnete Stalin nicht nur die Zerschlagung des Faschismus und den Aufstieg der UdSSR zu einem der einflußreichsten Staaten. Der Generalissimus spürte schon die unterirdischen Erschütterungen im Gebäude der Antihitlerkoalition, die es bald zum Einsturz bringen sollten. Doch er konnte nicht ahnen, daß das so schnell eintreten würde. Nur ein scharfes Auge vermochte damals zu erkennen, daß am Verhandlungstisch von Cecilienhof Verbündete saßen, die man als «Freund-Feinde» bezeichnen konnte. Stalin ließ sich nicht von Trumans wohltönenden Phrasen bei ihrer ersten Begegnung hinters Licht führen, daß er, Truman, «der Freund von Generalissimus Stalin sein möchte». Der sowjetische Führer spürte das besonders bei der Erörterung der Reparationsfrage. Die US-Amerikaner rückten von ihrem in Jalta bezogenen Standpunkt zu dieser Frage ab und schlugen sich auf die Seite der Briten, um eine für die UdSSR extrem unvorteilhafte Regelung herauszuholen. In der Sowjetunion war ein riesiges Territorium okkupiert gewesen, auf dem eine gewaltige Menge von Industriebetrieben zerstört worden war. Die USA und Großbritannien hatten kein vergleichbares Schicksal erlitten. Stalin unterstrich, daß die UdSSR ebenso wie Polen und Jugoslawien nicht nur ein politisches, sondern auch ein moralisches Recht auf Wiedergutmachung dieser Verluste hätten. Doch Truman und Churchill stellten sich zu Stalins Appellen taub. Erst auf der letzten, der dreizehnten Sitzung wurde Stalin gezwungen, für ihn unvorteilhafte Bedingungen anzunehmen. Er riskierte es sogar, noch viel weniger zu gewinnen, und nahm bei der Entscheidung über die «polnische Frage» Revanche, insbesondere hinsichtlich der Grenzsicherung an Oder und Neiße. Als Stalin Polen nach Westen vorschob, beabsichtigte er damit, an der Grenze zu Deutschland einen starken slawischen Staat zu haben.

Nicht grundlos war Stalin beunruhigt, daß der Präsident und der Premierminister so oft und ausgiebig von Osteuropa sprechen wollten, aber auswichen, sobald die Rede auf Westeuropa kam. Als Stalin auf der Konferenz die Frage nach dem faschistischen Franco-Regime aufwarf, fand er keinerlei Verständnis. Zugleich verlangten Truman und Churchill Unterstützung für Titos Gegner in Jugoslawien. Die westlichen Verhandlungspartner sprachen mit Sorge von der Lage in Bulgarien und Rumänien, wollten aber zum Beispiel ignorieren, daß in Griechenland nicht ohne ihre Hilfe und Mitwirkung ein Bürgerkrieg entbrannte. Zeitweilig kam es Stalin so vor, als säßen am Verhandlungstisch keine Verbündeten, sondern alte Rivalen, die möglichst viel aus dem gemeinsam gebackenen Kuchen herauszuschneiden trachteten. Und er irrte sich nicht: Die militärischen Probleme (abgesehen von denen in Asien) traten in die Vergangenheit zurück. An die erste Stelle rückte die Politik, dieses heuchlerische und unbarmherzige Geschäft. In der politischen Arena taten sich bei den Partnern zu verschiedene Standpunkte auf, als daß solche Ergebnisse wie in Jalta zu erzielen gewesen wären. Der Krieg, die gemeinsame Gefährdung und die gemeinsamen strategischen Ziele hatten einander näher gebracht. Sobald diese Ziele erreicht waren, rückte wie stets der politische, klassenmäßige Egoismus in den Vordergrund. Die besten Dolmetscher waren nicht imstande, die Regierungschefs der Antihitlerkoalition dazu zu zwingen, eine einheitliche politische Sprache, die Sprache von Verbündeten zu sprechen.

Aber Stalin zeigte sich im großen und ganzen mit den Ergebnissen der Konferenz zufrieden, wie übrigens auch die Briten und US-Amerikaner. Im Sommer 1945 gelang noch einmal, was ein, zwei Jahre später schlechterdings unmöglich sein würde. Man konnte sich über die Entmilitarisierung Deuschlands verständigen sowie allerseits akzeptable Lösungen zu mehreren wichtigen Grundproblemen zu finden.

Truman bestand darauf, daß die UdSSR öffentlich ihre Verpflichtung bestätigte, in den Krieg gegen Japan einzutreten. Der Leiter der sowjetischen Delegation wich auch nicht von den Bündnisverpflichtungen ab: «Die Sowjetunion wird bereit sein, Mitte August in Aktion zu treten, und sie wird ihr Wort halten.»

Stalin beabsichtigte nicht, die Eröffnung seiner «zweiten Front» ebenso lange hinauszuzögern, wie es seinerzeit Großbritannien und die USA praktiziert hatten. Dabei war er bemüht, die Verbündeten in keiner Weise zu beschämen. Beispielsweise hatte Stalin am Vorabend des Krieges gegen Japan dem Oberbefehlshaber der sowjetischen Truppen im Fernen Osten, Marschall A. M. Wassilewski, ursprünglich die Aufgabe gestellt, nicht nur den Südteil der Insel Sachalin und die Kurilen zu befreien, sondern auch die Hälfte der japanischen Nordinsel Hokkaido bis nördlich einer Linie zwischen den Städten Kushiro und Rumoi zu besetzen. Dazu war vorgesehen, auf die Insel zwei Schützendivisionen, eine Jagdfliegerdivision und eine Bombenfliegerdivision zu verlegen. Als die sowjetischen Truppen bereits in Südsachalin standen, ordnete Stalin am 23. August 1945 an, das 87. Schützenkorps für eine Landungsoperation auf Hokkaido zur Einschiffung vorzubereiten.[16] Doch bis zum 25. August, als die Befreiung Südsachalins abgeschlossen war, war noch kein Befehl zur Einschiffung der Truppen eingegangen. Stalin hatte nachgedacht, was ihm dieser Schritt wohl einbringen könnte. Dem Generalissimus war aufgegangen, und das nicht ohne Grund, daß dieser «Landungsausfall» zu einer Verschärfung des ohnehin zugespitzten Verhältnisses mit den Alliierten führen könnte. Schließlich ordnete er an, keine Truppen nach Hokkaido zu schicken. Der Chef des Stabes beim Oberkommando der sowjetischen Truppen im Fernen Osten, General S. P. Iwanow, übermittelte den Befehl seines Oberbefehlshabers: «Um Konflikte und Mißverständnisse mit den Alliierten zu vermeiden, wird kategorisch verboten, irgendwelche Schiffe und Flugzeuge zur Insel Hokkaido zu schicken.»[17] Doch das sollte sich erst mehrere Wochen später zutragen.

Auf der Abschlußsitzung der Delegationsleiter, die in der Nacht vom 1. zum 2. August stattfand, lauteten Stalins letzte Worte: «Die Konferenz kann man wohl als gelungen bezeichnen.» Wenige Minuten zuvor hatten die drei Regierungschefs eine Grußadresse an Churchill und Eden unterzeichnet, und dann hatte Truman, der sowohl die Eröffnungs- als auch die Abschlußsitzung leitete, verkündet: «Ich erkläre die Berliner Konferenz für geschlossen. Bis zur nächsten Begegnung, die, wie ich hoffe, bald stattfinden wird.»

Stalin antwortete: «Gebe Gott!»[18]

Der Generalissimus konnte noch nicht wissen, daß die Urkunde über die Kapitulation Japans, die in seinem Auftrag an Bord des Kreuzers «Missouri» General K. N. Derewjanko unterzeichnete, auf lange Jahre das letzte Dokument von schicksalhafter Bedeutung sein würde, das die ehemaligen Alliierten gemeinsam vereinbarten. Er konnte auch noch nicht erraten, daß bald im Pentagon Pläne für nukleare Bombardierungen von sowjetischem Gebiet unter den Namen «Dropshot» und «Charioteer» auftauchten und daß die Zeit-

16 ЦАМО, Fundus 66, Liste 178499, Akte 9, Bl. 34–37.
17 Ebenda, Bl. 61.
18 Die Potsdamer (Berliner) Konferenz ..., S. 248.

schrift «Colliers» ein detailliertes Szenarium eines «bevorstehenden Krieges gegen Rot-Rußland» mit anschließender Okkupation der UdSSR veröffentlichen würde. Aber das alles sollte noch in der Zukunft liegen. Vorerst war in Potsdam, ob es die Regierungschefs der alliierten Staaten nun wollten oder nicht, ein wichtiger Schritt zur politischen Beendigung des Krieges in Europa und nicht zur weiteren Spaltung und strengen Teilung in verschiedene Welten getan worden. Die Antihitlerkoalition durchlebte jetzt ihre letzten Tage. Die westlichen Regierungschefs drängten zu Eile. Churchill hatte seinen eigenen Worten nach bereits im Mai 1945 erkannt, daß ein «eiserner Vorhang» östlich der Linie Lübeck – Triest – Korfu Europa teilen würde.[19] Weder Stalin noch Truman, weder Churchill noch Attlee konnten schon wissen, daß der Pfad des gegenseitigen Hasses, den sie alle bald beschreiten sollten, ihre kommenden Nachfahren in eine historische nukleare Sackgasse führen sollte, wobei sich die Politiker angesichts der realen Gefahr einer Vernichtung jeglichen Lebens auf unserem Planeten über ihre klassenmäßigen und ideologischen Interessen würden erheben und sich wie während des zurückliegenden Krieges wieder allgemein menschlichen Werten würden zuwenden müssen.

Der große Sieg über den Faschismus, zu dessen hauptsächlichen Schöpfern die Völker der Sowjetunion und der anderen Staaten der Antihitlerkoalition gehörten, trug dem sowjetischen Volk auch eine bittere Frucht ein. Der Sieg bestätigte noch einmal Stalins Ruf der Unfehlbarkeit und seine messianische Rolle bei der Gestaltung des Schicksals des sowjetischen Volkes und des Sozialismus. Der große Sieg machte aus Stalin endgültig einen Gott auf Erden.

Die sowjetischen Menschen hatten im Kampf gegen den Faschismus die Freiheit verteidigt. Doch zur Freiheit vom Stalinismus war noch ein fürchterlich langer Weg zurückzulegen. Noch mehrere Jahrzehnte. Die Bürger des Landes hofften, als sie an den heimatlichen Herd zurückkehrten, ebenso wie ihre fernen Vorfahren nach dem Vaterländischen Krieg von 1812 auf Veränderungen zum Guten. Der Wind der Freiheit, des nationalen Triumphes und des Sieges, der so viele Millionen Opfer gekostet hatte, hatte vage Hoffnungen geweckt. Die Menschen wollten besser leben. Ohne Angst und Antreiberei. Nein, Stalin verehrten, rühmten, huldigten sie nach wie vor, aber sie glaubten zugleich, daß es keine Gewalt, keine nicht enden wollenden Kampagnen und keinen permanenten harten Mangel am Lebensnotwendigen, der zu einem Wesenszug der sowjetischen Lebensweise geworden war, mehr geben würde.

Stalin war im Gegenteil durch den Sieg von der Unerschütterlichkeit aller bestehenden staatlichen und gesellschaftlichen Institutionen, von der prinzipiellen Lebensfähigkeit des Systems und von der Richtigkeit seines innen- und außenpolitischen Kurses mehr denn je überzeugt. Er gab bald zu verstehen, daß es auf innenpolitischem Gebiet im Lande zu keinerlei Veränderungen kommen würde. Es mußte gearbeitet, die Volkswirtschaft mußte wieder aufgebaut werden, und das auf der Basis jener Weisungen, die er, Stalin, erteilte. Im «Aufruf des ZK der KPdSU(B) an alle Wähler anläßlich der Wahlen zum Obersten Sowjet der UdSSR», die am 10. Februar 1946 abgehalten wurden, fand sich kein Wort über Demokratie, Volksmacht und die Beteiligung der einfachen Menschen an der Arbeit und der Leitung des Staates. Alles beschränkte sich auf die gewohnheitsmäßi-

19 Siehe W. S. Churchill, Der Zweite Weltkrieg, 6. Bd.: Triumph und Tragödie, 2. Buch: Der Eiserne Vorhang, Stuttgart – Hamburg 1954, S. 262.

gen Worte vom «Block der Kommunisten und Parteilosen» und davon, daß «sich die sowjetischen Menschen in jahrelanger Erfahrung von der Richtigkeit der Politik der Partei, die den Grundinteressen des Volkes entspricht, überzeugen konnten» und daß «es keinen einzigen Wähler geben darf, der nicht von seinem Ehrenrecht Gebrauch macht».[20] Die letzte Redewendung klang schon wie eine Verkündigung. Und genau das kannten die sowjetischen Menschen bereits!

Der «Aufruf» war wie immer von Stalin abgesegnet worden. Die Zahnräder des von Stalin errichteten bürokratischen Systems drehten sich unaufhaltsam mit der vom «Führer» angewiesenen Geschwindigkeit ... Wieder erschien fließbandartig ein Parteibeschluß nach dem anderen: über das Studium des «Kurzen Lehrgangs» der Parteigeschichte, über die schlechte Arbeit der Zeitungen «Molot» («Hammer», Rostow am Don), «Wolshskaja Kommuna» («Wolga-Kommune», Kuibyschew) und «Kurskaja Prawda» («Kursker Wahrheit»), über die Einstellung der «Umverteilung von Kolchosländereien» (das Verbot für Arbeiter und Angestellte, sich Nebenwirtschaften und Kleingärten anzulegen), über die schlechte Arbeit der Vereinigung der Staatsverlage (OGIS), über die Sicherung der Bereitstellung staatlicher Getreidereserven und so weiter und so fort.

Viele Dokumente tragen Stalins Sichtvermerk. Er glaubte nach wie vor uneingeschränkt an die magische Kraft von *Weisungen, Direktiven und Anordnungen.* Während Stalins bürokratisches Kommandosystem vor dem Krieg erst eingerichtet und in Gang gebracht worden war, wurde es nach dem Sieg nicht nur schnell wieder aufgebaut, sondern auch mit mehr Macht ausgestattet. De facto war der nach dem Krieg von Stalin praktizierte Kurs ein Kurs auf *totale Bürokratie.* In vielen Behörden wurden Uniformen mit Schulterstücken eingeführt (die Eisenbahner waren die ersten). Es wurden immer neue Organisationen geschaffen, deren Hauptaufgabe kaum in anderem bestand als in der «Kontrolle der Ausführung von Weisungen und Beschlüssen». Um die Kolchosbauern auf Lebenszeit an ihre Scholle zu binden, wurden ihnen die Pässe entzogen. Die Verbannungen und Ausweisungen dauerten bis Ende der vierziger Jahre an.

Sämtliche Gesellschaftswissenschaftler wurden nun endgültig zu gedankenlosen Kommentatoren der «großen» Dogmen umfunktioniert. In den Alltag kehrten ermüdende und abgestumpfte Rituale zur Lobpreisung des «Führers» zurück. Wie früher war Offenherzigkeit selbst im Umgang mit den Nächsten extrem gefährlich. Die intellektuellen «Kulturaufseher» zerstörten unter Shdanows Leitung die Freiheit des Denkens. Der verstärkte Bürokratismus begann schnell wieder eine für die Gesellschaft gefährliche Frucht heranzuziehen, nämlich die Gleichgültigkeit der Werktätigen, ihre ausschließliche Bereitschaft, Weisungen auszuführen. Die sittliche Degradierung vieler Menschen verstärkte sich und fand in der Persönlichkeitsspaltung (in Worten das eine, in Taten das andere) ihren Ausdruck. Die Partei geriet zusehends zum Schatten des Staates. Oder umgekehrt: Der Staat geriet zum Schatten der Partei. Niemand durfte mehr seine eigene Meinung äußern, wenn sie sich von der offiziellen unterschied. Wieder wurden Puschkins Worte, vor langer Zeit ausgesprochen, hoch aktuell: «... das Fehlen einer gesellschaftlichen Meinung ist Gleichgültigkeit zu jeglicher Pflicht, Gerechtigkeit, Recht und Wahrheit ... Das ist zynische Geringschätzung des Denkens und der Würde des Menschen.»[21] Entgegen allen

20 КПСС в резолюиях и решениях ..., Bd. 8, S. 7–16.
21 Переписка А. С. Пушкина в 2-х томах, Moskau 1982, Bd. 2, S. 291f.

Losungen begann der gleichmacherische Sozialismus eine bürokratische Elite herauszubilden, obwohl das paradox aussah.

So gebrauchte Stalin den Sieg «zur internen Verwendung», indem er bewußt und konsequent das System *konservierte.* Zu wahrhaftem sozialem Schöpfertum war er wie schon in den zwanziger Jahren nicht imstande. Um seinen ohnehin grenzenlosen Status als «genialer Führer» zu unterstützen und aufzuwerten, setzte er von Zeit zu Zeit, aber doch ziemlich regelmäßig Sekretäre von Gebietskomitees, Minister, Marschälle und andere Funktionäre ab, feuerte oder versetzte sie, wobei er ihnen apolitisches Verhalten, Machtmißbrauch, Nichtbefolgung von Weisungen oder mangelnde Sorge um die Menschen vorwarf. Solche Schritte steigerten Stalins Autorität, und er galt so in den Augen des Volkes als «guter Herrscher». Selbst heute noch imponiert vielen dieser Stil: Stalin hat immerhin, so sagen sie, keine Dummheit und Schlamperei geduldet! Jedoch ist zu bedenken, daß bei aller äußerer Paradoxie die tiefsten Wurzeln für die bürokratische Entartung vieler Führer der «poststalinschen» Zeit damals gelegt worden sind. In einem Milieu, wo keine «harte Hand» zu fürchten war, konnten die Embryonen regionaler, nomenklaturischer und behördlicher Allmacht und ihres Führerkultes wachsen. Das System unzähliger administrativer Verbote erwies sich bei Intaktivität wahrhaft sozialistischer ökonomischer Hebel, bei niedriger sittlicher Kultur und bei totalem Fehlen von Offenheit und Transparenz als wirkungslos. Erst mußte Stalin physisch und dann auch in bestimmtem Maße politisch abtreten, bevor deutlich wurde, daß die Konservierung des Systems nur die krisenhaften Erscheinungen in der Gegenwart verstärkt und in Zukunft verstärken wird. Die Menschen können erst nach Jahren sagen: *Absolute Macht demoralisiert auch absolut.* Der Sieg über den Faschismus stärkte beträchtlich Stalins Alleinherrschaft und förderte die kultische Verehrung seiner Person als Alleinherrscher. Dem Volk erschien er als Messias, als Schöpfer des großen Sieges und als unbezwingbarer Feldherr. Doch dieser blinde Glaube schwächte zugleich das Volk, denn ihm wurden auf lange die Wahrheit und die Gerechtigkeit vorenthalten.

Ich habe mich ziemlich lange bei einer außerordentlich negativen Aktivität Stalins nach dem zweiten Weltkrieg aufgehalten, nämlich bei seinen Bestrebungen, das politische System zu konservieren und keine Veränderung an ihm zu dulden. Stalin brachte es niemals fertig, wie Lenin zu sagen: «Wir brauchen Veränderungen im politischen System.» Sein dogmatischer Verstand war, wenn es um die Beurteilung des Systems ging, in dessen Mittelpunkt er selbst stand, nicht imstande zu begreifen, daß er mit diesem Versuch der Konservierung die sozialistischen Werte und Ideale, an die Millionen Menschen immer noch glaubten, einer Erosion aussetzte.

Neben diesen negativen Prozessen lebten, pulsierten, kämpften die Hoffnung, der Willen und die Energie des Volkes weiter. Der Sieg über den Faschismus hatte die sowjetischen Menschen von der Unbesiegbarkeit des Sozialismus sowie von der Richtigkeit der historischen Wahl überzeugt, die sie im Oktober 1917 getroffen hatten. Trotz der vielen Hemmnisse, Schwierigkeiten, Entartungen und Verbrechen bewahrte das Volk den Geist der Oktoberrevolution und seinen Glauben an eine bessere Zukunft. In ungeahnt kurzer Zeit gelang es ihm, sich aus den Ruinen zu erheben und das Wirtschaftspotential wieder zu errichten. Als Stalin Ende 1945 die Angaben von der Auswertung der wirtschaftlichen Kriegsschäden gemeldet wurden, fragte er, der sicher so manch anderes von den Wunden und Schrammen am Körper des Vaterlandes wußte, bei Wosnessenski zurück:

«Ohne Übertreibung?»

«Könnten höchstens Untertreibungen sein. In der kurzen Frist waren die Tiefe und die Dimensionen sämtlicher Verluste unmöglich zu beurteilen ...»

Stalin erinnerte sich an eine Beratung der Frontoberbefehlshaber und der Oberkommandierenden der Waffengattungen zu Fragen der Demobilisierung und Reorganisierung der Roten Armee, die am 21. und 22. Mai 1945 stattgefunden hatte. Damals hatte er als Oberster Befehlshaber den Marschällen und Generalen gesagt: Ohne die Armee, präziser, ohne diejenigen, die sich in der Armee befinden, werden wir unsere Wunden nicht heilen können. In den Händen hatte er ein Bündel Blätter gehalten und öfter darauf geschaut, während er langsam und dumpf in den Saal hinein sprach: «Die Demobilisierung muß in erster Linie die Truppenteile der Luftverteidigung und der Kavallerie betreffen. Sie darf nicht die Panzertruppenteile und die Seekriegsflotte betreffen. Bei den Infanterietruppenteilen wird die Demobilisierung 40–60% ihres Bestandes erfassen, ohne die Truppen im Fernen Osten, in Transbaikalien und in Transkaukasien zu berühren ... Jedem zu entlassenden Kämpfer sind zum Tagespreis Beutewaren zu verkaufen und Geldmittel für soviele Jahre auszuhändigen, wie er in der Armee gedient hat ...»[22] Während Stalin von der Demobilisierung der Armee sprach, dachte er darüber nach, wie diese Kraft noch schneller in jenen Prozeß einbezogen werden konnte, von dem Wosnessenski so drängend geredet hatte. Das Land mußte wieder aufgerichet werden. Alles in Grenzen: Kräfte, Potenzen, Geduld. Das Volk litt schreckliche Not. Berija berichtete da von Hungersnöten im Gebiet Tschita, in Tadshikistan, in Tatarien und in anderen Gebieten. Stalin nahm einen neuen Bericht zur Hand und blätterte die Seiten um. Der Volkskommissar des Innern der Tadshikischen SSR, Chartschenko, teilte mit:

«Im Gebiet Leninabad sind ... 20 Personen entdeckt worden, die an Auszehrung gestorben, und 500 Personen, die vor Unterernährung aufgedunsen sind. Im Gebiet Stalinabad – in den Rayons Ramit, Pachtaabad, Obi-Garm und anderen Rayons – sind über 70 Personen an Auszehrung gestorben. Auch gibt es Ausgezehrte und Aufgedunsene. Solche Fälle gibt es auch in den Gebieten Kurgan-Tjube, Kuljab und Garm. Die diesen Rayons vor Ort geleistete Hilfe ist unbedeutend ...»[23]Im Gebiet Tschita gab es Fälle «des Verzehrs von eingegangenen Tieren, Bäumen und Rinden». Berichtet wurde von einem schrecklichen Vorfall, daß «eine Bäuerin mit ihren Söhnen ihre kleine Tochter tötete und sie als Nahrung verwendete ... Da gibt es einen weiteren Fall ...»[24] Stalin konnte diesen traurigen Bericht nicht weiterlesen. Berija sagte eilig, als er den Unmut des «Führers» bemerkte:

«Sie haben eine bestimmte Menge Mehl bis zur nächsten Ernte abgezweigt. Man muß Geduld haben!»

Noch stand der Krieg gegen Japan ins Haus, und Wosnessenskis Berichte belegten, daß ein kolossales Arbeitspensum zu bewältigen war. Der Kandidat des Politbüros fand sich gründlicher als andere aus der Umgebung des «Führers» in den umfänglichen, tiefreichenden ökonomischen Prozessen zurecht, die im Land vor sich gingen. Stalin hatte schon lange ein Auge auf ihn geworfen und hegte ihm gegenüber widersprüchliche Ge-

22 ЦАМО, Fundus 132, Liste 2642, Akte 15, Bl. 1–9.
23 ЦГАОР, Fundus 9401, Liste 2, Akte 96, Bd. V, Bl. 147.
24 Ebenda, Akte 103, Bd. III, Bl. 149–160.

fühle. Ja, dieser Mann war der mit großem Abstand klügste Leiter in seiner Umgebung, doch an ihm mißfiel ihm die Unabhängigkeit und mitunter auch Schärfe des Urteils. Stalin bedachte aber wohl, daß es ohne einen solch fähigen Kopf schwer fallen würde, die Wirtschaft aus den Ruinen wieder entstehen zu lassen. Im Februar 1947 schlug Stalin auf dem ZK-Plenum überraschend vor, Wosnessenski zum Mitglied des Politbüros zu wählen.

Während Stalin Wosnessenskis Bericht über das Ausmaß der Zerstörungen und die erste Variante des Berichts der Außerordentlichen Staatlichen Kommission über die Verbrechen der deutschen Okkupanten durchlas, hielt er sich lange an einigen Zahlen fest: Zerstört waren 1710 Städte und städtische Siedlungen, niedergebrannt waren über 70000 Dörfer (der «Führer» dachte aber nicht daran, wieviele dieser Dörfer er selbst auf dem Gewissen hatte), zerstört und unbenutzbar geworden waren 32000 Industriebetriebe und 65000 Kilometer Eisenbahnstrecke, verwüstet waren etwa 100000 Kolchose und Sowchose sowie Tausende MTS ... Während Stalin über diese fürchterlichen Zahlen nachdachte, erinnerte er sich daran, wie er auf der Fahrt nach Berlin aus dem Fenster mit dem kugelsicheren Glas auf die Weiten der russischen Ebene geschaut hatte, die von den Schrammen der Schützengräben, Unterstände und Brandstätten durchfurcht war. Der Zug hatte weder auf großen Stationen noch in Städten angehalten; draußen waren die Ruinen von Gebäuden mit vielen leeren Fensterhöhlen, zerstörte Betriebe und verkohlte Baracken vorbeigeflogen. In unzerstört gebliebenen Dörfern waren häufig bis auf den Grund niedergebrannte Häuser zu sehen, wo sich die Schornsteine der russischen Backöfen wie erkaltete Finger in den Himmel reckten. Selbst die stürmisch wuchernde Juli-Vegetation vermochte nicht die Spuren der fürchterlichen Not zu überdecken.

Nach Wosnessenskis Worten waren 25 Millionen Menschen im Lande obdachlos und hausten in Erdhütten, Scheunen und Kellern. Ebenso schlecht war es schon seit Anfang der dreißiger Jahre um die Viehzucht bestellt: Dutzende Millionen Stück Vieh waren weggetrieben oder getötet worden. Nach vorläufigen Schätzungen, schrieb Wosnessenski, belief sich der unmittelbare Schaden, der durch die Okkupation entstanden war, auf eine Summe von etwa 700 Milliarden Rubel (nach Vorkriegspreis). Anders ausgedrückt, das Land hatte 30 Prozent seines nationalen Reichtums verloren.[25] Die Bevölkerung befand sich auf dem denkbar niedrigsten Lebensniveau ...

Diese Sentenzen interessierten Stalin schon weniger. Er war stets der Auffassung, daß es ohne große Opfer nicht möglich sei, den Sozialismus aufzubauen, den Faschismus zu zerschlagen und heute auch die Macht wieder zu errichten. Ohne daß das gesellschaftliche Bewußtsein in permanenter Spannung, Mobilität und «bürgerkriegsähnlicher» Bereitschaft zum Kampf gegen alle Schwierigkeiten und inneren Feinde gehalten wurde, waren, dessen war sich Stalin sicher, die riesigen Aufgaben nicht zu bewältigen. Daß er recht hatte, das bewies ihm ein Bericht von Chruschtschow, den ihm kürzlich Poskrjobyschew in die Handakte gelegt hatte. Am 31. Dezember 1945 hatte Chruschtschow mitgeteilt, daß die ukrainischen Nationalisten in den westlichen Gebieten der Ukrainischen SSR im Zusammenhang mit den heranrückenden Wahlen zum Obersten Sowjet der UdSSR ihre Aktivitäten verstärkt hätten. Am Ende des Berichts fand sich die Bitte, ob dem Karpaten- und dem Lwower Militärbezirk mit zusätzlichen Kräften geholfen werden könne. Aber gab es denn nur dort Feinde? Wieviele Menschen hatten unter der Okkupation gelebt,

25 Н. А. Вознесенский, Избранные произведения, Moskau 1979, S. 584.

wieviele waren zur Zwangsarbeit verschleppt worden, wieviele in Kriegsgefangenschaft gewesen? Stalin war überzeugt, daß von der Front nicht wenige als «Dekabristen» zurückgekehrt seien.

Auf Chruschtschows Bericht notierte Stalin eine Aufforderung an Bulganin und den Generalstab, zusätzliche Truppen für die Westgebiete der Ukraine abzustellen.[26] Und dann gab es noch einen ähnlich lautenden Bericht «Über die Bildung von Jagdbataillonen zum Kampf gegen das Banditentum in Lettland», der von Bulganin unterzeichnet war und in dem der Vorschlag unterbreitet wurde, diese Bataillone aus dem örtlichen Aufkommen zu finanzieren.[27] Auch dort gab es Opfer. Der Krieg war zu Ende, und die Opfer hörten nicht auf. Da meldeten Merkulow und Kruglow, daß sich in Litauen am Vorabend der Wahlen «die Aktivität des antisowjetischen nationalistischen Untergrundes verstärkt» habe. Eine kurze Aufzählung daraus:

* Am 15. Dezember 1945 war im Kreis Šiauliai das Mitglied der Bezirkswahlkommission J. Mituzas in den Wald verschleppt und erschossen worden.
* Am 16. Dezember 1945 hatte im Amtsbezirk Veisiejai, Kreis Lazdijai, eine Gruppe von Banditen den Vorsitzenden der Wahlkommission V. Levulis ermordet.
* Am 17. Dezember 1945 hatte im Kreis Rokiškis eine Gruppe von Banditen den Vorsitzenden der Wahlkommission M. Gikelis umgebracht.
* Am 20. Dezember 1945 war im Amtsbezirk Tauiane, Kreis Ukmerge, der Angehörige der Abschnittswahlkommission und Vorsitzende des Dorfsowjets J. Gabrilavičius von Banditen umgebracht worden.[28]

Die Liste der neuen Opfer war lang. Es sollten noch einige Jahre vergehen, bis das Blutvergießen im Baltikum aufhörte. Doch verglichen mit den Verlusten während des Krieges, machten diese Opfer nur einen Bruchteil aus. Stalin dachte nicht nur einmal über den menschlichen Preis des Sieges nach, vertrat aber, wenn er so hin und herrechnete, die Meinung, daß dies auch eine «politische Frage» sei.

Welches war nun der Preis des Sieges? Wieviele Menschen waren umgekommen? Bald würde Stalin auf einer Wahlversammlung auftreten und dem Volk über diesen menschlichen Preis des Sieges Auskunft geben müssen. Während des Krieges hatte er als Oberster Befehlshaber keinen Gedanken daran verschwendet; die personellen Reserven des Landes galten als unerschöpflich. Doch als der Rückzug bis Stalingrad geführt hatte, rechnete er sich aus, daß im besetzten Gebiet 70 bis 80 Millionen Menschen zurückgeblieben waren.

Nach einem Auskunftsbericht, den im Januar 1946 Militärs und Wosnessenski für Stalin anfertigten, ging hervor, daß die sowjetischen Verluste nur annähernd beziffert werden konnten. Diese blutige Statistik war, insbesondere bei Kriegsbeginn, extrem schlecht geführt worden. Wosnessenski teilte in einem mündlichen Bericht mit: Die Verluste würden erst in einigen Monaten mehr oder weniger genau zu bestimmen sein, aber nach verfügbaren Informationen waren insgesamt über 15 Millionen Menschen umgekommen. Stalin schwieg dazu. Nach Meldung des Generalstabs waren auf den Schlachtfeldern 7,5 Millionen Menschen gefallen, ihren Verwundungen erlegen oder vermißt. Bis 1946 blieb Stalin ausschließlich bei dieser Zahlenangabe. Er wollte nicht über den großen Preis reden,

26 ЦАМО, Fundus 132, Liste 104, Akte 16, Bl. 22.
27 Ebenda, Liste 2, Akte 54, Bl. 97.
28 ЦГАОР, Fundus 9401, Liste 2, Akte 134, Bd. I, Bl. 1–7.

denn das hätte damals sofort sein Bild als Feldherr beeinträchtigt. Das konnte er nicht zulassen.

Wie hoch war der Preis für den Sieg der Sowjetunion nun wirklich? Chruschtschow nannte 1956 in seinem Brief an den schwedischen Ministerpräsidenten Tage Erlander erstmals die Zahl von mehr als zwanzig Millionen. Worauf beruhen diese Zahlenangaben, die auch heute noch verwendet werden? Auf Näherungsrechnungen! Meiner Meinung nach stimmt an Chruschtschows Einschätzung einzig und allein der Zusatz «mehr als», also mehr als zwanzig Millionen. Die Historiker arbeiten intensiv daran, präzise Zahlenangaben zu ermitteln, denn das Volk muß wissen, wieviele Söhne und Töchter es auf den Altar des Sieges gelegt hat.

Wenn ich auf die verfügbaren statistischen Angaben aus Militärarchiven zurückgreife, unter anderem zu den sowjetischen Kriegsgefangenen (die Deutschen haben zum Beispiel einen pedantisch genauen Nachweis geführt, wen sie in ihre Konzentrationslager eingesperrt und dort umgebracht haben), wenn ich die Ergebnisse von Volks- und Truppenzählungen analysiere, mich auf die Anzahl und die Bewegung in der zahlenmäßigen Zusammensetzung der taktischen Verbände während des Krieges stütze, die Verlustmeldungen während der großen Operation berücksichtige sowie die wissenschaftlich begründeten Erwägungen solch bekannter Koryphäen der Wissenschaft wie I. J. Wyrodow, J. J. Wlasjewitsch, A. J. Kwascha und B. W. Sokolow heranziehe, dann komme ich zu folgenden Schlußfolgerungen (selbstverständlich erhebe ich keinen Anspruch auf die endgültige und alleinige Wahrheit): Die Zahl der während des Großen Vaterländischen Krieges umgekommenen Armeeangehörigen, Partisanen, Untergrundkämpfer und Zivilpersonen schwankt offensichtlich *zwischen 26 und 27 Millionen*, von denen etwa *zehn Millionen* auf dem Schlachtfeld fielen oder in der Gefangenschaft starben. Besonders tragisch war das Schicksal derjenigen, die zum Bestand der ersten strategischen Staffel (und der großen Masse der strategischen Reserven) gehörten. Diese hatten 1941 die Hauptlast des Krieges zu tragen. Der Hauptbestand, vor allem der Kaderbestand, der taktischen und operativen Verbände dieser Staffel kam ums Leben, und etwa *drei Millionen* Armeeangehörige gerieten in Kriegsgefangenschaft. Etwas geringer waren die Verluste im Jahre 1942.

Eine höchst nebulöse und politisch zweideutige Kategorie sind die «Vermißten». Zu ihr gehörten sowohl diejenigen, die auf dem Schlachtfeld gefallen, aber nie in Stärke- und Verlustmeldungen aufgetaucht waren, als auch diejenigen, die in Gefangenschaft geraten waren, die es zu den Partisanen verschlagen hatte oder deren Schicksal im Dunkeln geblieben war. Ja, zu dieser Kategorie wurden auch Feiglinge sowie jene gerechnet, die den Versprechen der Feinde Glauben geschenkt und in die ROA (Wlassows «Russische Befreiungsarmee» – *d. Ü.*) eingetreten waren sowie in der faschistischen Hilfspolizei gedient hatten. Das Schicksal der erdrückenden Mehrheit der Vermißten war höchst tragisch: namenloser Tod auf dem Schlachtfeld, Tod in der Gefangenschaft oder «bestenfalls» endlose Überprüfungen in NKWD-Lagern mit dem Risiko, auf lange Jahre dort eingesperrt zu bleiben.

Wenn Stalin zur Selbstkritik imstande gewesen wäre, dann hätte ihn eine simple Gegenüberstellung der sowjetischen und deutschen Verlusten zu dem Schluß geführt, daß sich das «Feldherrngenie des Führers» in nicht geringem Maße auf die Ahnungslosigkeit der Menschen gründete. Nach meinen Berechnungen fällt das Verhältnis der Totalverluste 3,2:1 zuungunsten der sowjetischen Seite aus.

Sicher muß auch die barbarische planmäßige Vernichtungspolitik der deutschen Faschisten gegen die Zivilbevölkerung berücksichtigt werden, die sich vor allem gegen die Slawen, die Juden und die Angehörigen einiger anderer Nationalitäten richtete. Sie war eine der Hauptursachen für die astronomischen Verluste unter der sowjetischen Bevölkerung. Die große Masse der Toten entstammte der Zivilbevölkerung. Doch selbst wenn man den katastrophalen Kriegsbeginn außer acht läßt, fielen die militärischen Verluste auch später auf sowjetischer Seite immer etwas höher aus als bei den Deutschen. Natürlich hatten die sowjetischen Soldaten und Kommandeure bis 1943 das Kämpfen gelernt, und nicht schlecht! Aber bei Stalin dominierte stets das Prinzip, das mehr als einmal in seinen Direktiven und Tagesbefehlen ausgeführt war, nämlich daß die Ziele «ohne Rücksicht auf Verluste» zu erreichen seien. Für einen Menschen, der jenseits jeglicher Kritik stand, hatten ein, zehn, hundert, tausend, Millionen Menschenleben keinerlei Wert. Darin bestand ebenfalls eine wichtige Ursache für den unermeßlich hohen Preis, den das sowjetische Volk für den großen Sieg zu entrichten hatte. Auf immer wird der Sieg von der Bitternis der unermeßlichen Verluste durchtränkt sein. Stalin focht dieses Problem nicht an. Sein Opfersozialismus verlangte eben auch opferreiche Siege. Die Unbestreitbarkeit dieser historischen Tatsache bestätigt nicht nur die große Langmut und Genügsamkeit des sowjetischen Volkes, sondern mahnt auch, daß Stalin nur zu dem werden konnte, was er war, weil man ihn *gewähren ließ.* Die entscheidende Rolle der Volksmassen darf man eben nicht ausschließlich an irgendwelchen «Bilanzen» ablesen …

Der Krieg war also gewonnen. Man konnte wieder mit voller Brust die Luft des Kaukasus einatmen. Berija würde schon alles in die Wege leiten. Obwohl diese Operation zum Transport des «Führers» an seinen Urlaubsort einfacher über die Bühne zu bringen sein müßte als bei der Fahrt nach Berlin, aber man konnte nicht wissen …

Ich zitiere jetzt einige Passagen aus dem Bericht des Stellvertreters des KGB-Bezirkschefs von Krasnodar, Shdanow, an Merkulow: «Über die im Zusammenhang mit dem Eintritt der Sonderperiode in Sotschi *(sic! – D. W.)* durchgeführten Maßnahmen.

… Die antisowjetischen Elemente, die bei der Abteilung Sotschi registriert sind, werden unter aktive Bearbeitung und Observierung genommen. Die Verhaftungen werden nach festgelegter Reihenfolge durchgeführt …

Das Wald- und Parkgelände zwischen dem Fluß Golowinka und dem Fluß Psou wird durchgekämmt. Die Zensurzentrale ist vergrößert. Das Paßregime ist verschärft. Die Kontrolle des Autoverkehrs ist verstärkt. Vom Bahnhof bis zum Landhaus sind 184 Posten aufgestellt. Die ganze Strecke steht unter Bewachung. Eine schienengebundene E-Station ist installiert. Gen. Wlassik wird täglich informiert …»[29]

Den «Führer der Völker» bangte also nicht nur in Deutschland, sondern sogar zu Hause in der Heimat um sein Leben. Deshalb blieb er während der Fahrt meistens im Wagen. Mit Stalin in den Urlaub reisten wie immer Wlassik, Poskrjobyschew, Istomina, Versorgungs- und Sicherungspersonal und sonstige «Dienerschaft». (Einzuflechten wäre an dieser Stelle, daß Stalin nach dieser Fahrt anordnete, eine moderne Autobahn nach Simferopol zu bauen.) Als er Orjol, Kursk sowie andere Städte und Dörfer passierte, verließ er einige Male das Auto und unterhielt sich mit den Menschen … Er bestaunte die Opferbereitschaft der Frauen und Kinder in der sehr harten Zeit. (Auf der Fahrt durch die

29 Ebenda, Akte 2223, Bl. 235–238.

russische Ebene in Richtung Süden erzählte man ihm, daß Berijas Behörde bei Suchumi, Nowy Afon, am Riza-See, an der Cholodnaja Retschka und an anderen Orten überall mit der Errichtung von Staatsdatschen beschäftigt sei.) Bald wurden Stalin der Umgang mit dem Volk während der Fahrt in den Urlaub, die Treuebekundungen, die Freudentränen der Frauen, die aufmunternden Versicherungen der Männer «Es wird uns bald besser gehen, Genosse Stalin!» und die verwunderten Blicke der Alten und der Kinder, die gleichsam fragten «Das soll Stalin sein?», ziemlich lästig.

In der Tat wußte Stalin, daß es seiner Popularität in der breiten Masse zuträglicher war, wenn er der Menge von der Tribüne des Mausoleums zuwinkte, von der Kinoleinwand herunterlächelte und dem Volk tagtäglich ausschließlich in Form von Porträts, Büsten und Statuen erschien. Er kannte sich wohl in der Psyche der Massen aus und nahm stark an, daß bei seinen Begegnungen mit den Menschen irgendwo tief im Innersten Enttäuschung keimte. Vor ihnen erschien er als untersetzter Mann mit disproportioniertem, kurzem Rumpf und relativ langen Extremitäten. Der Rock der Marschallsuniform kaschierte mühsam ein auffälliges Bäuchlein. Spärliches Haar umrahmte ein ziemlich verlebtes, pockennarbiges Gesicht von jener auffälligen Blässe, wie sie Büromenschen eigen ist. Er hatte ein unschönes, nicht gerade vor Weiß erstrahlendes Gebiß, und nur die lebhaften, schnellen gelben Augen verliehen dem Mann einen Ausdruck von versteckter Energie, Machtbewußtsein und Selbstsicherheit. In Kursk erdreistete sich eine Frau sogar, Stalin am Uniformärmel zu zupfen, so sehr unterschied sich offensichtlich das im Bewußtsein verhaftete Bild vom eigenen Augenschein. Stalin registrierte in den Augen des Publikums bald nicht nur Freude und Begeisterung, sondern auch kaum verhohlene Enttäuschung ob der Unscheinbarkeit des Generalissimus, des «Führers der Völker» ... Auf seine gleichförmigen Fragen erhielt der «Führer» ebenso gleichförmige Antworten, aus denen Bewunderung, anhaltende Vergötterung und die Erwartung eines Wunders herauszuhören waren. Doch ein Wunder ... trat nicht ein. Die Menschen erwarteten keine Reden von Stalin, sondern «verschlangen» ihn ganz einfach mit den Augen und konnten es kaum fassen, daß der «Führer» höchstpersönlich vor ihnen stand. Ein zum Gott auf Erden erhobener Mensch konnte leicht die Menschen im persönlichen Kontakt enttäuschen. Und ein Mensch war er ebenso wie die anderen – all das Wundertätige, Weise, Weitsichige und Sagenhafte das man ihm andichtete, hatten nur Menschen geschaffen und sich ausgedacht. Das ganze System von Mythen, Sagen und Legenden war wirksam, solange die Menschen nicht direkt mit dem Träger all dieser Attribute der Vergötterung in Kontakt kamen.

In der Limousine durchgeschüttelt, bisweilen durch die verhängten Fenster blickend, überzeugte sich Stalin wieder und wieder davon, daß ein rätselhafter Führer, der selten zum Volke sprach und sich ihm ebenso selten zeigte, seine Vorteile hatte. Mehr solcher Leichtsinnigkeiten würde er sich nicht mehr leisten. Er würde auch in Zukunft die Illusion der Allgegenwart mit gottgleicher Distanz zu verbinden wissen. In den Augen der Menschen sollte er der Mensch bleiben, der den Sozialismus aufgebaut, sämtliche Feinde des Volkes vernichtet und den Faschismus besiegt hatte und bald, sowie die Wunden geheilt waren, die sowjetischen Menschen zu neuen «großen Aufbauleistungen für den Kommunismus» aufrufen würde. Seine Stärke bestand im Geheimnisvollen und in der Fähigkeit, in einer Zeit des Triumphes das Sinnen und Trachten des Volkes mit neuen Kampagnen zu verbinden. Und er, nur er, war wie der biblische Prophet Salomo in der

Lage zu bestimmen, wann «der Zeitpunkt zum Zuschlagen und der Zeitpunkt zum Heilen, der Zeitpunkt zum Zerstören und der Zeitpunkt zum Aufbauen» gekommen ist. Stalin mußte stark spüren, daß er nur in dem System gebraucht wurde, das er selbst errichtet hatte. Etwas anderes war nicht möglich. Keiner konnte auf Veränderung hoffen. Auf der Tagesordnung stand, das System zu festigen, die Staatsmacht zu stärken sowie all jene aus dem Weg zu räumen, die dazu nicht bereit waren. Der große Sieg, den er errungen hatte, mußte als gewichtiges Argument dafür herhalten, daß die historische Wahrheit auf seiner Seite war.

Möglicherweise spekuliere ich zu sehr mit Stalins Gedankengängen. Doch das tue ich auf der Grundlage von Dokumenten, Zeugnissen und logischem Denken. Seine Geschäfte, Schritte und Entscheidungen sagen mit eindeutiger Bestimmtheit, daß Stalin als Alleinherrscher nicht vorhatte, irgend etwas grundlegend zu verändern. Man konnte und mußte wohl die Menschen ändern, aber auf keinen Fall die Hauptsache, nämlich die unerschütterliche allgemeine Ordnung, die auch Stalin auf den Gipfel der Macht getragen hatte.

Der zurückliegende Krieg hatte Stalin, obwohl er ihn auch bis ins Mark erschüttert hatte, in dem Gedanken bestätigt, daß er vor der Geschichte im Recht war. Der Diktator hatte erkannt, daß er jetzt auf dem Gipfelpunkt des Ruhmes, der Anerkennung, des Einflusses und der Verehrung angelangt war. Er hatte sich endgültig von allen «Vorurteilen», ob solchen von der Art des Gewissens oder von unseriösen Spielereien mit der «Demokratie», freigemacht und den Menschen das genommen, was man als soziale Alternative bezeichnen konnte. Stalin war überzeugt, daß diese Ordnung, die er nun, nach dem Krieg, zu konservieren gedachte, jener am nächsten kam, von der die Begründer des wissenschaftlichen Sozialismus geträumt hatten. Alles war vorprogrammiert, angewiesen, vorgeschrieben, bestimmt. Da war das Gebäude des Sozialismus, das im Krieg Beschädigungen erlitten hatte, wiederherzurichten und zu reparieren. Und so stellte er wieder einmal die Losung auf: «Einholen und überholen!»

Nicht ohne Grund meinte Stalin, daß nach dem Krieg in der Welt ein allgemeiner Linksruck eingetreten war. Der antifaschistische Kampf hatte die Massen zusammengeschlossen, die demokratischen Kräfte belebt die Reaktion zurückgedrängt. Das Heldentum und die Opferbereitschaft der sowjetischen Menschen hatten tiefe Sympathien zum Sowjetstaat erzeugt. Sogar viele Weißgardisten und emigrierte Intellektuelle und überhaupt «Ehemalige» fühlten sich zur Sowjetunion hingezogen. Stalin interessierten besonders die «Signale» aus Paris von den georgischen Menschewiki. Schließlich kannte er viele von ihnen persönlich. Er wies bald nach Kriegsende an, den Propagandasekretär des ZK der KP(B) Georgiens, Scharija, auf eine Dienstreise nach Paris zu schicken. Dessen Bericht, den Berija und Merkulow vorlegten, studierte Stalin lange und aufmerksam. Die georgischen Namen Kedija, Arsenidse, Zereteli, Tschchenkeli, Gobetschija und Takanschwili erinnerten den «Führer» an die nun schon weit zurückliegenden Jahre der Revolution, des Kampfes und der grausamen Trennung.

Scharija teilte mit, daß ihm die georgischen Emigranten altertümliche Handschriften, goldene und silberne Kunstgegenstände sowie numismatische und archäologische Kostbarkeiten zur Rückführung in die Heimat übergeben hätten. Auf Weisung aus Moskau traf sich Scharija mit Noi Shordanija, Jewgeni Gegetschkori, Jossif Gobetschija und Spiridon Kedija. Zu Beginn der Begegnung hatte Shordanija seine Meinung über den in der

Sowjetunion herrschenden Mangel an Demokratie, Meinungs-, Presse- und Wahlfreiheit sowie an Privatinitiative bekräftigt. Dann jedoch hatte er erklärt (Stalin hatte diese Passage unterstrichen): «Den Krieg hat Stalin gewonnen. Ich halte ihn für einen sehr großen Mann. Dumm wäre es, wegen politischer Differenzen seine Größe zu leugnen. Die Geschichte spricht immer mehr von seiner Größe. Sie enthüllt jene Seiten seines Wirkens, die seinen Zeitgenossen noch unbekannt sind.»[30] (Und hier hatte Noi Shordanija vollkommen recht – *D. W.*) Viele ehemalige politische Gegner äußerten den Wunsch, in die Heimat zurückzukehren. Als Stalin den Text durchgelesen hatte, mochte er gedacht haben: Sieger haben immer recht!

Der Sieg über den Faschismus bewirkte einen bemerkenswerten Zuwachs an Anhängern und Freunden der UdSSR in der Welt. Unter dem Eindruck des Sieges traten tiefreichende Prozesse in den internationalen Beziehungen ein. Der Zerfall der Kolonialreiche begann, und die Welt hörte den beschleunigten Puls der nationalen Befreiungsbewegungen. In den osteuropäischen Ländern und dann auch in China spielten die Kommunisten die entscheidende Rolle. Stalin spürte schon die Strömungen des neuen revolutionären Aufschwungs. Der «Führer» nahm nicht ohne Grund an, daß die kommunistische Bewegung einen «zweiten Atem» bekommen hatte.

Dieser «Atem» wurde allerdings bald vom «kalten Krieg» erstickt, zu dem Churchill mit seiner Rede in Fulton am 5. März 1946 das Signal gab. Auch die innenpolitischen Probleme in der UdSSR verschärften sich. 1946 wurden weite Gebiete des Landes von einer großen Dürre heimgesucht. Die Not an allen möglichen Bedarfsgütern hielt den Siegerstaat in eisernem Würgegriff. Die Westukraine und das Baltikum waren Schauplatz von kaum zur Kenntnis genommenen, aber erbitterten Auseinandersetzungen zwischen Regierungskräften und oppositionellen Formationen. Trotz mehrerer persönlicher Weisungen Stalins, «die Zerschlagung der Banden zu beschleunigen», zog sich die Liquidierung der Herde des Partisanenkrieges noch lange hin. In der Westukraine flackerten noch 1951 vereinzelt Gefechte mit noch nicht entwaffneten Banden auf.

Die wirtschaftlichen Nöte verstärkten auch die geistigen Schwierigkeiten. Das intuitive Warten auf Veränderungen und die Hoffnung auf ein besseres Leben mußten wieder einmal in eine ungewisse Zukunft vertagt werden. In seiner Wahlrede im Bolschoi Theater rief Stalin dazu auf, angestrengt zu arbeiten und Geduld zu üben. Dem sowjetischen Volk blieb eigentlich nichts anderes übrig. Auch das war Teil des Preises, der für den großen Sieg zu entrichten war.

Das Leichentuch von Stalins «Geheimnissen»

Der Leser weiß, das Stalin Geheimnisse liebte. Große wie kleine. Doch über alles vergötterte er die Geheimnisse der Macht. Oft waren sie furchterregend. Wir können heute nur noch darüber nachgrübeln, wie es ein amoralischer, physisch unattraktiver, in politischer Hinsicht zutiefst abstoßender Mensch geschafft hat, ein ganzes großes Volk dazu zu zwingen, ihn zu lieben. Wie hat er es fertiggebracht, die Tragödie eines Volkes in seinen persönlichen Erfolg «umzumünzen»? Warum glaubten an ihn Millionen, und das nicht nur

30 Ebenda, Akte 97, Bl. 139–142.

in der Sowjetunion? Um die «Geheimnisse» dieses Phänomens wußte Stalin sehr wohl, und er schätzte und hütete sie.

Heute, da so viele über Stalin schreiben, regt sich bei manchen Autoren natürlich der Wunsch, einen Unterschied zwischen Stalin und dem Sozialismus, zwischen Stalin und dem Volk zu machen. so hatte einst auch Trotzki heranzugehen versucht, als er sein Buch «Stalin» zu schreiben begann. In vielen Artikeln sowjetischer Autoren wird diese Absicht offenkundig. Derselben Meinung stand auch ich sehr nahe, aber ich bin zu dem Schluß gelangt, daß so etwas nicht möglich ist, ohne daß die historische Wahrheit Schaden nimmt. Ist es denn real, das Volk für sich und Stalin für sich zu untersuchen, wenn man die dreißiger und vierziger Jahre beurteilt? Waren denn Volk und Partei von ihrem Führer zu trennen? Haben sie etwa nicht ihren «Führer» gefeiert, der sämtliche Angelegenheiten des Landes lenkte?

Dahinter verbirgt sich wohl Stalins größtes «Geheimnis». Er schaffte es, zum Symbol des Sozialismus zu werden. Einen Unterschied zwischen Stalin und dem Sozialismus zu machen ist in bestimmtem Umfang doch noch möglich, wenn man in Rechnung stellt, daß sich die UdSSR, obwohl Ende der dreißiger Jahre der Aufbau des Sozialismus verkündet worden war, immer noch in der *Übergangsperiode* befunden hat. Der unreife Sozialismus «gestattete» es, daß sich ein dem hohen Ideal unwürdiger Mensch an die Spitze setzen konnte. Der Triumphator löste sich selbst so weit vom Volk, wie sich das nach seinen Entwürfen geschaffene Sozialismusmodell vom Leninschen Modell unterschied. Vieles Positive, das sich in der Gesellschaft herausbildete, wurde nicht dank, sondern vielmehr trotz Stalin Wirklichkeit. Es konnte sich als Wirkung dessen, was wir als «Initialzündung der Oktoberrevolution» bezeichnen, und als Folge des sozialen Trägheitsmoments herausbilden. Stalin ist nicht total vom *Stalinschen* Sozialismus zu trennen. Als er den Schwerpunkt auf die gewaltsame Lösung der vielen wirtschaftlichen, sozialen und ideologischen Probleme legte, hatte er wohl erkannt, daß ohne Veränderungen im gesellschaftlichen Bewußtsein keine solche Lage geschaffen werden konnte, in der er ständig im Mittelpunkt des Systems stand. Seine Idee vom «neuen Menschen» unterschied sich prinzipiell von Lenins Gedanken über die harmonische Entwicklung der Persönlichkeit in der sozialistischen Gesellschaft. Wie aber konnte es Stalin gelingen, das gesellschaftliche Bewußtsein des Volkes zu manipulieren? Natürlich mit Hilfe seines großen Apparates. Neben der erzieherischen Ausprägung einiger positiver Elemente wurden in das Bewußtsein ausschließlich vom «Führer» stammende Gedanken eingepflanzt. Das «Geheimnis» des Stalinschen Einflusses auf diesen Prozeß erweist sich als ziemlich simpel.

In einem Gespräch mit D. T. Schepilow, einem früheren ZK-Sekretär, erfuhr ich von diesem folgendes. Stalin lud oft den einen oder anderen Vertreter der künstlerischen oder wissenschaftlichen Intelligenz oder der Öffentlichkeit ein. «Ich weiß», erzählte Dmitri Trofimowitsch Schepilow, «daß er oft plötzlich einen großen Schriftsteller, Artisten, Journalisten oder Regisseur zu sich einladen konnte. Für den Betreffenden war das jedesmal ein bedeutendes Ereignis: Der ‹Führer› ließ sich zu einem herab! Oft erhielten die Eingeladenen bei diesen hohen Audienzen einen sozialen oder ideologischen Auftrag. Unaufdringlich, aber gebieterisch. Eines Abends teilte man mir mit, ich solle eine bestimmte Telefonnummer anrufen. Ich rätselte hin und her, wer das wohl sein mochte, und wählte dann die Nummer an. Am anderen Ende der Leitung meldete sich Stalin:

‹Genosse Schepilow! Haben Sie ein bißchen Zeit? Könnten Sie gleich mal zu mir kommen?›

‹Ja, natürlich …› Ich entsinne mich nicht, was ich noch gesagt habe, aber im Hörer war es schon still. Ich wußte nicht einmal, wo ich hinzufahren hatte. Da klingelte es wieder, und man teilte mir mit, daß mich in wenigen Minuten ein Fahrzeug abholen würde. Ganz ahnungslos lief ich die Korridore des Kreml entlang, begleitet von einem schweigsamen Mitarbeiter aus Stalins Sekretariat. Fast auf jeder Etage, an jeder Ecke standen steif Posten der Kreml-Wache.

Das Gespräch dauerte über eine Stunde», erinnerte sich D. T. Schepilow. «Stalin holte erst weit aus: Die neue Zeit verlangt eine neue Ökonomie. Die Leiter, die ‹Kommandeure der Produktion›, wie er sagte, haben ein sehr niedriges ökonomisches Bildungsniveau. Es muß sehr schnell ein gutes Massenlehrbuch zur Politökonomie des Sozialismus erarbeitet werden. Wie ich verstand, beauftragte er damit mich und zwei weitere große Wissenschaftler. Die Empfehlungen klangen so, als hätte er schon lange darüber nachgedacht: den Grad der Vergesellschaftung der Produktionsmittel erhöhen, die Planung vervollkommnen, den Plan zum ‹ehernen Gesetz› machen, die Arbeitsproduktivität steigern und noch mehr dergleichen im Geiste einer ‹energischen Ökonomie›. Als mich Stalin unbewegten Auges anschaute», fuhr Dmitri Trofimowitsch fort, «war mir auf einmal ganz anders. Es war, als ob er durch mich hindurchschauen würde. Sein Blick war sengend …

Stalin hatte also einen Auftrag erteilt. Mit strengen Terminen. Man ‹steckte› uns drei in eines der Landhäuser in der Umgebung von Moskau. Suslow rief am Ende jeder Woche an und erkundigte sich in forderndem Ton: ‹Wie geht die Sache voran? Wann kann man den Text zu lesen bekommen? Genosse Stalin wartet … Denken Sie daran!›»

Das war eine Methode, ein Theaterstück, einen Film, ein Buch, ein Lehrbuch *persönlich* in Auftrag zu geben. Die Eckdaten des jeweiligen Werkes gab Stalin selbst vor. Das «Geheimnis» lautet schlicht und einfach, daß Stalin in der *notwendigen* Richtung persönlichen Einfluß auf die geistige Entwicklung nahm. Wie der Kritiker M. R. Schkerin schrieb, der mehrmals mit M. A. Scholochow zusammengetroffen ist, hatte Stalin am 24. Mai 1942, dem Geburtstag des Schriftstellers, diesen unerwartet zu sich eingeladen. In der langen Unterhaltung unter vier Augen sagte Stalin schließlich, weshalb er Scholochow eingeladen hatte:

«Es ist Krieg. Ein schwerer. Ein äußerst schwerer. Wer wird nach dem Sieg darüber einleuchtend schreiben? So würdevoll wie im ‹Stillen Don› …? Tapfere Menschen werden da dargestellt – sowohl Melechow und Podtjolkow als auch viele andere Rote und Weiße. Aber nicht solche wie Suworow und Kutusow. Kriege jedoch, Genosse Schriftsteller, werden gerade von solchen großen Feldherren gewonnen. An Ihrem Namenstag möchte ich Ihnen stabile Gesundheit für viele Jahre und einen neuen talentierten, alles umspannenden Roman wünschen, in dem wie im ‹Stillen Don› sowohl die Soldatenhelden als auch die genialen Feldherren, die Teilnehmer des jetzigen schrecklichen Krieges, wahrhaft und klar dargestellt werden …»

Ein ständiges «Geheimnis» von Stalins Einflußnahme auf das gesellschaftliche Bewußtsein bestand darin, daß die Gesellschaft pausenlos in Spannung gehalten wurde. Die Situation eines möglichen «Bürgerkrieges» und, präziser gesagt, eines permanenten Kampfes gegen «Volksfeinde», «Spione», «Kleingläubige», «Kosmopoliten», «Dissidenten» und «Schädlinge» erzeugte eine Atmosphäre, in der seine Weisungen und Appelle zur Wachsamkeit stets auf fruchtbaren Boden fielen. Stalin spürte, daß sich seit Kriegsende im Volk, insbesondere unter der Intelligenz, eine kaum wahrnehmbare, aber real vorhandene Erwartung von Veränderungen breitmachte ... Der Krieg hatte die Menschen in gewissem Maße emanzipiert. Da richtete der «Führer» an Shdanow die Weisung:

«Man muß der Ideenlosigkeit einen Schlag versetzen ... In der Literatur ist eine Abkehr von klassenmäßigen Prinzipien im Schaffen zu verzeichnen. Überprüfen Sie ein/zwei Zeitschriften. Am besten wohl in Leningrad ...»

Nachdem das ZK der KPdSU(B) seinen berüchtigten Beschluß «Zu den Zeitschriften ‹Swesda› und ‹Leningrad›» gefaßt hatte, traf Shdanow in der Stadt an der Newa ein. «Diese Frage», erklärte er, «ist dem Zentralkomitee auf Initiative des Genossen Stalin zur Diskussion vorgelegt worden, der sich persönlich über den Kurs der Arbeit der Zeitschriften informiert ... und vorgeschlagen hat, die Frage nach den Mängeln in der Leitung dieser Zeitschriften zu erörtern, wobei er an dieser Sitzung des ZK teilgenommen und richtungsweisende Anordnungen getroffen hat, die diesem Beschluß zugrunde lagen.» Schon die «persönliche Teilnahme» des ZK-Sekretärs an einer Sitzung des Zentralkomitees war ein «historisches Ereignis» ... Als Stalin im Beschluß die Namen jener Schriftsteller aufführen ließ, deren Werke «der sowjetischen Literatur fremd» waren, war er bemüht, die Nachkriegsgesellschaft in eine Atmosphäre der Verdächtigung, der Angst und der «Hexenjagd» zurückzuführen. Er wußte, daß dort, wo permanente Gefahr von seiten innerer und äußerer Feinde drohte, ein starker Führer, eine «feste Hand», eine energische Führung vonnöten waren. Dieses alte «Geheimnis» vieler Diktatoren hatte Stalin schon lange für sich entdeckt. Wenn es in der Gesellschaft keine Feinde und Andersdenkenden und keinen Kampf mehr gab, wozu brauchte es dann noch Diktatoren?

Stalin kannte noch ein «Geheimnis» zur Steuerung des gesellschaftlichen Bewußtseins: Es kam darauf an, Mythen, Schablonen und Legenden in die Welt zu setzen, die nicht so sehr auf rationaler Kenntnis als vielmehr auf dem Glauben beruhen. Der «Kurze Lehrgang» zur Parteigeschichte und die Reden des «Führers» waren in erheblichem Maße Propaganda von Mythen und ideologischen Schablonen. Schon zu Beginn unseres Jahrhunderts hat der Soziologe Georges Sorel die Theorie aufgestellt, daß eine menschliche Masse, die kein hohes intellektuelles Niveau hat, dazu neigt, irrationalen Mythen Glauben zu schenken, die keine Erläuterung verlangen. Mythen, so schrieb Sorel, liefern eine «intuitive» Vorstellung vom Sozialismus, als Traum, Ideal oder Ziel.[31] Mythen müssen nicht unbedingt verstanden werden, man muß sie nur *glauben.* Man lehrte die Menschen, an absolute Werte der «Diktatur des Proletariats», den «neuen Menschen» und an Beschlüsse von oben zu glauben. Rituelle Versammlungen, Manifestationen, Gelöbnisse und Grußadressen sprachen politische Mythen heilig und machten sie zum Betandteil der Weltanschauung. Auf Wahrheit beruhende Überzeugung wurde durch *Glauben* ersetzt. Damit hatte Stalin schon viel erreicht. Die Menschen glaubten an den Sozialismus, an ihn, den «Führer», sowie daran, daß die sowjetische Gesellschaft die vollkommenste und fortschrittlichste und daß die Macht unfehlbar sei. Das «Geheimnis» der Macht eines einzelnen Menschen konnte nicht ohne ein System von Mythen auskommen, die ständig kultiviert und angereichert wurden.

Freilich bin ich weit entfernt davon, dem Glauben an Ideale und sozialistische Werte

31 Siehe Ж. Сорель, Размышления о насилии, Moskau 1907, S. 58.

jeden positiven Sinn abzusprechen. Doch ebenso weit bin ich davon entfernt, sie als starr, ewig und einzig zu akzeptieren. Einem Bewußtsein, das ausschließlich auf Glauben gegründet ist, geht etwas sehr Wichtiges verloren, nämlich die Fähigkeit zu stetem *sozialem Schöpfertum.* Eben darin beruht eine Quelle (neben wirtschaftlichen und politischen Ursachen) für die Herausbildung eines solchen sozialen Persönlichkeitstyps, für den neben bestimmten positiven Eigenschaften Gleichgültigkeit, Passivität, der unbeirrbare Glaube an «Weisungen» und an die Möglichkeit und Notwendigkeit der Lösung sämtlicher Probleme «von oben» sowie Schmarotzertum und Initiativlosigkeit charakteristisch sind. Ein solches, nach Stalins Rezepten geformtes Bewußtsein sah die bunte, vielgestaltige Welt ausschließlich in schwarzweißen Tönen. Für ein solches Bewußtsein hatte die Kategorie persönliche Freiheit zweitrangige Bedeutung. Ein Mensch mit solchem Bewußtsein erwartet, «geführt», «angeleitet» und «inspiriert» zu werden. Das alles war Ergebnis der Alleinherrschaft, jener «Geheimnisse» Stalins, mit deren Hilfe der «Führer» seine Herrschaft ausübte.

Ich glaube nicht, daß Stalin jemals Platons Dialoge gelesen hat. Auf jeden Fall habe ich keinen Anhaltspunkt für eine Bekanntschaft Stalins mit dem berühmten Werk «Der Staat» von dem griechischen Philosophen gefunden. Doch es unterliegt keinem Zweifel, daß vielen «Geheimnissen» Stalinscher Alleinherrschaft jene allgemeinen «Regeln» zugrunde lagen, die auch viele Diktatoren der Antike angewedet haben.

Ein Diktator oder, wie Platon es nennt, ein Tyrann wächst, weil «das Volk immer einen im Vorzug vor allen anderen an seine Spitze zu stellen und ihn zu hätscheln und allmächtig zu machen» sucht. Für ihn ist charakteristisch: «... in den ersten Tagen und zu Beginn seiner Herrschaft begegnet er allen mit freundlichem Lächeln und Gruß, versichert, er sei gar kein Tyrann ..., und spielt die Rolle des Gnädigen und Milden gegen alle.» Ein Tyrann lebt mitten unter den Menschen, und das Geheimnis seiner Stärke beruht in seiner Kunst, aus Feinden Freunde zu machen und umgekehrt. Hat er «sich mit den einen versöhnt und die anderen vernichtet und sich dadurch Ruhe vor ihnen verschafft, so legt er sich zunächst darauf, irgendwelche Kriege anzuzetteln, damit das Volk eines Anführers bedürfe.» Platon schaute gewissermaßen Jahrhunderte voraus. «Und wenn er einige in Verdacht hat, daß sie von freiheitlichem Geiste erfüllt, seiner Herrschaft in den Weg treten werden, so hat er jetzt einen guten Vorwand, sie aus dem Wege zu räumen, indem er sie den Feinden preisgibt. Muß nicht aus allen diesen Gründen ein Tyrann beständig kriegerische Unruhen in Gang halten?» Vor allem Kriege nach innen. Nun stellen wir uns weiter die Frage nach den ewigen «Geheimnissen» des Tyrannen und suchen bei Platon eine Antwort: «Und auch einige von denen, die ihn mit zur Herrschaft verholfen haben und in einflußreicher Stellung sind, werden aller Wahrscheinlichkeit nach ihm gegenüber wie auch untereinander sich ungescheut aussprechen und ihre Mißbilligung der Vorgänge, die sich vor ihnen abspielen, äußern, wenigstens die Beherzten unter ihnen.» Liest man die Dialoge, dann vergißt man mitunter, daß sie in den sechziger bis vierziger Jahren des 4. Jahrhunderts vor unserer Zeitrechnung geschrieben worden sind. Oder erinnern Platons Worte etwa nicht daran, was wir von Stalin und seiner Umgebung wissen: «Sie alle also muß der Tyrann aus dem Wege räumen, wenn er wirklicher Herr sein will, von dem noch etwas zu erwarten wäre.»[32]

32 Платон, Сочинения в 3-х томах, Bd. III, T. 1, Moskau 1971, S. 384–386.

Wir könnten weiter aus Platons Dialogen über die Tyrannen und den «tyrannischen Menschen» zitieren. Doch das bisher Aufgeführte reicht offensichtlich aus, um zu bekräftigen, daß es neben den spezifischen Formen diktatorischer Herrschaft zwischen den verschiedenen Epochen auch manche Gemeinsamkeit gibt. Eine «herrschende Persönlichkeit» vermag nicht anders zu handeln als «im Namen des Volkes». Diktatoren nehmen unter ihren «Mitstreitern» und «Freunden» eine grausame Selektion vor. Sie dulden keinerlei Andersdenken und sind bestrebt, das Volk in Spannung zu halten, indem sie seine Aufmerksamkeit auf eine Vielzahl von Feinden konzentrieren. Die Gefahr von Kriegen und eine Bedrohung von seiten böser Kräfte sind absolut notwendig, um die messianische Rolle des Führers im rechten Licht erscheinen zu lassen ... Auch ohne Platon zu kennen, konnte Stalin diese «Geheimnisse» herausfinden, zum Beispiel aus der Lektüre der Lebensbeschreibungen des russischen Zaren.

Zum 300. Jahrestag des Hauses Romanow war ein üppiger Foliant herausgekommen, etwa in der Art jener Alben «großer Führer», die in der sowjetischen Zeit unter und nach Stalin erschienen sind. Stalin, der im Grunde seines Herzens alle russischen Zaren, Kaiser und Kaiserinnen aus dem Geschlecht der Romanows verachtete, nahm sich die Zeit, den dicken Band durchzublättern. Als Stalin auf den Seiten verweilte, wo Alexanders II. Tod nach einem Attentat beschrieben war, konnte er lesen: «... um 2 Uhr 35 Minuten wurde der Kaiser, als er aus dem Palais Michailowskoje am Katherinenkanal heimkehrte, von einer auf ihn geworfenen Bombe tödlich verwundet ... Über des Herrschers rechte Schulter gebeugt, fragte der Großfürst, ob ihn Seine Hoheit hören könne, worauf der Herrscher leise antwortete: ‹Ich höre›; auf eine weitere Frage, wie sich der Herrscher fühle, sagte der Kaiser: ‹... schnell ins Palais ... tragen Sie mich ins Palais ... dort sterben.› Das waren die letzten Worte, die die Augenzeugen des abscheulichen Verbrechens vernahmen ...»[33] Stalin klappte den riesigen Band zu und dachte vielleicht: Wärest Du stark gewesen, hätten nicht jene Dich, sondern Du sie ... Er hatte besser als irgendwer von seinen Mitkämpfern begriffen, daß jegliche Macht, selbst mit diametral entgegengesetztem sozialem und politischem Inhalt, etwas Gemeinsames hat. Sie muß stark sein. Insbesondere die Macht eines Diktators. Das hatte sich Stalin gut angeeignet.

Ebenso hatte sich Stalin einen Gedanken verinnerlicht, der allen seinen «Geheimnissen» zugrunde lag, nämlich den, daß in der Gesellschaft permanent eine hohe Kampfbereitschaft aufrechterhalten werden muß. In einem solchen Kampf fühlte er sich sicher. Für ihn war das ganze vorrevolutionäre Leben ein Kampf um die Vertreibung und Untergrabung der Stützen der zaristischen Selbstherrschaft gewesen. Die zwanziger Jahre hatten sich so entwickelt, daß er diesen Kampf auf die Ebene der ideologischen Anprangerung und politischen Beseitigung fast aller verlagern konnte, die nicht so dachten wie er und die, wenn auch nur theoretisch, Anspruch auf die Rolle des Primus erheben konnten. Den Kampf um die Wahl der Methoden und Wege zur Entwicklung des Landes verwandelte Stalin in einen Kampf um seine persönliche Selbstbehauptung. In den dreißiger Jahren bestand der Kampf nach seinem Willen in der physischen Vernichtung sämtlicher wirklichen und vor allem möglichen Gegner. Bei diesem Kampf kam er so gut voran, daß, so denke ich, die Erdenbürger noch auf Jahrhunderte, sofern sie überleben, Barbarei nicht nur mit Tamerlan, Tschinggis Chan und Hitler, sondern auch mit Stalins Namen in Ver-

33 Российский императорский дом, St. Petersburg 1913, S. 155ff.

bindung bringen werden. Er hat kein Buch «Mein Kampf» geschrieben wie Hitler. Aber sein ganzes Leben und Wirken war wirklich *sein Kampf* gegen eine Unmenge von Feinden: weniger wirklichen als vielmehr eingebildeten, vermuteten Feinden.

Von allen Feinden waren die Faschisten die realsten. Mit ihnen versuchte er, mehr aus taktischen Erwägungen, Beziehungen zu unterhalten, die als «Freundschaft» bemäntelt waren. Doch letzten Endes trug ihn die Auseinandersetzung mit dem Hitlerfaschismus, die nicht nur seine Karriere, sondern das ganze Land an den Rand des Ruins brachte, auf den höchsten Gipfel von Macht und Ruhm. Als er den Gipfelpunkt seiner Macht erklommen hatte, konnte er unschwer erkennen, daß er nicht nur dem Walten der Umstände und der Unversöhnlichkeit der Ideen, sondern vor allem der von ihm gewählten Methode verpflichtet war. Sie bestand ganz und gar aus permanentem Kampf, unwichtig, welcher Art: ob Kampf gegen die Fraktionsbildner, um die Industrialisierung und Kollektivierung, gegen die «Kosmopoliten» und eine Vielzahl anderer «Festungen», die «die Bolschewiki zu nehmen» hatten. In letzter Konsequenz war dieser Kampf für ihn, den Führer, persönliche Selbstbestätigung, Verewigung und Vergöttlichung.

Stalin erinnerte sich immer daran, daß für ihn die Idee des Klassenkampfes die grundlegende war. Als die Großgrundbesitzer und Kapitalisten vernichtet waren, fand er eine weitere Klasse, die liquidiert werden mußte – die Kulaken. Schließlich ohne sichtbare Klassenfeinde geblieben, erfand Stalin die Formel, daß es solche immer gäbe. In tiefer Nacht in seinem Arbeitszimmer im Kreml sitzend, suchte Stalin in der Woche vor dem unheilvollen Februar-/März-Plenum des Jahres 1937 qualvoll nach einer Definition beziehungsweise These, nach der man den Kampf in der Gesellschaft «permanent» gestalten konnte. Die mehrmals durchgestrichenen und verbesserten Wörter in den Schlüsselphrasen seiner bevorstehenden Rede belegen, daß Stalin lange an ihr gefeilt hat. Schließlich formulierte der Diktator, wie es aus dem Stenogramm der Plenartagung hervorgeht, so, wie es ihm geboten erschien. Ich erinnere nochmals daran: «Je mehr wir voranschreiten werden, desto mehr Erfolge werden wir haben, desto mehr werden die Überreste der geschlagenen Ausbeuterklassen verbittert sein, desto schneller werden sie an schärfere Kampfformen gehen, desto mehr werden sie die sowjetische Gesellschaft beschmutzen, desto mehr werden sie zu den verzweifeltsten Kampfmitteln greifen, als letztes Mittel von dem Untergang Geweihten.» Etwas später findet sich in der Rede die bemerkenswerte Phrase: Die Feinde «werden wir in Zukunft ebenso schlagen, wie wir sie in der Gegenwart schlagen und wie wir sie in der Vergangenheit geschlagen haben.»[34]

In der Orientierung auf den endlosen, eindeutig als antagonistisch, erbittert und kompromißlos zu verstehenden Kampf verbirgt sich eines der hauptsächlichen Geheimnisse von Stalins Denk- und Handlungsweise. Selbst als Stalin das riesengroße Volk zum Gehorsam gezwungen hatte, gab er keine Ruhe. Im Januar 1948 bestellte der «tyrannische Mensch» (Ausdruck von Platon) den Minister des Innern der UdSSR, S. N. Kruglow, zu sich und erteilte ihm die Weisung, über «konkrete Maßnahmen» zur Einrichtung neuer, zusätzlicher Sonderlager und -gefängnisse nachzudenken. Bei den kaum wahrnehmbaren Strömungen im riesigen Vaterland hatte Stalin Alarmierendes registriert. Unter den Sowjetbürgern häuften sich die Unmutsbekundungen, es kam zu Versuchen, die Grenze zu überschreiten, und so mancher Schriftsteller war verstummt, als ob er damit gegen die

34 ЦПА ИМЛ, Fundus 17, Liste 2, Akte 612 (Ausg. 3), Bl. 8, 10.

Ausweglosigkeit aus der würgenden Umklammerung der Alleinherrschaft protestieren wollte.

«Im Februar legen Sie einen Beschlußentwurf vor», faßte Stalin zusammen. «Für Trotzkisten, Menschewiki, Sozialrevolutionäre, Anarchisten und weiße Emigranten müssen besondere Bedingungen geschaffen werden ...»

«Wird ausgeführt, Genosse Stalin, wird ausgeführt», wiederholte mehrmals diensteifrig Berijas Protegé.

Der Leser mag vielleicht denken, ich hätte die Daten verwechselt. Mitnichten. 1948 sprach Stalin wirklich wieder von Trotzkisten, Menschewiki, Sozialrevolutionären und Anarchisten ... Ich glaube, daß er «neue Feinde» suchte, also Neotrotzkisten, Neomenschewiki, Neosozialrevolutionäre usw. Kruglow ließ nicht lange auf sich warten. Mitte Februar überreichte Poskrjobyschew Stalin ein Dokument:

«Zentralkomitee der KPdSU(B)
Genossen Stalin, J. W.

Ihren Weisungen entsprechend, legen wir hiermit den Entwurf eines Ministeratsbeschlusses zur Organisation von Lagern und Gefängnissen mit strengem Regime zur Verwahrung von besonders gefährlichen Staatsverbrechern und zu deren Verschickung zur Strafverbüßung in Ansiedlungen in abgelegenen Gebieten der UdSSR vor.

Wir bitten um Ihre Entscheidung.

W. Abakumow
S. Kruglow.»[35]

Im Beschlußentwurf hieß es, daß «Trotzkisten, Terroristen, Rechte, Menschewiki, Sozialrevolutionäre, Monarchisten, Nationalisten und weiße Emigranten» in Dutzende neue Lager an der Kolyma, bei Norilsk, in der ASSR der Komi, in Jelabuga, in Karaganda und an anderen Orten verbracht werden sollten. Dabei war vorgeschrieben, mit den Verurteilten «tschekistische Arbeit zur Entlarvung von in Freiheit Gebliebenen» zu leisten. Gegenüber den Häftlingen, so war im Entwurf angewiesen, sollten «eine Verkürzung der Isolationshaft und andere Vergünstigungen» ausgeschlossen werden. Mehr noch, das Ministerium des Innern[36] schlug vor, «nötigenfalls die Freilassung von Häftlingen auszusetzen, mit anschließender Gestaltung in der gesetzlich festgelegten Ordnung». Das klingt vieldeutig: einen Häftling, der seine Strafe verbüßt hatte, eine Zeitlang «in der gesetzlich festgelegten Ordnung» festzuhalten!

Stalins «Einverstanden» ist nur noch ein weiterer Tupfer auf seinem Porträt. Für ihn waren Kampf, Gewalt und Unfreiheit zu Instrumenten der «Schöpfung» auf Stalinsche Art geworden. Eine Verabsolutierung ist immer irgendwie gefährlich. Die Verabsolutierung des Klassenkampfes aber führte Stalin zur Negation vieler wahrhafter Werte des Sozialismus. Die wichtigsten Werte – soziale Gerechtigkeit, Humanität, persönliche Freiheit – wurden mit Füßen getreten. Stalins «Geheimnisse» der Alleinherrschaft waren Geheimnisse einer *Degeneration.* Wenn der vom «Führer» aus dem Weg geräumte Trotzki noch am Leben gewesen wäre, er hätte gewiß seine Worte wiederholt: «Stalin führt zum Thermidor.»

In dem Maße, wie die Welt Stalin allmählich ohne die Vermittlung Feuchtwangers und

35 ЦГАОР, Fundus 9401, Liste 2, Akte 199, Bl. 197.
36 Sämtliche Volkskommissariate, darunter auch das des Innern (NKWD), sind 1946 in Ministerien umgewandelt worden.

Barbusses kennenlernte, fanden sich immer mehr Leute, die sich davon überzeugten, daß Stalins Hauptkraft, das «Geheimnis» seiner Unverwundbarkeit in der Verabsolutierung des Phänomens des Klassenkampfes bestand. Vielen begann sogar zu dämmern, daß D.S.Mereshkowski in seinem antibolschewistischen Pamphlet «Das Reich des Antichrist» schon früher als andere die tödliche Gefahr solcher Verabsolutierung erkannt hatte. Ich erinnere an dessen schon drei Jahre nach der Oktoberrevolution niedergeschriebenen Worte: «Ob die Idee des Klassenkampfes gut oder schlecht, edel oder verächtlich ist, ist eine andere Frage; aber wir lebenden Menschen, die wir am Kampf beteiligt und Henker oder Opfer sind, wissen von ihr manches, was Marx nicht wußte und was sich die größten Weisen der Sozialdemokratie niemals träumen ließen. Sie hatten diese Idee nur im Geiste, wir haben sie im Blute und in den Knochen: ihretwegen fließt unser Blut, krachen unsere Knochen.»[37] Und wirklich tat Stalin wie kein anderer alles, damit die Idee, die sie früher «nur im Geiste hatten», zur beherrschenden in Politik, Wirtschaft, Ideologie, Kultur und im Alltagsleben wurde. Er fühlte sich nicht zufriedengestellt, wenn er einmal nicht die konvulsivischen Zuckungen der Opfer dieser Idee wahrnehmen konnte.

Als nach dem Krieg in Europa und wohl auch in der Welt ein genereller Linksruck zu verzeichnen war, mochte der Eindruck entstehen, daß die Geschichte Stalin recht gäbe. Viele begannen anzunehmen, daß der stählerne Pflug des Klassenkampfes bald wieder die Scholle umbrechen würde. Damals versuchte noch niemand, in globalen Maßstäben zu denken. Das Damoklesschwert der nuklearen Apokalypse war noch nicht gut zu erkennen. Solange die Stürme des «kalten Krieges» noch nicht die soziale Aktivität der antiimperialistischen Kräfte eingefroren hatten, schien es, daß sich die Sache nicht auf den Zusammenbruch des Kolonialsystems beschränken würde.

Stalins Reden in der Nachkriegszeit befaßten sich wie früher mit dem Kampf um den Wiederaufbau der Volkswirtschaft, mit dem Kampf um die vorrangige Entwicklung der Schwerindustrie und mit dem Kampf um die Belebung der Landwirtschaft. Die Situation gestaltete sich dazumal extrem kompliziert. Das erste Nachkriegsjahr hatte eine Mißernte beschert. Die Einstellung der Getreidelieferungen aus den USA schufen zusammen mit den geringen Ernteerträgen im europäischen Landesteil eine kritische Lage. Aber Stalin ließ sich durch diesen äußeren Druck nicht aus dem seelischen Gleichgewicht bringen. Die Abschaffung der Lebensmittelkarten mußte dann eben auf Herbst 1947 verschoben werden. Von Hungersnöten wurde das Land nicht zum ersten Mal heimgesucht. Wieviel hatte doch allein der Stalinsche Hunger-Genozid von 1933 gekostet! Stalin erinnerte sich, daß im Jahr des Umschwungs 1943 ebenfalls eine Mißernte gewesen war. Aber mit Hilfe für die Front waren die Amerikaner eingesprungen, und die Bevölkerung hatte wieder einmal stoisch und unter großen Opfern die Not durchgestanden. Einmal, im April 1944, legte Berija Stalin schweigend einen Bericht des Volkskommissars des Innern der Kasachischen SSR, Bogdanow, vor, der nach Moskau adressiert war. Der Oberste Befehlshaber fand erst keine Zeit, ihn zu lesen, aber am Abend nahm er sich den achtseitigen Bericht vor. Bogdanow schrieb, daß die Mißernte von 1943 allenthalben große Schwierigkeiten hervorrufe. Tausende Menschen waren vom Hunger aufgedunsen und viele gestorben, vor allem Sonder-Umsiedler. Stalin bewegten damals andere Probleme stärker, aber sein Blick wurde von den konkreten Fakten gefesselt, die Bogdanow aufgeführt hatte:

37 D. S. Mereshkowski (u. a.), Das Reich des Antichrist. Rußland und der Bolschewismus, München 1922, S. 16.

«Die Kolchosbäuerin Kowaljowa (Gebiet Westkasachstan, Bezirk Kamenka), deren Mann an der Front gefallen ist, hat vier Kinder, lebt unter schwierigen Bedingungen, sammelt Aas und Abfälle ...

Die Familie der Kolchosbäuerin Fedossowa (Gebiet Alma-Ata, Bezirk Andrejewsk, Kolchos ‹Woroschilow›), von der zwei Söhne an der Front gefallen sind und sich der Mann nach drei Verwundungen auch jetzt noch an der Front befindet, erhält keinerlei Unterstützung und verwendet Hunde und Katzen als Nahrung ...

In 23 Kolchosen des Bezirks Syrjanowsk im Gebiet Ostkasachstan haben die meisten der 110 überprüften Frontkämpferfamilien schon längere Zeit keine Nahrungsmittel erhalten; in einer Reihe von Kolchosen leiden die Kinder allgemein an Aufschwemmungen, ein Teil befindet sich in hoffnungslosem Zustand ...

Im Kolchos ‹5. Dezember› des Bezirks Seljony im Gebiet Westkasachstan haben die Kolchosbauern aus einem Tiergrab die Kadaver von Pferden ausgegraben und das Fleisch unter sich aufgeteilt ...

Im Kolchos ‹15 Jahre Rote Arbeiter-und-Bauern-Armee› des Bezirks Priuralny im Gebiet Westkasachstan hat die Kolchosbäuerin Gastel ihrem Leben durch Selbstmord ein Ende gesetzt und eine Notiz hinterlassen: ‹Ich begehe Selbstmord, weil ich keinen Ausweg mehr sehe und von niemandem Hilfe kommt ...›»[38]

Damals legte er den Bericht einfach zur Seite – es gab ohnehin genug Sorgen ... Und heute? Das Denken bewegte sich in gewohnten Bahnen: Opfer sind unvermeidlich. Oder war etwa nicht allen klar, daß der Krieg immer noch traurige Ernte hielt? In der Vielzahl von Dokumenten – Telegramme und Berichte über die schwierige Nahrungsmittellage – habe ich keine einzige Spur einer konstruktiven Reaktion Stalins entdecken können, die Bemühungen um Hilfe von seiner Seite belegt hätten.

Ich habe viele Dokumente mit Nachrichten von der Hungersnot gesichtet von der weder in der Presse noch im Rundfunkt etwas verlautbarte. Als Stalin im März 1945 von der schweren Lage im Gebiet Tschita berichtet wurde, gab es wiederum keine Reaktion von seiner Seite. Sicher, Molotow erteilte Weisung, zusätzliche Mengen Mehl nach Tschita zu liefern. Doch in diesem Jahr wurde von jedem Hektar ... nur 1,3 Doppelzentner (130 Kilogramm) Getreide eingebracht. Berija informierte, daß zum Beispiel im Dorf Butorio im Bezirk Belsk Kinder den Schweinen das Futter wegnähmen ... Und die Zensoren, die die aus dem Gebiet Tschita an die Front abgehenden Briefe öffneten, mußten registrieren, daß man im Bezirk Mogotui verendete Hühner verzehrte, daß man in Skoworodino krepierte Pferde auflas und verspeiste, daß man im Bezirk Ulety sämtliche Melde, Brennesseln, Hopfen und Quecken aufgegessen habe ... Man berichtete von einem schrecklichen und ungeheuerlichen Vorfall: Die zur äußersten Verzweiflung getriebene A. W. Demidenko, Mutter von sieben vor Hunger aufgequollenen Kindern, hatte ihre jüngste, anderthalbjährige Tochter getötet und sie als Nahrung verwendet, um wenigstens die anderen Kinder durchzubringen ...[39]

Es fällt mir unsäglich schwer, davon zu schreiben. So furchtbar war der Krieg für das Volk! Und diese schlimmen Vorfälle kann man scheinbar nicht direkt auf Stalins Konto setzen. Vorzuwerfen ist ihm aber, daß er sein ganzes Leben lang gefühllos war. Für ihn

38 ЦГАОР, Fundus 9401, Liste 2, Akte 64, Bd. 1, Bl. 270–277.
39 Ebenda, Akte 103, Bd. III, Bl. 149–160.

waren die Menschen eine riesige, formlose «Masse». Der Kummer und das Leid der «Masse» waren nach Auffassung des «Führers» eine bittere Notwendigkeit, und damit hatte es sich. Er hielt es für natürlich, daß große Ziele auch große Opfer fordern. Stalin glaubte stets – und mit dieser Meinung stand er nicht allein –, daß Treue zu revolutionärem Radikalismus auch Erbarmungslosigkeit auf dem Weg zu den angestrebten Gipfeln bedeute. Denn dort würde er herrschen oder zumindest (wenn ihm nicht vergönnt sein sollte, den Kommunismus zu erleben) seine Ideen! Wenn man sich mit den Bagatellen des Daseins verzettelte, konnte man leicht in der Betriebsamkeit des Alltags untergehen. Ein echter Führer, so nahm Stalin an, dürfe nicht sentimental sein. Doch darüber würde er nicht in der Öffentlichkeit sprechen. Im Gegenteil, alle sollten wissen, daß er sich «um alles kümmere». Das war ebenfalls eines seiner «Geheimnisse».

Viele lange Jahre glaubte man, daß Stalins diktatorische Herrschaft vor allem auf seiner Autorität, seiner geistigen und moralischen Macht über die Menschen fußte. Doch er selber wußte, daß es nicht an dem war. Seine Hauptinstrumente waren der im NKWD konzentrierte Gewaltapparat und die Partei, die er schon lange und nachhaltig zu einem ideologischen «Orden» umfunktioniert hatte. Das waren schon nicht mehr einfache «Transmissionsriemen» seines Willens, sondern die wichtigsten Elemente jenes von ihm geschaffenen Systems. Eben diese Machtinstrumente stellten die Identität zwischen Sozialismus und «Führer» her. Darin beruhten die «Geheimnisse» seiner Stärke und seines Einflusses. Aber er hatte auch persönliche Geheimnisse.

Stalin hat offenbar kein Tagebuch geführt, er ging mit schriftlichen Aufzeichnungen sehr vorsichtig um. Viele Dokumente wurden auf seine Weisung hin vernichtet. In den dicken Aktenbänden seiner Korrespondenz (direkt an ihn gerichtete Briefe und Berichte, die er mündlich oder schriftlich mit kurzem Vermerk von der Art «Einverstanden», «Ergebnisse melden», «Schlecht durchdacht» beschied) sind stellenweise Bemerkungen anzutreffen wie: «Bitte diese Dokumente vernichten. *J. St.*»[40] Durch Recherchen konnte ich herausfinden, daß manchmal Berichte über die Ausführung verschiedener seiner Weisungen an das NKWD vernichtet worden sind.

«Der Führer» war einer der wenigen, die das Recht hatten, Materialien aus dem Ausland zu lesen, in denen er als finstere Gestalt, als Karikatur oder in Form politischer Satire dargestellt war. Stalin diente die Lektüre der Übersetzungen solcher Dokumente als Akkumulator seines Hasses. Er «lud» dann Bosheit auf seine vielen Feinde – im Innern des Landes wie auch außerhalb – auf.

Im August 1937 teilte man Stalin mit, daß ein «Ehemaliger», der Dichter T. N. Garin-Michailowski, wohl um sich seinen Lebensunterhalt zu verdienen, in der Emigrantenpresse sein Poem «Stalin und Puschkin» veröffentlichen wolle. Zusammen mit der Mitteilung hatte man den Text des Poems geschickt, das als Dialog zwischem dem «Führer» und dem großen russischen Dichter abgefaßt war. Voller Bosheit und Ekel las Stalin damals die Blätter des noch auf einer Maschine mit altslawischen Typen geschriebenen Manuskripts und blieb schließlich an den Schlußzeilen des Poems hängen:

«Stalin (schüttelt sich, reibt sich die Augen, schaut sich um und blättert einen Band Puschkin um. Allein.)

40 Ebenda, Akte 199, Bl. 1.

Nein, das war nicht Puschkin, klar:
Vergeblich suchte ich Zitate ...
Und der Usurpator ist mir sicherlich
Im Traum mittäglichen Schlafes nur erschienen ...
Aber ‹Die Gottheit hat Hunger bekommen.›
Vergebens sind mir im Traum erschienen
Schaschlyk und Rotwein,
Und ein neuer Name gar ... (ruft):
He, Diener! Mein Mittagsmahl wie stets
und die GPU-Liste von gestern.
Einen Namen habe einzutragen ich vergessen,
Der verfluchte Puschkin hat mich verwirrt ...
(Zufrieden reibt er sich die Hände.)
Also, Genossen, in Arbeit
Und in Sorge um den Staat
Fließt wie die Wolga mein Leben dahin ...
Wisse, Puschkin: ‹Rußland bist nicht Du, aber Ich!›»[41]

Stalin erinnerte sich, daß ihn ein ebensolches Haßgefühl beschlichen hatte, als er 1937 mit der ihn besonders erschütternden Rede «Ich klage an!» von Trotzki konfrontiert wurde, die dieser im Hippodrom von New York gehalten hatte: «Warum fürchtet Moskau so sehr die Stimme eines einzigen Menschen? Allein deshalb, weil ich die Wahrheit kenne und weil ich sie nicht zu verbergen brauche. Ich bin bereit, einer internationalen Untersuchungskommission Dokumente, Tatsachen und Beweise vorzulegen, aus denen ebenfalls die Wahrheit hervorgeht. Ich erkläre: Wenn diese Kommission entscheidet, daß ich auch nur in geringstem Maße jener Verbrechen schuldig bin, die mir von Stalin zur Last gelegt werden, dann werde ich mich freiwillig in die Hände der GPU ausliefern. Ich gebe diese Erklärung vor der ganzen Welt ab ... Wenn die Kommission aber befindet, daß die Prozesse in Moskau eine bewußte und vorsätzliche Provokation sind, dann verlange ich von ihren Anklägern, daß sie auf der Anklagebank Platz nehmen.»[42]

Da gibt es ein weiteres interessantes Dokument, das von 1923 (ohne Monatsangabe) datiert und mit «Biographische Angaben zu J.W. Stalin» überschrieben ist. Ein Durchschlag ist im Bestand des Volkskommissariats für Nationalitätenangelegenheiten erhalten geblieben. Bestimmung und Urheberschaft sind unbekannt, doch es gibt Grund zu der Annahme, daß das Dokument unter Stalins «Anleitung» ausgefertigt worden ist.

In den «biographischen Angaben» werden detailliert Stalins «revolutionäre Verdienste» bis zur Oktoberrevolution beschrieben. «In den Oktobertagen war J. W. Stalin Mitglied einer Fünferkommission zur politischen Leitung des Aufstandes ...» Besonders bemerkenswert sind die Schlußsätze des Dokuments: «Ebenso wie die frühere hat auch die gegenwärtige revolutionäre Arbeit J. W. Stalins gewaltige Bedeutung. Gen. Stalin, der sich durch nie versiegende Energie, außergewöhnlichen und hervorragenden Verstand und einen unbeugsamen Willen auszeichnet, ist eine der wichtigsten verborgenen wahrhaft

41 Ebenda, Fundus 5 881, Liste 1, Akte 807, Bl. 89
42 Quatriène International, H. 3 (März/April)/1937, S. 5.

stählernen Federn der Revolution, die mit unzerstörbarer Kraft die russische Revolution in einen weltweiten Oktober vorantreibt. Als alter Nachfolger Lenins hat er sich noch mehr als andere aus dessen praktischer Tätigkeit die Methoden und Gedanken angeeignet.

Gegenwärtig macht er so glänzend Lenins Abwesenheit nicht nur auf dem Gebiet der Parteiarbeit, sondern auch auf dem Gebiet des staatlichen Aufbaus wett.»[43]

Es ist kaum zu glauben, daß ein solches Dokument noch zu Lenins Lebzeiten verfaßt werden konnte. Wer mag der Autor gewesen sein? Wozu wurden diese «Angaben» über «die stählerne Feder der Revolution», die «glänzend Lenins Abwesenheit wettmacht», zusammengestellt? Vielleicht hatte sich Stalin, als er Generalsekretär geworden war und spürte, daß Lenin nie mehr das politische Steuer von Staat und Partei würde übernehmen können, schon 1923 auf die Nachfolge vorbereitet? All das liegt im Schatten der Geheimnisse Stalins ...

Solche Dokumente hob Stalin auf, bis er sie dann nach gewisser Zeit Poskrjobyschew zurückgab. Dieser vernichtete viele Dokumente, einige wurden in den Geheimfächern der Archive aufbewahrt. Für Stalin war das der «interne» Umgang mit jenen, die er haßte und bekämpfte und die ihn attackierten. Wenn sich Stalin mit Haß «aufgeladen» hatte, konnte er sich ebenso gut wieder «entladen». Und das bekamen dann Millionen Menschen zu spüren ...

A. A. Jepischew, der, wie ich schon erwähnte, eine Zeitlang als Stellvertreter des Ministers für Staatssicherheit tätig war, erzählte mir, daß Stalin ein dickes Heft mit schwarzem Kalikoeinband gehabt habe, in das er so manches notierte. Und das wohl kaum als Gedächtnisstütze, denn er hatte ein Gedächtnis wie ein Computer, das allerdings gegen Ende seines Lebens nachzulassen begann. Möglicherweise wird der Inhalt des Heftes ewig ein Geheimnis bleiben.

Alexej Alexejewitsch Jepischews Quelle ist mir nicht bekannt, aus der er die Vermutung bezog, daß Stalin eine Zeitlang auch persönliche Briefe von Sinowjew, Kamenew, Bucharin und sogar von Trotzki aufbewahrt hat. Nein, Stalin machte keine täglichen Aufzeichnungen wie Nikolai Alexandrowitsch Romanow – Rußlands letzter Zar. Das Tagebuch des Kaisers umfaßt 36 Jahrgänge. Er hat keinen Tag ausgelassen und 50 Hefte mit Saffianeinband vollgeschrieben! Ich glaube, Stalin widerstrebte es, Tagebücher nach Art einer Gymnasiastin zu führen, die nichts als Belanglosigkeiten boten. Gehen wir einmal vom Charakter des Diktators aus, so konnte er durchaus manches Wesentliche von heutigen und morgigen Taten, von Menschen und ihrem künftigen Schicksal aufgezeichnet haben. Mir ist es aber trotz allen Suchens nicht gelungen, etwas über den Inhalt und den Verbleib der persönlichen Aufzeichnungen des «Führers» in Erfahrung zu bringen.

Direkten Zutritt zu Stalin hatten nur Berija, Poskrjobyschew und Wlassik. Von der Existenz solcher Aufzeichnungen konnten nur sie etwas wissen. Aber Poskrjobyschew und Wlassik, denen Stalin mehr als anderen vertraut hatte, waren kurz vor seinem Tode von Berija kompromittiert und aus seiner unmittelbaren Umgebung entfernt worden. Mit einem Wort, vor dem Tod des «Führers» war von seiner nächsten Umgebung nur noch Berija übriggeblieben.

43 ЦГАОР, Fundus 1318, Liste 3, Akte 8, Bl. 85.

Als Berija und Chruschtschow endlich die Ärzte an den von einem Schlaganfall betroffenen Stalin heranließen (bis dahin war er 12 oder 14 Stunden ohne medizinische Hilfe geblieben), begriff Berija sofort, daß das Ende des «Führers» gekommen war. Chruschtschow, Malenkow und andere Politbüromitglieder beim sterbenden Stalin zurücklassend, eilte Berija in den Kreml. Wer vermag heute zu sagen, ob nicht gerade dieser neuzeitliche Fouché Stalins Safe ausgeräumt hat? Wenn ja, wohin mochte er die persönlichen Aufzeichnungen des «Führers» verbracht haben? Und die anderen Papiere?

Es konnte Berija nicht verborgen geblieben sein, daß sich in den letzten ein oder anderthalb Jahren Stalins Verhältnis zu ihm kontinuierlich verschlechtert hatte. Stalin hatte seinerseits Berijas Absichten bestimmt auch erraten. Möglicherweise hatte der Generalissimus eine Verfügung oder sogar ein Vermächtnis hinterlassen? Das Verhältnis der Umgebung zum «Führer» war damals derart unterwürfig, daß sie seinen letzten Willen sicher bedingungslos vollstreckt hätte. Berija hatte guten Grund, einiges zu befürchten und sich zu beeilen. Und freien Zutritt zu Stalin konnte nur er sich verschaffen, denn er hatte dafür gesorgt, daß seine Leute Stalin abschotteten. Was damals auch immer geschehen sein mag, soweit ich festzustellen vermochte, war Stalins Safe so gut wie leer, wenn man vom Parteidokument und einem Stoß unbedeutender Papiere absieht. Als Berija Stalins ominöses persönliches Notizbuch beseitigte (falls es sich dort befunden hat), räumte er sich den Weg an die Spitze frei. Wir werden wahrscheinlich niemals dieses Geheimnis um den Inhalt von Stalins Notizen im schwarzen Heft lüften können. A. A. Jepischew war sich sicher, daß Berija den Safe vor dessen amtlicher Öffnung «gesäubert» hat. Das war für ihn bestimmt unbedingt nötig.

Stalin hatte die Angewohnheit, in einer besonderen Mappe Dokumente abzulegen, die ihn aus irgendeinem Grunde interessierten: Briefe, chiffrierte Telegramme und Bescheinigungen. Beispielsweise übergab Berija Stalin 1946 eine Fotokopie von Hitlers privatem und politischem Testament. (Stalin hatte so sehr gehofft, Hitler lebend ergreifen zu können!) Der Generalissmus las lange die übersetzten Texte aus den Testamenten des deutschen «Führers» und hielt sich lange bei folgenden Wendungen auf:

«... habe ich mich nunmehr vor Beendigung dieser irdischen Laufbahn entschlossen, jenes Mädchen zur Frau zu nehmen ... um ihr Schicksal mit dem meinen zu teilen. Sie geht auf ihren Wunsch als meine Gattin mit mir in den Tod.

... Ich habe meine Gemälde in den von mir im Laufe der Jahre angekauften Sammlungen niemals für private Zwecke, sondern stets nur für den Aufbau einer Galerie in meiner Heimatstadt Linz a. d. Donau gesammelt ... Ich selbst und meine Gattin wählen, um der Schande des Absetzens oder der Kapitulation zu entgehen, den Tod. Es ist unser Wille, sofort an der Stelle verbrannt zu werden, ...»[44]

Stalin, der von allen seinen Mitstreitern am besten mit religiösem Gedankengut vertraut war, empörte sich besonders über eine Wendung in Hitlers Testament: «... habe ich mich nunmehr vor Beendigung dieser *irdischen* Laufbahn entschlossen ...» Was sollte das, hoffte Hitler wirklich auf ein Weiterleben im Jenseits? Wenn nicht gar im Paradies?! Stalin bedauerte es sehr, daß sich Hitler dem internationalen Gericht über die Kriegsverbrecher hatte entziehen können, doch diese wie auch andere aus Berlin übermittelten Doku-

44 Zitiert nach: Joachim C. Fest, Hitler. Eine Biographie, Frankfurt a. M. – Berlin 1987, S. 1017, 1018.

mente ermöglichten ihm, die unheilvolle Fratze desjenigen, mit dem er in den Jahren zuvor einen Kampf auf Leben und Tod ausgetragen hatte, noch genauer zu erkennen. Ob er wohl ahnte, daß einmal die Zeit kommen würde, da viele Historiker, Philosophen und Schriftsteller ihn mit jenem vergleichen würden, den er gerade niedergerungen hatte, und da sie nach beiden Diktatoren gemeinsamen Merkmalen suchen würden? Das wird ebenfalls ein ewiges Geheimnis bleiben.

In der Mappe lagen auch andere Papiere, mit denen sich Stalin offensichtlich beschäftigt hat. Sie waren in seinem Fundus (im Archiv) aufbewahrt. Ich nenne nur einige. Die Mappe enthielt einen vom 27. Oktober 1935 datierten Brief von Absolventen des Instituts der Roten Professur an ihn selbst, in dem sich die frischgebackenen Experten darüber beschwerten, daß sie aus dem Wohnheim ausquartiert worden seien, während «klassenfremde Elemente von der Art einer Fürstin Bagration bleiben» dürften.[45] Hier fand sich auch das Protokoll einer Sitzung der Kommission zur Auflösung der Gesellschaft der ehemaligen politischen Zwangsarbeiter und Verbannten an. In einer Aktennotiz von J. Peters und P. Pospelow hieß es, daß in der Gesellschaft «ehemalige Sozialrevolutionäre und Meschewiki, die untereinander enge Beziehungen geknüpft haben, tonangebend sind. Nach dem Mord an Kirow sind 40–50 Mitglieder der Gesellschaft verhaftet worden ...» Weiter wurde mitgeteilt, daß in der Zeitschrift der Gesellschaft «Zwangsarbeit und Verbannung» der Schwerpunkt auf Bakunin, Lawrow, Tkatschow, Radischtschew, Ogarjow, Lunin und andere gelegt werde. Es habe Artikel über Nietzsche und Kerenski gegeben. In der Zeitschrift sei berichtet worden, wie die Narodowolzen ihre Bomben präpariert hatten ... (Wie verdächtig!) Jemand in der Gesellschaft habe gefordert, «die von der Sowjetmacht inhaftierten Mitglieder der Gesellschaft in Schutz zu nehmen ...»[46] Nachdem Stalin diese Aktennotiz gelesen hatte, war das Schicksal der Gesellschaft besiegelt.

Dort fand sich auch ein Brief an den «Führer» mit I. A. Akulows Unterschrift, der den Vorschlag enthielt, bei Perekop und Tschongar ein Denkmal zu errichten. Stalins Vermerk lautete: «Ins Archiv. Frage zurückgestellt. Vorläufig keine Mittel.» Weiterhin waren da: A. J. Kaplers Brief aus dem Gefängnis mit der Bitte, ihn an die Front zu schicken; Berijas Aktennotiz mit einer Information des jugoslawischen Generals Stefanović zum Schicksal des Stalin-Sohnes Jakow, mit dem dieser in der Kriegsgefangenschaft eine Zeitlang zusammen gewesen war; ein Bericht von Kruglow über die Lieferung des «Russischen Auslandsarchivs»[47] aus Prag im Dezember 1945; Briefe von G. Jagoda, K. Radek, W. Soschtschenko, A. Shdanow, O. Serowa und vielen anderen an Stalin persönlich. Von Zeit zu Zeit wurden einige ins Archiv gegeben und andere offenbar vernichtet. In der «Privatkorrespondenz» waren außer dienstlichen Unterlagen nicht wenige direkt an den «Führer» adressierte Briefe. Eine Sichtung dieser Dokumente ermöglicht ebenfalls, ein wenig den Schleier zu lüften, den der Diktator über seine «Geheimnisse» gebreitet hatte. In der geschlossenen Gesellschaft, die Stalin geschaffen hatte, gab es natürlich keinerlei Transparenz und Information für das Volk. Menschen, die so wenig wie möglich wissen, lassen sich leichter regieren. Mit diesem Minimum an Information waren Shdanow, Suslow und ihre Zöglinge befaßt.

45 Ebenda, Fundus 3316, Liste 2, Akte 1682, Bl. 3–7.
46 Ebenda, Akte 1613, Bl. 3–18.
47 Ebenda, Fundus 9401, Liste 2, Akte 134, Bd. I, Bl. 1f.

Noch ein weiteres Geheimnis gibt es, das wohl niemals voll zu lüften sein wird: das Geheimnis um den Tod von Stalins Frau. Offizielle Verlautbarungen und verschiedene Versionen sind schon lange bekannt. Doch keine von ihnen ist einleuchtend genug. Ich möchte nur einen Gedanken ins Spiel bringen. Im Archiv gibt es einen interessanten Brief an M. I. Kalinin mit der Bitte um Begnadigung der im Lager Solowki eingesperrten Alexandra Gawrilowna Kortschagina. Das Gnadengesuch ist mit Blaustift auf mehrere Blätter aus einem Schulheft geschrieben und vom 22. Oktober 1935 datiert.

Wie aus dem umfangreichen Schreiben hervorgeht, hatte das Parteimitglied A. G. Kortschagina fünf Jahre lang als Hausangestellte bei den Stalins gearbeitet. Sie war verhaftet worden, als ein früher im Kreml beschäftigt gewesener Häftling, ein gewisser Sinelobow, ausgesagt hatte, daß eben sie erzählt habe, Nadeshda Sergejewna Allilujewa sei von Stalin selbst erschossen worden. Die Kortschagina bestritt in ihrem Brief nicht gerade überzeugend diesen Umstand, indem sie auf die offizielle Version vom «Herzschlag» als Todesursache ihrer Dienstherrin verwies. Die im Gnadengesuch erwähnten Burkowa und Sinelobow (ohne Namenskürzel), der Lebensgefährte der Kortschagina und Leibwächter J. K. Glome und ein ungenannter Sekretär einer Parteizelle hätten sich bei der Hausangestellten erkundigt, weshalb über die Todesursache nichts in der Zeitung gestanden habe. Aus dem Gnadengesuch wird ersichtlich, daß viele Leute die offizielle Lesart der Todesursache nicht recht befriedigte, um so mehr, als, wie die Kortschagina schrieb, Stalin damals in der Todesnacht offenbar seiner Frau bei der Rückkehr in die Kreml-Wohnung auf dem Fuß gefolgt war. Aller Wahrscheinlichkeit nach hatten die Redereien, als sie Stalin zu Ohren gekommen waren, diesen so sehr aufgebracht, daß er beschloß, nicht nur die Kortschagina aus dem Weg räumen zu lassen, sondern auch durch den Fakt ihrer Verhaftung all jene zum Schweigen zu bringen, die etwas von der Sache wußten.

Ende 1935/Anfang 1936 wurde auf Stalinsche Weise entschieden. Die Kortschagina hatte an Kalinin geschrieben, daß sie unter den Drohungen des Untersuchungsführers Kogan zum Geständnis gezwungen worden sei, die ihr zur Last gelegten Taten begangen zu haben, und daß sie dann ohne Gerichtsurteil ins Lager Solowki eingeliefert worden sei. Dem Brief war eine Stellungnahme des NKWD-Sonderbevollmächtigten Luzki beigefügt, in der es hieß, daß gegen A. G. Kortschagina «im Fall der konterrevolutionären Terroristengruppen in der Regierungsbibliothek, in der Kreml-Kommandantur u. a.» ermittelt werde. Der Vermerk des «Unionsältesten» lautete lakonisch: «Abgelehnt. *M. I. Kalinin.* 8. III. 36.[48]

Wäre noch hinzuzufügen, daß damals viele meinten, daß die Allilujewa ihrem Leben nicht selbst ein Ende gesetzt habe, sondern daß Stalin sie erschossen habe, als er in einem Wutausbruch den Eigensinn seiner charakterlich starken Frau satt hatte. Diese Version sieht so irreal nicht aus, wenn man das moralische Antlitz des «Führers» berücksichtigt. Ihm zitterte weder die Hand noch schlug ihn das Gewissen, wenn er seine Freunde und Genossen aus dem Politbüro, Kampfgefährten aus dem Bürgerkrieg und nahe Verwandte auf die Guillotine der Gesetzlosigkeit schickte. Natürlich ist auch nicht auszuschließen, daß Nadeshda Sergejewna Allilujewa der Herzlosigkeit ihres Mannes einfach überdrüssig geworden war und auf diese tragische Weise ihren Protest gegen jene schrecklichen Dinge ausgedrückt hat, von denen sie wußte.

48 Ebenda, Fundus 3316, Liste 2, Akte 2016, Bl. 1–10.

Eines von Stalins gewiß nicht wenigen persönlichen Geheimnissen hängt mit seinem ältesten Sohn zusammen. Mehreren Zeugenaussagen zufolge gibt es Grund zu der Annahme, daß für Oberleutnant Jakow Dshugaschwili ein oder zwei Fluchtversuche aus der Kriegsgefangenschaft organisiert worden waren. Davon hat insbesondere Dolores Ibárruri berichtet. Stalin war nicht so sehr darauf bedacht, seinen Sohn zu retten, als vielmehr darauf, sich abzusichern. Er befürchtete, die Faschisten könnten Jakow seelisch brechen und ihn gegen den Vater mißbrauchen. Aber allmählich begannen die Deutschen, Dshugaschwili immer seltener zu erwähnen, bis sie sich völlig über das Thema ausschwiegen. Stalin wird wohl erst völlig beruhigt gewesen sein, als ihm am 5. März 1945 der Volkskommissar des Innern berichtete:

«Staatliches Verteidigungskomitee, Genossen Stalin, J. W.

Ende Januar d. J. wurde von der Ersten Belorussischen Front aus einem deutschen Lager eine Gruppe jugoslawischer Offiziere befreit. Unter den Befreiten befindet sich der General der jugoslawischen Gendarmerie Stefanović, der folgendes erzählte:

Im Lager ‹H-S› in Lübeck befanden sich der Oberleutnant Dshugaschwili, Jakow sowie der Sohn des früheren französischen Premierministers Léon Blum, Hauptmann Robert Blum, und andere. Dshugaschwili und Blum wurden in einem Raum festgehalten. Stefanović suchte Dshugaschwili 15mal auf und bot ihm materielle Hilfe an, aber jener lehnte ab, er verhielt sich unabhängig und stolz. Er stand nicht vor deutschen Offizieren stramm und mußte dafür Karzer erdulden.. Der Zeitungsklatsch der Deutschen über mich ist Lüge, sagte Dshugaschwili. Er war sich über den Sieg der UdSSR sicher. Er schrieb mir seine Adresse in Moskau auf: Granowski-Straße, Haus 3, Wohnung 84.

Berija.»[49]

Die erfolglosen Versuche, die Stalin und Berija unternommen hatten, um Jakow zu befreien (oder ihn «am Reden zu hindern»), hatten sich als unnötig erwiesen. Aber diese Geheimnisse gehören zu einer Art, die wohl immer im Dunkel bleiben werden.

In dem Maße, wie gegen Ende seines Lebens den «Führer» die Kräfte verließen, gingen ihm immer häufiger folgende Fragen durch den Kopf: Was würde den Historikern nach ihm bleiben? Welche «Spuren» würde er hinterlassen? Welches Erbe hinterließ er in Dokumenten- und Briefform? Offensichtlich läßt sich damit erklären, daß Stalin ein oder anderthalb Jahre vor seinem 70. Geburtstag Malenkow damit beauftragte, sorgsam die Archive auf Materialien sichten zu lassen, die mit Lenin und ihm zusammenhingen und bislang unbekannt geblieben waren. Doch als außergewöhnlich listiger Mensch hatte Stalin erkannt, daß eine solche «Inventur» der Archive in Lenins «Nachbarschaft» weder heute noch später besonderes Gerede oder Zweifel hervorrufen würde. Das zu bewerkstelligen fiel nicht schwer, weil fast alle großen Archive vom Ministerium des Innern verwaltet wurden. Nachdem acht oder zehn Monate vergangen waren, erstattete der Minister des Innern, S. Kruglow, Bericht:

«ZK der KPdSU(B), Genossen Malenkow, G. M.

Die Archivorgane des Ministeriums des Innern leisten eine systematische Arbeit zur Sichtung und Nachweisführung von in den Archiven aufbewahrten Dokumenten, die von W. I. Lenin und J. W. Stalin geschrieben worden sind.

Im Laufe des Jahres 1948 wurde eine Blatt-für-Blatt-Sichtung von 190 000 Akten mit

49 Ebenda, Fundus 9401, Liste 2, Akte 93, Bl. 276–278.

dokumentarischen Materialien aus 38 wichtigen Archivbeständen vorgenommen: ZEK, R(at der) V(olks-) K(ommissare) der UdSSR, R(at für) A(rbeit und) V(erteidigung) der UdSSR, Volkskommissariat für Nationalitätenangelegenheiten, NKWD der UdSSR, Volkskommissariat für Bildung, O(berster) R(at der) V(olks-)W(irtschaft), Zeitung ‹Iswestija›, Verwaltung für Angelegenheiten des Revolutionären Kriegsrates der Republik und andere.

Im Ergebnis der Blatt-für-Blatt-Sichtung der ausgewiesenen Menge von dokumentarischen Materialien wurden 1203 Autographen und Kopien von echten Dokumenten, die von W. I. Lenin und J. W. Stalin unterzeichnet waren, gefunden und dem IML übergeben ...

In diesem Jahr werden im Archiv der Oktoberrevolution und des sozialistischen Aufbaus zu diesem Zweck 58 000 Akten gesichert.

28. Januar 1949. Minister des Innern *S. Kruglow.*»[50]

Einigen Angaben nach zu urteilen, hat Malenkow nicht nur einmal die Ergebnisse solcher «Revisionen» an Stalin gemeldet. Denkbar ist, daß nicht alle Dokumente ins IML gelangt sind. Stalin war sehr darum besorgt, der Geschichte von sich nur das zu überliefern, was er «erlaubt» hatte. Deshalb ist es nicht verwunderlich, daß in den Archiven oftmals nicht die Originaldokumente zu finden sind, sondern Kopien, auf denen Stalins Bearbeitungsvermerke fehlen. Auch darin bestanden viele «Geheimnisse» Stalins. Viele sind wirklich nicht mehr leicht aufzudecken.

Als gleich nach Kriegsende die Militärs Stalin meldeten, daß die tschechoslowakische Regierung beabsichtige, der UdSSR das «Russische Auslandsarchiv» zum Geschenk zu machen, verfügte er die Übernahme und Sichtung der im Bestand enthaltenen Dokumente. Der bereits erwähnte Kruglow meldete am 3. Januar 1946, daß unter Leitung des NKWD neun Waggons mit Dokumenten (Archive der Regierungen Denikin und Petljura, Privatarchive Alexejews, Sawinkows, Miljukows, Tschernows. Brussilows und vieler anderer russischer Persönlichkeiten) nach Moskau in Marsch gesetzt worden seien.[51] Darunter befanden sich viele Bücher und Materialien zur Geschichte der Oktoberrevolution und des Bürgerkrieges. Zur Übernahme der Dokumente wurden Fachleute von der Akademie der Wissenschaften herangezogen – I. Nikitinski, S. Bogojawlenski, I. Minz und S. Sutozki –, doch geleitet wurde die ganze Prozedur von führenden Mitarbeitern des NKWD. Diese erstatteten dann Stalin Bericht über den Inhalt und das weitere Schicksal des Archivs. Eine Reihe von Dokumenten verschwand auf lange Zeit in Stalins Schränken und Safes. Beispielsweise hatten NKWD-Mitarbeiter bei der Sichtung des «Russischen Auslandsarchivs» ein Manuskript von A. A. Brussilow entdeckt, von jenem ehemaligen Zarengeneral und Oberbefehlshaber der Südwestfront im ersten Weltkrieg, der den unter seinem Namen berühmt gewordenen Durchbruch verwirklicht hatte. Ab 1920 hatte er in der Roten Armee gedient, war Inspekteur der Kavallerie der Roten Arbeiter-und-Bauern-Armee und ab 1924 dem Revolutionären Militärrat der Republik zur besonderen Verwendung zugeteilt. Das Manuskript «Meine Erinnerungen», das er 1925 während seines Kuraufenthalts in Karlovy Vary vollendet hatte (im Folgejahr war er verstorben), hatte er offenbar nicht zur Veröffentlichung in der UdSSR bestimmt.

50 Ebenda, Akte 255, Bd. I, Bl. 87f.
51 Ebenda, Akte 134, Bd. I, Bl. 1f.

In einer dem Manuskript beigefügten Notiz hatte Brussilow geschrieben: «... denn allen ist verständlich, daß ich in der UdSSR nichts hätte schreiben können. Ich lasse diese Hefte in der Obhut freundschaftlich verbundener Leute im Ausland zurück und bitte, sie nicht vor meinem Tode der Öffentlichkeit bekannt zu machen ... Wenn in Europa die Menschen die Ordnung, die Familie, das Vaterland retten wollen, dann werden sie meinen Irrtum verstehen und ihn nicht wiederholen. Unsere politischen Parteien haben sich gestritten und entzweit, bis unser Rußland zugrunde gerichtet war.»[52]

Die Notiz trägt den Stempel tiefer Bestürzung eines russischen Patrioten, der mit seinen reichlich siebzig Jahren die Oktoberrevolution nicht begreifen und akzeptieren konnte. Für Stalin war sie ein weiteres Indiz, ein «Beweis» dafür, daß er recht hatte, was sein Mißtrauen gegenüber den bürgerlichen Spezialisten anging.

Stalin brachte es fertig, alles zum Geheimnis zu machen. Selbst Fragebögen, auf denen im Juli 1938 die Familienangehörigen der Mitglieder der Führungsspitze aufgelistet waren, wurden dem Diktator vorgelegt. Stalin ging mit seinem Stift über die Eintragungen hinweg:

«Berija, Nina Tejmuradowna, Georgierin, wissenschaftlicher Mitarbeiter, Sohn Sergej, 14 Jahre.

Kaganowitsch, Maria Markowna, Tochter Maja und Sohn Juri.

Woroschilowa, Jekaterina Dawydowna.

Shemtschushina, Polina Semjonowna, Töchter Swetlana Wjatscheslawowna Molotowa und Rita Aronowna Shemtschushina.

Andrejewa-Chasan, Dora Moissejewna, Tochter Natalja Andrejewna ...»

Stalins Rotstift setzte nur ihm verständliche Häkchen und «inventarisierte» die nächsten Personen seiner Umgebung. Fett unterstrich er den Familiennamen seines personengebundenen Buchhalters I. S. Charitonow. Geheimnisse über Geheimnisse ... Ohne sie konnte die Gesellschaft nicht bestehen, die er geschaffen hatte.

Stalins ganzes Leben ist von einem schier undurchdringlichen Schleier gleichsam wie mit einem Leichentuch eingehüllt. Er schnüffelte ständig allen seinen Mitstreitern nach. Keinen falschen Zungenschlag, keinen noch so winzigen Fehler durften sie sich leisten. N. A. Wosnessenski, ein zu kühnem und scharfem Urteil fähiger Mann, brauchte nur irgendwann die unsichtbare Linie des Erlaubten zu überschreiten, damit sich sein Schicksal jäh wendete. Darüber wußten die Mitstreiter des «Führers» bestens Bescheid. Berija erstattete regelmäßig Bericht über die Observationsergebnisse in der Umgebung des Diktators. Stalin seinerseits ließ Berija nachspüren, erhielt aber kaum vollständige Informationen. Die Berichte wurden mündlcih gegeben, und das bedeutete, sie waren streng geheim.

Stalin liebte es, in Listen von Partei- und Staatsfunktionären sowie Militärs zu stöbern, wobei er dann bei dem einen oder anderen Familiennamen ein nur ihm verständliches Zeichen machte. Das konnte Beförderung, Degradierung, Versetzung oder gar Schlimmeres bedeuten. Die Ursachen und Motive für solche Entscheidungen wurden offensichtlich vom Grad der Ergebenheit des Betreffenden gegenüber dem «Führer» und irgendwelchen anderen, nur Stalin selbst bekannten Kriterien bestimmt.

Hochgestellte Führerpersönlichkeiten, die im Blickfeld vieler Menschen stehen, haben

52 Ebenda, Akte 201, Bl. 79–81.

es schwer, persönliche Geheimnisse zu wahren. In einer demokratischen Gesellschaft besteht dazu auch keine Notwendigkeit. Zu Stalins Zeiten galten Angaben über die familären Verhältnisse, die Neigungen und Geschmäcker der Politmitglieder sowie über ihre Einstellung zu dem einen oder anderen Problem als stengstes Geheimnis. Die Geheimniskrämerei und Gesichtslosigkeit der Führung verfolgte einzig und allein den Zweck, einen angemessenen Hintergrund für die «Umgebung», die «Mitstreiter», die «Gleichgesinnten» zu schaffen. Stalin und Berija hielten in ihren Arsenalen stets Versionen von einer möglichen «Verschwörung», einem «Attentat» oder einem «Terrorakt» parat. Stalin hegte im Ernst tödliche Furcht vor Attentaten. Er nahm an, daß es in der Gesellschaft Leute vom Schlage der Narodowolzen und Sozialrevolutionäre, die sich auf den Terror verlegt hatten, geben könnte (ja mußte!). Stalin erwartete sein ganzes Leben lang Attentate auf seine Person. Und sie traten nicht ein ... Der «Führer» schätzte seine Fähigkeiten, das große Volk zum Schweigen zu bringen und zu befriedigen, nicht sonderlich hoch ein. Jene, die darum wußten, wie der Sozialismus nach Lenins Vorstellungen aussah, hatte der Diktator vernichtet, und die jungen, neuen Generationen nahmen dank Stalins Demagogie an, daß der Sozialismus so beschaffen sein müsse, wie ihn Stalin aufgebaut hatte. Die Umgebung wußte um die pathologische Furcht des «Führers» und hegte ihrerseits pathologische Furcht, sich einem Verdacht auszusetzen, der sich schicksalhaft auswirken könnte. Dieses «Geheimnis» kannten alle Mitstreiter Stalins.

Die Verschlossenheit einer Gesellschaft beginnt bei ihrer Führung. Stalin hatte auf diesem Gebiet viel erreicht. Ans Licht der Öffentlichkeit ließ er nur einen winzig kleinen Ausschnitt seines Privatlebens. Im Lande gab es Tausende, Millionen Porträts, Skulpturen und Büsten des rätselhaften Menschen, den das Volk vergötterte und anbetete, aber über den es überhaupt nichts wußte. Stalin schaffte es, die Stärke seiner Macht und seiner Persönlichkeit geheim zu halten, indem er dem Volk nur das zur Ansicht preisgab, was zur Lobpreisung und Verherrlichung bestimmt war. Alles andere verschwand unter einem unsichtbaren Leichentuch.

Paroxysmen der Gewalt

Alles Leben auf der Erde mißt die Zeit mit ihrem Maß. Führer machen da keine Ausnahme. Die Jahre lasteten auf Stalins Schultern, und sein Ruhm wuchs, nahm im Grunde genommen planetare Dimensionen an. Feinde wie Freunde mußten mit seinem Willen, seinem raffinierten Verstand und seinen Plänen rechnen. Schon lange vor dem 70. Geburtstag war auf Malenkows Initiative im Politbüro eine lange Liste von Maßnahmen und Schritten erörtert worden, mit denen das Jubiläum zu begehen war. Es drehte sich nicht allein um die Verewigung des «Führers» mit neuen Monumenten oder um Namensverleihungen an Kombinate und Großbaustellen, sondern auch um unzählige Rechenschaftslegungen über die geleistete Arbeit. Im Archivfundus «Korrespondenz mit Genossen Stalin» befindet sich eine Unmenge von Rechenschaftsberichten und Meldungen von Volkskommissaren (Ministern), Werksdirektoren und Sekretären von Gebietskomitees. Doch am meisten sind Berijas Berichte zu finden. Dieser hatte schon zu Kriegszeiten begonnen, Stalin mit den «Arbeitsleistungen» seines Volkskommissariats zu erfreuen. Am 26. Januar 1944 berichtet er zum Beispiel:

«Staatliches Verteidigungskomitee,
Genossen Stalin, J. W.

Ich melde, daß der Tscheljabinsker Hüttenwerksbaubetrieb des NKWD den Aufbau der ersten Stufe des Wärmekraftwerkszentrums des Tscheljabinsker Hüttenwerkes abgeschlossen und die Turbine 1 mit einer Leistung von 25 000 Kilowatt und den Kessel 1 übergegeben hat. Das W(ärme-)K(raftwerks-)Z(entrum) ist mit der Errichtung auf unerschlossener Fläche im März 1943 begonnen und in der kurzen Frist von 10 Monaten beendet worden.

Ich unterbreite Ihnen zur Entscheidung den Bericht der Bauleute und den Entwurf eines Antworttelegramms.

Volkskommissar des Innern der UdSSR *L. Berija.*»[53]

Berijas Berichte gingen regelmäßig ein. So entstand der Eindruck, daß seine Behörde am besten von allen arbeite. Und auch ein Jahr vor dem Jubiläum überschüttete Kruglow den «Führer» mit Berichten gleicher Machart.

«Genossen Stalin, J. W.

Das Ministerium des Innern meldet Ihnen, Genosse Stalin, daß die Bergleute des Petschora-Kohlebeckens im Kampf um die vorfristige Erfüllung des Plans für das dritte Jahr des Fünfjahrplans am 19. Dezember (also zwei Tage vor dem 69. Geburtstag des «Führers» – *D. W.)* den Jahresplan der Kohleförderung erfüllt haben ... Die Bergleute des Petschora-Kohlebeckens werden bis Jahresende dem Land 200 000 Tonnen Kohle über den Plan liefern.

Minister des Innern der UdSSR *S. Kruglow.*»[54]

Die hier erwähnten Bergleute arbeiteten in Hunderten und Tausenden Betrieben des Landes unter Aufsicht von bewaffneten Kräften des Innenministeriums. Stalin hielt das für etwas völlig Normales, denn die Errichtung der neuen Gesellschaft verlangte nach strenger Selektion. Alle Menschen, die der Bezeichnung «neuer Mensch» unwürdig waren, sollten in den Lagern eine Umerziehung durchlaufen. Selbst als die faschistischen Truppen in Reichweite ihrer Fernkampfartillerie vor Moskau standen, hatten Dutzende Verbände und Truppenteile des NKWD eine Riesenzahl von Häftlingen zu bewachen, obwohl ein Teil von ihnen eigentlich an die Front gehört hätte. Schließlich mußten Shukow und andere Heerführer alles zusammenkratzen, was sie in die Finger bekamen, um die Lücken in der Front zu stopfen. Sie mußten Offiziersschüler, Landwehrmänner, Wachmannschaften von Militärvorratslagern und Wachkompanien in die Durchbrüche werfen ... Und in dieser Zeit bewachten NKWD-Truppen «Volksfeinde»! Aber Feinde von einer Art, die Stalin nicht minder fürchtete als die Faschisten.

Wie aus Dokumenten hervorgeht, hatte gerade Stalin die Verwendung von Häftlingen als ständige Quelle von billigen und rechtlosen Arbeitskräften angeregt. Ich erinnere daran, daß er in seiner Rede auf der Präsidiumstagung des Obersten Sowjets der UdSSR vom 25. August 1938 die Ungesetzlichkeiten gebilligt und es gestattet hatte, Häftlinge nach Ablauf ihrer Haftzeit in den Lagern zu behalten. Das war gewissermaßen wie ein juristischer Akt formuliert, für den viele, viele tausend Menschen den Preis zu entrichten hatten.[55] In einem Gespräch mit mir erzählte der Rentner A. G. Kabajew aus Buguruslan,

53 Ebenda, Akte 64, Bd. I, Bl. 62.
54 Ebenda, Akte 201, Bl. 265.
55 Ebenda, Fundus 7 523, Liste 67, Akte 1, Bl. 5.

daß sein Vater, Ingenieur in einem Moskauer Autowerk, 1936 für «konterrevolutionäre trotzkistische Tätigkeit», von der er selbst keine Ahnung hatte, verhaftet und zu fünf Jahren Freiheitsstrafe verurteilt worden war. Doch ohne Gerichtsurteil setzte man auf die fünf noch weitere sechs Jahre drauf. Als der Vater 1947 zu seiner nach Buguruslan verbannten Familie heimkehrte, konnte er nicht mehr lange mit ihr zusammen sein. Bald darauf wurde er wieder verhaftet, ins Gefängnis geworfen und ohne Urteil in den Bezirk Krasnojarsk verbannt, wo er auch starb. Was für ein verpfuschtes Leben! Und wieviele solche Opfer der Willkür gab es? Wer sagt es, wer weiß es?

Mit der Zeit errichtete Berija mit vollem Einverständnis und mit Billigung Stalins ein ganzes System zur Verwendung von Intellektuellen (Ingenieuren, Ärzten, Architekten, Baufachleuten, Technologen, Wissenschaftlern) im Strafvollzug. Schon während des Krieges wurden mit dem Verstand und den Händen von Häftlingen große Entdeckungen und Erfindungen gemacht, die für die Verstärkung des Verteidigungspotentials große Bedeutung hatten. Es gab Fälle, daß Häftlinge auf diese Weise ihre Freiheit erkauften. Hier ein Beispiel. Im Februar 1944 fertigte Berija folgenden Bericht aus:

«An den Vorsitzenden des S(taatlichen) V(erteidigungs-)
K(omitees),
Genossen Stalin, J. W.

In den Jahren 1942/43 wurden nach Projekten inhaftierter Spezialisten der 4. Spezialabteilung des NKWD der UdSSR im Werk Nr. 16 des V(olks-)K(ommissariats für die) F(lugzeug-)Industrie folgende Arbeiten ausgeführt, die große Bedeutung für die Verteidigung haben:

1. Nach dem Projekt von Gluschko, W. P. wurden Testmodelle von Düsentriebwerken RD-1 gebaut, die zur Installation als Beschleuniger in Flugzeuge bestimmt sind.

2. Nach dem Projekt von A. M. Dobrowolski wurden auf der Basis des Paarens von Serienmotoren M-105 leistungsfähige Flugzeugtriebwerke MB-100 mit einer Startleistung von 2 200 PS und MB-102 mit einer Startleistung von 2 425 PS gebaut …

Mit Rücksicht auf die Wichtigkeit der durchzuführenden Arbeiten hält es das NKWD der UdSSR für zweckmäßig, inhaftierte Spezialisten, die sich besonders ausgezeichnet haben, von der weiteren Verbüßung der Strafe zu verschonen … Ich bitte um Ihre Weisungen.

Berija.»[56]

Weiter folgte eine Liste von 35 Inhaftierten: L. B. Artischewski (zu 10 Jahren Freiheitsstrafe verurteilt), B. L. Begasch (10 Jahre), J. M. Bereshnoi (25 Jahre), M. J. Bodnja (20 Jahre), D. J. Bragin (10 Jahre), W. A. Witka (10 Jahre), M. S. Wladimirow (10 Jahre), A. O. Wolf (10 Jahre), W. P. Gluschko (10 Jahre) und andere … Diese Praxis wurde viele Jahre aufrechterhalten. Stalin glaubte, daß der Intellekt auch in der Haft in der Lage sei, erfolgreich für das Allgemeinwohl zu arbeiten.

Der «Führer» mochte sich nicht ändern. Er *wollte alles selbst* entscheiden. Eine Analyse seiner Alltagsgeschäfte belegt, daß sich die Zentralisierung der Macht immer mehr verstärkte. Kein einigermaßen wichtiges Problem konnte ohne Stalin gelöst werden. Die Zwingen eines abscheulichen Zentralismus unterdrückten die Initiative, bremsten alles lebendige Schöpfertum der Massen und führten zu einer Stagnation im gesellschaftlichen Denken. Ob es nun um den Neuaufbau, vor allem der Schwerindustrie, um eine ent-

56 Ebenda, Fundus 9 401, Liste 2, Akte 265, Bd. II, Bl. 384 f.

schneidende Finanzreform, die Nutzung der Arbeitskraft einer großen Menge kriegsgefangener Deutscher und Japaner, den Abbau der Luftverteidigung von Moskau oder um die Bildung eines Forstministeriums ging, ob sich die Berichte um den Stand der Arbeiten am neuen Panzer T-54, die Zuteilung eines Gramms Radium an ein Forschungsinstitut, die Reise einer sowjetischen Delegation zum Chirurgenkongreß im Prag, die Eröffnung des Hauses der sowjetischen Kultur in Wien, die US-amerikanischen Kernwaffentests auf Bikini oder worum sonst noch drehten – alles mußte Stalin selbst entscheiden. Bulganin und Golikow berichteten zum Beispiel von einer «Eigenmächtigkeit» Shukows, der nach einem Konzert mit einem Sonderbefehl Ruslanow und andere Künstler gewürdigt hatte ... Stalin legte dieses Blatt ohne Vermerk beiseite. Da gab es noch den Bericht des Vorsitzenden des Rates für Angelegenheiten der Russischen Orthodoxen Kirche beim Ministerrat der UdSSR, Karpow, über die turnusmäßige Tagung der Synode beim Patriarchen von Moskau und ganz Rußland ... Bagatellen, dachte der «Führer».

Wenn Stalin Tag für Tag viele Dutzende Probleme zu entscheiden hatte, ob nun große oder kleine, wichtige oder zweitrangige, machte er sich buchstäblich zum Gefangenen des von ihm geschaffenen Systems. Doch anders konnte und wollte er es nicht. Wenn jemand es wagte, eine mehr oder weniger selbständige Entscheidung ohne Stalins oder einer anderen Person aus seiner Umgebung Billigung zu treffen, dann folgte sofort eine scharfe Reaktion. So erging es zum Beispiel dem Ersten Sekretär des Leningrader Gebietsparteikomitees, P. S. Popkow, als er unbedacht ohne besonderen Beschluß der Zentrale die Abhaltung einer Gesamtrussischen Handelsmesse in der Stadt an der Newa genehmigte. Dieser Schritt wurde zu einem «Argument» für die Feststellung «parteifeindlichen Verhaltens» der Leningrader Führung.

Bei der Lektüre der ungezählten Berichte, Mitteilungen und chiffrierten Telegramme konnte Stalin bei aller Erschöpfung mit Genugtuung konstatieren, daß es gelingen würde, bis zu seinem nahen Jubiläum praktisch alle zerstörten Betriebe wiederaufgebaut und Hunderte neue errichtet zu haben. Die Wiedergeburt der Wirtschaft vollzog sich in immer schnellerem Tempo. Bei einem Gespräch mit Wosnessenski hatte er wieder einmal bekräftigt, daß die Schwerindustrie im Mittelpunkt der Aufmerksamkeit zu stehen habe. Die Landwirtschaft und die Konsumgüterindustrie seien keine entscheidenden Faktoren. Die finanziellen und technologischen Reserven sollten wie früher vorranging in der Industrie konzentriert werden. Aber auch dort war im Grunde genommen nur ein quantitatives, kein qualitatives Wachstum zu verzeichnen. Die Landwirtschaft wurde zu dieser Zeit immer weiter degradiert. Stalin wird kaum gewußt haben, daß die Kolchosbauern, denen nicht nur die Personalpapiere, sondern auch sämtliche Stimuli weggenommen worden waren, nur noch unter Androhung vieler Strafen und Erschwernisse (Zwang zur Ableistung eines Minimums an Arbeitstagen, zu höherer Entrichtung von Natural- und Geldsteuern auf jedes Stück lebendes Inventar auf dem Hof, und sei es nur ein Obstbaum, sowie zur Beschränkung der individuell bewirtschafteten Fläche) arbeiteten. Die Kolchosbauern bildeten einen rechtlosen Stand, dem jede Möglichkeit genommen war, zu protestieren oder irgendetwas zu ändern. Die gesamte Ernte der Kolchose (die in der Regel sehr niedrig war) ging für eine lächerliche, mehr symbolische Vergütung weg. Die Jugendlichen versuchten mit allen legalen und illegalen Mitteln, das Dorf zu verlassen, indem sie sich an den Handwerksschulen einschrieben und sich als billige Arbeitskräfte auf den vielen Neubaustellen sowie in der Forstwirtschaft verdingten. Die Kollektivwirtschaft durfte nichts selbst entscheiden, alles wurde weiter oben beschlossen – vom Termin der Aussaat bis zur Neubesetzung des Vorstandes.

Die «Agrarrevolution von oben», die Ende der zwanziger Jahre begonnen hatte, offenbarte die abgrundtief unheilvolle Wirkung des Dekretierens und der administrativen Gewaltanwendung. Im ZK wurden viele Beschlüsse zur Landwirtschaft gefaßt, doch sie waren sämtlich durch ihre realitätsferne hohe Warte geprägt und bedeuteten nichts anderes als ein Suchen nach Hebeln, mit denen die Leute zum Arbeiten zu *zwingen* waren. Im Grunde lief die Arbeit in der Landwirtschaft auf eine Art Frondienst hinaus. Das «Handbuch des Sowjetmitarbeiters», das unter A. J. Wyschinskis Redaktion entstanden ist, führte viele Auszüge aus verschiedenen Beschlüssen der Zentrale auf, in denen angewiesen wurde, was verboten und was eingeschränkt war, wovor gewarnt wurde und welche Strafen dem Dorf zur «sozialen Verteidigung» angedroht waren.[57] Obwohl das Handbuch noch vor dem Krieg erschienen war, hatten fast alle seine Postulate auch jetzt noch ihre rechtliche Gültigkeit. Bei aufmerksamer Betrachtung des Lebens in dem gigantischen Staat, in dem alles auf der gewaltigen Kräfteanstrengung des Volkes und der Opferbereitschaft von Millionen Menschen aufgebaut war, die geduldig auf eine Verbesserung ihrer Daseinsbedingungen warteten, wird offensichtlich, daß der Weg in die «lichte Zukunft» mit Gewalt gepflastert war. Stalin betrachtete das als «Gesetzmäßigkeit» des sozialistischen Aufbaus.

Der Kolchosbauer durfte nicht aus freien Stücken das Dorf verlassen. Ein unbedachtes Wort konnte die Freiheit kosten. Direktiven, Befehle und Weisungen von oben, und waren es die unsinnigsten, durften nicht diskutiert werden. Die durch Beschluß des ZEK der UdSSR vom 10. Juli 1934[58] eingerichtete Sonderspruchkammer beim NKWD der UdSSR war immer noch in Funktion. Andersdenken oder irgendwelche politische Betätigung wurden beim leisesten Verdacht nach wie vor streng geahndet. Allmonatlich erreichten Stalin viele einander sehr ähnliche Berichte.

«An das ZK der KPdSU(B), Genossen Stalin, J. W.

Ich melde, daß am 24. Dezember 1948 von der Sonderspruchkammer beim MdI der UdSSR die Verfahren gegen 260 Personen verhandelt wurden. Von diesen wurden zu unterschiedlichen Freiheitsstrafen verurteilt:

zu 25 Jahren 8 Mann,
zu 10 Jahren 8 Mann,
zu 7–8 Jahren 48 Mann.
Zu zwölf Jahren Zwangsarbeit 29 Mann.
Minister des Innern der UdSSR

S. Kruglow.»[59]

Am 30. Dezember war der «Arbeitsumfang» der Sonderspruchkammer derselbe, nur daß um die Hälfte weniger Leute – 15 Mann – zu Zwangsarbeit verurteilt worden waren.[60] Sämtliche Urteile wurden vom Alleinherrscher bestätigt. Denn das war sein Werk. Die Zwangsarbeit war auf sein Geheiß eingeführt worden.

57 Справочник советского работника. Под общей редакцией А. Я. Вышинского, Moskau 1939.
58 Административное законодательство. Сборник важнейших постановлений, Moskau1936, S. 11.
59 ЦГАОР, Fundus 9 401, Liste 2, Akte 201, Bl. 268.
60 Ebenda, Bl. 276.

Sicher wird sich der Leser über nichts mehr wundern. Durch Erlaß des Präsidiums des Obersten Sowjets der UdSSR vom 13. April 1943, der nicht veröffentlicht worden ist, wurde die Zwangsarbeit als besondere Form der Bestrafung für faschistische Mörder, für Verräter und für Kollaborateure der Okkupanten eingeführt. Urteile in Höhe von 10 bis 20 Jahren Zwangsarbeit wurden von Feldgerichten gesprochen. Aber der Krieg ging zu Ende, und die Zuständigkeit der Feldgerichte ging auf die Sonderspruchkammer über, deren Beschlüsse unanfechtbar waren. Zwischen diese Mühlsteine konnten schon nicht mehr nur ehemalige Kollaborateure, sondern auch Andersdenkende oder auch nur in Verdacht Geratene kommen. Bald nach dem Krieg wendeten sich mehrere Behörden mit dem Vorschlag an Stalin, die Strafmaße zu verändern, die die Sonderspruchkammer verhängen durfte:

«Im Zusammenhang mit der Beendigung des Krieges ... ist es zweckmäßig, der Sonderspruchkammer beim NKWD das Recht zu übertragen, Strafen bis zur Höhe von 10 Jahren auszuprechen.» Stalin verweigerte dem Vorschlag seine Zustimmung ... Dieses außerhalb der Gerichtsbarkeit stehende Repressionsorgan überlebte seinen wichtigsten Schöpfer kurze Zeit. Im September 1953 wurde die Sonderspruchkammer endgültig abgeschafft. Das war für die Gesellschaft die erste Erleichterung nach dem Tod des Tyrannen.

Die Regsamkeit, die Opferbereitschaft und der Stoizismus der sowjetischen Menschen war von häufigen Paroxysmen der Gewalt begleitet, und zwar der wirtschaftlichen, sozialen und geistigen Gewalt. Der «Führer» hielt das für normal. Auf unzählige Berichte von Sitzungen der Sonderspruchkammer, bei denen in der Regel niemals jemand freigesprochen wurde, setzte er sein stets gleiches *«J. St.»*. Viele, präziser gesagt, fast alle glaubten, daß Stalin alles wissse und sehe. Aber er sah nur das, was er sehen wollte. Er wünschte niemals, auch nicht in Gedanken, in die enttäuschten Augen der Millionen sowjetischen Bürger zu schauen, die *seine Lager* durchlaufen hatten. Er hätte dann in ihnen den wahren unheilvollen Schatten seines planetaren Ruhmes erblicken können. Doch Stalin lebte seiner alten Idee: Er wollte sein Land mächtig sehen, auf daß es *seinen eigenen* Ruhm mehre.

Im Jahre seines 70. Geburtstages unternahm der «Führer» etwas, was auch heute noch unter älteren Menschen populär ist. Er brachte es fertig, unter Bedingungen eines faktischen Verfalls der Landwirtschaft und eines Niedergangs der Leichtindustrie (wie auch in den Folgejahren) eine spürbare Preissenkung für Waren des täglichen Bedarfs vorzunehmen.

Obwohl Stalin am Vorabend erst den Beschluß des Ministerrates der UdSSR «über eine neue Senkung der Einzelhandelspreise für Waren des Massenbedarfs am 1. März 1949» unterzeichnet hatte, versagte er sich nicht das Vergnügen, nach dem wie immer späten Frühstück die «Prawda» vom 1. März aufzuschlagen. Ins Auge sprang sofort eine lange Ziffernkolonne. An einigen Zeilen blieb der Blick haften:

«Ab 1. März 1949 sind die staatlichen Einzelhandelspreise für Waren des Massenbedarfs durchschnittlich in folgendem Umfang zu senken:

Brot und Mehl	um 10 %
Tafel- und Schmalzbutter	um 10 %
Fleisch, Wurstwaren und Konserven	um 10 %
Wodka	um 28 %
Parfümeriewaren	um 20 %
Wollstoffe	um 10 %

Fahrräder	um 20%
Fernsehgeräte	um 25%
Uhren	um 30%.

Dementsprechend sind auch die Preise in Restaurants, Speisegaststätten und anderen Gemeinschaftsverpflegungseinrichtungen zu senken.»

Stalin legte die Zeitung beiseite und dachte nach. Das Volk litt Not. Da berichteten die Organe des MdI, daß in einigen Bezirken, besonders im Osten, die Menschen noch immer hungerten und schlecht mit Kleidung versorgt würden. Doch nach seiner tiefen Überzeugung würde eine bessere Versorgung als das verordnete Minimum die Menschen nur moralisch verderben. Es gab auch keine Möglichkeit, ihnen mehr zu geben, denn die Verteidigung mußte gestärkt, die Schwerindustrie mußte weiterentwickelt werden. Das Land mußte erstarken. Zu diesem Zweck sollten alle vorerst den Gürtel enger schnallen. In jedem folgenden Jahr erwartete die Bevölkerung die fällige Preissenkung. Und sie trat auch ein. Stalins Autorität stieg dadurch noch mehr. Die Menschen wollten nicht sehen, daß die Preissenkungspolitik unter den Bedingungen eines extremen Warenmangels für die Hebung des Wohlstands nur eine begrenzte Rolle spielen konnte. Bei dem äußerst niedrigen Lohnniveau lief das auf ein Einfrieren des Einkommens hinaus. Dieser Politik war auch soziale Demagogie nicht fremd. Anhand einiger Vergleichszahlen läßt sich feststellen, daß das Lebens- und Lohnniveau Anfang der fünfziger Jahre kaum höher war als 1913. Möglicherweise sind meine Schlußfolgerungen, die auf eigenen Berechnungen beruhen, nicht ganz korrekt, aber man kann sich schwer des Eindrucks erwehren, daß die langen Experimente, die mit Hinweis auf den schrecklichen Krieg «dick eingerührt» worden waren, dem Volk vom Standpunkt eines realen Aufschwungs des Lebensniveaus wenig gebracht haben.

Natürlich darf man nicht vergessen, daß sich das kulturelle Niveau der sowjetischen Menschen verbesserte und daß die internationalistische Zusammenarbeit erstarkte. Bestimmte Schritte zur Entwicklung der sozialen Versorgung der Bevölkerung wurden getan, insbesondere wurden Renten, bezahlter Urlaub sowie Zuwendungen für Familien von im Krieg Gefallenen und für kinderreiche Mütter festgelegt. Doch das bewegte sich alles auf dem sozialen und wirtschaftlichen Minimum, das die allgemeine Armut reflektierte. Das Festhalten am Kurs auf die vorrangige Entwicklung der Schwerindustrie eröffnete unter den Bedingungen eines beschleunigten Verfalls der Landwirtschaft bei weitem keine rosigen Aussichten.

Nicht selten wird bei hitzigen Streitgesprächen über die vergangene Zeit als Argument zur «Verteidigung» Stalins auf die «Ordnung», und die «Disziplin» und die «Respektierung der Gesetze» verwiesen. Angeblich seien wir heute tief gesunken, es gäbe sogar Prostitution und Drogensucht! Ich weiß nicht, wie es um die Prostitution bestellt war, aber alle anderen Krebsgeschwüre der Gesellschaft – Trunksucht, Rowdytum, Diebstahl und sogar Drogensucht – gab es in der Sowjetunion schon damals. Sie wurden allerdings nur in einer «streng geheimen» Kriminalstatistik erfaßt. Möglicherweise traten diese Laster in geringerem Umfang als heute in Erscheinung, aber – ich wiederhole mich – sie gab es schon damals. Im Januar 1948 meldete Kruglow an Stalin:

«Im November 1947 gingen in der MdI-Gebietsverwaltung Frunse (Kirgisische SSR) Informationen ein, daß in der Stadt Frunse eine Gruppe von Opiumspekulanten in der Zusammensetzung Nigmatshanow, Chabibulin, Chismutdinow, Gainullina (im Dokument ohne Namenskürzel – *D. W.*) tätig ist. Beschlagnahmt wurden 17 Kilogramm Opium ...»[61]

Das System der Berufsausbildung galt zum Beispiel als unbezweifelbare Errungenschaft des Staates. Natürlich ist auf diesem Gebiet vieles vollbracht worden. Zugleich aber gab es solche Dinge:

«Im Jahre 1946 wurden von den MdI-Organen 10 563 Schüler von Betriebsberufs-, Handwerks- und Eisenbahnschulen aufgegriffen ... Auf diesem Boden gab es viele Verbrechen: Diebstahl, Banditentum. Die Wohnbedingungen sind unbefriedigend: schlechte Hygiene, kalt, oft kein Licht ...

S. Kruglow.»[62]

Kasernenartige Bedingungen, Gewalt und administrative Methoden waren nicht geeignet, das Verbrechen zurückzudrängen, geschweige denn es zu beseitigen. Stalin konnte sich kaum mit dem Gedanken anfreunden, daß die Respektierung der Gesetze, eine hohe Kultur des Umgangs miteinander und ein demokratisches soziales Milieu kriminellen Anomalien entgegenzuwirken vermögen.

Die Widersprüche, die sich aus der Alleinherrschaft ergaben – absolute Diktatur eines Einzelnen und Unfreiheit von Millionen Menschen, Bekräftigung totaler Bürokratie und der Lebensnotwendigkeit sozialer Aktivität, Durchsetzung eines Einheitsdenkens und natürliche Notwendigkeit von Kreativität der Massen –, vertieften die Genesis künftiger Krisen. Stalin wollte das weder erkennen noch konnte er es. Das «Bukett» dieser Widersprüche umrahmte gewissermaßen den Nimbus des Triumphators. Er setzte immer nachhaltiger auf ideologische Hebel statt auf ökonomische, ohne das langsame, aber unaufhaltsame Abklingen des revolutionären Enthusiasmus zu erkennen. Stalin legte nach wie vor den Schwerpunkt auf den sozialistischen Wettbewerb, mit dem allerdings die schöpferische Aktivität der Massen gebunden wurde. Immer öfter griff er zu probaten Methoden: Drohung, administrative und direktive Maßnahmen. Nicht zufällig fiel das Apogäum des Kultes um Stalin, das zur Feier seines 70. Geburtstages erreicht wurde, mit der sogenannten Leningrader Affäre zusammen. Stalins «Triumphe» sind bis zum letzten mit Gewaltanwendung verbunden. Das ist eine Gesetzmäßigkeit diktatorischer Alleinherrschaft. Selbst unter Bedingungen der Verwirklichung großer Wirtschafts- und Sozialprogramme brauchte er «Bürgerkriege» im Innern, wenngleich regionaler Dimension. Nach dem Sieg über den Faschismus verlagerte Stalin das Epizentrum dieses «Krieges im Innern» nach Leningrad.

Heute wissen wir, daß der vernichtende Beschluß von 1946 über die Leningrader Zeitschriften «Swesda» (Stern) und «Leningrad» auf Initiative des «Führers» zustande gekommen ist. Gleich nach diesem Beschluß waren der Film «Ein großes Leben» von dem Regisseur L. Lukow und dem Drehbuchautor P. Nilin sowie die Oper «Die große Freundschaft» von Wano Muradeli dem Verriß preisgegeben worden. Der Repertoirepolitik der Theater wurde ein Schlag versetzt. Stalin spürte, daß auf dem Gebiet der Literatur und der Kunst, wenn auch nicht ausgeprägt, Versuche liefen, aus dem Rahmen der von der Partei und demzufolge von ihm festgelegten Parameter auszubrechen. Der Führer witterte darin eine Gefahr für das Einheitsdenken und möglicherweise in der Zukunft auch

61 Ebenda, Akte 199, Bl. 192.
62 Ebenda, Akte 172, Bd. I, Bl. 85–92.

für die Alleinherrschaft. Sein geistiger Habitus, der sich auf ein System unverrückbarer Postulate stützte, mochte sich mit solcher Freigeisterei nicht abfinden. Die Hetzjagd auf Soschtschenko und die Achmatowa wurde zum Signal für eine Säuberungskampagne. Leningrad, das sich von den unmenschlichen Prüfungen, die der vergangene Krieg der Stadt auferlegt hatte, noch nicht recht erholt hatte, wurde in die Rolle eines Hortes der Häresie gedrängt. Das war kein Zufall. Stalin gab damit zu verstehen: Wenn ich schon der heldenhaften Stadt Lenins nichts durchgehen lasse, dann anderen erst recht nicht.

Im Archivfundus Shdanow befindet sich ein langer Brief von Wera Soschtschenko an Stalin.

«Sehr geehrter Genosse Poskrjobyschew!

Ich bitte Sie sehr, den Brief Gen. Stalin zur Kenntnisnahme zu übergeben oder, wenn es ihn zu sehr erschöpft, kurz seinen Inhalt zu übermitteln ...

8.IX.47.

Mit herzlichem Gruß *Wera Soschtschenko.*»

Im Brief finden sich, vor allem am Anfang, Zeilen, die für die damalige Zeit obligatorisch waren, sich aber heute nur mit Bitterkeit lesen lassen: «... die größte Freude in meinem Leben ist der Gedanke, daß es Sie auf der Welt gibt, und der größte Wunsch, daß es Sie so lange wie möglich geben soll.» Weiter schrieb die Ehefrau des Schriftstellers Soschtschenko: «Lieber Jossif Wissarionowitsch! Ich war buchstäblich erschüttert von dem Beschluß des ZK der KPdSU(B) über die Zeitschriften ‹Swesda› und ‹Leningrad› ... Wie konnte das alles geschehen, Soschtschenko haben doch alle geliebt? Er war anerkannt (‹Gorki, Tichonow, Schaginjan, A. A. Kusnezow, Maiski). Von einer Flucht aus Leningrad konnte überhaupt keine Rede sein ... Er hat den ganzen Winter des Jahres 44 an einem Buch über die Partisanen gesessen. Von irgendwelchen Verleumdungen oder Gehässigkeiten in seinen Büchern kann überhaupt keine Rede sein ...» Die mutige Frau widerlegte faktisch alle Anwürfe und Beschuldigungen an die Adresse ihres Mannes. In einem Anfall von Offenheit lüftete sie, um den Schriftsteller zu schützen, ein Geheimnis: «... er ist ein schwerer Psychopath und Neurastheniker ... seltsame Süchte. Er hat sehr gefürchtet, um den Verstand zu kommen, wie Gogol. Er hat begonnen, sich mit Selbstanalyse zu heilen und ... sich so gut wie ausgeheilt. Seine Krankheit hat ihm sein Talent als Satiriker beschert, und darin besteht seine Not. Aber er kann sich keinem fremden Willen unterwerfen, er kann nicht auf irgendjemandes Geheiß tätig werden ...»[63]

Allem Anschein nach hat Stalin den Brief gelesen, denn er trägt Unterstreichungen mit demselben Bleistift, mit dem der Weiterleitungsvermerk an Shdanow geschrieben wurde. Der «Führer» mochte wohl gespürt haben, daß sein Urteil nicht nur der Ehefrau des Schriftstellers peinlich war. Erstaunlicherweise beschränkte er sich Soschtschenko und seiner Familie gegenüber auf moralischen Terror und ging nicht weiter.

Seinem ideologischen Schlag gegen Leningrad ließ Stalin zwei Jahre später einen harten züchtigenden Schlag folgen, den viele nicht ohne Grund als Vorboten neuer möglicher Massenrepressalien ansahen. Mitte Februar 1949 schickte der «Führer» Malenkow nach Leningrad, nachdem er ihn vorsorglich instruiert hatte. Der formale Anlaß war eine Verletzung der Normen des innerparteilichen Lebens während der Leningrader Gebietsparteikonferenz. Sie äußerte sich in einem Fakt, der damals gar nicht so einzigartig war.

63 ЦПА ИМЛ, Fundus 71, Liste 3, Akte 121, Bl. 122–132.

Obwohl die Gebietsparteiführer P. S. Popkow, G. F. Badajew, J. F. Kapustin und P. G. Lasutin bei den Wahlen zum Gebietsparteikomitee ein paar Gegenstimmen bekommen hatten, hatte der Vorsitzende der Wahlkommission, A. J. Tichonow, bei der Verkündung des Wahlergebnisses erklärt, daß alle genannten Genossen einstimmig gewählt worden seien. Da schrieb ein Mitglied der Wahlkommission einen anonymen Brief an das ZK. Und Stalin reagierte hart darauf, obwohl er selbst 1934 auf dem XVII. Parteitag zu grober Fälschung der Abstimmungsergebnisse Zuflucht genommen hatte:

«Es haben sich zu viele gefährliche Signale über die Tätigkeit der Leningrader Leitung angesammelt, als daß man länger warten könnte, darauf zu reagieren. Fahren Sie hin, Genosse Malenkow, und räumen Sie mal tüchtig auf. Genosse Berija hat schon ein paar Informationen ...»

«Gut, Genosse Stalin, heute noch werde ich mit dem Nachtzug abreisen.»

Die «Signale» waren folgende. Angeblich stimmte sich das Gebietsparteikomitee mit Unterstützung seines Sekretärs A. A. Kusnezow nicht mehr mit den zentralen Organen ab. Welche Tatsachen lagen vor? Zum Beispiel die Veranstaltung der Gesamtrussischen Großhandelsmesse im Januar 1948 in Leningrad. Und das ohne besondere Genehmigung der zentralen Organe! Malenkow reihte auf dem Anklageregister einen «Fehler» der Leningrader Führer an den anderen, als er auf der gemeinsamen Sitzung der Büros des Leningrader Gebiets- und Stadtparteikomitees sprach. Voll gebannter Stille vernahm der Saal bedrückt, wie Malenkow hitzig Anklagepunkt auf Anklagepunkt aufführte. Den Vorfall mit der Messe stufte er als parteifeindliche Gruppenbildung, als Gegensatz der Leningrader Parteiorganisation zum Zentralkomitee ein. Doch die Hauptsache kam später. Getreu der in Moskau abgestimmten Linie formulierte Malenkow unter Verwendung mißglückter Äußerungen von P. S. Popkow die wichtigste Anklage: den Versuch, eine kommunistische Partei Rußlands mit weitreichenden Zielen zu gründen. Alle begriffen, daß Malenkows Rede ein Vorbote großen Leids war.

Die im Saal Sitzenden wußten noch nicht, daß ihr ehemaliger Sekretär, A. A. Kusnezow, der erst kürzlich zum Sekretär des Zentralkomitees berufen worden war, schon vor einer Woche seiner Funktion enthoben worden war. Natürlich wurde nach Malenkows Rede die gesamte Gebiets- und Stadtparteileitung abgesetzt. Das war aber nur der Auftakt. Um jeden in Verdacht Geratenen wurde ein Faden schnell fabrizierter «Affären» gesponnen. Dann folgten die Verhaftungen. Sofort fand man «Spione» vom Schlage Popkows und «Initiatoren eines parteifeindlichen Kurses» wie Kusnezow.

Im März 1949 wurde ein weiterer Leningrader, N. A. Wosnessenski, aus dem Politbüro ausgeschlossen. Als wahrer Schlachtenlenker der Wirtschaft während des Großen Vaterländischen Krieges, Akademiemitglied und Mensch mit einem offenen, direkten Charakter war er Stalin anscheinend zu gefährlich geworden. Kruglow, Abakumow, Goglidse und andere Lakaien Berijas konstruierten praktisch aus dem Nichts eine riesige «Affäre». Verhöre begannen, deren Ziel darin bestand, um jeden Preis Geständnisse partei- und staatsfeindlicher Tätigkeit zu erzwingen. Einer der wichtigsten Vollstrecker der großangelegten Provokationen gegen die Leningrader Parteiorganisation, Malenkow, konnte sich zufrieden die Hände reiben. Schließlich hatte er Stalins Auftrag erfüllt. Er hatte «tüchtig aufgeräumt». Um so mehr, als er, ebenso wie sein Busenfreund Berija, offen Antipathie gegen Wosnessenski und Kusnezow hegte. Sie sahen in den beiden Konkurrenten im Kampf um die Führerschaft in der Partei (denn der «Führer» alterte ziemlich schnell). Im Lande setzte wie schon 1937 eine «Hexenjagd» ein. Nicht ohne Grund erwarteten alle wieder voller Furcht das Schlimmste, um so mehr, als ehemalige Leningrader in verschiedenen Unionsrepubliken und Gebieten «aufgestöbert» wurden, wohin sie zu verschiedenen Zeiten dienstlich versetzt worden waren.

Was bewog Stalin dazu, diese verbrecherische Aktion zu organisieren? Warum verfiel er ausgerechnet am Vorabend seines 70. Geburtstages auf diese Idee? Warum ließ er dem ideologischen Schlag gegen Leningrad vom August 1946 reichlich zwei Jahre später einen schrecklicheren, weil strafenden Schlag folgen? Vollständig waren die Motive für dieses Verbrechen nur dem Diktator bekannt. Doch ich, der ich mich auf Archivalien aus dieser Zeit stütze, kann folgende Vermutungen anstellen.

Stalin verzieh niemandem Unabhängigkeit und «Freigeisterei». Und dazu kam, daß sowohl Wosnessenski als auch Kusnezow ihn in mündlicher wie auch in schriftlicher Form weniger oft und lauthals priesen als die anderen. Ihre im Vergleich zu den anderen größere Unabhängigkeit hatte Stalin immer wieder aufmerken lassen. Der «Führer» schwankte zwar eine Zeitlang und gab nichts auf Berijas und Malenkows Einflüsterungen. Bekannt geworden sind auch Stalins Lobeshymnen auf die beiden Leningrader, die sich angesichts des ehrwürdigen Alters des Alleinherrschers als mögliche Nachfolger des ersten Mannes in Staat und Partei wähnen konnten. Doch das konnte die Kamarilla in Stalins Umfeld nicht zulassen. In geheimen Berichten wurde Stalin immer wieder darauf hingewiesen, daß Wosnessenski vor dem Krieg in der Staatlichen Plankommission so gut wie keine «Feinde» aufgespürt und solche womöglich gedeckt habe. Berija beklagte mehrmals , wenn er Stalin seine laufenden Angelegenheiten vortrug, daß Wosnessenski, der als Vorsitzender der Staatlichen Plankommission die chemische und die metallurgische Industrie saniert hatte, diesen Industriezweigen für alle offensichtlich die Planauflagen senkte, während er diejenigen für die Forstwirtschaft, die zu Berijas Zuständigkeitsbereich gehörte, erhöhte. Stalin ließ das lange nicht an sich herankommen. Doch war er von Wosnessenskis Auftreten im Politbüro, wobei dieser eine ganze Reihe überzeugender Argumente gegen eine zusätzliche Besteuerung der Kolchosbauern auflistete, peinlich berührt. Auch mißfiel ihm die Absicht von Kusnezow, der im ZK das Kaderressort verwaltete, die Ministerien des Innern und für Staatssicherheit unter strengere Kontrolle zu nehmen. Stalin wurden auch Äußerungen von Kusnezow hinterbracht, daß die Ermittlungen in Sachen Kirow nicht die wahren Anstifter des Verbrechens aufgedeckt hätten.

Der «Führer» ging stets davon aus, daß selbst die wertvollsten und noch so sehr gebrauchten Leute ein Hauptkriterium zu erfüllen hatten, nämlich totale Zuverlässigkeit und Ergebenheit zu seiner Person. Hinsichtlich der widersätzlichen Leningrader hegte er nun schon nicht mehr nur Zweifel, er sah in ihnen potentielle Opponenten. Stalin erinnerte sich zum Beispiel, daß er, als er sich mit einem Manuskript von Wossnessenski vertraut machte und darauf einen Vermerk als Zeichen der Zustimmung hinterließ, der intellektuellen Größe und der gründlichen Analyse des jüngsten Politbüromitglieds seinen Respekt nicht versagen konnte.

S. I. Sjomin, der unter Wosnessenski als Leiter einer Verwaltung der Staatlichen Plankommission gearbeitet hatte, hob im Gespräch mit mir dessen außergewöhnliche Energie und vorzügliche Bildung auf dem Gebiet der Entwicklungsplanung der Volkswirtschaft hervor. Bei aller Strenge der Kommandowirtschaft versuchte der Vorsitzende der Staatlichen Plankommission, wo er nur konnte, die Werktätigen stärker in den Prozeß der Planung, der Kontrolle und der Bestimmung der Entwicklungsperspektiven jedes Betriebes einzubeziehen. Er kannte weder Urlaub noch Ruhetage. Nach Bucharin war Wosnessenski wohl der zweite und bisher sicher der letzte große Ökonom in der sowjetischen Parteiführung.

Obwohl Stalin noch vor der Verhaftung von Wosnessenski und mehreren anderen Leningradern eine Lesenotiz erhalten hatte, in der diese ihre vollkommene Unschuld beteuerten, brachte das den «Führer» so gut wie gar nicht aus der Fassung. Sicher hatte er erst vorgehabt, Wosnessenski auf den Posten des Direktors des Marx-Engels-Lenin-Instituts zu versetzen, aber er überlegte es sich anders: Sollte doch die Leningrader «Riege» den «Josephsbecher» bis zur Neige leeren! Das Gericht, das im September 1950 zusammentrat, verfuhr nach seinen Weisungen. Zum Tode durch Erschießen verurteilt wurden N. A. Wosnessenski, A. A. Kusnezow, P. S. Popkow, J. F. Kapustin und M. I. Rodionow. Etwas später erwartete dasselbe Schicksal viele andere Leningrader, unter diesen G. F. Badajew, I. S. Charitonow, P. I. Kubatkin, P. I. Lewin, M. W. Bassow, A. D. Werbizki, N. W. Solowjow, A. I. Burlin, W. I. Iwanow, M. N. Nikitin, W. P. Galkin, M. I. Safonow, P. A. Tschursin, A. T. Bondarenko, insgesamt etwa zweihundert Personen.[64]

Während des Prozesses, der im Leningrader Haus der Offiziere am Litejny-Prospekt stattfand, hörten die Anwesenden von Wosnessenski und Kusnezow keine reumütigen Reden. Die beiden nahmen die Chance ihres Gewissens über den Tod hinaus wahr. Wer beim Prozeß dabei war, kennt Alexej Alexandrowitsch Kusnezows Ausführungen aus dem letzten Wort: «Ich war und bleibe Bolschewik; welches Urteil auch über mich gesprochen werden mag, die Geschichte wird *uns* rechtgeben ...»

Als das Oberste Gericht der UdSSR unter dem Vorsitz von A. A. Wolin im April 1954 die Verfahren in der «Leningrader Affäre» kassierte, löste es aus der Anklage den Punkt heraus, der im September 1950 den Kern der Anklage ausgemacht hatte, nämlich daß «Kusnezow, Popkow, Wosnessenski, Kapustin, Lasutin, Rodionow, Turko, Sakrshewski und Michejew (im Dokument ohne Namenskürzel – *D. W.*) für schuldig befunden werden, sich 1938 zu einer antisowjetischen Gruppe vereinigt und Wühltätigkeit in der Partei betrieben zu haben, die auf die Loslösung der Leningrader Parteiorganisation vom ZK der KPdSU(B) gerichtet war mit dem Ziel, sie in eine Stütze ihres Kampfes gegen die Partei und ihr ZK zu verwandeln ... Dazu versuchten sie, unter den Kommunisten der Leningrader Organisation Unzufriedenheit mit den Maßnahmen des ZK der KPdSU(B) zu schüren, indem sie verleumderische Behauptungen verbreiteten, und äußerten umstürzlerische Gedanken ... Auch vergeudeten sie staatliche Mittel. Wie aus den Unterlagen hervorgeht, haben alle Angeklagten in der Voruntersuchung und während der Gerichtsverhandlung ihre Schuld voll eingestanden ...»[65] Wie diese Geständnisse erzielt wurden, das berichtete am 29. Januar 1954 der damals noch einsitzende Turko:

«... ich habe keinerlei Verbrechen begangen und mich nicht für schuldig bekannt und bekenne mich auch heute noch nicht dazu. Die Aussagen habe ich im Ergebnis systematischer Prügel dafür gemacht, daß ich meine Schuld abgestritten habe. Der Untersuchungsführer Putinzew begann mich bei den Verhören systematisch zu prügeln. Er schlug mich auf den Kopf und ins Gesicht und trat mit den Füßen. Einmal schlug er mich so

64 ЦГАОР, Fundus 7523, Liste 107, Akte 261, Bl. 13–15.
65 Ebenda, Bl. 12.

sehr, daß Blut aus dem Ohr trat. Nach solchen Prügeln steckte mich der Untersuchungsführer in der Karzer und drohte mir, meine Frau und die Kinder zu vernichten und mich zu zwanzig Jahren Lager zu verurteilen, wenn ich nicht gestehe ... Im Ergebnis dessen habe ich alles unterschrieben, was mir der Untersuchungsführer vorlegte ...»[66]

Alte und erprobte Methoden, die durch den Willen und das Denken des Diktators abgesegnet waren. Dem neuerlichen Stalinschen Gewaltsrausch fielen unter anderen drei Bolschewiki zum Opfer, die auch familiär miteinander verbunden waren: die Gebrüder Nikolai Alexejewitsch Wosnessenski, Mitglied des Politbüros, und Alexander Alexejewitsch Wosnessenski, Rektor der Leningrader Universität, sowie deren Schwester Maria Alexejewna Wosnessenskaja, Mitarbeiterin im Parteiapparat. Ein ganzes Geschlecht hervorragender Patrioten wurde auf diese Weise ausgelöscht. Wie fadenscheinig die «Affäre» aufgezogen war, geht aus folgender Tatsache hervor: M. A. Wosnessenskaja war im Hauptanklagepunkt beschuldigt worden, «in den zwanziger Jahren die Ansichten der ‹Arbeiteropposition› geteilt zu haben». Übrigens dienten als Begründung für die Rehabilitierung solch lächerliche Schlußfolgerungen, daß «keine Beweise vorgelegen haben, daß die Wosnessenskaja die Ansichten der ‹Arbeiteropposition› geteilt hat ...»[67] Und wenn die Beweise vorgelegen hätten? So war die Rechtsprechung damals ... Eine echt Stalinsche.

Alle zum Tode Verurteilten wurden in Leningrad erschossen. Der erwähnte S. I. Sjomin behauptet, daß sich N. A. Wosnessenski drei Monate nach der Urteilsverkündung noch im Gefängnis befunden habe (vielleicht schwankte der «Führer» noch, immerhin hatten sie den ganzen Krieg über im Staatlichen Verteidigungskomitee zusammengearbeitet, und niemand hatte so viel für die Entwicklung der Wirtschaft geleistet wie sein einstiger Stellvertreter an der Spitze dieses Organs). Im Dezember dann war Wosnessenski auf irgendeinen Befehl hin, so erzählte Sergej Iljitsch Sjomin, in leichter Kleidung auf einem Lastkraftwagen in Richtung Moskau gebracht worden. Unterwegs sei er entweder erfroren, oder man habe ihn erschossen ...

Nach der Abrechnung in Leningrad rissen die Wellen der Gewalt noch lange Zeit Menschen in den Strudel eines ungewissen Schicksals. Nicht nur solche, die mit den Verurteilten bekannt gewesen waren, sondern auch Mitarbeiter der «Organe». Manchmal ließ Stalin aus nur ihm bekannten Gründen «Gnade walten». Im Oktober 1949 teilte Kruglow Stalin mit:

«Seit 1943 war Generalleutnant I. S. Schiktorow als Chef der Verwaltung des Innern des Leningrader Gebiets, seit 1948 in Swerdlowsk, tätig. Nach der Verhaftung der Leningrader Führung wurde Schiktorow nach Leningrad zurückversetzt. Jedoch, wie man uns gemeldet hat, säubert er die MdI-Organe des Gebietes nicht von Personen, die kein Vertrauen verdienen! Schiktorow hat lange Zeit unter der alten feindlichen Leningrader Gebietsführung gearbeitet.»[68] Vorgeschlagen wurde, Schiktorow abzusetzen und durch T. F. Filippow zu ersetzen.

Der Absetzung stimmte Stalin zu, doch er regte an, Schiktorow eine andere Aufgabe zuzuweisen. Solche Vorfälle waren äußerst selten. Gewöhnlich endeten derartige Berichte und Anträge eindeutig tragisch.

66 Ebenda, Bl. 13.
67 Ebenda, Bl. 28.
68 Ebenda, Fundus 9401, Liste 2, Akte 236, Bd. III, Bl. 268f.

Der «Führer» konnte nicht zulassen, daß sein Opfertisch leer blieb. Er war an Gewalt gewohnt. Die Demut der vom Schicksal Gezeichneten und die Ruhe in Partei und Volk taten ihm wohl. Stalin überschlug einmal im Kopf, daß die Säuberungen selbst auf ihrem Gipfelpunkt (Ende der dreißiger Jahre) nur drei bis vier Prozent der Bevölkerung direkt betroffen haben mußten. Das waren doch Bagatellen! Dafür aber war die von den Scheusalen gereinigte Masse fleißig und lenkbar geworden! Nicht alle erkannten damals, daß der wachsende Ruhm des «Führers» von Spasmen und Konvulsionen neuer Gewalt begleitet wurden. Dieser Paroxysmus der Gewalt ist schwer erklärbar. Das Land hatte seine Wunden schnell geheilt. Die innere Lage war stabil. Keinerlei Opposition regte sich. Der Zusammenschluß des Volkes um seine von Stalin verkörperte politische Führung war eine Realität. Der ideologische Einfluß der Partei war ungebrochen. Das Verhältnis zwischen den Nationen war äußerlich als stabil zu bezeichnen. Und trotzdem griff Stalin selbst auf dem Höhepunkt seines Ruhmes zur Gewalt! Deren Paroxysmen erfaßten zeitweise eine bestimmte Region, eine bestimmte soziale Gruppe oder eine bestimmte Behörde. Nachdem sich Stalin mit Hilfe von Gewalt auf dem Gipfel der Macht gehalten hatte, mochte er schon nicht mehr ohne sie auskommen. Eben damit erklärt sich seine besondere Aufmerksamkeit für die Organe der Staatssicherheit und des MdI.

Berija, Kruglow, Serow, Abakumow und andere «Mitarbeiter» dieser Behörden berichteten ihm regelmäßig über die Lage in den GULAGs (Staatlichen Straflagern), die ein wichtiges Reservoir für kostenlose Arbeitskräfte waren. Als Malenkow einmal Stalin turnusmäßig Bericht erstattete, nötigte er ihn, ein «humanes Werk» zu vollbringen. Er legte dem Generalissimus einen Auskunftsbericht vor, den der Chef der Straflager beim MdI der UdSSR, Dobrynin, verfaßt hatte. Daraus ging hervor, daß sich im Jahr des 70. Geburtstages des «Führers» 503 375 Frauen in Lagern und Strafkolonien befanden.

«Man müßte die Frage der Freilassung derjenigen prüfen, die Kinder unter sieben Jahren bei sich haben ...»

Stalin starrte lange auf die Tabellen im Bericht und stimmte unter dem Eindruck von Malenkows Hauptargument, daß die Versorgung der Kinder in den Straflagern 166 Millionen Rubel im Jahr koste, dessen Vorschlag zu ... Damit also läßt sich Stalins «humanes Werk» erklären, daß von nun an Frauen mit Kindern bis zu sieben Jahren die Zwangsarbeit an ihrem Wohnort zu verrichten hätten! Von dieser Kategorie waren aber, wie Stalin anordnete, alle Frauen ausgenommen, die wegen konterrevolutionärer Tätigkeit verurteilt waren.[69]

Einmal (es war im September 1951) wendete sich eine in der UdSSR weilende britische Frauendelegation – ein damals sehr seltene Ereignis – mit der Bitte an ihre Gastgeber, ein Frauenstraflager besuchen zu dürfen. Damit brachten sie die Gastgeber natürlich in arge Verlegenheit. Also Anruf bei der zuständigen Verwaltung des MdI. Dort konnte man freilich nicht entscheiden. Man wendete sich weiter nach oben, an den stellvertretenden Minister für Staatssicherheit Serow. Der war in der Sache ebenfalls nicht zuständig. Nun zu Minister Kruglow. Dasselbe Bild. Weiterreichen an Suslow. Auch er durfte nicht selbst entscheiden und ging zu Malenkow. Erst das Mitglied des Politbüros setzte nach Rücksprache mit Stalin seine Unterschrift unter die Genehmigung ... Das Lager wurde selbstverständlich hergerichtet und gesäubert, alle Insassen wurden eingeschüchtert und be-

69 Ebenda, Akte 255, Bd. I, Bl. 118f.

lehrt. Siebzig Prozent der Frauen (denen man das Leid ansah) wurden zu Arbeiten außerhalb des Lagers verbracht. Die britischen Gäste begegneten sehr «einsichtigen Bürgern», die sich nur zeitweilig hier befanden. Die Delegation hinterließ sogar eine Eintragung im «Gästebuch», das flugs herbeigezaubert worden war: «Auf uns hat großen Eindruck gemacht, mit welcher Geradlinigkeit die Menschen auf uns zugegangen sind. Überall ist es sauber. Wir glauben, daß dies ein wertvolles Experiment ist, das Erfolg haben wird ...»[70]

Malenkow legte dem «Führer» manchmal auch solche Informationen zur Kenntnisnahme vor, die ihm für gewöhlich vorenthalten wurden, um ihn nicht aufzuregen. Aber Stalin regte sich über solche Dinge niemals auf. Als im September 1949 das «große Jubiläum» heranrückte, legte Malenkow Stalin, nachdem die laufenden Geschäfte erledigt waren, ein weiteres Dokument vor.

«Zk der KPdSU(B), Genossen Malenkow, G. M.

Am 28. August wurden auf einem Feld des Sowchos ‹Sun Yatsen› im Rayon Michailowskoje, Bezirk Primorje, die Leichname der drei ermordeten Kinder der Sowchosarbeiterin Dmitrijenko entdeckt: Michail, 11 Jahre, Pawel 9 Jahre, und Jelena, 8 Jahre.

Den Mord hat die Mutter begangen – Dmitrijenko, L. A., geb. 1917. Sie gab an, daß sie den Mord wegen der extrem schweren materiellen Bedingungen begangen habe, unter denen sie sich seit der Verurteilung ihres Mannes Dmitrijenko, D. D., geb. 1912, im Jahre 1946 (nach dem Gesetz vom 7. August 1932[71]) und insbesondere seit ihrer Entlassung aus der Schule, an der sie als Lehrerin gearbeitet hatte, und ihrer Exmittierung aus der Wohnung befunden habe. Seit April hat sie im Kolchos gearbeit. Die Verwaltung erwies ihr keinerlei materielle Hilfe ...

S. Kruglow.»[72]

Diese Meldung zu lesen fällt sehr schwer. Das war der Höhepunkt eines Leids, das nicht nur der Familie Dmitrijenko widerfuhr, sondern auch der Völkerfamilie unseres sowjetischen Vaterlandes. Wie Stalin und Malenkow auf die sinnlose Tat der äußerst verzweifelten Mutter reagiert haben, vermag ich nicht zu sagen. Das Dokument trägt keinen Vermerk. Normale Menschen an ihrer Stelle hätte es geschaudert, doch ihnen waren die Leiden der Menschen gleichgültig.

Von allen staatlichen Institutionen waren die Repressionsorgane *de facto* stets außer Kontrolle. Gerade Stalin hatte sie der Kontrolle des Staates entzogen, indem er sie in eigener Person leitete. Er hat wohl nur während des Krieges der Armee mehr Zeit gewidmet als dem NKWD. In der übrigen Zeit war letzeres das Hauptobjekt seiner Aufmerksamkeit. Mehr noch, am Ende der dreißiger Jahre, gleich nach dem Krieg und vor seinem Lebensende befaßte er sich mehr mit den Geschäften dieser Behörden als mit Parteiangelegenheiten. Das wird insbesondere durch den Archivfundus «Korrespondenz mit Genossen Stalin» belegt. Der größte Teil der darin enthaltenen Dokumente – Berichte, Mitteilungen, Telegramme, operative Sammelberichte, Berichte von Verhandlungen der Sonderspruchkammer, von der Eröffnung neuer Lager, der Ausbildung von Kadern für diese Or-

70 Ebenda, Akte 319, Bl. 192–198.

71 Beschluß des ZEK und des Rates der Volkskommissare der UdSSR vom 7. August 1932, demzufolge für den Raub von Frachtgut aus Eisenbahn- und Schiffstransporten ebenso wie für den Raub von Kolchoseigentum die Höchststrafe anzuwenden war – Tod durch Erschießen oder, wenn mildernde Umstände vorlagen, Freiheitsstrafe nicht unter 10 Jahren.

72 ЦГАОР, Fundus 9401, Liste 2, Akte 257, Bd. III, Bl. 388.

gane und vieles andere – betrifft die Arbeit des NKWD (MdI). Beinahe jeden Tag unterzeichneten Berija, Kruglow, Merkulow, Abakumow und andere mehrere Dokumente an Stalins Adresse. Der «Führer» sah sie alle durch, doch mit einem Vermerk bedachte er nur wenige Dokumente: «Einverstanden», «Arbeiten Sie ergänzend zu», «Melden Sie die Erfüllung», «Bestrafen Sie exemplarisch die Schuldigen an der Verzögerung», «Halten Sie keine Liberalen» usw. Für Stalin repräsentierten die «Organe» in den höchsten Maßen seine Macht, seine Stärke und seinen Willen. Er war an Gewalt und an die Möglichkeit ihrer Anwendung als obligatorisches Attribut seiner Alleinherrschaft *gewöhnt*. Nicht zufällig war gerade auf seine Initiative nach dem Krieg der Repressionsapparat noch mehr verstärkt worden. Und um das Volk und die «Organe» in einem Zustand permanenter «Regsamkeit und Wachsamkeit» zu halten, war es notwendig, ständig die Existenz von «Feinden», «Terroristen» und «Verrätern» zu demonstrieren.

Welches war der Preis für die Stalinsche Alleinherrschaft? Wie groß ist die Zahl seiner Opfer? Wieviele Menschen starben schuldlos durch den Willen des Tyrannen und durch die von ihm geschaffene Repressionsmaschinerie? Ich glaube, eine absolut genaue Antwort wird wohl nie zu erhalten sein. Am vollständigsten geben können wird sie wohl die vom Obersten Sowjet der UdSSR berufene Kommission zum zusätzlichen Studium der Materialien, die mit den Repressalien der dreißiger und vierziger Jahre sowie vom Beginn der fünfziger Jahre zusammenhängen. Die «Geheimnisse» der Diktatur Stalins haben sich in Geheimnisse der Geschichte verwandelt. Von verschiedenen Forschern liegen viele Schätzungen zur Gesamtzahl der in den Jahren des Stalinkults umgekommenen Sowjetbürger vor. Ich möchte jetzt eine solche Statistik aufmachen, die sich auf eine ganze Reihe noch nicht ausgewerteter Angaben und, wenn man so sagen darf, «Zwischenwerte» stützt, die ich in den Archiven ausfindig machen konnte. «Die «Revolution auf dem Lande» erfaßte in den Jahren 1929 bis 1933 in der sowjetischen Bauernschaft 8,5 bis 9 Millionen Menschen mit Repressalien. In den Jahren 1937 und 1938 waren 4,5 bis 5,5 Millionen Sowjetbürger von Repressalien betroffen. Doch auch zwischen diesen beiden großen «Wellen» blieb die Jagoda-Jeshow-Behörde nicht untätig. Damals wurden annähernd 1 Million Bürger verhaftet. Nach dem Krieg, insbesondere Ende der vierziger Jahre, vergrößerte sich, selbst wenn man berücksichtigt, daß 1947 zeitweilig die Todesstrafe abgeschafft worden war, die Zahl der Lager sowie der Ausgewiesenen und Verbannten, die diese dritte «Welle» ausmachten. Unter sie gerieten 5,5 bis 6,5 Millionen Menschen. Man könnte einwenden, daß nicht nur politische Häftlinge, sondern auch Kriminelle einsaßen … Richtig! Aber bis zu Stalins Tod befanden sich selbst nach Berijas Angaben 25 bis 30 Prozent der Häftlinge «wegen konterrevolutionärer Tätigkeit» in den Lagern.[73] Insgesamt wurden von 1929 bis 1953 19,5 bis 22 Millionen Sowjetbürger Opfer Stalinscher Repressalien (Kriegsjahre ausgenommen). Davon sind nicht weniger als ein Drittel zum Tode verurteilt worden oder im Lager und in der Verbannung gestorben. Möglicherweise sind meine Schätzungen zu vorsichtig, aber sie beruhen auf mir bekannten Dokumenten. Ich räume ein, daß mir vieles nicht zugänglich geworden ist.

Das war wohl das schrecklichste und abscheulichste Bacchanal der Gewalt in der Geschichte, das jemals Diktatoren auf der Erde zu veranstalten geschafft haben. Stalin folgte stets seinem Credo, das er schon früher verkündet hatte: «Wir werden jeden solchen

73 Ebenda, Akte 269, Bl. 57–77, Akte 199, Bl. 366.

Feind vernichten, und wenn er ein alter Bolschewik war, wir werden seine ganze Sippschaft, seine Familie vernichten. Jeden, der sich mit seinen Taten und Gedanken, ja auch Gedanken, an der Einheit des sozialistischen Staates vergreift, werden wir unbarmherzig vernichten.» Diese Worte klingen sehr nach einem mittelalterlichen Inquisitor. Und trotzdem folgte man ihnen, waren sie ein ganzes Programm! Wie wahr sprach Schiller:

«Das eben ist der Fluch der bösen Tat,
Daß sie, fortzeugend, immer Böses muß gebären.»

Nach dem Krieg wurde die Gesellschaft in sozialpolitischer Hinsicht nicht einfach konserviert, sondern nahm neue, düstere Züge bürokratischen, polizeistaatlichen Charakters an. Stalin brachte es fertig, Unvereinbares miteinander zu verbinden, nämlich auf jede erdenkliche Weise den äußerlichen Enthusiasmus und die Regsamkeit von Millionen Sowjetbürgern aufrechtzuerhalten, die daran glaubten, daß jeden Moment, schon hinter dem nächsten Paß die leuchtenden Gipfel zu erblicken sein würden, und zugleich ständig mit individuellem und Massenterror zu drohen. Doch die Menschen ... *glaubten* Stalin. Nicht zufällig hatte N.A. Wosnessenski, als er vor seiner Verhaftung an den letzten Kapiteln seines neuen Buches «Politische Ökonomie des Kommunismus» saß, obwohl einer der höchstgebildeten Mitglieder der Parteiführung, geschrieben, daß sich die von Stalin geführte Gesellschaft einer «lichten Zukunft» nähere. Übrigens wäre hier zu erwähnen, daß das Militärkollegium des Obersten Gerichts der UdSSR, das N. A. Wosnessenski gleich auf Grund von vier Artikeln des Strafgesetzbuches (58-1a, 58-7, 58-10, Teil 2, 58-11) verurteilte, diesem in der Urteilsbegründung vorwarf, daß er «schädliche Arbeiten verfaßt und veröffentlicht» habe.[74] Selbst wenn ein Akademiemitglied über den Kommunismus schrieb, machte er sich dem «Führer» so verdächtig, daß dieser in solchem wissenschaftlichem Schöpfertum «Gefahren» witterte. Das war die Logik eines Diktators, der seine Interpretation der «künftigen kommunistischen Gesellschaft» abgegeben hatte.

Alle hielten es für natürlich daß Stärke, Macht, Unbarmherzigkeit und Glauben an den einzigen Repräsentanten der Wahrheit die Haupttriebkräfte seien. Vernunft, Menschlichkeit, Treue zur Freiheit und die Freiheit selbst wurden in eine ungewisse Zukunft vertagt. In keinem Philosophielehrbuch, in keiner großen Monographie waren Kapitel über Demokratie, Freiheit und Persönlichkeitsrechte zu finden. Alles blieb unter einem Grind der Gewalt, des alles durchdringenden Klassenkampfes verborgen. Nikolai Berdjajew, ein origineller russischen Geisteswissenschaftler, der 1922 des Landes verwiesen wurde, registrierte voller Schmerz, daß die Idee der Stärke alle anderen Werte zur Erosion gebracht habe. Im Jahre 1930 schrieb er: «Im russische Kommunismus haben, dem russischen Geistestyp entsprechend, nicht so sehr die wissenschaftlichen Elemente des Marxismus obsiegt als vielmehr seine messianischen Elemente – die Idee des Proletariats als Befreier und Organisator der Menschheit, als Träger der höchsten Wahrheit und höchsten Gerechtigkeit. Doch die messianische Idee ist eine militante, aggressiv-offensive und siegreiche Idee einer aufsteigenden Kraft. Die leidenden, passiv duldenden Elemente des alten russischen messianischen Bewußtseins sind hier völlig verdrängt. Das Messias-Proletariat ist überhaupt kein Dulder und kein Opfer, sondern siegreicher Weltorganisator und Kondensator der Stärke.»[75]

74 Ebenda, Bl. 30.
75 Н. Бердяев, Русская религиозная психология и коммунистический атеизм, Paris 1931, S. 37.

Man mag den Schlußfolgerungen des russischen Philosophen zustimmen oder nicht, aber seine Beobachtung vom Primat der Stärke, vom ausschließenden Setzen auf Stärke, die sich bei Stalin und seinen Gesinnungsgenossen immer stärker ausprägten, widerspiegelte zuverlässig die Hauptrichtung der von ihnen gewählten sozialen Entwicklung. Vielleicht wäre diese Richtung nicht so verheerend gewesen, wenn Stalin nicht nach und nach die humanistischen Grundwerte beiseitegefegt und der Idee der Stärke geopfert hätte. Der «Führer» war stets von dieser Idee überzeugt, nur mit der Besonderheit, daß sie im sozialen Kontext in permanente Gewaltanwendung transformiert wurde, die ihre Gezeiten erlebte. Jeder Flut ging ein Paroxysmus voraus, ein Rausch der Boshaftigkeit des alternden «Führers».

Der alternde «Führer»

Stalins 70. Geburtstag rückte heran. Er wußte, welche Aktivitäten im Politbüro und auf den anderen, niederen Ebenen der Macht liefen. Doch ihn bewegte das noch wenig. Er war, so schien es, vom Ruhm gesättigt, nicht gesättigt war er dagegen von der Macht. Er bestellte Malenkow zu sich und warnte ihn:

«Lassen Sie sich ja nicht einfallen, mich wieder mit einem ‹Stern› zu beglücken!»

«Aber Genosse Stalin, ein solches Jubiläum ... Das Volk wird es nicht verstehen ...»

«Reden Sie sich nicht mit dem Volk heraus ... Ich habe nicht die Absicht, mich deswegen herumzustreiten ... Keine Eigenmächtigkeiten! Haben Sie mich verstanden?»

«Natürlich, Genosse Stalin, aber die Mitglieder des Politbüros sind der Meinung ...»

Stalin fiel Malenkow ins Wort. Er gab ihm zu verstehen, daß das Thema erschöpft sei, und befahl, ihm das Szenarium für die Festveranstaltung zu bringen, die im Bolschoi-Theater stattfinden sollte. Und auf den «Stern» war er nicht von ungefähr zu sprechen gekommen.

Nach der Siegesparade und dem Empfang zu Ehren der Frontoberbefehlshaber im Juni 1945 hatte sich eine Gruppe von Marschällen mit dem Antrag an Molotow und Malenkow gewandt, «den außerordentlichen Beitrag des Führers» mit der höchsten Auszeichnung des Vaterlandes zu würdigen – der Verleihung des Titels Held der Sowjetunion. Dabei berücksichtigten die Antragsteller, daß Stalin anläßlich seines 60. Geburtstages der Titel Held der Sozialistischen Arbeit verliehen worden war sowie daß er während des Krieges drei Orden empfangen hatte – den Siegesorden Nr. 3 (die Orden Nr. 1 und 2 hatten zuvor die Marschälle G. K. Shukow und F. I. Tolbuchin erhalten), den Suworow-Orden Stufe I und den Orden des Roten Sterns. Mit diesem Orden war er für «langjährigen Dienst in der Roten Armee» ausgezeichnet worden, wie es im entsprechenden Erlaß hieß.

Nach dem Gespräch der Heerführer mit den Politbüromitgliedern «bearbeiteten» diese innerhalb von anderthalb Tagen mit ihren Kollegen diesen Vorgang, und am 26. Juni verabschiedete das Präsidium des Obersten Sowjets der UdSSR gleich zwei Erlasse: über die Verleihung des Titels Held der Sowjetunion an Marschall der Sowjetunion Stalin und seine Auszeichnung mit dem zweiten Siegesorden. Am selben Tag wurde durch Sondererlaß der Dienstgrad Generalissimus der Sowjetunion eingeführt und am nächsten Tag Stalin verliehen. Das war wohl der einzige Fall, wo der «Führer» nicht befragt worden war. Morgens hatte Stalin gewohnheitsmäßig vor dem Frühstück die «Prawda» aufgeschlagen und war dann in Wut geraten. Mit ihm hatte man das nicht abgesprochen! Ihn hatte man nicht gefragt! Und dabei hatte er Malenkow ausdrücklich gewarnt ... Diese Schmeichler und Jasager ... Im Kreml angelangt, bestellte er Molotow, Malenkow, Berija, Kalinin und Shdanow zu sich und wies sie zurecht. Am meisten erschrocken von allen waren Kalinin (über sein «Ressort» war schließlich die Eigenmächtigkeit gelaufen) und Malenkow, der den Grad der Ergebenheit seiner Mitstreiter nicht abzuschätzen vermochte. Molotow, Berija und Shdanow begriffen aber gleich, daß Stalins Zorn künstlich und gespielt war.

Stalin hatte schon einen derart hohen Grad von Ruhm erreicht, daß diese für gewöhnliche Sterbliche bestimmten Auszeichnungen ihn kaum noch interessierten. Sie bedeuteten ihm im Grunde nichts. Für einfache Menschen hat eine Auszeichnung großen Wert. Für ihn aber hatte sie einen «gegenteiligen» Effekt: Sie reihte ihn in die Masse der vielen Ordensträger ein ... Letzten Endes konnte sich ein Mensch mit solcher Macht mit Auszeichnungen überhäufen lassen und ... auf diese Weise seinen Nimbus verlieren. Das hat L. I. Breshnew nie begriffen. Wie er übrigens auch manches andere nicht begriffen hat ...

Stalin konnte sich nicht erinnern, wo er gelesen hatte, vielleicht in Napoleons «Denkwürdigkeiten», daß man einem Menschen einen «Knopf» (so sprach der Kaiser am Ende seines Lebens von Orden) anhängen könne, um dafür von ihm sein Leben zu verlangen. Leider begriffen die Personen, die in der Presse als seine «Mitstreiter» bezeichnet wurden, nicht, daß sich seine Größe schon nicht mehr an irgendwelchen gewöhnlichen Ordenszeichen messen ließ! Möglicherweise begriffen das selbst die ihm am nächsten Stehenden nicht. Doch sie wußten etwas anderes: Der Führer brauchte einen «neuen Impuls», einen Anlaß zur Propaganda seiner Bescheidenheit und Anspruchslosigkeit sowie seiner Uneitelkeit. Berija hatte das von allen am besten begriffen. In seinem Artikel «Der große Inspirator und Organisator der Siege des Kommunismus» schrieb Stalins Monster: «Die Genialität unseres Führers verbindet sich mit seiner Schlichtheit und Bescheidenheit, mit seinem außergewöhnlichen persönlichen Liebreiz, mit Unversöhnlichkeit gegenüber den Feinden des Kommunismus und – mit Feinfühligkeit und väterlicher Sorge um die Menschen. Ihm sind äußerste Klarheit des Denkens, stille Charaktergröße, Voraussicht und Unduldsamkeit gegenüber allem Lärmen und äußeren Effekten eigen.»[76] Berija hatte wohl besser als andere die Gewohnheiten und Absichten seines Patrons studiert. Er wußte, daß Stalin unter Bescheidenheit bei anderen lediglich Unterwürfigkeit verstand.

Stalin, der Bücher über und von Feldherren liebte, könnte mit Alexanders des Großen Worten, die dieser getan hatte, als man ihn zur Teilnahme an einem Wettkampf aufforderte, gesagt haben: «Ich würde ja gern teilnehmen, wenn mit mir andere Herrscher laufen.» Der naive «Unionsälteste» (Kalinin), der seine rituelle Funktion zu keiner Zeit würdig ausfüllen konnte, spürte nicht, daß Auszeichnungen, mit denen auch andere bedacht werden konnten, für Stalin schon keine Auszeichnungen mehr waren. Der «Führer» schloß seine Zurechtweisung mit den Worten:

«Sie können sich drehen und winden, wie sie wollen, aber einen Orden werde ich nicht annehmen ... Hören Sie, ich werde nicht annehmen!»

Und er hielt sich lange daran. Zwei-, dreimal versuchten ihn seine Mitstreiter zu überreden, er möge doch der Verleihung einer Auszeichnung an ihn zustimmen. Den «Führer» umzustimmen wurde Poskrjobyschew und Wlassik auferlegt. Alles vergebens. Nach

76 Большевик, Dezember 1949, S. 34.

fast fünf Jahren brachte Stalin nach dem Abendessen auf der Datscha plötzlich selbst die Sprache auf die früher verliehenen Auszeichnungen. Immerhin wurde der «Führer der Völker» auf Porträts und Fotos schon lange mit den beiden Heldensternen und den beiden Siegesorden abgebildet. Vor den Feierlichkeiten zum 1. Mai überreichte Schwernik Stalin am 28. April 1950 schließlich die Auszeichnungen aus dem Jahre 1945 sowie den Leninorden, der ihm anläßlich seines 70. Geburtstages verliehen worden war. N. Schwernik und A. Gorkin hatten am 20. Dezember 1949 einen Erlaß unterzeichnet, in dem es hieß: «Anläßlich des 70. Geburtstages des Genossen Stalin und mit Rücksicht auf die außerordentlichen Verdienste für die Stärkung und Entwicklung der Union der Sozialistischen Sowjetrepubliken, für den Aufbau des Kommunismus in unserem Lande ... ist Genosse Jossif Wissarionowitsch Stalin mit dem Leninorden auszuzeichnen.»[77] Als Stalin aus Schwerniks Hand die Medaille «Goldener Stern» und gleich drei Orden empfangen hatten, sagte er düster:

«Sie verwöhnen einen Alten ... Gesundheit bringt das nicht ein ...»

Hinter diesen Worten standen neue Ängste, die Stalin am Abend vor seinem Jubiläum beschlichen hatten. Als er sich anschickte, zum Landhaus hinauszufahren, und Poskrjobyschew letzte Weisungen erteilte, erhob sich Stalin von seinem Schreibtisch und wollte sich anziehen, als ihm plötzlich schlecht wurde. Vor den Augen tanzten orangefarbene Kreise. Stalin kam gleich wieder zu sich. Der sehr erschrockene Poskrjobyschew hielt ihn mit beiden Händen am Ellbogen fest.

«Genosse Stalin, gestatten Sie, die Ärzte zu rufen ... Sie können nicht jetzt gleich losfahren ... Sie brauchen die Ärzte ...»

«Geben Sie sich keine Mühe ...»

Das Schwindelgefühl verging schnell wieder. Stalin blieb ein paar Minuten still sitzen und trank dann seinen Tee aus. Dumpfer Schmerz drückte ihm im Nacken. Aber er erlaubte nicht, die Ärzte zu rufen. Er vertraute den Medizinern ebenso wenig wir Berija, der in der Vierten Hauptverwaltung des Ministeriums für Gesundheitswesen das Sagen hatte ... Weiß der Teufel, was dem noch in den Sinn kam ... Er wollte auch nicht, daß sich Gerüchte über seinen Gesundheitszustand verbreiteten. Also fuhr er gleich zu seinem Landhaus hinaus und trank Tee mit Aufguß, wie ihm Poskrjobyschew schon lange geraten hatte. Das hatte damals geholfen und ... würde auch heute helfen.

Im Politbüro war beschlossen worden, Stalins Jubiläum mit großem Aufwand zu feiern. Zum Vorsitzenden des Organisationskomitees für die Feierlichkeiten war N. Schwernik bestimmt worden. Bald darauf lag ihm eine von P. Ponomarenko, W. Abakumow, N. Parfjonow, A. Gromyko und W. Grigorjan unterzeichnete Aktennotiz vor, in der die Kosten für das Jubiläum auf 6,5 Millionen Rubel beziffert wurden. Nach einer Überarbeitung setzte Schwernik seine Unterschrift unter folgendes Dokument:

«Der Kostenvoranschlag der Ausgaben für den Empfang und die Betreuung der Delegationen, die anläßlich des 70. Geburtstages von Gen. J.W. Stalin eintreffen, und zur Organisation der Ausstellung der Geschenke an Gen. J.W. Stalin in Höhe von 5 623 255 Rubel ist der Anlage entsprechend zu bestätigen ...»[78]

Dem Komitee gehörte eine Vielzahl von prominenten Persönlichkeiten an. Ich nenne

77 Правда vom 21. Dezember 1949.
78 ЦГАОР, Fundus 7523, Liste 65, Akte 739, Bl. 1, 9, 12.

hier nur einige Namen: G.F. Alexandrow, M.-D.A, Bagirow, S.M. Budjonny, A.A. Fadejew, J.E. Kalnbersin, O.W. Kuusinen, A.N. Poskrjobyschew, M.F. Schkirjatow, D.D. Schostakowitsch, S.I. Wawilow und selbstverständlich auch die Mitglieder des Politbüros. Festgelegt wurde, wer die Geschenke für «Genossen Stalin» zu welchem Zeitpunkt in Empfang nehmen sollte: N. M. Schwernik, T. D. Lyssenko, P. N. Angelina, A. I. Pokryschkin und andere Persönlichkeiten. Auf höchster Ebene wurde die sorgsam zusammengestellte Liste jener Gäste bestätigt, die mit Gattin zur feierlichen Sitzung aus Anlaß des 70. Geburtstages des «Führers» geladen waren.

Außerdem wurde eine angenehme Überraschung vorbereitet. Stalins Umgebung beabsichtigte, einen «Stalinorden» zu stiften. Ein Entwurf für einen Erlaß des Präsidiums des Obersten Sowjets der UdSSR wurde ausgefertigt.

«Über die Stiftung des Stalinordens

Das Präsidium des Obersten Sowjets der Union der SSR hat beschlossen:

In Würdigung des 70. Geburtstages von Jossif Wissarionowitsch Stalin und unter besonderer Beachtung seiner außerordentlichen Verdienste am sowjetischen Volk bei der Errichtung und Stärkung des Sowjetstaates, dem Aufbau der kommunistischen Gesellschaft in der UdSSR und der Sicherung der historischen Siege der UdSSR im Großen Vaterländischen Krieg ist der Stalinorden zu stiften.

Vorsitzender des Präsidiums des Obersten Sowjets der UdSSR

N. Schwernik

Sekretär des Präsidiums des Obersten Sowjets der UdSSR

A. Gorkin

… Dezember 1949.»

Da gab es weiterhin den Entwurf für die Satzung und die Beschreibung des Ordens sowie den Entwurf für den Stiftungserlaß der Jubliäumsmedaille «Zur Würdigung des 70. Geburtstages J.W. Stalins». Die damaligen Autoren des Erlasses hatten ausgerechnet, daß sich die Kosten für die Medaille auf 7,64 Rubel belaufen und daß für die Herstellung von einer Million Medaillen 24 Tonnen Kupfer und 6 Tonnen Nickel benötigt würden. Vorbereitet war auch ein Erlaß über die Stiftung internationaler Stalinpreise «Für die Festigung des Friedens zwischen den Völkern».[79]

Dem «Führer» wurden dreizehn Entwürfe des Ordens zur Begutachtung vorgelegt, die von den Künstlern N.I. Moskaljow, A.I. Kusnezow und I.I. Dubassow angefertigt worden waren. Auf einem Entwurf, der dem Leninorden nachempfunden war, befand sich statt des gewohnten Profils von Wladimir Iljitsch Lenin die Silhouette eines schnurbärtigen Mannes. Da gab es auch einen Orden in der Form eines goldenen Banners, einen in der Form eines früheren Ordenszeichens mit Porträt, eine Abbildung des «Führers», die von einem roten Banner umrahmt wurde, seine Silhouette in einem Oval aus Ähren und auch seine Abbildung auf goldenem Grund in Marschallsuniform … Die Phantasie trieb reiche Blüten in Gold, Fahnen und uniformierten Männern.[80]

Alles war bereit, dem Land den wohl seinerzeit höchstangesehenen Orden zu kreieren. Doch im letzten Moment sträubte sich der «Führer», obwohl er zu einem früheren Zeitpunkt schon seine Zustimmung gegeben hatte. Nachdem er sich die Modelle und Ent-

79 Ebenda, Liste 63, Akte 218a, Bl. 9.
80 Ebenda, Liste 65, Akte 218b, Bl. 1–15.

würfe angeschaut sowie die Erlaßentwürfe durchgelesen hatte (damals schauten die Mitstreiter gebannt zu ihrem Patron auf und rätselten möglicherweise darüber, wem wohl als erstem dieser Orden verliehen werden würde), sagte Stalin unerwartet:

«Ich bestätige nur den Erlaß für den internationalen Preis.» Nach kurzem Schweigen fügte er hinzu: «Und solche Orden werden eigentlich erst nach dem Tode gestiftet ...»

Ein Raunen hob an, wie um zu protestieren. Aber da brachte Stalin mit einer Handbewegung die Umstehenden zum Schweigen: «Alles zu seiner Zeit ...»

Ich glaube, der Diktator vermutete, daß, wenn er diese Grenzlinie überschritt, eine gegenteilige Wirkung eintreten könnte. Auf Schritt und Tritt, überall im Lande konnte man ihn antreffen: auf Zeitungs- und Zeitschriftenfotos, in dutzendfachen Erwähnungen seines Namens auf jeder Seite, in Skulpturen, Reliefs, Denkmälern, Straßen-, Betriebs-, Kolchos- und Städtenamen ... Was wäre dem nach dem Tode noch hinzuzufügen? Sicher, ein Orden seines Namens ...

Übrigens entsann sich nach seinem Tode kein einziges Mitglied der Beisetzungskommission dieses seines Wunsches.

... Am Tage des Jubiläums fühlte sich Stalin, als er wie gewohnt um 11.00 Uhr aufstand, normal. Die Ereignisse des Vortages kamen ihm nur noch wie eine unbedeutende Episode vor. Nach der Feierstunde im Politbüro würde er den ganzen Tag lang endlose Lobreden und Ovationen über sich ergehen lassen müssen. Alle würden geradezu darin wetteifern, wer wohl die neuesten Epitheta erfinden, wer wohl neue Verdienste des «großen Führers» entdecken würde. Den ganzen September über hatte die «Prawda» Artikel, Berichte und Reportagen über die Vorbereitungen des Landes auf das Jubliäum abgedruckt. Mit jedem Tag war die Woge der Lobpreisungen gewachsen. Als Stalin im Kreml eingetroffen war, studierte er lange die Zeitungen und machte sich gründlich mit dem Riesenberg von Rechenschaftsberichten aus der Produktion über erfüllte Verpflichtungen zu Ehren seines 70. Geburtstages vertraut. Berichte waren aus allen Unionsrepubliken, Regionen und Gebieten eingegangen. Doch wohl nicht minder triumphierende Meldungen trafen von den ungezählten GULAG-Organisationen ein. Dort wurde in Erwartung einer Amnestie ebenfalls erfüllt, übererfüllt und gefeiert. In Wirklichkeit aber berichteten nicht die Häftlinge, sondern die Verantwortlichen des MdI, die die Aufsicht hatten.

Während Stalin in der Stille seines Arbeitszimmers die Papiere durchblätterte, schoß ihm mehrmals der Gedanke durch den Kopf, ob diese ganze kniefällige Liebe wirklich ihm galt. Was war das? Ein Spiel des geschichtlichen Zufalls? Ein phantastischer Glücksumstand? Oder war er wirklich ein höchst seltenes Talent? Stalin verscheuchte diese überhaupt nicht mehr angebrachten Gedanken und konstatierte für sich ohne Triumphgefühl: Die Hauptsache ist, seelisch und geistig stärker zu sein als die anderen. Niemand vermochte so konsequent auf das Ziel loszusteuern wie er ...

Beim Umblättern der Zeitungsseiten, die sich fast ausschließlich mit seiner Persone befaßten, stieß er auch auf manches nicht eben jubiläumsgemäße Thema, das mit dem Datum zusammenfiel. In Bulgarien lief gerade der Prozeß gegen den «Staatsverbrecher Traitscho Kostow und Konsorten», und in der UdSSR verhandelte zur selben Zeit ein Gericht gegen eine Gruppe japanischer Militärs, die wegen der Entwicklung und Anwendung bakteriologischer Waffen angeklagt waren. Die Presse war ein einziges Echo seines weltweiten Ruhms. Ihm war bekannt, daß in Hunderttausenden Kollektiven (und nicht nur im eigenen Land) Versammlungen zu Ehren seines Jubliäums stattfanden.

Fast eine Stunde vor Beginn der Festveranstaltung war das Bolschoi Theater schon voll. Sorgfältig ausgewählte und «ausgesiebte» Personen füllten den festlich geschmückten Saal. Eine halbe Stunde vor Beginn traf auch Stalin ein. Im Präsidiumszimmer begrüßte der mit Beifall empfangene Generalissimus herzlich Palmiro Togliatti, Mao Zedong, Walter Ulbricht, Jumshagin Zedenbal, Johann Koplenig, Dolores Ibárruri, Gheorghe Gheorghiu-Dej, Wylko Tscherwenkow, Viliam Široký, Mátyás Rákosi, Franciszek Jóswiak, Kim Do Bon, Henri Martel, Ville Pessi sowie sowjetische Genossen.

Als das Präsidium auf der Tribüne erschien, wollte sich der Saal lange nicht beruhigen. Die Ovationen waren lang und stürmisch. Am Abend zuvor hatte Malenkow Stalin die Sitzordnung für die Gäste im Präsidium vorgelegt, aber Stalin nahm noch einige Korrekturen vor. Er wollte nicht in der Mitte sitzen. Wir wissen, daß er auf Kongressen, Plenartagungen und Beratungen gern die Gelegenheit benutzte, seine «Bescheidenheit» hervorzukehren, indem er sich in die zweite Reihe setzte. Heute war das aber nicht möglich, denn schließlich war er der Jubilar! Stalin «verschob» seinen Platz erheblich weiter rechts vom Tagungspräsidenten und wies mit dem Bleistift an, daß rechts von ihm Mao Zedong und links von ihm Chruschtschow sitzen sollte.

Nach der bei jeder Erwähnung des «Führers» von vielen Beifallstürmen unterbrochenen kurzen Eröffnungsrede Schwerniks begannen die Festreden. Den ganzen Abend über tönte es: «Genius», «genialer Denker und Führer», «genialer Lehrer», «genialer Feldherr» ... Einzig Mao Zedong bezeichnete ihn als «groß». Vielleicht hatte das einen verborgenen Sinn? Viele Redner lösten sich auf der Tribüne ab. Es sprachen die Abgesandten der Unionsrepubliken und der kommunistischen und Arbeiterparteien sowie Vertreter der Jugend und von Künstler- und Wissenschaftlerkollektiven. Das war der konzentrierte Ausdruck »der Liebe der Völker». Gegen Sitzungsende waren viele im Präsidium Sitzende müde. Auf Fotos und Filmstreifen von jenem weit zurückliegenden Tag ist zu sehen, daß Berija, Woroschilow, Molotow und Mikojan, vom unaufhörlichen Erheben und Beifallklatschen sichtlich erschöpft, sich nur noch mit sich selbst beschäftigten. Die einen dachten möglicherweise an ihre ehrgeizigen Pläne, die anderen an lange Ungnade, die dritten ... Überhaupt hatte jeder von ihnen Grund zum Grübeln.

Stalin fiel es schon schwer, sich auf diesen Schwall von Lobreden zu konzentrieren, der nun schon viele Stunden anhielt. Wenn der «Führer» einmal Platons Dialoge gelesen hätte, dann hätte er allen Ernstes glauben dürfen, daß ihm gelungen sei, einen alten Menschheitstraum zu verwirklichen, nämlich den «idealen Staat» zu errichten, in dem das destruktivste Element beseitigt war: der Gegensatz zwischen Reichtum und Armut.[81]

In der Tat gab es in seinem Staat weder Reiche noch Niedere. Er wollte sich zu dieser Stunde selbst nicht die Frage beantworten, ob sie unglücklich seien. Ja, Tausende, Hunderttausende waren es. Noch präziser gesagt, Millionen. Sicher befanden sich unter diesen nicht wenige ehemalige faschistische Hilfspolizisten, Egoisten, Plünderer, Devisenschieber sowie gewöhnliche Diebe und Räuber. Aber wohl über die Hälfte waren solche, die als dem Triumphator und seinen «Organen» gefährlich *hingestellt* worden waren.

Wenige Tage vor dieser Festveranstaltung hatte Stalin einen Bericht des Ministers des Innern S. Kruglow bestätigt, der die letzten Ergebnisse der regelmäßig, fast jeden Monat tagenden Sonderspruchkammer enthielt. Dem Bericht lag ein Protokoll über mehr als

81 Платон, Сочинения, Bd. III, T. 1, Moskau 1971, S. 209.

hundert Personen «in Sachen Familienangehörige von Vaterlandsverrätern» bei. Alle waren «zur Verbannung in die nördlichen Gebiete der UdSSR verurteilt» worden. Das Gesetz war hart, aber er verfuhr nach dem Gesetz. Würde deshalb jemand behaupten, daß Stalin gnadenlos sei? Weshalb wurde im Westen bis auf den heutigen Tag die alte trotzkistische Lüge von Stalins Grausamkeit kolportiert? Hatte er etwa nicht vor kurzem eine Vorlage von Kruglow bestätigt, in der es geheißen hatte:

«In den Besserungsarbeitslagern und -kolonien des MdI befinden sich derzeit mit ihren verurteilten Müttern 14170 Kinder im Alter von bis zu 4 Jahren sowie 7220 schwangere Frauen. Diese Zahl überschreitet das *Limit* (Hervorhebung von mir – *D. W.*) der in den Lagern und Kolonien vorhandenen ‹Häuser der Halbwüchsigen› um das 3fache. Deshalb schlage ich vor, diese Frauen freizulassen und ihre Freiheitsstrafen in Besserungsarbeitsmaßnahmen am Wohnort umzuwandeln ...»[82]

Während Stalin den nicht enden wollenden Reden lauschte, stützte er sich ab und an müde auf die Stuhllehne: Die Last des Ruhms erschöpfte den «Führer», doch er vermochte sich ihr schon nicht mehr zu entziehen. Der Generalissimus lebte merklich auf, als man ihn in Versen zu preisen begann. Jakub Kolas aus Belorußland rezitierte sein langes Gedicht, in das er Stalins gesamten Lebenslauf verwoben hatte. Es schließt mit den Worten:

Du bist das Banner des Sieges.
Du bist das Symbol der Freiheit.
Du führst die Völker zum Glück.
Lebe Du, unser Lehrer, noch viele Jahre.
Dich rühmen in ihren Liedern die Völker,
Großer Vater unser und Führer.

Wie gut, daß er der Versuchung widerstanden und Malenkow zurückgehalten hatte, als dieser vehement einen Vorschlag einer Gruppe von Schriftstellern unterstützte, die frühen Gedichte von Dshugaschwili zu veröffentlichen. Ein «Führer» kann es sich eben nicht leisten, Eingebungen des Augenblicks nachzugeben. Woher sollte er auch wissen, daß weniger als dreißig Jahre später ein Mann – Generalsekretär wie er – mit dem Leninpreis für Literatur geehrt werden sollte, obwohl er nachweislich keine Zeile «seiner» Werke selbst geschrieben hatte?!

Stürmischen Beifall erntete die Rezitation von A. Twardowskis Versen. Stalin mögen folgende Dichterworte besonders gefallen haben:

Mögen den Frühling lang, in langer Folge,
Laub zu Laub und Blumen zu Blumen im Wechsel
Tragen über Ihrem glorreichen Haupt,
über dem in der Welt wertvollsten Leben!

Ich glaube, daß Twardowski diese Verse ehrlichen Herzens gesprochen hat. Auch in ihnen kommen die allgemeine Verblendung, der Glaube an ein Idol, aber keine Ideale zum Ausdruck. Alle befanden sich wie in einem Zustand religiöser Verzückung, als sie den «Führer» priesen. Er verkörperte für sie den Sozialismus. Wenn sie an den «Führer» glaubten, dann glaubten sie auch an Ideale, die er scheinbar verkörperte. Das Maß der Vergötterung entsprach dem Grad der Erniedrigung des Volkes.

82 ЦГАОР, Fundus 9401, Liste 2, Akte 176, Bd. II, Bl. 232f.

Das gute Gedächtnis des «Führers» speicherte in den computergleichen Gehirnzellen Mao Zedongs Worte «Führer der Arbeiterklasse der ganzen Welt», Palmiro Togliattis «Wir verpflichten uns, auch künftig Ihrer Lehre die Treue zu bewahren», Kim Do Bons «Es lebe der große Stalin, der Retter des koreanischen Volkes», Henri Martels «Sie sind ein genialer Theoretiker und großer Revolutionär», Walter Ulbrichts «Ruhm und Ehre Ihnen, dem großen Steuermann» und Mátyás Rákosis «Die ungarischen Arbeiter und Bauern bezeichnen Genossen Stalin als ‹wahren Vater›» ... Der Saal lebte richtig auf, als Wylko Tscherwenkow ein Glückwunschschreiben verlas, das fünf Millionen(!) bulgarische Werktätige unterzeichnet hatten – fast die gesamte schreibkundige Bevölkerung des Landes.

Bevor sich der «Führer» am folgenden Tag zum Festbankett begab, schaffte er es noch, im Kreml Dutzende Glückwunschtelegramme von ausländischen Staatsmännern zu lesen. Poskrjobyschew verfolgte, neben ihm stehend, aufmerksam, wie die Greisenhände des «Hausherrn» ein Blatt nach dem anderen zur Seite legten. Als Stalin fertig war, erhob er sich und richtete – schon im Hinausgehen – plötzlich das Wort an seinen Gehilfen:

«Wer hat dir das eingeredet, von den Zitrusfrüchten zu schreiben?»

Poskrjobyschew hatte die Frage nicht erwartet. Verlegen antwortete er schnell:

«Suslow und Malenkow haben es empfohlen. Sie haben es in der Propagandaabteilung gelesen. Michail Andreijewitsch hat es sich selber angeschaut.»

Stalin sagte nichts mehr und ging zur Tür. Er brauchte seine Kräfte noch für das lange Bankett mit seinen Reden und endlosen Tischsprüchen. Die Frage an Poskrjobyschew hing mit einem langen Artikel seines Gehilfen in der heutigen «Prawda»-Ausgabe zusammen, der mit «Geliebter Vater und großer Lehrer» überschrieben war. In einem Abschnitt hieß es, daß Stalin nicht nur den Mitschurin-Anhängern geholfen habe, den Weizman-Morganismus zu widerlegen, sondern auch demonstriert habe, wie man fortschrittliche wissenschaftliche Methoden in die Praxis einführen müsse. «Als sich Genosse Stalin im Laufe vieler Jahre mit der Anzucht und der Untersuchung von Zitruskulturen im Gebiet der Schwarzmeerküste befaßte», habe er sich als «Wissenschaftler und Neuerer» erwiesen. Weiterhin schrieb Poskrjobyschew, daß man «auch andere Beispiele für die Neuerertätigkeit des Genossen Stalin auf dem Gebiet der Landwirtschaft anführen» könne. «Bekannt ist zum Beispiel die entscheidende Rolle des Genossen Stalin bei der Anpflanzung von Eukalyptusbäumen an der Küste des Schwarzen Meeres, bei der Anzucht von Melonen im Moskauer Gebiet und bei der Verbreitung von mehrährigen Weizenkulturen.»

Die Ausstellung von Geschenken, die Stalin noch in tiefer Nacht besichtigte, war beeindruckend. Hier befanden sich auch Stücke, die Stalin schon früher, vor dem Jubiläum, zugeeignet worden waren. Von Saal zu Saal schreitend, hielt Stalin schließlich bei einem ganzen Fahnenmeer aus den Unionsrepubliken, den Gebieten und den Betrieben inne. Bei der einen oder anderen Fahne verweilte er, lüpfte das Fahnentuch und studierte die Inschrift. «Hoch das Banner Lenins und Stalins! Es wird uns zum Sieg führen!» – «Für die Heimat, für Stalin!» Mehr als dreißig Fahnen stammten allein vom chinesischen und vom koreanischen Volk. Die Inschriften waren beeindruckend: «Von der Selbstverwaltung der Stadt Sanschiling dem Retter der Menschheit Generalissimus Stalin als Geschenk überreicht», «Der Fackel des Proletariats, Generalissimus Stalin», «Es lebe der Retter der Völker der Welt, Stalin!», «Dank dem Großen Stalin für unsere Befreiung von der japanischen Unterdrückung. Von der russischen Bevölkerung der St(adt) Muling». Da fand sich auch die Truppenfahne der Stalinschen Rotbannerdivision – Trägerin des Suworowordens … Ein Meer vergoldeten roten Fahnenstoffs …

Hunderte Bilder waren ausgestellt. Gemälde, Grafiken und Aquarelle von I. Brodski, P. Wassiljew, J. Goljachowski, W. Denis, N. Dolgorukow, A. Krutschina, I. Pawlow, N. Sokolow, N. Schestopalow und anderen bekannten Meistern. Weiterhin Plastiken von N. Tomski, P. König und L. Jedunow. Seinen Blick über die unzähligen Abbildungen eines schnurrbärtigen Mannes schweifen lassend, fühlte sich Stalin nicht etwa in eine irrationale, verkehrte Welt versetzt, sondern nahm diese allgemeine Verblendung als Anerkennung seiner Genialität auf.

Mit ungeduldigen Schritten ging der «Führer» an den zahllosen Vasen, Alben, Schatullen und Statuetten vorbei zu einem ganzen Waffenarsenal aus Dutzenden geschenkten Pistolen, Gewehren und Maschinenpistolen … Nachdem Stalin die Geschenkpräsentation wie eine Parade abgenommen hatte, zwängte er ohne sonderliche Hast, wie es einem irdischen Gott geziemt, seinen alternden Körper in die Limousine, um sich wieder hinter die zinnenbewehrten Mauern des Kreml zurückzuziehen …

Den ganzen Dezember über waren die Zeitungen und Zeitschriften voll von Grußbotschaften, Artikeln zum Jubiläum sowie von Treuebekenntnissen. Ein Prozeß der Erniedrigung eines ganzen großen Volkes war im Gange. Stalin hielt das für ganz natürlich. So sollte wohl auch Karl Kautsky, ein früherer Kritiker des Bolschewismus in bezug auf Stalin recht behalten. Schon 1931, als das Gebäude der Einzelherrschaft erst noch im Bau begriffen war, hatte er nicht ohne Ironie gefragt: «Was soll denn Stalin noch leisten, um zum Bonapartismus zu kommen? Glaubt man, der sei erst dann erreicht, wenn Stalin sich zum Zaren krönen lasse?»[83] Wenn man alle Umstände noch eingehender beleuchtet, dann gelangt man zu der Überzeugung, daß eine totale Bürokratie einfach nicht ohne ersten Konsul, wenn nicht gar Kaiser, auskommt. Das bürokratischste System mit einer formalen Demokratie als Fassade kann nicht ohne eine politische Figur despotischen Zuschnitts existieren.

Stalin erhielt Dankesbezeigungen vom Volk, man sprach von dem «großen Glück», das er allen sowjetischen Menschen gebracht habe, und in allen Tönen wurden seine Tugenden und Wohltaten gepriesen. Selbst Kaiser haben niemals ihr Volk auf ähnliche Weise erniedrigt. Stalin tat nicht nur nichts gegen diese Erniedrigung, sondern initiierte sie geradezu. Der alternde «Führer» verkörperte schon nicht mehr den Sozialismus, sondern dessen siechen Schatten. Ich habe mich deshalb so ausführlich mit dem 70. Geburtstag des Diktators befaßt, weil in dieser Kulmination, diesem Höhepunkt des Cäsarismus die Merkmale seiner historischen Überlebtheit besonders augenfällig werden.

Nach dem Jubiläum begann Stalin immer schneller abzubauen. Die ganze Zeit über litt er an erhöhtem Blutdruck. Aber er weigerte sich, sich den Ärzten anzuvertrauen. Er mißtraute ihnen einfach. Noch hatte er dann und wann ein offenes Ohr für die Ratschläge und Rezepte des Akademiemitglieds Winogradow, aber Berija redete Stalin ein, daß «der Alte verdächtig» sei, und versuchte, dem «Führer» neue Ärzte aufzuschwatzen. Aber Stalin gelüstete es nicht nach neuen Äskulapjüngern. Als er erfuhr, daß Winogradow verhaftet worden war, schimpfte er fürchterlich, intervenierte aber nicht. Nach der Beseitigung

83 K. Kautsky, Der Bolschewismus in der Sackgasse, Berlin 1950, Seite 101.

des Akademiemitglieds gab Stalin endlich das Rauchen auf. Im übrigen aber pflegte er weiter seinen ungesunden Lebenswandel, stand spät auf und arbeitete nachts. Trotz des Bluthochdrucks hielt er an seiner Gewohnheit aus sibirischen Tagen fest, die Sauna aufzusuchen. Nach dem Mittagessen pflegte er aromatischen georgischen Wein in kleinen Schlucken zu sich zu nehmen. Arzneien hielt er sich vom Leibe. Auf Poskrjobyschews Rat nahm er manchmal irgendwelche Pillen ein und trank vor dem Essen ein halbes Glas Sprudelwasser, dem vorsorglich ein Tropfen Jod zugefügt war. Stalin hatte Angst davor, sich und seine Gesundheit den Ärzten anzuvertrauen. Er vertraute sich ihnen ebenso wenig an, wie er sich anderen anvertraute.

Das ist das Los von Diktatoren. Obwohl um sie herum immer eine Vielzahl von Leuten geschäftig herumeilt, sind sie im Grunde einsam. Ein Diktator verliert jeden normalen menschlichen Kontakt. Die Liebedienerei, die Schmeichelei, die Jasagerei und die Lobhudelei der Umgebung bestätigen einzig und allein seine Exklusivität innerhalb einer Masse. Ruhm und Macht isolierten Stalin so sehr von den Menschen, daß er, obwohl er unter ihnen lebte, lange zuvor die Fähigkeit zu wahrhaft menschlichen Beziehungen und zu wahrhaftigen Gefühlen verloren hatte. Das rasche Altern nötigte ihn immer öfter, seine Gedanken in die Vergangenheit zurückschweifen zu lassen. Dies ist im Alter für jeden der erschwinglichste Luxus. Alte Diktatoren machen dabei keine Ausnahme.

Neben seinem großen Landhaus in Kunzewo hatte man ihm ein weiteres, kleineres errichtet. In einem Zimmer dieses Hauses befand sich ein Kamin. Oft saß Stalin, wenn er sein Arbeitszimmer verlassen hatte, eine oder anderthalb Stunden lang vor dem Kamin und verfolgte, wie aus der glühenden Kohle märchenhafte Schlösser entstanden und wieder zusammenfielen, wie sich das blutigrote Flackern des Kaminfeuers in den Schäften seiner weichen Stiefel spiegelte. Früher hatte sich Stalin selten leeren Gedanken hingegeben. Jetzt aber kamen sie ihm immer öfter und brachten Vergangenes wieder zum Vorschein. Eines Tages ordnete er an, zwei fotografische Vergrößerungen von Nadeshda Sergejewna Allilujewa anzufertigen. Die eine stellte er eingerahmt auf seinen Schreibtisch im Arbeitszimmer, die andere ließ er im Schlafzimmer an die Wand hängen. Konnte man das als Eingeständnis seiner Schuld werten? Einer indirekten oder direkten Schuld? Heute, da wir sehr viel von Stalin und seinen Taten wissen, bin ich so gut wie überzeugt davon, daß dieser Mann keinerlei Reue verspürte. Er versetzte sich auf diese Weise ganz einfach wieder in jene kalte Novembernacht, in der das nicht Wiedergutzumachende geschehen war. Im Leben läßt sich nichts wieder zurückholen, doch in Gedanken kann man sich in jene auf immer entschwundene Zeit versetzen. Dem konnte sich der Diktator schon nicht mehr entziehen. Die Zeit für Erinnerungen war eben gekommen. Er hatte alles erreicht, aber er spürte, daß jene Scheidelinie immer näher rückte, von der es kein Zurück mehr gab. Für niemanden, auch für den Führer nicht.

Vielleicht hat er am Ende seines Lebens erkannt, daß er alles gewonnen hatte, indem er alle besiegte? Vielleicht schreckte ihn die *historische Überlebtheit seines persönlichen Sieges*? Vielleicht brachten die Schatten der Tausenden umgekommenen Genossen, Freunde und Mitstreiter, die er selber in den Tod geschickt hatte, tief in seinem Innern versteckte Saiten seines Gewissens zum Schwingen? Was sah er wohl, wenn er mit von der Glut tränenden Augen in die zu Asche zerfallene Kohle starrte? Aus der Kenntnis dessen, was dieser Mann geschrieben, gesagt und getan hat, vermag ich nicht sicher zu behaupten, daß er irgend etwas bedauert haben könnte. Ihn bedrückte sicher einzig und allein die Erbarmungslosigkeit der Zeit, die unterschiedslos nach Henkern wie Opfern greift. Allerdings mit dem Unterschied, daß sie über die einen für immer den Mantel des Vergessens breitet und den anderen das ewige Leid des Märtyrertums bestimmt.

Wie ein irdischer Gott, der sich am siebten Tag der Schöpfung umschaut, mochte Stalin sagen, er habe alles erreicht: einen mächtigen Staat errichtet, sich ein großes Volk gefügig gemacht, alle seine Feinde besiegt sowie die ungeteilte Liebe von Millionen seiner Mitbürger erworben. Doch warum wich dieses Gefühl der Trauer nicht von ihm? Vielleicht, weil er die Weltrevolution nicht durchgesetzt hatte? Oder weil er sich davon überzeugt hatte, daß seine langen und blutigen sozialen Experimente letzten Endes dem Privatunternehmertum nichts Gewichtigeres entgegengesetzt hatten? Oder konnte es sein, daß seine auf Gewalt gegründeten Ideen dem Untergang geweiht waren? Ich glaube es nicht. Solche Überlegungen waren nicht typisch für Stalin. Er fürchtete sich einfach vor dem Tod. So wie er sich sein ganzes Leben vor Attentaten, Verschwörungen und Diversionsakten gefürchtet hatte. Er fürchtete sich davor, daß nach dem Tode alle seine Verbrechen bekannt würden. Er fürchtete um sein Lebenswerk. Er wollte nicht, daß es anders würde, weil es dann für ihn keinen Platz mehr gab. Wie sich Chruschtschow erinnerte, hatte Stalin in den letzten Lebensjahren oft zu seinen Mitstreitern gesagt: «Was werden Sie ohne mich tun? Sie werden übereinander herfallen wie die Kater!» Darin irrte er sich nicht. Seine Welt, seine Ordnung, sein Götterkult sollten gar keinen langen Bestand mehr haben.

Der alternde «Führer» fürchtete sich. Sein gegen Lebensende ständig gerötetes Gesicht (offenbar von der Hypertonie) konnte trotz des außerordentlichen Geschicks, sich die jeweils notwendige Maske anzulegen, in den letzten Jahren nicht die große Müdigkeit verbergen, hinter der die Angst lauerte. Als seine Tochter ein psychologisches Porträt ihres Vaters zeichnete, schrieb sie, daß er sich, je mehr das Ende nahte, ausgebrannt gefühlt habe. Er «vergaß alle menschlichen Bindungen, wurde von Angst gequält, die sich in den letzten Lebensjahren in einen wahren Verfolgungswahn steigerte. Die ehemals starken Nerven waren schließlich völlig zerrüttet. Doch der Wahn war keine krankhafte Phantasie. Er wußte und begriff, daß man ihn haßte, und er wußte auch, warum ...»[84] Sein Vertrauen in die besondere Langlebigkeit der Kaukasier schwand nach dem ersten Schwächeanfall, bei dem man ihn zur Seite führen mußte. Das geschah noch mehrere Male.

Früher hatte er fast nie an seine Kinder gedacht. Das war nicht von ungefähr. Er kannte sie im Grunde überhaupt nicht. Seit Jakows Tod war von ihm die Gereiztheit gewichen, die er stets bei der Nennung des Namens empfunden hatte. Mit Wassili konnte er nicht in ruhigem Ton reden. Dem Vater erzählte man nicht alles, aber er spürte, daß sich sein willensschwacher Sohn nur dank seinem Familiennamen und hochstehenden «Freunden» und Gönnern, die ihn ständig umschmeichelten, im Dienst halten konnte. Sie erfanden für den Generalleutnant extra eine neue Dienststellung, die des «Gehilfen des Befehlshabers der Luftstreitkräfte des Militärbezirks Moskau für Exerzierangelegenheiten» und betrauten ihn dann mit der Führung der Luftstreitkräfte des Militärbezirks. Im Juni 1948 drängte Bulganin Stalin, den Sohn in der Dienststellung des Befehlshabers zu bestätigen. Stalin war sich dessen bewußt, daß man Wassili nur deshalb nach oben lancierte, um sich bei ihm selber einzuschmeicheln, aber er winkte nur ab und brummte: «Machen Sie, was

84 S. Allilujewa, Das erste Jahr, Wien – München 1969, S. 131.

Sie wollen!» Hätte Stalin nur ein Fünkchen Selbstkritik gehabt, dann hätte er zugeben müssen, daß die Kinder aus der Art geschlagen waren. Aber er stellte sich niemals dem inneren Gericht, übte nie Selbstkritik. Obwohl er andere dazu aufrief: «... die Selbstkritik brauchen wir wie die Luft, wie das Wasser ... Wenn unser Land das Land der Diktatur des Proletariats ist und die Diktatur von *einer* Partei, der Partei der Kommunisten, geleitet wird, die die Macht mit anderen Parteien nicht teilt noch teilen kann – ist es dann nicht klar, daß wir selber unsere Fehler aufdecken und korrigieren müssen, wenn wir vorwärtsschreiten wollen ...?»[85]

Auch die Tochter gehorchte ihm überhaupt nicht mehr. Nachdem sie ihren ersten Mann verlassen hatte, ordnete der Vater an, ihr eine Wohnung zuzuweisen, und gab sie damit praktisch auf. Manchmal besuchte sie ihn im Landhaus, um sich sein Greisengebrabbel anzuhören und ihn um Geld anzugehen. Stalin, der voll vom Staat verköstigt wurde, drückte der Tochter in solchen Fällen Bezugsscheine von seinem Kontingent in die Hand. In den letzten reichlich zwanzig Jahren hatte er keinen einzigen Rubel ausgegeben, war in keinem Laden gewesen und wußte auch nicht, wie die Menschen mit ihren bescheidenen Einkünften über die Runden kamen. Für Stalin bedeutete Geld lange Zeit nichts. Dafür kannte seine zahlreiche Dienerschaft den Wert des Geldes um so besser.

Einmal zu Beginn der fünfziger Jahre, als sich Swetlana gerade in der Aspirantur an der Akademie für Gesellschaftswissenschaften befand, interessierte sich Stalin dafür, zu welchem Thema sie ihre Dissertation schrieb. Man teilte ihm mit, es laute «Die Entwicklung der fortschrittlichen Traditionen des russischen Realismus im sowjetischen Roman». Stalin schüttelte darob nur den Kopf, sagte aber nichts weiter. Im Autorreferat zu ihrer von 1954 (also bereits ein Jahr nach des Vaters Tod) datierten Dissertation zur Erlangung des akademischen Grades eines Kandidaten der philologischen Wissenschaften schrieb Swetlana Allilujewa, daß sie sich zur Erschließung des Problems auf mehrere Thesen J.W. Stalins aus seiner Arbeit «Ökonomische Probleme des Sozialismus in der UdSSR» stützen mußte. Die orthodoxe, ganz im Geist der Zeit gehaltene Arbeit deutete kein bißchen die spätere weltanschauliche Kehrtwendung der Stalintochter an. Übrigens wußte Stalin von seiner Tochter viel, viel weniger, als Väter gemeinhin zu wissen pflegen.

Betagte Menschen lieben ihre Enkel. Sie schenken ihnen alle Liebe, die sie ihren eigenen Kindern vorenthalten haben, und das mit solcher Leidenschaft, als ob von jeder Begegnung, jeder Tat das ganze Leben ihrer Lieblinge abhänge. Stalin aber wollte seine Enkel nicht sehen, und die Hälfte von ihnen lernte er gar nicht erst kennen. Menschliche Gefühle wie die Liebe eines Sohnes, Vaters, Großvaters waren ihm fremd. Als Diktator erreicht man nicht nur sehr viel, sondern verliert noch viel mehr. Vor allem aus dem reichen Schatz allgemein menschlicher Gefühle. Es sieht so aus, als ob die Liebe zur Macht in ihm nicht nur die väterlichen und großväterlichen Gefühle verdrängt hatte, sondern auch die Liebe zur Mutter. Swetlana Allilujewa erinnert sich, daß Stalins Mutter, die nicht gerade von ihrem Sohn mit Aufmerksamkeiten verwöhnt worden war, bei ihrer letzten Begegnung geseufzt hatte:

«Wie schade, daß du nicht Pope geworden bist!»

Dem kann man wohl nur beipflichten.

Gegen Ende seines Lebens wurde Stalin immer reizbarer und unduldsamer. Seine Um-

85 Stalin, Werke, Bd. 11, S. 26f.

gebung und die Tochter erinnerten sich an Begebenheiten, daß er den Fernsprechapparat an die Wand warf oder seinen Gehilfen oder Gesprächspartner schrecklich anbrüllte. Ich wiederhole noch einmal: Er war intellektuell völlig außerstande, elementare menschliche Gefühle zu zeigen. Ich zitiere eine weitere Passage aus dem Buch seiner Tochter «Das erste Jahr». Sie bemerkt wahrheitsgemäß, daß er, wenn er Menschen in den Tod geschickt hatte, sich von den Unglücklichen abgewendet und sie gewissermaßen aus dem Gedächtnis getilgt habe. «Vielen erschien es wahrscheinlicher, sich ihn physisch als rohes Ungeheuer vorzustellen», schrieb Swetlana Allilujewa, «aber er war ein geistiges, moralisches Ungeheuer, was wesentlich schrecklicher ist ...»[86]

Was reizte ihn? Vor allem wohl die Übersättigung mit Macht. Er vermochte alles. Aber er hatte auch schon alles ausprobiert. Bei all der totalen Unterwürfigkeit seiner Handlanger bemerkte er sogleich, daß selbst absolute Macht ohnmächtig sein kann. Wieviele Beschlüsse und Gesetze hatte er zum Beispiel sanktioniert, um die Bauern «zu beglücken». Und trotzdem meldete man ihm ständig, daß die Ernteerträge nicht zunähmen und daß die Produktivität der Viehproduktion zurückginge sowie daß viele Kolchosbauern ihr Arbeitstagesoll nicht erfüllten, sondern lieber ihre individuellen Gartenflächen bestellten und aberntеten. Begriff er überhaupt, daß seine Macht kraftlos war im Vergleich mit den objektiven Gesetzen des Daseins und der Wirtschaft? Schwer zu sagen. Diese Ohnmacht reizte ihn nur noch mehr. Möglicherweise auch deshalb, weil er zu begreifen begann, daß die Geschichte nicht nur über die Besiegten richtet, sondern vielleicht auch über den Sieger Gericht halten kann? Und vielleicht verließ ihn seine greisenhafte Gereiztheit in den letzten Jahren auch deshalb nicht, weil er sich immer mehr von der Vergeblichkeit seiner Bemühungen überzeugen mußte, Großes und Ewiges zu erschaffen? Denn er wollte auf ewig für groß gelten. Das ganze Leben hatte er seine Treue zum Marxismus beschworen. Doch im Grunde seines Herzens meinte er, daß Marx und Engels ihre Ideale nicht von der groß- und kleinbürgerlichen Kultur «gesäubert» hätten. Viel zu oft hatten sie den zweifelhaften Begriff Humanismus gebraucht und den Sozialismus zu einer irdischen Angelegenheit gemacht. Er aber, Stalin, habe in den Marxismus die Bereitschaft zum revolutionären Wunder, die Fähigkeit, im Heute fast alles für ein lichtüberflutetes Morgen zu opfern, eingebracht ...

Sein ganzes Leben lang war der Diktator der Meinung, daß die unzähligen Opfer der notwendige, natürliche, obligatorische Preis für die Treue zur großen Idee, für die Bereitschaft, ihrer Verwirklichung maximal nahezukommen, sei. Stalin hat niemals bemerkt, daß der Mensch, die Masse für ihn zum *Mittel* zum Erreichen des großen Zieles geworden waren, unter dem er schon etwas ganz anderes verstand als die Begründer des Marxismus. Das Ziel, die Idee und das Ideal waren für ihn **alles**. Doch es waren schon extrem deformierte, durch Stalins Betrachtungsweise entstellte Ziele. Um sie zu erreichen, war ebenfalls alles erlaubt. Über diesen gedankenlosen russischen revolutionären Radikalismus hat sehr gut am Anfang unseres Jahrhunderts der hervorragende Denker Sergej Bulgakow gesagt: «Er macht in seiner Einbildungskraft einen historischen Sprung und richtet, ohne sich groß für den übersprungenen Weg zu interessieren, sein Auge ausschließlich auf den hellen Punkt am äußersten Rand des geschichtlichen Horizonts. Dieser Maximalismus hat die Eigenschaft ideologischer Besessenheit und der Selbsthypnose, er fesselt das Den-

86 S. Allilujewa, S. 131.

ken und gebiert einen Fanatismus, der *taub ist für die Stimme* des Lebens.» Ich glaube, daß Bulgakow eine der Quellen des revolutionären, letztlich tragischen russischen Radikalismus, der seinerseits eine Quelle für die Mißachtung von allem im Namen der großen Idee, richtig erkannt hat. Stalin erwies sich als konsequenter Vollstrecker dieses Maximalismus, der bei seiner Umsetzung bis zum Verbrechen ging. Wie weise und prophetisch klingen doch S. Bulgakows Worte: «Ich verwirkliche meine Idee und löse mich dank ihr aus der Enge der gewöhnlichen Moral, ich nehme mir nicht nur das Recht auf das Eigentum, sondern auch auf das Leben und den Tod der anderen heraus, wenn es für meine Idee notwendig ist. In jedem Maximalisten sitzt so ein kleiner Napoleon des Sozialismus oder Anarchismus.»[87]

Aber in Stalin saß kein «kleiner Napoleon». Er war einer der größten Cäsaren, für den der Macchiavellismus schon lange zu einem untrennbaren Bestandteil des Denkens und Handelns geworden war. Obwohl Stalin bei alledem nicht begreifen konnte, daß das von ihm angemaßte Recht «auf das Leben und den Tod der anderen» vieles von dem nicht lösen konnte, was er sich ausgedacht hatte. Ihn beschlich schon ein schreckliches Vorgefühl. Er verdrängte es, indem er sich nach alter Gewohnheit auf den Haufen laufender Angelegenheiten stürzte. Diese gab es nicht nur im Innern des Landes, sondern auch jenseits der Grenzen. Vielen internationalen Ereignissen drückte er mit seiner persönlichen Teilnahme seinen Stempel auf.

Eisige Winde

Schaut man von der hohen Warte der vergangenen Jahrzehnte auf jene fast acht Jahre, die Stalin nach dem Sieg noch zu erleben vergönnt waren, so wird man sehen, daß sie in vielerlei Hinsicht ungewöhnlich waren. Im Landesinnern kam es wieder einmal zu einer extremen Mobilisierung aller menschlichen Kräfte.

International waren diese acht Jahre dadurch gekennzeichnet, daß der Wind der Sowjetunion immer stärker ins Gesicht blies. «Wir sind aus diesem Krieg», erklärte USA-Präsident Harry Truman, «als stärkste Macht der Welt hervorgegangen, möglicherweise als mächtigste in der Geschichte der Menschheit.» Die US-Administration, also die Regierung eines Landes, das sich im Besitz des Monopols der schrecklichsten Massenvernichtungswaffe befand, brachte es nicht fertig, der Verlockung zu widerstehen, aus diesem Umstand maximalen Vorteil zu ziehen. Stalins Rede auf einer Wählerversammlung im Februar 1946 – hinreichend gefaßt und friedlich – nahm der Westen kaum als Appell auf. Dieser Appell war für viele jenseits des Ozeans einfach notwendig gewesen. Die USA strebten im Grunde die «Weltherrschaft» an. Verschiedene Meinungen sprachen von der Notwendigkeit, «die Welt nach dem Vorbild der Vereinigten Staaten umzugestalten».

Als sich Stalin in der Nacht zum 6. März 1946 schon anschickte, zum Landhaus heimzufahren, betrat Poskrjobyschew eilig das Arbeitszimmer und legte dem Generalissimus ein gerade empfangenes verschlüsseltes Telegramm vor. Stalin setzte sich wieder an den Tisch und vertiefte sich in die Lektüre. Die Botschaft in Washington teilte mit, daß Churchill in Fulton (Staat Missouri) in Anwesenheit des Präsidenten Truman (eines gebürti-

87 Героизм и подвижничество. In: Вехи, Moskau 1909, S. 39, 45.

gen Missourianers) eine ungewöhnliche Rede gehalten habe. Diese Rede des ehemaligen Pemierministers war extrem militant. Stalin, der mit Churchill viermal zusammengetroffen war und ihm nie getraut, ihn aber für sein enzyklopädisches Wissen geschätzt hatte, war durch die Schärfe der Aussagen peinlich betroffen. Obwohl Churchill sich am Beginn seiner Rede noch gut über ihn geäußert hatte: «Ich bin entzückt und zolle dem heldenhaften russischen Volk und meinem Kampfgefährten Marschall Stalin den schuldigen Respekt.» Weiter aber warnte Churchill, daß über den westlichen Demokratien die «rote Gefahr» schwebe. Doch gottseidank befänden sich die Vereinigten Staaten heute auf dem «Gipfel der Weltmacht», was Hoffnung auf einen Schutz vor «den Absichten bösartiger Persönlichkeiten und dem aggressiven Geist starker Nationen» gäbe. Churchill teilte der Welt mit, daß von Stettin an der Ostsee bis Triest an der Adria über den europäischen Kontinent ein eiserner Vorhang errichtet» worden sei. Hier kam der frühere Premier der Wahrheit sehr nahe. Gleich nach dem Krieg hatte Stalin ein paar energische Schritte unternommen, um jegliche Kontakte mit dem Westen und der übrigen Welt einzuschränken. Ein Vorhang – ein «eiserner» oder ein «ideologischer», je nachdem, wie man es sah – war wirklich errichtet worden. Als einer der «großen Drei» hatte Stalin stets den Einfluß der «faulenden Demokratien» gefürchtet. Lange Jahre durfte man in der UdSSR über den Westen nur das wissen, was Leute vom Schlage eines Suslow für notwendig erachteten. Die Informationslücke zwischen den beiden Welten ließ den Intellekt verarmen und schwächte einschneidend die Kontakte zwischen den Weltkulturen ... Wir wurden geistig ärmer ...

Doch Churchill hielt sich in seiner Rede nicht dabei auf. Er warnte davor, daß «fern von Rußlands Grenzen ... die fünfte Kolonne der Kommunisten am Werke ist ... Sie ist eine wachsende Bedrohung für die christliche Zivilisation.» Hier hat der große Brite eindeutig übertrieben. Selbst er war befangen von der Spionomanie und der «Hexenjagd»-Kampagne. Der Gast des USA-Präsidenten, der übrigens mit seinen Ideen sympathisierte, rief dazu auf, überall in der Welt «die großen Prinzipien der Freiheit und der Menschenrechte zu verteidigen, die ein gemeinsames historisches Erbe der englischsprechenden Welt sind».

Nachdem Stalin das Telegramm beiseitegelegt hatte, starrte er lange unbewegten Auges aus dem Fenster in die dunkle Märznacht. Der schüchtern begonnene Frühling war schnell und unerbittlich vom Frost wieder eingeholt worden. Churchills Rede war ein Signal und ein Appell. Nun trat der «Führer» an den Tisch und rief Molotow an. Dieser war an seinem Platz. Die Mitglieder des Politbüros gaben gewöhnlich Obacht, wann Stalin wegfuhr, und begaben sich erst dann auf den Heimweg.

Als Molotow eingetroffen war, dauerte die Unterhaltung der beiden «Architekten» der Außenpolitik des Landes noch eine gute Stunde. Sie wußten aber nicht, daß Churchills Rede ein längerer «Drahtbericht» des US-amerikanischen Geschäftsträgers in Moskau nach Washington vorausgegangen war, in dem eine entstellte Darstellung von Stalins Februarrede gegeben wurde. George F. Kennan behauptete, daß die sowjetischen Führer einen dritten Weltkrieg für «unvermeidlich» hielten.[88] Auch die sowjetischen Führer, die in einer Atmosphäre permanenten Kampfes lebten, sahen in diesem unverhohlenen Appell des Westens den natürlichen Lauf der Dinge. Weder Churchill noch Truman noch

88 Siehe G.F. Kennan, Memoiren eines Diplomaten, Stuttgart 1968, S. 553–570.

Stalin vermochten sich damals zu der Erkenntnis durchzuringen, daß sämtliche Versuche, eine auf der Furcht vor der gegenseitigen Vernichtung gegründete «neue Ordnung» zu errichten, sinnlos waren. Sie waren eben Produkte ihrer Zeit. Stalins Lage war schwierig. Zu dieser Zeit waren die USA im Besitz der Atombombe und unvergleichlich stärker als die UdSSR. Es genügt zu erwähnen, daß das Industriepotential der USA in den Kriegsjahren um 50 Prozent gewachsen war. Die Vereinigten Staaten hatten viermal mehr Anlagen und siebenmal mehr Transportmittel produziert. Die landwirtschaftliche Produktion war um 36 Prozent gestiegen.

Das alles stand in fürchterlichem Kontrast zur Lage in der UdSSR. Tausende Ortschaften lagen in Trümmern. Die schreckliche Mißernte des Jahres 1946 stand erst noch bevor. Fast der gesamte Westteil des Landes war vom Feuer des Partisanenkrieges überzogen. Doch dieses Feuer schwelte wie ein Torfbrand, bei dem das Feuer einen Ausgang zur Luft sucht, um alles ringsherum lichterloh in Brand zu stecken. In der sowjetischen Geschichte ist dieses Thema bis heute wenig aufgearbeitet worden. Bewaffnete Abteilungen setzten vor allem in der Westukraine und im Baltikum, wobei Litauen besonders hervortrat, nach der Vertreibung der deutschen Truppen den Kampf gegen die Sowjetmacht fort. Stalin erteilte Berija mehrmals Weisung, «dem Banditentum in möglichst kurzer Zeit» ein Ende zu setzen, doch er konnte noch nicht wissen, daß sich dieser Kampf über volle fünf Jahre nach Kriegsende hinziehen würde, vor allem in den Westgebieten der Ukraine. Bald darauf legte der Minister des Innern der UdSSR S. Kruglow einen Bericht über die Ergebnisse dieses Kampfes im März vor, also in dem Monat, in dem Churchill seine Rede gehalten hatte. Ich zitiere dieses an Stalin adressierte umfangreiche Dokument in einer gekürzten Fassung:

«Genossen Stalin, J. W.

12. April 1946.

Im Monat März wurden in den Westgebieten der Ukraine 8 360 Banditen liquidiert (getötet, gefangen, geständig), 8 Granatwerfer, 20 Maschinengewehre, 712 Maschinenpistolen, 2 002 Gewehre, 600 Pistolen, 1 766 Granaten, 4 Druckereien, 33 Schreibmachinen ... erbeutet. Aufgegriffen wurden der Bezirksprowidnik der OUN Fedoruk, F. I., der Bezirksreferent der SB Tscherny, W. G., der Bezirksreferent Gorin, I. G., der stellvertretende Bezirksintendant Warwarewitsch, I. I., der Nachrichtenchef des Bezirksprowids der OUN Krawtschuk, L. I. Von den Angehörigen des Partei- und Sowjetaktivs sowie von den Offizieren und Soldaten des MdI, MfS und der Roten Armee sind über 200 Mann gefallen.

Litauische SSR. Vernichtet wurden 145, geständig sind 75, festgenommen 1 500 Mann. Erbeutet wurden Maschinengewehre 44 Stück, Gewehre 289 Stück, Pistolen 122 Stück, Handgranaten 182 Stück, Vervielfältigungsgeräte 12 Stück. Liquidiert wurden die Banden von Jodepukis, A., Noreikis, I., und einige andere. Im Monat wurden 122 Aktivitäten von Banditen registriert. Gefallen vom Aktiv und von den Kämpfern des MdI, MfS und der Roten Armee sind 215 Mann ...»[89]

Weiterhin wurde im Bericht von bewaffneten Zusammenstößen in der Belorussischen, der Lettischen und der Estnischen Republik gemeldet. Als Stalin den Bericht abzeichnete, sagte er zu Berija und Kruglow, daß er mit den uneffektiven Handlungen der regulären Truppenteile und der Jagdbataillone sehr unzufrieden sei.

89 Ebenda, Fundus 9401, Liste 2, Akte 135, Bd. II, Bl. 287–296.

Allenthalben gab es Schwierigkeiten, und jetzt kam noch dieser offene Aufruf des Westens dazu. In der Organisation der Vereinten Nationen befand sich die UdSSR in tiefer Isolation. Gut, daß es noch das Vetorecht im Sicherheitsrat gab. Stalin spürte, daß jetzt harter, ungleicher Widerstand einsetzte. Aber er dachte nicht daran zu weichen. Er würde schon noch das Land in eine Festung verwandeln. Die gerade verkündete antikommunistische «Truman-Doktrin» machte es nach Stalins Meinung unmöglich, den «Marshall-Plan» anzunehmen. Die UdSSR bedurfte zwar äußerst dringend wirtschaftlicher Hilfe, und diese wäre nach diesem Plan zu haben gewesen, doch um den Preis faktischer Kontrolle über die sowjetische Wirtschaft. Stalin ließ durch Molotows Mund auf der Pariser Konferenz (27. Juni bis 2. Juli 1947) nein sagen. Offensichtlich hatte der «Führer» den Zweck dieses Planes ganz richtig erraten, denn später schrieb Truman in seinen Memoiren ganz offen, daß Marshall mit seiner Konzeption den Zweck verfolgt habe, «Europa von einem wirtschaftlichen Desaster zu retten und von ihm den Schatten der Versklavung durch den Russischen Kommunismus zu nehmen».[90] Überhaupt begann jetzt ein langer kalter Krieg. Die französische Politologin Lilly Marcou, deren Bekanntschaft zu machen ich einmal in Moskau das Vergnügen hatte, schrieb zu Recht in ihrem Buch «Der kalte Krieg», daß sich nach 1946 fast ein ganzes Jahrzehnt lang, während der Periode der «Eskalation, die Spirale der Spannungen immer schneller dreht, unaufhaltsam wie eine Lawine, einer ihr eigenen Logik folgend, die sich der Vernunft und dem gesunden Menschenverstand immer mehr entzieht».[91] Und die Logik lautete so, daß Stalin den einzigen Ausweg darin sah, das nukleare Monopol der USA zu brechen. Um den Preis einer gewaltigen Anstrengung wurde in der UdSSR bis 1952 die Stahl-, Kohle- und Zementproduktion im Vergleich zum Vorkriegsstand fast verdoppelt, die Erdölförderung und die Elektroenergieerzeugung wurden erheblich gesteigert. Stalin wurde nicht müde zu behaupten, daß die absolute Priorität der Schwerindustrie ein «permanentes Gesetz» der Entwicklung des Sozialismus sei. Die übergroßen Anstrengungen in der Schwerindustrie und in der Wissenschaft schufen auch die Voraussetzungen für einen Leistungssprung auf nuklearem Gebiet. Stalin hatte, wie bereits erwähnt, Berija mit der Aufsicht über die streng geheimen Arbeiten beauftragt und verlangte allwöchentlich Bericht über den Stand der Dinge.

Hier bestand eine gute Schule. Noch vor dem Krieg hatten A. F. Joffe, I. W. Kurtschatow, G. N. Fljorow, L. D. Landau und I. J. Tamm Ideen aufgestellt, die die Möglichkeit boten, an den Bau des ersten Uranreaktors zu gehen. Dann aber waren die Arbeiten eingestellt worden. Erst 1942 wurden sie unter I. W. Kurtschatows Leitung wieder in großem Umfang angekurbelt. Stalin drängte und drängte ... Er befahl, keine Mittel zu scheuen, um die Verwirklichung des Programmes zu beschleunigen. In Stalins Archivfundus sind Berichte und andere Dokumente verwahrt, die an den dramatischen «nuklearen Wettlauf» erinnern. Genauer an die Aufholjagd auf den mit Vorsprung enteilten Rivalen. Hier als Beispiel eine solche Meldung:

«Im Auftrage des Sonderkomitees beim Ministerrat der UdSSR sind wir vor Ort in der ersten Oktoberdekade 1946 mit dem Bau der Sonderobjekte Kurtschatow und Kikoin betraut worden ...»[92] Weiterhin hieß es darin, daß Maßnahmen zur Beschleunigung des

90 H. S. Truman, Years of Trial and Hope 1946–1953. The Memoirs of Harry S. Truman, Bd. 2, London 1956, S. 121.
91 L. Marcou, La guerre froide: l'engrenage, Brüssel 1987, S. 193.
92 Ebenda, Fundus 9401, Liste 2, Akte 151, Bd. VIII, Bl. 99–112.

Baus ergriffen worden seien. Die Anzahl der unmittelbar am Bau Beschäftigten belaufe sich auf knapp 37000 Mann. Unterschriften: *S. Kruglow, M. Perwuchin, I. Kurtschatow.*

Fast zur gleichen Zeit berichteten S. Kruglow und A. Sawenjagin an Stalin und Berija, daß zur Beschleunigung der Arbeiten an den atomaren Zerfallsprodukten folgende zu zehn und mehr Jahren Freiheitsentzug verurteilten und einsitzenden Fachleute zusätzlich herangezogen werden müßten: S.A. Wosnessenski, N.W. Timofejew-Ressowski, S.P. Zarapkin, J.M. Fischman, B.W. Kirjan, I.F. Popow, A.S. Tkatschow, A.A. Gorjunow, I.J. Baschilow und andere.[93]

Im Dezember 1946 lösten die sowjetischen Wissenschaftler die erste Kettenreaktion aus, im folgenden Jahr setzten sie den ersten Kernreaktor in Betrieb, was für Molotow Anlaß war, im November 1947 zu erklären, daß das Geheimnis der Atombombe gelüftet sei. Im Sommer 1949 fand der erste sowjetische Atombombentest statt, im Jahre 1953 der erste Test einer Kernsyntheseladung. Der Stärkung der Wirtschafts- und Verteidigungsmacht widmete Stalin seine ganze Aktivität. Seine eigene Größe vermochte der Diktator jetzt nur mit der Größe und Macht des Staates zu stützen. Ein bedeutender Teil der GULAGs war zu Verteidigungsarbeiten eingesetzt. Oft begannen viele Minister Regierungsaufträge mit dem «gewöhnlichen» ersten Schritt: Sie wendeten sich an Berija.

«Genossen Berija, L. P.

Mit Rücksicht auf die außerordentliche Notwendigkeit, eine wissenschaftliche Forschungsbasis im Osten zu errichten, ersuche ich um Ihre Weisung an den Minister des Innern, Gen. Kruglow, auf dem Gelände der ZAGI-Filiale ein Lager aus dem Bestand der sibirischen Haftlager in Stärke von 1000 Mann zu eröffnen.

23.Juli 1946. *M. Chrunitschew.*»[94]

Oder noch zynischer:

«Genossen Berija, L. P.

Zur Ankurbelung der Bauarbeiten ersuche ich, ein weiteres Lager für 5000 Mann zu organisieren sowie 30000 Meter Zeltbahn zum Nähen von Zelten und 50 Tonnen Stacheldraht bereitzustellen.

22.März 1947. *A. Sademidko.*»[95]

Bedenken Sie nur: Wie niedrig war die Moral gesunken, wie zynisch die Sozialpolitik geworden, wie sehr geringschätzt ein Menschenleben! Das Los und das Leben der Häftlinge wurde lediglich mit ihrer Anzahl, dem Stacheldraht und der Zeltbahn über ihren Köpfen in Zusammenhang gebracht! Ich glaube, daß diese kurze, lakonische und in ihrem außergewöhnlichen Zynismus unheimliche Meldung als tragisches und tiefen Einblick gewährendes Spiegelbild für den Abgrund dienen kann, in den der Sozialismus geraten war. Meiner Meinung nach brauchen die Nachfahren nicht nur die endlosen Listen der unschuldigen Opfer, sondern ebenso die Dokumente, die die Verbrechen des Stalinismus bis ins letzte aufhellen. Ein solches Dokument ist ein Höhepunkt der Amoral.

Reichlich vierzig Jahre nach Veröffentlichung dieses Dokuments hatte ich die Möglichkeit, mich mit Alexander Nikolajewitsch Sademidko, früher Minister für den Bau von Betrieben der Brennstoffindustrie, zu unterhalten. Ich zeigte ihm das Dokument (solche hatten fast alle Minister zuhauf unterzeichnet), das vom 22. März 1947 datiert war.

93 Ebenda, Akte 176, Bd. II, Bl. 235–254.
94 Ebenda, Akte 149, Bd. VI, Bl. 35.
95 Ebenda, Akte 176, Bd. II, Bl. 360.

«Wie stehen Sie heute zu dieser an Berija adressierten Aktennotiz?»

«Die Zeit war eben so ... Den Sozialismus haben wir mit Hilfe eines riesigen Heeres von Häftlingen aufgebaut. Heute kommt mir das alles natürlich ziemlich roh vor ...» Nach kurzem Schweigen erzählte er von einem der «technologischen» Elemente der Gewalt im Bauwesen.

«Einmal des nachts, ungefähr um zwei, wurde ich mit meinem Stellvertreter zu Berija gerufen. Uns unheilverkündend durch die Gläser seines Kneifers anblitzend, fragte er mit verhaltener Stimme:

‹Warum haben Sie die Übergabe des Objekts nicht gemeldet?› (In einem Kombinat wurde eine spezielle Grube erschlossen.)

‹Die Montage der Anlagen ist noch nicht abgeschlossen ...›

‹Wer hat sie noch nicht abgeschlossen?› Und ohne die Antwort abzuwarten, warf er seinem auf einen Ruf hin erschienenen Gehilfen zu: ‹Rufen Sie den Kombinatsdirektor!›

Drei, vier Minuten später war am weit entfernten Ende der Leitung im Donezbecken eine Stimme zu hören. Ohne darauf zu hören, sprach Berija sofort in die Sprechmuschel:

‹Guten Tag. Hier spricht Berija. Warum ist der Termin für den Auftrag nicht eingehalten? Heute zu 8.00 Uhr ist die Montage abzuschließen. Gute Nacht!›

Man kann sich wohl vorstellen, welch ‹gute Nacht› dieser Direktor und sein Kombinat verbracht haben! Berija erteilte seinem Gehilfen nun den Befehl:

‹Rufen Sie den Chef der Verwaltung!›

‹Zu Befehl, Genosse Berija!›

‹Ich habe dem Kombinatsdirektor befohlen›, (den Namen habe ich vergessen) ‹bis 8 Uhr morgens die Montage abzuschließen. Nicht lange fackeln, steck ihn dann bei sich in den Keller. Auf Wiedersehen!›

Ich und mein Stellvertreter kannten zwar Berijas ‹Arbeitsmethoden›, aber als wir diese ruhigen, kurzen, ja sogar sachlichen Anordnungen vernahmen, jagte es uns einen Schauer über den Körper.»

Nach kurzem Schweigen wiederholte Alexander Nikolajewitsch: «Die Zeit war eben so ...»

Trotz des niedrigen Nutzeffekts der Zwangsarbeit glaubte Stalin, daß die umfangreiche Verwendung von Häftlingen zu Verteidigungsarbeiten nicht nur eine billige Methode zur Stärkung der militärischen Anstrengungen, sondern auch eine probate Methode zur «Umerziehung» von Tausenden «Feinden» und «Verrätern» sei. Stalin war es schon lange gewohnt, sie als «ehemalige» Menschen anzusehen.

Doch wie man auch zu Stalin stehen mag, konstatieren muß man, daß er mit seinem gnadenlosen Willen und um den Preis der unermeßlichen Anstrengungen von sowjetischen Menschen sowie gewaltiger materieller und personeller Opfer einen scheinbar unmöglichen Sprung erreicht hat. Das Atommonopol der USA war gebrochen. Der Grundstein für die strategische Parität war gelegt. Stalins Intellekt wie auch der Intellekt seiner Widersacher in Übersee waren damals zu keinem neuen politischen Denken imstande. Er dachte ausschließlich in «schwarz» und «rot», in permanentem Kampf, in Rivalität und sah, obwohl er in den meisten Parametern seinem Hauptgegner unterlegen war, optimistisch auf den endgültigen Ausgang der Auseinandersetzung.

Um seine Chancen in diesem Kampf zu erhöhen, hielt es Stalin für notwendig, die sich herausbildende Bewegung breiter Massen für Frieden und für die Verhinderung eines

Krieges auf jegliche Weise zu unterstützen sowie das antiimperialistische Auftreten sämtlicher Abteilungen der internationalen Arbeiter- und kommunistischen Bewegung zu aktivieren. Nach langen Diskussionen mit Molotow und Shdanow entschloß sich Stalin zu einem Schritt, der, wie damals vorauszusehen war, im Westen ausgesprochen negativ aufgenommen werden würde. Er hielt es für erforderlich, unter den Bedingungen der sich verschärfenden Auseinandersetzung ein Organ zur Koordinierung der Tätigkeit der kommunistischen Parteien zu schaffen. In den europäischen Hauptstädten und in Übersee wurde dieser Schritt als offizieller Aufruf zum kalten Krieg bewertet.

Stalin hatte nicht vergessen, wie er seinerzeit überlegt hatte, ob man die Komintern nach 24 Jahren ihres Bestehens auflösen solle. Man hatte ihm nahegelegt, diesen Schritt gleich bei Kriegsbeginn zu vollziehen, doch er hatte genug Verstand zu erkennen, daß man das als Zeichen der Schwäche vor dem Faschismus und den Alliierten bewerten würde. Stalin wählte den günstigsten Moment, nämlich Frühjahr 1943, als er Stalingrad als Aktivposten vorweisen konnte. Der vom Krieg voll in Anspruch genommene sowjetische Führer hoffte, daß diese Maßnahme von den Vereinigten Staaten und von Großbritannien gebührend gewürdigt werden und diese bewegen würde, die Eröffnung der zweiten Front zu beschleunigen. Stalin konnte nicht übersehen, daß die Komintern eigentlich schon lange «sowjetisch sprach» und sein eigenes Sprachrohr und Werkzeug war. Nach langem Überlegen kam der «Führer» zu dem Schluß, daß die Auflösung der Komintern ihm mehr Plus- als Minuspunkte einbrachte. Aber das war nun schon alles Vergangenheit. Und nun plötzlich wieder die Bildung einer internationalen kommunistischen Zentrale. Wovon ließ sich Stalin leiten? Welche Erwägungen gingen ihm durch den Kopf?

Als die Kommunistische Internationale entstanden war, glaubten ihre Führer, daß die Weltrevolution nahe sei. Insbesondere Lenin, Trotzki und Sinowjew. Als aber die revolutionäre Welle abebbte, nachdem die stabilen Pfeiler der alten Welt bloßgelegt worden waren, stellte sich deren große Lebenskraft heraus. Es wurde klar, daß die Komintern unter den Bedingungen der relativen Stabilisierung des Kapitalismus nur eine ziemlich begrenzte Rolle spielen konnte. Die Führung von einem Zentrum aus brachte die kommunistische Bewegung ernsthaft in Mißkredit, weil sie allen Feinden und Kritikern die Möglichkeit bot, ständig und nicht grundlos von der «Hand Moskaus» zu reden. Aber nun, unter den Bedingungen des kalten Krieges, spürte Stalin, daß die Bipolarität der Welt, die Herausbildung von zwei Lagern, die Frage der Zusammenarbeit zwischen den kommunistischen Parteien neu auf die Tagesordnung setzte. Zugleich erkannte er, daß es keine totale Rückkehr zum Alten, bestenfalls noch in der Form geben konnte und durfte.

Auf Initiative der polnischen Genossen fand mit Stalins Unterstützung vom 22. bis 27. September 1947 in der polnischen Stadt Szklarska Poręba eine Beratung von Vertretern aus neun kommunistischen Parteien Europas statt. Am Vortag der Beratung schickte A.A. Shdanow, den Stalin beauftragt hatte, die KPdSU(B) zu vertreten, dem «Führer» ein chiffriertes Telegramm, in dem er über die vorläufigen Feststellungen der Arbeitsgruppe berichtete. Er teilte mit, daß die Beratungsteilnehmer in folgenden Punkten übereinstimmten:

«Die Beratung beginnt ihre Tätigkeit mit den Informationsberichten aller an der Beratung teilnehmenden kommunistischen Parteien. Dann ist eine Tagesordnung aufzustellen. Wir werden folgende Fragen unterbreiten:

1) zur internationalen Lage – dazu werden wir sprechen;

2) zur Koordinierung der Tätigkeit der Parteien. Wir schlagen den polnischen Genossen vor, den Bericht zu geben. Ergebnis sollte die Bildung eines Koordinierungszentrums mit Sitz in Warschau sein. Ich glaube, der Schwerpunkt wird auf die Basis der Freiwilligkeit in dieser Angelegenheit zu setzen sein.

Erbitte Ihre Weisungen.

A. Shdanow.»[96]

Stalin stimmte zu. Als Ergebnis des Meinungsaustausches wurde vier Jahre nach der Auflösung der Komintern das Informationsbüro der kommunistischen und Arbeiterparteien (Informbüro) gegründet. Im Westen wurde es sofort in «Kominform» umgetauft. In einer chiffrierten Mitteilung schilderte Shdanow Stalin die Berichte der auf der Beratung anwesenden Vertreter der Parteien. Am aktivsten und positivsten hatten sich nach Shdanows Worten die Jugoslawen gegeben. Diese konnten nicht wissen, daß das neue Organ im November 1949 eine Resolution verabschieden würde, die die Überschrift «Die Jugoslawische Kommunistische Partei in der Gewalt von Mördern und Spionen» trug. Ein interessantes Detail. Shdanow schätzte vom Inhalt, von der Tendenz und der Konstruktivität her zwei Beiträge besonders hoch ein: den von Edvard Kardelj, dem Vertreter des Bundes der Kommunisten Jugoslawiens, und den von Rudolf Slánský, einem Sekretär der KP der Tschechoslowakei.[97] Und wieder eine Ironie des Schicksals: Kein Jahr später würde Shdanow Kardelj als «imperialistischen Spion» verunglimpfen, und Slánský würde wenige Jahre später als Ergebnis eines Schandprozesses, der nach Berijas Szenarium abgelaufen war, den Kopf auf den Richtblock legen müssen.

In seinem Bericht «Über die internationale Lage», der von Stalin abgesegnet war, hatte Shdanow eine These formuliert, die auf lange Jahre die wohl zentrale in der sowjetischen Propaganda werden sollte – die von der «Teilung der Welt in zwei entgegengesetzte Lager». Das war wohl eine Antwort auf die antikommunistische Truman-Doktrin. Ebenso wurde im Shdanow-Bericht der Marshall-Plan als «Programm zur Versklavung Europas» beschrieben. Ein weiteres Mal bewertete Shdanow die Rolle der sozialdemokratischen Parteien äußerst kritisch und geizte nicht mit beleidigenden Epitheta an deren Adresse. Stalin hielt das ganze Leben über an seinen Fehlern fest; bis ans Ende seiner Tage bewahrte er sich tiefe Feindschaft und Mißtrauen für die Sozialdemokraten, was letzten Endes auf Dauer nicht nur die fortschrittlichen Kräfte schwächte, sondern auch den sich in großen Dimensionen entfaltenden Friedenskampf.

Auf der Beratung in Szklarska Poręba war vereinbart worden, das nächste Treffen in Belgrad durchzuführen. Doch leider sollte es dazu niemals kommen.

Die Völker Jugoslawiens hatten einen großartigen Beitrag zur Zerschlagung des Faschismus geleistet und in ihrem heldenhaften Kampf gegen den Aggressor niemals nachgelassen. Der erste Vertrag über Freundschaft, gegenseitigen Beistand und Zusammenarbeit nach dem Kriege, den die Sowjetunion mit einem Land schloß, das in Osteuropa den sozialistischen Entwicklungsweg einschlug, war der mit Jugoslawien. Er wurde im April 1945 anläßlich von Josip Broz Titos Besuch in Moskau unterzeichnet. Stalin traf sich mehrere Male mit ihm und führte sehr warmherzige Gespräche. Als Ergebnis der Verhandlungen wurde vereinbart, der Jugoslawischen Volksarmee (JVA) Kampftechnik und Bewaffnung für 12 Schützen- und 2 Fliegerdivisionen sowie für Panzer- und Artilleriebri-

96 ЦПА ИМЛ, Fundus 77, Liste 5, Akte 54, Bl. 14f.
97 Ebenda, Liste 3, Akte 92, Bl. 47, 55.

gaden zu übergeben.[98] Die freundschaftlichen Beziehungen schienen sich nur noch zum Besseren entwickeln zu können. In der JVA war eine große Gruppe sowjetischer Militärfachleute tätig, in der UdSSR studierten Tausende jugoslawische Armeeangehörige. Auch zwischen der KPdSU(B) und dem BdKJ bestand eine enge Zusammenarbeit, und dann kam es plötzlich – zum Konflikt. Und zu was für einem!

Eine Reihe von aktuellen Fragen (die Vorbereitung eines bulgarisch-jugoslawischen Freundschaftsvertrages, die Entsendung eines jugoslawischen Fliegergeschwaders nach Albanien, Dimitroffs Erklärung auf einer Pressekonferenz, daß er es prinzipiell für möglich halte, in Zukunft eine Föderation oder Konföderation europäischer volksdemokratischer Staaten zu bilden), die nicht zuvor mit Moskau beraten worden waren, löste bei Stalin eine zornige Reaktion aus. Ruhm und Macht vernebelten ihm den Verstand. Nicht nur bei sich zu Hause, nein auch unter seinen Verbündeten meinte der Dikatator schalten und walten zu können, wie ihm beliebte. Die tiefen Wurzeln des Konflikts ruhen im politischen Zynismus der Einzelherrschaft.

Stalin schlug vor, ein sowjetisch-bulgarisch-jugoslawisches Treffen zu veranstalten. Dieses fand am 10. Februar 1948 in Moskau statt. Die Delegationen wurden von Stalin, Dimitroff und Kardelj geleitet. Von seiten der UdSSR nahmen an der Beratung mehrere Politbüromitglieder teil, nämlich W. M. Molotow, G. M. Malenkow, A. A. Shdanow und M. A. Suslow. Bekannte Funktionäre gehörten der bulgarischen Delegation an – T. Kostow und W. Kolarow. Die jugoslawische Seite repräsentierten auch M. Djilas und V. Bakarić. Stalin äußerte von Anfang an sehr gereizt seine Unzufriedenheit mit den außenpolitischen Divergenzen. Er qualifizierte mehrere Schritte Bulgariens und Jugoslawiens als «besondere außenpolitische Linie» ab. Auf die Erklärungen der Bulgaren und Jugoslawen, daß es für solche Vorwürfe keinen Grund gäbe und daß die gegen sie erhobenen Beschuldigungen privaten Charakter trügen, wartete Stalin plötzlich mit dem unverhofften Vorschlag auf, eine Föderation zwischen Bulgarien und Jugoslawien zu bilden. Stalin, der gewohnt war, daß seine Wünsche im eigenen Lande stets als *Beschluß* respektiert wurden, spürte sofort deutlich den inneren Widerstand. Sowohl Dimitroff als auch Kardelj antworteten, ohne die Möglichkeit einer Föderation prinzipiell zu verneinen, daß dazu die Bedingungen noch nicht herangereift seien. Kardelj erklärte, daß er vor einem entsprechenden Beschluß der politischen Führung seines Landes keine definitive Antwort geben könne. Stalin ... als Vorsitzender des Staatlichen Verteidigungskomitees oder als Oberster Befehlshaber gewohnt, in allen Dingen frei zu schalten und zu walten – traf hier zum ersten Mal auf den Widerstand – von Kommunisten! Das war unerhört! Schon lange hatte niemand dem Diktator zu widersprechen gewagt. Er war auf so etwas überhaupt nicht vorbereitet. Die dumpfe Wut brauchte ein Ventil.

Als Stalin dann erfuhr, daß man in Belgrad beschlossen habe, sich mit der Bildung der Föderation nicht zu beeilen und diese Frage ausschließlich aus der historischen Perspektive zu untersuchen, geriet er in Rage.

Milovan Djilas erinnert sich an dieses Treffen der bulgarischen und der jugoslawischen Delegation mit Stalin. Nach Dimitroffs Ansprache warf der «Führer» diesem vor:

«Unsinn! Sie haben über die Stränge geschlagen wie ein Komsomolze. Sie wollten die Welt in Erstaunen versetzen, als ob Sie noch Sekretär der Komintern wären. Sie und die

98 Белградская операция, Moskau 1964, S. 85.

Jugoslawen teilen nichts über Ihre Geschäfte mit, so daß wir alles auf der Straße erfahren – Sie stellen uns vor vollendete Tatsachen!»

Stalin gab Kardelj im Grunde keine Gelegenheit zu sprechen, indem er ihm zwar nicht minder heftig, so doch weniger beleidigend als Dimitroff das Wort abschnitt:

«Unsinn! Differenzen gibt es, und zwar tiefe! Und was sagen Sie zu Albanien? Sie haben uns überhaupt nicht über den Einmarsch von Truppen nach Albanien informiert!»

Kardelj widersprach, daß die Zustimmung der albanischen Regierung vorläge.

Stalin brüllte los:

«Das hätte zu ernsthaften internationalen Verwicklungen führen können ... Sie haben sich überhaupt nicht beraten. Das ist kein Irrtum von Ihnen, sondern Prinzip – ja, Prinzip!»

Weiter schreibt Djilas: «Wir reisten nach drei, vier Tagen ab – im Morgengrauen brachte man uns auf den Flughafen Wnukowo und verfrachtete uns ohne irgendwelche Ehrenbezeigungen ins Flugzeug ...»[99]

Dieses Treffen hatte wenig mit einem Dialog gemein. Stalin wollte seinen Gesprächspartnern gleich jene Stellung zuweisen, wie sie die Sekretäre der Partei der Unionsrepubliken hatten.

Einzelherrschaft beraubt den betreffenden Menschen der elementaren Fähigkeit zur Selbstkritik. Die Selbsterkenntnis der Persönlichkeit, die nach Hegel gewissermaßen von innen her erleuchtet und im Bündnis mit dem Gewissen ein Richter sein kann, war im Falle Stalins nicht imstande, auch nur den leisesten Zweifel an der eigenen Unfehlbarkeit aufkommen zu lassen. Stalin war es gewohnt, daß man ihn fürchtete, sich ihm demütig unterwarf und ihm in allem zustimmte. Auch in diesem Falle war er sicher gewesen, daß man seine Forderungen unverzüglich annähme. Und dann diese Widersätzlichkeit!

Mehrere impulsive Sanktionen folgten nun: die Abberufung der sowjetischen Militärberater aus Jugoslawien und ein scharfer Brief Stalins und Molotows an die jugoslawische Führung. Tito setzte eine versöhnliche Antwort auf, die vom ZK des BdKJ gebilligt wurde. Er wies die Beschuldigung unfreundlicher Handlungen und des Trotzkismus zurück. Im einzelnen hieß es darin: «So wie jemand von uns das Land des Sozialismus UdSSR liebt, kann er nicht weniger sein Land lieben, das ebenfalls den Sozialismus aufbaut ...» Im Mai traf eine 25 Seiten lange Antwort aus Moskau ein. Stalin, der für seine Ausdauer und seine Fähigkeit, sich zusammenzunehmen, bekannt war, hatte spontan reagiert, ohne die reale Lage analysiert zu haben. Die Stimme der Ambitionen brachte die Stimme der Vernunft zum Schweigen, und die «Organe» sammelten auf Berijas Initiative schnell eine Vielzahl von «Fakten», die die «Abweichung» und den «Verrat» Titos und der gesamten jugoslawischen Führung belegen sollten. Stalin hatte noch nicht begriffen, daß er seine erste empfindliche Niederlage nach dem Krieg erlitten hatte.

Die Maßnahmen eskalierten zügig. Stalin beschloß, in den Konflikt das Informbüro hineinzuziehen. In Belgrad gingen zwei Botschaften ein, die eine jugoslawische Delegation zu einer Tagung des Informbüros nach Bukarest einluden. Die Jugoslawen antworteten mit einer höflichen, aber bestimmten Absage, in der sie das als Einmischung in ihre inneren Angelegenheiten bewerteten und zugleich die Bereitschaft bekundeten, die Beziehungen zu normalisieren.

99 М. Джилас, Разговоры со Сталиным, New York 1962, S. 169–176.

Stalin beschloß, die Tagung des Informbüros ohne die «Angeklagten» zu veranstalten. Aber das war schon der offene Bruch. Am Vortag, dem 15. Juni 1948, hatte Stalin den Redeentwurf Shdanows für Bukarest durchgesehen, der mit «Über die Lage in der KP Jugoslawiens» überschrieben war. In einer Begleitnotiz hatte Shdanow geschrieben: «Der Redetext ist von mir, Malenkow und Suslow durchgesehen.» Diese drei waren in Stalins Auftrag nach Bukarest gefahren. Stalin nahm eigenhändig noch ein paar Korrekturen vor. In Shdanows Bericht waren solche Leitsätze formuliert: «Die gesamte Verantwortung für die entstandene Lage tragen Tito, Kardelj, Djilas und Ranković. Ihre Methoden entstammen dem Arsenal des Trotzkismus. Die Politik in Stadt und Land ist falsch. In einer kommunistischen Partei ist ein solches schändliches, rein türkisches terroristisches Regime nicht zu dulden. Mit einem solchen Regime muß *Schluß gemacht werden* (Hervorhebung von mir – *D. W.*). Die Kommunistische Partei Jugoslawiens vermag diese ehrenvolle Aufgabe zu erfüllen ...» [100]

Wie Chruschtschow auf dem XX. Parteitag sagte, hatte Stalin, der jeden Realitätssinn verloren hatte, erklärt:

«Ich schnippe mit dem kleinen Finger – und Tito wird es nicht mehr geben. Er verschwindet ...»

Um so mehr, als Shdanow aus Bukarest mitteilte, daß die Gespräche mit Kostow, Tscherwenkow, Togliatti, Duclos, Rákosi, Gheorghiu-Dej und anderen Genossen gezeigt hätten, daß alle «ohne Ausnahme einen unversöhnlichen Standpunkt bezogen haben».[101] Der Druck der Großmacht, für proletarischen Internationalismus ausgegeben, wurde hier eindeutig dem erzürnten Diktator zu Gefallen ausgeübt. Stalin machte nicht vor der Annullierung des Freundschaftsvertrages, der Abberufung des Botschafters und der Einstellung der Wirtschaftsbeziehungen halt. Den Höhepunkt erreichte der Konflikt, als die Informbüro-Tagung im November 1949 in Budapest die schändliche Resolution «Die jugoslawische Kommunistische Partei in der Gewalt von Mördern und Spionen» verabschiedete. An diesem Text hatte sich «mit Erfolg» M. A. Suslow zu schaffen gemacht, der damals Sekretär des ZK war. Was stand da nicht alles drin! Ein Vergleich der jugoslawischen Führer mit Hitler, die Beschuldigung der Spionage, der Blockbildung mit dem Imperialismus, der Wiedergeburt der Kulaken usw. Die Spezifika der innenpolitischen Entwicklung Jugoslawiens, die einzelnen Schritte, die sich vom Stalinschen Schema unterschieden, wie auch einige harte Antwortmaßnahmen, die die jugoslawische Führung aus Kampfleidenschaft ergriffen hatte, wurde als Taten von «Handlangern des Imperialismus» und als «Liquidierung der volksdemokratischen Ordnung in Jugoslawien» ausgelegt. Heute ist es schwer vorstellbar, wie weit sich die KPdSU(B) und die anderen kommunistischen und Arbeiterparteien durch Stalins Anspruchs- und Großmachtdenken haben bringen lassen. Auf dieser ganzen Geschichte liegt besonders einprägsam der Stempel extremer Schädlichkeit der Einzelherrschaft.

Das alles gehört nun der Geschichte an. In der «Exkommunizierung» Jugoslawiens aus dem Sozialismus durch Stalin und in den Versuchen, in den Beziehungen mit souveränen Staaten und Parteien diktatorische Methoden anzuwenden, ist deutlich Stalins Handschrift von 1929 bis 1933 und von 1937 bis 1939 zu erkennen. Nichtsdestoweniger de-

100 ЦПА ИМЛ, Fundus 77, Liste 3, Akte 105, Bl. 1–8.
101 Ebenda, Akte 106, Bl. 5–7, 17–19.

monstrierte der durch die Nähe zu Stalin «belastete» Chruschtschow, daß es besser ist, die Chance des Gewissens spät zu ergreifen als niemals. Seine Reise nach Belgrad Ende Mai/Anfang Juni 1955 war eine der Stufen, über die er mutig die Tribüne des XX. Parteitages erklomm.

Die wenigen Jahre, die das Schicksal Stalin nach Ende des zweiten Weltkrieges noch zugedacht hatte, waren für den «Führer» ebenso stürmisch wie sein ganzes Leben seit der Oktoberrevolution. Seine Sorgen reichten nun weiter als bis zu den Grenzen des eigenen Staates. In den sozialistischen Staaten, die Shdanow mit leichter Hand und Zunge als «Lager» bezeichnet hatte, stellten sich für ihn manche Probleme. Jedes dieser Länder hatte die Möglichkeit gewonnen, den Weg des sozialistischen Aufbaus auf der Grundlage von Prinzipien und Besonderheiten einzuschlagen, die den nationalen Traditionen, den historischen Erfahrungen und der konkreten Situation entsprachen. Niemand vermag die Erfolge der Staaten der sozialistischen Gemeinschaft zu bestreiten. Unsere gemeinsamen Erfahrungen haben unübertreffliche Bedeutung. Zugleich aber fügten Stalins Einmischung, sein Verlangen, an einem einzigen Modell festzuhalten, und die Durchsetzung der politischen Struktur sowie des gesellschaftlichen Bewußtseins mit bürokratischen und dogmatischen Elementen der gemeinsamen Sache keinen geringen Schaden zu. Insbesondere wenn versucht wurde, Stalinsche Methoden zur Liquidierung Andersdenkender anzuwenden. Stalin, der niemals die Ökonomie vollkommen begriffen hat, förderte praktisch die mechanische Übertragung der sowjetischen Erfahrungen auf Länder mit anderem und verschiedenem wirtschaftlichen Entwicklungsstand, die den Weg zum Sozialismus eingeschlagen hatten. Das Fehlerhafte dieser Schritte ist schon lange offen zutage getreten.

Es besteht Grund zu der Annahme, daß sich Stalin vor seinem Tod Gedanken über die Uneffektivität eines «einheitlichen Zentrums» zu machen begonnen hat. Vor allem die «jugoslawische Niederlage» zwang ihn, so manches in seinem dogmatischen Arsenal zu überprüfen. Das wird belegt durch sein abnehmendes Interesse am Informbüro. Nach der «jugoslawischen Affäre» wurden noch ein, zwei Tagungen einberufen, dann stellte das Informbüro unmerklich seine Tätigkeit ein. Die Durchsetzung von Kommandomethoden in der internationalen kommunistischen Bewegung hatte sich offenkundig als ungeeignet herausgestellt.

In diesen düsteren Jahren des kalten Krieges konnte Stalin neben der Herausbildung des sozialistischen Lagers wohl nur noch zwei Ereignisse als positive Faktoren verbuchen: die Entstehung der Volksrepublik China und die Formierung einer machtvollen Bewegung der Völker zur Erhaltung des Friedens und zur Verhinderung eines neuen Weltkrieges. Das Ende der vierziger und der Beginn der fünfziger Jahre waren äußerst bewegt. Mitunter sah es so aus, als ob die politischen Führer ihre politische Vernunft verloren hätten. Selbst der Papst in Rom verkündete, daß jeder Katholik, der den Kommunisten helfen sollte, aus der Kirche exkommuniziert werde. Schwer zu glauben war, daß die Siegermächte drei, vier Jahre später an der Schwelle zu einem neuen Krieg standen, nur diesmal gegeneinander. Die USA konnten sich, von der Macht verblendet, nicht damit abfinden, daß sich ein weiterer Koloß erhob. Im Pentagon wurden Pläne für Angriffe mit Atombomben auf die UdSSR geschmiedet. Unter diesen Bedingungen setzte Stalin seine vorsichtige Politik fort, die militärischen Komponenten zu stärken, zugleich aber seinen ehemaligen Alliierten nicht zu provozieren. Er hat wirklich nie wie Mao davon gesprochen, daß die Atombombe ein «Papiertiger» sei, aber mehrmals zu verstehen gegeben, daß auch künftig in einem möglichen Krieg die entscheidende Rolle bei den Volksmassen verbleiben werde. Es gab auch Momente, wo sich am Horizont ein Lichtstreifen zeigte, der scheinbar eine Abschwächung der rauhen Winde verkündete. Am 1. Februar 1949 schickte der Europadirektor der Agentur International News Service, Kingsbury Smith, aus Paris folgendes Telegramm an Stalin: «Der offizielle Vertreter des Weißen Hauses Charles Ross hat heute erklärt, daß Präsident Truman gern Gelegenheit hätte, sich mit Ihnen in Washington zu beraten. Wären Sie, Exzellenz, bereit, zu diesem Zweck nach Washington zu reisen? Wenn nicht, wo wären Sie dann bereit, sich mit dem Präsidenten zu treffen?»

Am folgenden Tag antwortete Stalin:

«Ich bin Präsident Truman dankbar für seine Einladung nach Washington. Eine Reise nach Washington ist ein alter Wunsch von mir, über den ich seinerzeit mit Präsident Roosevelt in Jalta und mit Präsident Truman in Potsdam gesprochen habe. Leider habe ich gegenwärtig keine Möglichkeit, mir diesen Wunsch zu erfüllen, weil mir die Ärzte auf das Entschiedenste von einer Reise, egal wie lange sie dauert, abraten, insbesondere über See und auf dem Luftweg.»[102] Stalin schlug als Ort dieser Begegnung Moskau, Leningrad, Kaliningrad, Odessa, Jalta, Polen und die Tschechoslowakei vor, wohl wissend, daß Truman auf das Treffen verzichten würde. Zu besprechen gab es für sie ohnehin nichts. Der Präsident vermutete, daß die USA große Chancen hätten, die UdSSR zu einer Erklärung zu zwingen, die er gern hören wollte. Doch ich denke, daß sich Truman mit der Zeit von der Vergeblichkeit solcher Hoffnungen überzeugt hat. Stalin dachte nicht einmal daran, sich einem Diktat zu beugen. Nicht zufällig war der Leitartikel der «Prawda» vom 26. Juni 1949 mit «Truman hat mächtig geprahlt» überschrieben ...

Unvermutet waren in dieser verstummten und getretenen Welt, in der nur der Tritt der Soldatenstiefel und das Dröhnen der Geschütze zu hören gewesen waren, erste noch leise Stimmen zu vernehmen, die zur Vernunft mahnten. 1948 versammelten sich in Wrocław Pazifisten aus beiden «Lagern». Den Ton gaben Vertreter der Weltkultur an. Der folgende Schritt dieses früher als die anderen gereiften Teils der Menschheit war die Einberufung des Weltfriedenskongresses nach Paris.

Stalin, der anfangs skeptisch auf diese «Strömung der Intelligenz» geschaut hatte, spürte sofort in ihr großartige latente Möglichkeiten. Er hatte erkannt, daß unter Bedingungen, da die USA als kernwaffenbesitzende Macht praktisch unverwundbar waren, ein Krieg das sozialistische Lager in eine äußerst unvorteilhafte Lage bringen würde. Deshalb war es notwendig, die Meinung der Weltöffentlichkeit maximal gegen jene zu nutzen, die den Hauptwiderspruch der Epoche auf nuklearem Wege lösen wollten. 1950 unternahmen die Friedensanhänger ihre größte Aktion: Sie organisierten eine Unterschriftensammlung für den Stockholmer Friedensappell. Die Kampagne erreichte riesige Dimensionen. Die Mitglieder des Organisationskomitees dieser Aktion erklärten nach weniger als einem Jahr, daß auf der ganzen Welt über 500 Millionen Menschen ihre Unterschrift unter die Forderung gesetzt hätten, keinen Krieg mehr zuzulassen! Stalin und die offizielle sowjetische Presse bekundeten ihre Unterstützung für die Idee der friedlichen Koexistenz. Mir scheint manchmal, daß der Stockholmer Appell die Quelle, der Ausgangspunkt für die

102 Правда vom 3. Februar 1949.

Herausbildung eines globalen Menschheitsbewußtseins war, dessen Wesen darin besteht, die Priorität allgemeinmenschlicher Werte anzuerkennen. Heute stehen wir diesem Ziel näher als damals, aber es kam darauf an, den ersten Schritt zu tun.

Als im April 1949 in Paris der Weltfriedenskongreß eröffnet wurde, zu dem etwa 2 000 Delegierte aus aller Welt versammelt waren, verfolgte Stalin gespannt den Verlauf dieses hochrangigen politischen Ereignisses. Mit Molotow zusammen hatte er die Zusammensetzung der sowjetischen Delegation festgelegt: A. A. Fadejew, I. G. Ehrenburg, W. L. Wassilewskaja, A. J. Kornejtschuk, M. Tursun-sade, W. P. Wolgin, P. N. Fedossejew, L. T. Kosmodemjanskaja und A. P. Maresjew. Stalin konnte sich einer gewissen Rührung nicht entziehen (wenn er dazu imstande war), als die «Prawda» am 21. April meldete, daß der US-amerikanische Sänger Paul Robeson am Schluß seiner Rede vor dem Kongreß direkt auf der Bühne in russischer Sprache eine Arie aus I. I. Dsershinskis Oper «Der stille Don» gesungen habe. Konnte Stalin denn nicht spüren, daß jetzt eine Ära wirklicher Einflußnahme des Volkes auf die Geschicke von Krieg und Frieden angebrochen war?

In diesem Ringen der Welten, während eisige Winde wehten, die die Vernunft von Politikern und Generalen gefrieren ließen, konnte hier und dort eine Barriere durchbrochen werden, die die Welt seit dem Krieg getrennt hatte.

Der zwanzigjährige Kampf des chinesischen Volkes um seine soziale und nationale Befreiung wurde mit der Ausrufung der Volksrepublik China am 1. Oktober 1949 in triumphaler Weise vollendet. Auf Stalins Weisung veröffentlichte am 5. Oktober die «Prawda» den Leitartikel «Historischer Sieg des chinesischen Volkes» und nebeneinander eine Reihe von Porträts – das von Mao Zedong und etwas kleiner die von Zhu De, Liu Shaoqi und Zhou Enlai. Im Leitartikel wurden die Worte des Führers der chinesischen Revolution zitiert: «Wenn die Sowjetunion nicht bestanden hätte, wenn es nicht den Sieg im antifaschistischen zweiten Weltkrieg gegeben hätte, wenn – was für uns besonders wichtig ist – der japanische Imperialismus nicht zerschlagen worden wäre, wenn in Europa nicht Staaten einer neuen Demokratie entstanden wären ..., dann wäre der Druck der internationalen reaktionären Kräfte natürlich erheblich stärker gewesen als heute. Ob wir wohl unter diesen Umständen den Sieg errungen hätten? Natürlich nicht.» Das hatte Mao Zedong in seinem Artikel «Über die Diktatur der Volksdemokratie» geschrieben. Weiter hieß es darin, daß es «die geniale Voraussicht des Genossen Stalin gibt, der schon 1925 erklärt hat, daß ‹die Kräfte der revolutionären Bewegung in China unermeßlich sind. Sie sind noch nicht wie nötig zur Geltung gekommen. Sie werden erst in Zukunft zur Geltung kommen. Die Herrscher des Ostens und des Westens, die diese Kräfte nicht sehen und nicht im erforderlichen Maße mit ihnen rechnen, werden das zu spüren bekommen ...›»

Stalin verfolgte außerordentlich aufmerksam den Gang der Ereignisse in China. Als man ihm meldete, daß in Peking der neue US-amerikanische Botschafter Hurley eingetroffen sei, der Jiang Jieshi (Tschiang Kai-shek) seiner vollen Unterstützung versichert hatte, war Stalin vieles klar. Er begriff, daß es die Lage der UdSSR erschweren würde, wenn in China der Einfluß der Vereinigten Staaten die Oberhand bekäme. Zuerst war für Stalin vieles in der Auseinandersetzung zwischen Mao und Jiang Jieshi unbegreiflich gewesen, er hatte eine Zeitlang sogar angenommen, daß der Aufstand von Millionen hungernder Menschen keinerlei Bezug zur sozialistischen oder demokratischen Bewegung habe. Als er von Verhandlungen zwischen Jiang Jieshi und Mao Zedong erfuhr, die im

Oktober 1945 in Chongqing stattfanden, war Stalin überzeugt, daß die Haltung der Kommunisten realistischer und fortschrittlicher sei.[103]

Stalin hatte seinerzeit nicht wenig über China geschrieben. In seinen Gesammelten Werken sind etwa ein Dutzend Arbeiten zur chinesischen Revolution veröffentlicht. Einige von ihnen sind außergewöhnlich primitiv. Beispielsweise hat er einmal behauptet, daß «die Revolutionierung des Ostens einen entscheidenden Anstoß zur Verschärfung der revolutionären Krise im Westen geben muß. Von zwei Seiten angegriffen – sowohl vom Hinterland als auch von der Front her – wird der Imperialismus einsehen müssen, daß er dem Untergang geweiht ist.»[104] Charakteristisch für Stalin war, daß er, wenn er schon einmal einige richtige Aussagen zur chinesischen Revolution traf, sich zum politischen Mentor aufschwang, indem er forderte, «daß die Kommunisten Chinas der Arbeit in der Armee besondere Aufmerksamkeit zuwenden *müssen* (diese und die folgenden Hervorhebungen von mir – *D. W.*)» ..., daß sie «unmittelbar darangehen *(müssen)*, das Kriegswesen zu studieren» und «daß sich die chinesische Kommunistische Partei an der zukünftigen revolutionären Regierung Chinas beteiligen *muß*».[105]

Zu erwähnen wäre noch, daß seinerzeit L. Trotzki Stalins Standpunkt zur «chinesischen Frage» ziemlich heftig kritisiert hatte. In seinen Entwürfen zur Rede auf dem VIII. Plenum des EKKI im Mai 1927 hatte der in Ungnade gefallene Parteiführer geschrieben: «Die Thesen des Gen. Stalin lassen sich nur so lange halten, wie der Partei die Möglichkeiten genommen sind, die Kritik an ihnen anzuhören, und die Parteipresse unter Bucharins Leitung unterschiebt uns ihre eigenen Gedanken, statt die tatsächlichen Auffassungen zu publizieren ... Im Grunde müßten Stalins Thesen für faktisch unhaltbar erklärt werden.»[106] Trotzki hatte selbst nicht in allem recht, aber er entlarvte Stalins Unsicherheit und Inkompetenz in den Angelegenheiten des Ostens, die die Parteiführer in der damaligen, nun schon lange zurückliegenden Zeit mit revolutionären Phrasen «universeller Bedeutung» zu bemänteln suchten. Doch mit der Zeit kannte sich Stalin immer besser in der hieroglyphenartigen Kompliziertheit des sozialen Lebens in dem großen Land China aus.

Die besondere Gewißheit über den Sieg der Kommunisten ergab sich bei Stalin wohl nicht als Ergebnis von deren militärischen Erfolgen, sondern vielmehr aus einer Rede Jiang Jieshis im Januar 1945, aus der seine Absicht abzuleiten war, das antidemokratische Regime zu erhalten.[107]

Nach Ende des zweiten Weltkrieges hatte Stalin manches zur Unterstützung der chinesischen Revolution getan: Der Chinesischen Volksbefreiungsarmee (ChVBA) wurde eine große Menge verschiedener Bewaffnung und Kampftechnik übergeben, auch Hilfe anderer Art erhielt sie. Seit der ersten Jahreshälfte 1947 begann der Wind des Sieges voll in die Segel der ChVBA zu blasen, bis Jiang Jieshi schließlich nach Taiwan fliehen mußte. Mao traf angesichts der feindseligen Haltung der US-Amerikaner endgültig seine Wahl für die Sowjetunion. Nach dem Sieg der chinesischen Revolution begannen sich die Beziehungen in den verschiedensten Richtungen schnell zu entwickeln. Ihren Höhepunkt erreich-

103 ЦГАОР, Fundus 9401, Liste 2, Akte 2223, Bl. 291.
104 Stalin, Werke, Bd. 7, S. 119f.
105 Ebenda, Bd. 8, S. 324f, 328.
106 ЦПА ИМЛ, Fundus 325, Liste 1, Akte 155, Bl. 3a.
107 ЦГАОР, Fundus 9401, Liste 2, Akte 2223, Bl. 301.

ten sie mit der Einladung Mao Zedongs zu den Feierlichkeiten zu Stalins 70. Geburtstag nach Moskau.

Stalin erwartete die Begegnung mit dem Führer des chinesischen Volkes mit einer großen Portion Mißtrauen. Obwohl er früher nicht wenig über China und die chinesische Revolution gesprochen und geschrieben hatte, wußte er im Grunde genommen doch recht wenig über die Geschichte und Kultur des Landes. Viele Besonderheiten der nationalen Mentalität des chinesischen Volkes konnte er nicht erkennen, und er begriff auch bis zuletzt nicht, mit wem er es bei Mao Zedong zu tun hatte. Nachdem Mao am 16. Dezember in Moskau angekommen war, hatte Stalin mehrere Begegnungen mit ihm. Die meisten Gespräche wurden nicht protokolliert, deshalb sind zur Erläuterung ihres Charakters, ihres Inhalts und ihrer Richtung die Erinnerungen des bekannten sowjetischen Sinologen N. T. Fedorenko, der damals als Dolmetscher fungierte, von großer Bedeutung.

Man kann sich denken, daß für Mao alles ungewöhnlich war. Er hatte China vorher niemals verlassen, nicht an der Arbeit der Komintern teilgenommen und nur schwache Kontakte zu Vertretern anderer kommunistischer Parteien gepflegt. Man kann sagen, daß die beiden Männer, die sich zu verschiedenen Gelegenheiten am Tisch gegenüber saßen, auch verschieden dachten. Sie hatten unterschiedliche Wertvorstellungen und waren Vertreter verschiedener Zivilisationen. Sie waren keine «Leute vom anderen Stern», aber sie waren von ihrem sozialen und kulturellen Niveau her sehr verschiedene Führerpersönlichkeiten. Der Marxismus war ein sehr schwaches Band. Bei dieser Gelegenheit konnte Mao aus Kongzis (Konfuzius') klassischem Werk «Frühling und Herbst» rezitieren, und Stalin, der viele Zitate der Marxismus-Klassiker kannte, wiederholte sie eins ums andere. In einem Punkt waren sie gleich: Sie waren beide Pragmatiker.

Neugierig und mit sorgsam verborgenem Mißtrauen beobachtete Stalin seinen Gesprächspartner. Und da führte dieser, das Gespräch von konkreten Alltagsfragen ablenkend, den sowjetischen Führer in die märchenhafte, geheimnisvolle chinesische Fabelwelt ein. Mao erzählte Stalin die Parabel «Jü-gung hat Berge versetzt». «... in alten Zeiten (lebte) im Norden Chinas ein Greis namens Jü-gung (dummer Opa) aus den Nördlichen Bergen ... Den Weg, der von seinem Haus nach dem Süden führte, versperrten zwei große Berge: der Taihangschan und der Wangwuschan. Jü-gung faßte den Entschluß, zusammen mit seinen Söhnen diese Berge mit Hacken abzutragen. Ein anderer Greis namens Dsh-ssou (weiser Alter) lachte, als er sie sah, und meinte: ‹Ihr treibt Unfug: wie könnt ihr denn zwei solche riesigen Berge abtragen!› Jü-gung antwortete ihm: ‹Sterbe ich, bleiben meine Kinder, sterben die Kinder, bleiben die Enkelkinder, und so werden sich die Generationen in einer endlosen Reihe ablösen. Diese Berge dagegen sind zwar hoch, aber sie können nicht mehr höher werden; um das, was wir abtragen, werden sie niedriger: Warum sollte es über unsere Kraft hinausgehen, sie abzutragen?›» Und Jü-gung machte «sich ohne zu schwanken daran, Tag für Tag die Berge abzutragen. Das rührte Gott, und er schickte zwei seiner Heiligen auf die Erde, die diese Berge dann auch davontrugen.»[108] Stalin lauschte der schwülstigen chinesischen Folklore, die voller philosophischem Tiefsinn war. Auch jetzt taten sich wieder zwei Berge vor dem chinesischen Volk auf: der imperialistische und der feudale. Die KP Chinas hatte schon lange beschlossen, diese Berge abzutragen. Sie «rührte» ebenfalls einen Gott, der in diesem Fall chinesisches Volk hieß.

108 Mao Tse-tung, Ausgewählte Schriften, Bd. 4, Berlin 1960, S. 414.

Der sowjetische stimmte dem chinesischen Führer zu und sagte im Einklang mit Mao, daß sie gemeinsam nicht nur zwei Berge abtragen würden. Wie sich N.T. Fedorenko erinnerte, waren die Gespräche immer sehr lang und gemächlich. Die Gesprächspartner kosteten ohne Eile von den vorzüglich zubereiteten Speisen, nahmen ein, zwei Schlückchen Wein und sprachen ruhig über internationale, wirtschaftliche, ideologische und militärische Angelegenheiten. Bei diesen Nachtsitzungen erörterten sie auch prinzipielle Bestimmungen des vorzubereitenden Vertrages über Freundschaft, Bündnis und gegenseitige Hilfe. Einmal, so erinnert sich Fedorenko, erzählte Mao eine Begebenheit aus der Geschichte des Kampfes gegen die Guomindang. Eingekreist, ergaben sich die Kämpfer nicht, sondern befolgten den Appell des Kommandeurs: «Nicht auf die Schwierigkeiten sehen, nicht die Härten fürchten, auf den Tod als Rückkehr sehen!» Stalin versuchte lange, hinter den Sinn des Wortes Rückkehr zu kommen. Mao erklärte ihm geduldig, daß in diesem Fall das Schriftzeichen Rückkehr eine Mißachtung des Todes als Form der Rückkehr in den Urzustand, also wohl zur Unvergänglichkeit als Materie, zu betrachten sei. Als höflicher und aufmerksamer Gesprächspartner registrierte Stalin nicht nur die Furchtlosigkeit, sondern auch die Weisheit des Kommandeurs.[109]

So unterhielten sich die beiden Führer solch riesiger Länder. Ihre Begegnung wurde als wahrhaft historisch, große Veränderungen auf dem Schachbrett der Weltpolitik markierend bewertet. Bei Stalin bildete sich langsam das Vorurteil zurück, er mißtraute Mao Zedong nicht länger. Offensichtlich hatten damals Informationen über Mao vorgelegen, daß er Feindschaft gegen alle chinesischen Kader hegte, die in Moskau studiert hatten, daß der chinesische Führer während der kritischen Kriegslage vor Moskau und Stalingrad demonstrativ keine Teilnahme gezeigt hatte, und ähnliche Fakten. Doch allmählich, je mehr sich China und die UdSSR annäherten, Peking seine antiamerikanische Haltung verstärkte und im koreanischen Krieg eine Rolle spielte, änderte sich Stalins Einstellung zum chinesischen Führer.

Ich glaube, daß der sowjetische Führer bei Mao einen sehr komplizierten Eindruck hinterlassen hat. Doch eines ist unbestreitbar: Stalin verstand es sehr gut, Machtbewußtsein und majestätische Ruhe zu demonstrieren; sein absolutes Selbstvertrauen bestätigte im Bewußtsein des chinesischen Führers die Stärke und Zielstrebigkeit der Partei und des Sowjetstaates. Die Unterzeichnung des Vertrages am 14. Februar 1950 milderte ein wenig die gefährliche Wirkung der eisigen Winde des kalten Krieges. Auf ein Jahr der Lösung der freundschaftlichen Bande zwischen den beiden großen Völkern folgte plötzlich der Höhepunkt der Spannungen. Ich glaube, Stalins Nachfolger (wie auch Mao selbst) haben damals bei weitem nicht alles Mögliche getan, um dieses gute Verhältnis, das sich Anfang der fünfziger Jahre herauszubilden begonnen hatte, zu bewahren. Eine Ursache dafür lag in Maos spezifischer, mitunter auch einfach negativen Haltung zur Entlarvung des Personenkultes, zum XX. Parteitag und allem, was damit zusammenhing. Der feste Händedruck der beiden Giganten dauerte geschichtlich nicht lange.

Die kalten Winde wehten das Land nicht nur aus dem Westen an, sondern auch von Osten. Die Stationierung US-amerikanischer und sowjetischer Truppen in Korea gleich nach dem Krieg hatte die Entstehung verschiedener politischer Strukturen im Norden wie im Süden der Halbinsel bewirkt. Nachdem am 10. Mai 1948 in Südkorea Wahlen stattge-

109 Правда vom 23. Oktober 1988.

funden hatten und legislative sowie exekutive Organe gebildet worden waren, kam es am 25. August desselben Jahres auch im Norden zu Wahlen. De facto bildeten sich zwei Staaten heraus, die die koreanische Nation künstlich in zwei Hälften teilten. Nach dem Abzug der sowjetischen Truppen aus Nordkorea taten es ihnen die US-Amerikaner gleich. Jede Seite rechnete damit, daß die Bevölkerung der Halbinsel die jeweilige Regierung unterstützte. Leider sind irgendwelche anderen sowjetischen, chinesischen und koreanischen Dokumente, außer denen, die damals in der Presse veröffentlicht wurden, der Öffentlichkeit nicht bekannt geworden. Aber es ist klar, daß der Konflikt aus dem Bestreben jeder Seite entstanden ist, sich die Herrschaft über das ganze Gebiet Koreas zu sichern. Mir ist es gelungen, aus mehreren Quellen herauszufinden, daß Stalin die Verschärfung der Lage auf der Halbinsel sehr gespannt verfolgt hat. Von Anfang an tat er alles Mögliche, um eine direkte Konfrontation zwischen der UdSSR und den USA zu vermeiden. Mao war in dieser Beziehung entschiedener gestimmt. Während mehrerer Gespräche, die zwischen Dezember 1949 und Februar 1950 zwischen Stalin und Mao Zedong stattgefunden haben, erörterten die beiden Probleme der Halbinsel Korea. Stalin hatte aber erkannt, daß die US-Amerikaner schon so weit von den Potsdamer Abkommen zu Korea abgerückt waren, daß es nicht mehr gelingen würde, ohne große Schmerzen einen einheitlichen Staat herzustellen. Er stand deshalb der US-amerikanischen Idee von der UN-Treuhandschaft und von «freien Wahlen» sehr argwöhnisch gegenüber. Denn in Südkorea, wo die US-amerikanischen Truppen standen, lebte der größte Teil der Bevölkerung. Die Linie am 38. Breitengrad war 1945 willkürlich, ohne politische Grundlage als provisorische Demarkationslinie zwischen den US-amerikanischen und den sowjetischen Truppen festgelegt worden. In der Folgezeit, als sie zur Staatsgrenze geworden war, stellte sich ihre geografische Unrechtmäßigkeit heraus, denn sie benachteiligte ernsthaft die Nordkoreaner.

Das Pendel des Krieges schlug mehrmals kräftig aus. Die großen Spannungen an der Demarkationslinie hatten sich permanent verschärft. Mit Eröffnung der Kampfhandlungen am 25. Juni 1950 führten die Truppen der KDVR einen starken Schlag, eroberten anschließend Soul und stießen auf den Naktong-Fluß vor. Es schien, als ob der Sieg errungen sei. Doch für die US-Amerikaner wäre das ein furchtbarer Schlag gewesen. Sie hatten gerade erst ihre Basen in China verloren und konnten nicht zulassen, daß sie aus einem weiteren Land hinausgeworfen wurden. Im September ließen die USA, die sich der Unterstützung des UN-Sicherheitsrates versichert hatten (der sowjetische Vertreter war der Abstimmung ferngeblieben und hatte so nicht sein Veto einlegen können), im Rahmen einer großen Operation Truppen in Intschon anlanden und aus dem Brückenkopf von Pusan eine Gegenoffensive eröffnen. Der Schlag war so wuchtig, daß die US-amerikanischen und südkoreanischen Truppen, ohne am 38. Breitengrad aufgehalten werden zu können, Pjongjang einnahmen und bis Ende Oktober einen bedeutenden Teil von Nordkorea besetzt hatten. Jetzt war eine genau umgekehrte Lage entstanden, und es schien, als ob die Amerikaner nun ihr Ziel erreicht hätten. Um so mehr, als stellenweise die US-amerikanischen Truppen bis an die Grenze zur Volksrepublik China vorgestoßen waren. Stalin, dem keine Informationen vorlagen, sah sich gezwungen, Mao Zedongs Vorschlag zuzustimmen, die Chinesen der KDVR Hilfe leisten zu lassen, obwohl das die Gefahr einer Eskalation verstärkte. Die US-Amerikaner traten unter dem Deckmantel der blauen UNO-Flagge auf, und die Chinesen beriefen sich auf die «Freiwilligkeit».

Man muß sagen, daß der Konflikt um Korea Stalins Vertrauen in Mao stärkte und zu

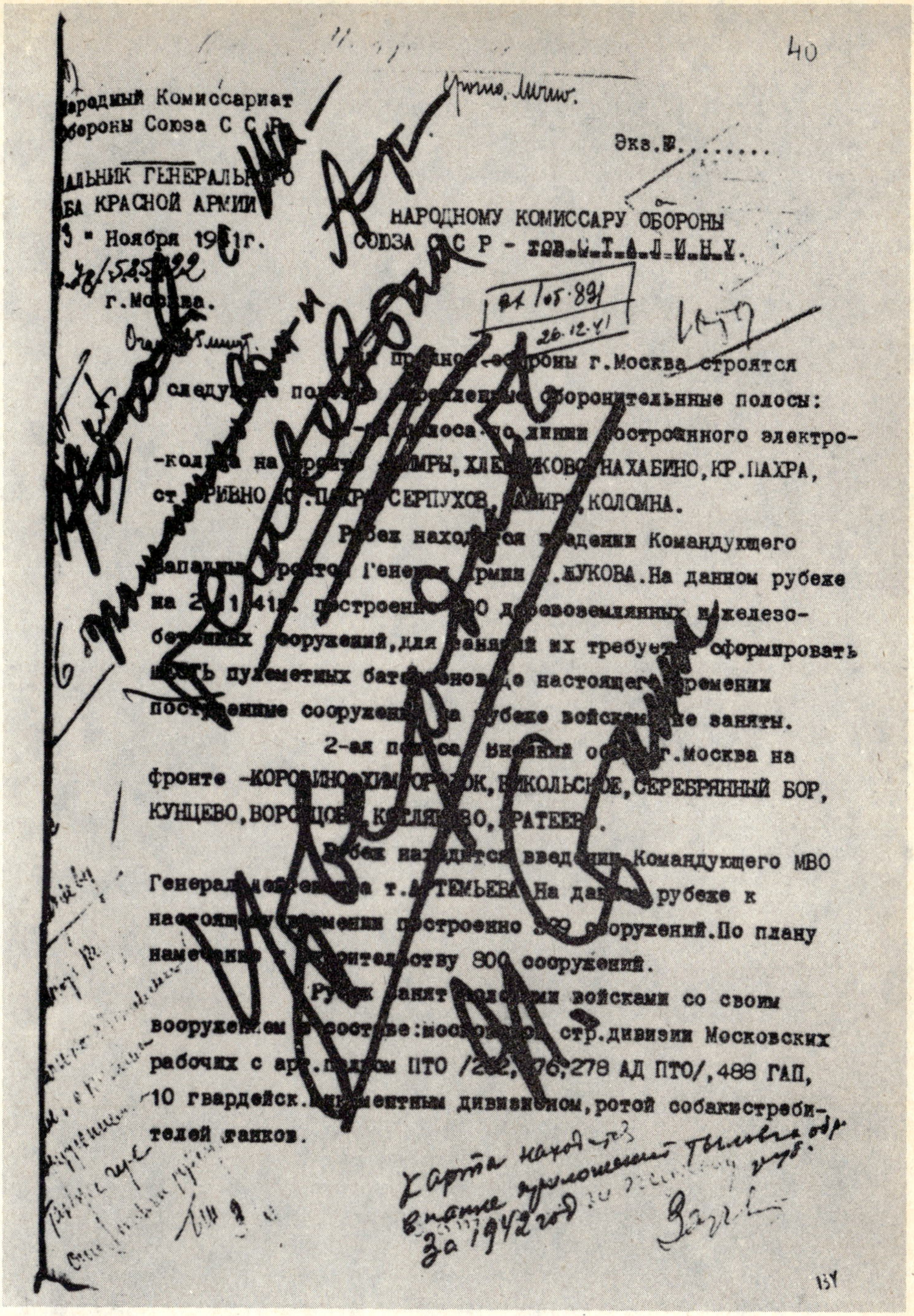

Народный Комиссариат
Обороны Союза С С Р.
Начальник Генерального
Штаба Красной Армии
3 Ноября 1941 г.
г. Москва.

Экз. №.......

НАРОДНОМУ КОМИССАРУ ОБОРОНЫ
СОЮЗА С С Р - тов. С Т А Л И Н У.

[illegible] обороны г. Москва строятся следующие [illegible] оборонительные полосы:

1-ая полоса по линии построенного электро-кольца на фронте [illegible], ХЛЕБНИКОВО, НАХАБИНО, КР. ПАХРА, ст. [illegible], СЕРПУХОВ, КАШИРА, КОЛОМНА.

Рубеж находится в ведении Командующего Западным фронтом Генерала армии т. ЖУКОВА. На данном рубеже на [illegible] построено [illegible] деревоземляных и железобетонных сооружений, для занятия их требуется сформировать [illegible] пулеметных батальонов, в настоящее время построенные сооружения на рубеже войсками не заняты.

2-ая полоса – внешний обвод г. Москва на фронте – КОРОВИНО, ХИМКИ, [illegible], НИКОЛЬСКОЕ, СЕРЕБРЯННЫЙ БОР, КУНЦЕВО, ВОРОНЦОВО, КОТЛЯКОВО, [illegible].

Рубеж находится в ведении Командующего МВО Генерал-лейтенанта т. АРТЕМЬЕВА. На данном рубеже к настоящему времени построенно [illegible] сооружений. По плану намечено к строительству 800 сооружений.

Рубеж занят [illegible] войсками со своим вооружением в составе: [illegible] стр. дивизии Московских рабочих с арт. полком ПТО /[illegible], 278 АД ПТО/, 488 ГАП, 10 гвардейск. минометным дивизионом, ротой собакистребителей танков.

Карта находится в папке приложений [illegible] за 1942 год

Auch ein Oberster Befehlshaber kann ins Schwanken geraten …

J.W. Stalin und B.M. Schaposchnikow. 1939

Oberkommando der Westfront: Armeegeneral G.K. Shukow, Mitglied des Kriegsrates N.A. Bulganin, Generalleutnant W.D. Sokolowski. 1941

Marschall A.M.Wassilewski (links) und Marschall F.I.Tolbuchin (ganz rechts) auf dem Gefechtsstand während der Befreiung von Sewastopol. Mai 1944

N.S.Chruschtschow, Vorsitzender des Rates der Volkskommissare der Ukrainischen SSR, spricht auf einem Meeting in Lwow. 1944

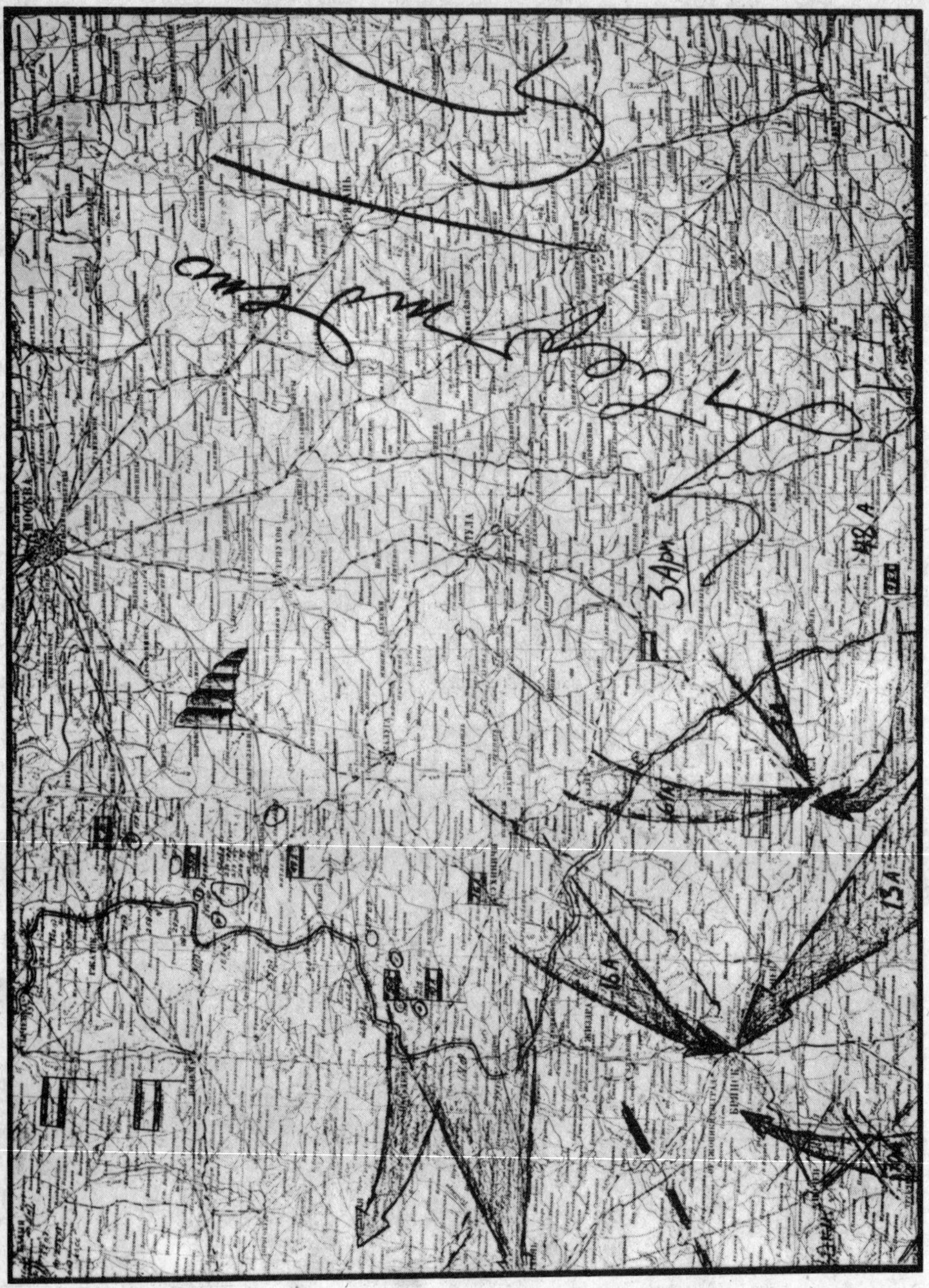

Von Stalin bestätigte Karte

Faschistisches Todeslager Klooga, Estland. 1944

Springbrunnen «Fröhlicher Reigen» in den Ruinen von Stalingrad. Mai 1943

ОБРАЩЕНИЕ
РУССКОГО КОМИТЕТА

Друзья и братья!

БОЛЬШЕВИЗМ — ВРАГ РУССКОГО НАРОДА. Неисчислимые бедствия принес он нашей Родине и, наконец, вовлек Русский народ в кровавую войну за чужие интересы. Эта война принесла нашему Отечеству невиданные страдания. Миллионы русских людей уже заплатили своей жизнью за преступное стремление Сталина к господству над миром за сверхприбыли англо-американских капиталистов. Миллионы русских людей искалечены и навсегда потеряли трудоспособность. Женщины, старики и дети гибнут от холода, голода и непосильного труда. Сотни русских городов и тысячи сел разрушены, взорваны и сожжены по приказу Сталина.

История нашей Родины не знает таких поражений, какие были уделом Красной армии в этой войне. Несмотря на самоотверженность бойцов и командиров, несмотря на храбрость и жертвенность Русского народа, проигрывалось сражение за сражением. Виной этому — гнилость всей большевистской системы, бездарность Сталина и его главного штаба.

Сейчас, когда большевизм оказался неспособным организовать оборону страны, Сталин и его клика продолжают с помощью террора и лживой пропаганды гнать людей на гибель, желая ценою крови Русского народа удержаться у власти хотя бы некоторое время.

СОЮЗНИКИ СТАЛИНА — АНГЛИЙСКИЕ И АМЕРИКАНСКИЕ КАПИТАЛИСТЫ — ПРЕДАЛИ РУССКИЙ НАРОД. Стремясь использовать большевизм для овладения природными богатствами нашей Родины, эти плутократы не только спасают свою шкуру ценою жизни миллионов русских людей, но и заключили со Сталиным тайные кабальные договоры.

…Русской Освободительной Армии. При этом, всем перешедшим на сторону борцов против большевизма гарантируется неприкосновенность и жизнь, вне зависимости от их прежней деятельности и занимаемой должности.

Русский Комитет призывает русских людей встать на борьбу против ненавистного большевизма, создавать партизанские освободительные отряды и повернуть оружие против угнетателей народа — Сталина и его приспешников.

Русские люди! Друзья и братья!

Довольно проливать народную кровь! Довольно вдов и сирот!

Довольно голода, подневольного труда и мучений в большевистских застенках! Вставайте на борьбу за свободу!

На бой за святое дело нашей Родины! На смертный бой за счастье Русского народа!

Да здравствует почетный мир с Германией, кладущий начало вечному содружеству Немецкого и Русского народов!

Да здравствует Русский народ, равноправный член семьи народов Новой Европы!

Председатель Русского Комитета

Генерал-лейтенант (А. А. Власов)

Секретарь Русского Комитета

Генерал-майор (В. Ф. Малышкин)

27 Декабря 1942 г.
г. Смоленск.

Aufrufe der Wlassow-Verräter an die sowjetischen Kriegsgefangenen, sich der «Russischen Befreiungsarmee» anzuschließen

Wlassow bei einer Truppenschau. Deutschland, 1944

Zusammenrottung der Wlassow-Verräter. Berlin, November 1944

Das furchtbare Antlitz des Krieges. Am Ufer des Dnepr. 1943

Ruinen von Stalingrad

Sturmangriff – der Höhepunkt des Gefechts

Panfilow-Soldaten am Grab eines gefallenen Regimentskameraden. Nordwestfront, 1943

In Kriegsgefangenschaft. In der Mitte Generalfeldmarschall Paulus. 1944

Nun sind sie endlich in Moskau, doch im Zug der Kriegsgefangenen … Juli 1944

Stalin auf einer Ausstellung von Beutestücken in Moskau. 1943

N. N. Burdenko und Angehörige der Kommission zur Untersuchung faschistischer Verbrechen bei einer Exhumierung. 1943

Josip Broz Tito bei der Unterzeichnung des Vertrages über Freundschaft, gegenseitigen Beistand und Zusammenarbeit nach dem Krieg zwischen der UdSSR und Jugoslawien. Moskau, 11. April 1945

Die «Großen Drei» bei der Krimkonferenz. Jalta, 1945

Ungehemmte Freude. Begrüßung sowjetischer Soldaten im Baltikum

Die Füße tragen die Befreier nach Berlin …

Rückkehr aus der Gefangenschaft. Wiborg

Siegreiche Heimkehr. Berlin, 1945

Kalinin händigt Stalin den ersten Siegesorden aus. 5. November 1944

Generalissimus, «Vater», «Lehrer», «Genialer Führer» …

guter Letzt auch das Verhältnis zwischen der UdSSR und der VR China generell. Nachdem sich etwa 30 chinesische Divisionen in Marsch gesetzt hatten, änderte sich die Lage wieder einmal einschneidend. Die chinesischen und nordkoreanischen Truppen befreiten nicht nur das Gebiet nördlich des 38. Breitengrades, sondern rückten auch bis 100 Kilometer weiter südwärts vor. Die Kampfmoral der US-amerikanischen Truppen und das militärische Prestige der USA waren bis Sommermitte 1951 merklich gesunken. Stalin spürte, daß nun ein sehr verantwortungsvoller und gefährlicher Moment gekommen war. Die US-Amerikaner konnten sich keine Niederlage leisten und würden vielleicht zum letzten, zum nuklearen Argument greifen. Das war wohl damals die offenkundigste Gefahr eines dritten Weltkrieges nach 1945. Der USA-General MacArthur begann nachdrücklich die Bombardierung der Mandschurei zu fordern. Truman gab zu verstehen, daß ein Kernwaffeneinsatz nicht ausgeschlossen war. Nun wehten schon keine kalten Winde mehr, das war schon ein polarer Orkan. Weder Stalin noch Mao konnten jetzt noch eine Niederlage der USA wünschen. Zwei lange Jahre von Verhandlungen begannen, während derer die erbitterten Kämpfe auf der Halbinsel Korea nicht eingestellt wurden. Die US-amerikanische Luftwaffe beherrschte den Luftraum, auf dem Boden dominierten die chinesischen Freiwilligen. In dieser Lage begriff Stalin, daß beide Staaten keinen anderen Ausweg hatten als einen Kompromiß zu schließen. Und darin irrte er sich nicht. Das endgültige Abkommen wurde allerdings erst mehrere Monate nach seinem Tode, im Juli 1953, erreicht.

Als ich Stalins Rolle im koreanischen Krieg, die in vielerlei Hinsicht stark verzerrt dargestellt worden ist, analysierte, gelangte ich zu einem wichtigen Schluß, der scheinbar nicht direkt mit den konkreten nationalen Interessen der Kriegsparteien zu tun hat. Ich glaube, daß der Krieg in Korea zum ersten Mal gezeigt hat, daß in der heutigen Welt, die immer noch in zwei Blöcke geteilt ist, bei einer kritischen Kollision der Interessen des Westens und des Ostens eine Pattsituation unvermeidbar ist. Das erste Patt erlebten beide Seiten in Korea, das zweite zu Zeiten der karibischen Krise. Doch hier, beim zweiten Mal, setzte sich die Weisheit schneller durch. Ob Stalin aus Korea Lehren zu ziehen vermocht hat oder nicht, ist schwer zu sagen. Klar ist lediglich, daß man in den USA viel später begriffen hat, worum es ging. Napalm, die Drohung mit Kernwaffeneinsatz, die Stationierung von Truppen Tausende Kilometer vom eigenen Territorium entfernt, die langjährige Verweigerung der diplomatischen Anerkennung Chinas sowie das Abenteuer in Vietnam haben gezeigt, daß sich die ausschließliche Orientierung auf Gewalt in diesem Jahrhundert überlebt hat. Die Sowjetunion mußte diese schmerzhafte Erfahrung viel später machen, während des afghanischen Abenteuers. Nach dem Koreakrieg sah die Welt, daß die USA nicht allmächtig waren. Im Koreakonflikt hatte Stalin die bessere Übersicht. Nach der «kalten Dusche» mit Jugoslawien war seine traditionelle Vorsicht zurückgekehrt. Vielleicht hatte er etwas aus seiner Niederlage in der Auseinandersetzung mit Tito gelernt, bei der er ohne nachzudenken einen Haufen Fehler begangen hatte, an deren Preis zu denken uns heute noch nicht leicht fällt.

Der Höhepunkt des Kultes, der mit dem 70. Geburtstag des «Führers» zusammenfiel, wurde auf eine denkwürdige Weise durch den großen Sieg von 1945 erreicht, auf einer Welle persönlichen Ruhms und der Apologie der Gewalt. Die Konservierung des Systems war begleitet von eisigen Winden sowohl in den Grenzen des Vaterlandes als auch außerhalb.

Kapitel 5

Caesar stand es schlecht zu Gesicht,
über die Schicksalsschläge des
Vaterlandes zu triumphieren.

Plutarch

Relikte des Cäsarismus

Als ich einmal in einem Dokumentenband aus dem Vaterländischen Krieg von 1812 blätterte, war ich tief gerührt von einem Brief Michail Kutusows an seine Ehefrau:

«19. August 1812. Gshatsker Hafen.

Ich bin, Gott sei Dank, gesund, meine Liebe, und voller Hoffnung. Der Kampfgeist in der Armee ist hervorragend, wir haben sehr viele gute Generale. Freilich fehlt es mir an Zeit, meine Liebe. Gott segne die Kinder.

Dein treuer Freund *Michailo (Golenischtschew) Kutusow.*»

Welch bemerkenswerte Kürze, und doch welch tiefer Sinn, welche Kraft und edle Gesinnung! Zu derartigen Briefen sind nur Menschen mit hoher Moral fähig. Für Stalin traf das zu keiner Zeit zu. Für ihn beschränkten sich die Beziehungen zu anderen Menschen auf den Rahmen des Klassenkampfes und der Politik.

In dem umfangreichen, aus vielen Bänden bestehenden Fundus mit der Überschrift «Korrespondenz mit dem Genossen Stalin» gibt es überhaupt keine Korrespondenz, die diesen Namen verdienen würde. Dem «Führer» wurde Bericht erstattet, und er reagierte darauf, was oft gleich mündlich geschah. Mitunter ließ er die Berichte und Meldungen einfach nur an Berija, Molotow, Malenkow, Wosnessenski, Chruschtschow oder jemand anderen weiterleiten. In seiner «Korrespondenz ...» findet sich nichts, was sich dem Briefgenre zuordnen ließe. Er war schlicht und ergreifend nicht in der Lage, einige kurze, noch heute zu Herzen gehende Worte an einen Genossen oder Bittsteller zu richten. All seine Vermerke waren trocken und nach dem gleichen Muster: «Einverstanden» oder «Nicht einverstanden». Es sind nur wenige Briefe Stalins erhalten geblieben, und ihnen geht (vielleicht mit Ausnahme von ein oder zwei Briefen an seine Tochter) jede menschliche Regung völlig ab. Die außerordentlich vielen Dokumente, die Tag für Tag bei ihm eingingen, sah er rasch durch und leitete sie zur Entscheidung von konkreten Fragen an die entsprechenden Verantwortlichen weiter, wenn er nicht kurz Poskrjobyschew seine Meinung dazu diktierte. Stalins schriftlichen Anordnungen seit der Revolution war auch nicht eine Spur von Zweifel, Nachdenken oder Schwanken anzumerken. Falls das überhaupt vorkam, äußerte er solche Empfindungen mündlich. Der «Stählerne» wollte auch vor der Geschichte in solchem Lichte dastehen.

Stalin, der ab und zu irgendwelche rätselhaften Eintragungen in seinem schwarzen Heft vornahm, spielte wiederholt mit dem Gedanken, anstelle der «Kurzen Lebensbeschreibung» ein großes, monumentales Werk über seine Person verfassen zu lassen. Das belegen seine Anweisung, eine «Bestandsaufnahme» der Archive vornehmen zu lassen, ebenso wie einzelne Äußerungen im Beisein von Shdanow, Bulganin und Poskrjobyschew und wiederholte Hinweise an Georgi Fjodorowitsch Alexandrow, Mark Borissowitsch Mitin und Pjotr Nikolajewitsch Pospelow (die Autoren seiner offiziellen Biographie), wie die Parteigeschichte und die «Rolle der Schüler Lenins» festzuhalten seien. Die Gegenwart ließ ihn oft an die Vergangenheit zurückdenken. Im Laufe der Jahre schweiften seine Gedanken immer häufiger zum Beginn des Jahrhunderts, zu den Auseinandersetzungen nach der Revolution, den Namen und Gesichtern derer zurück, über deren Schicksal er den Stab gebrochen hatte. Mitunter riefen auch andere die Erinnerung an die Vergangenheit wach, etwa Angehörige seiner einstigen Kampfgefährten. Manchmal packte ihm Berija im Anschluß an einen laufenden Standbericht Listen von Angehörigen bekannter Parteifunktionäre auf den Tisch, die als «Volksfeinde» erschossen oder zu hoffnungslosem Lagerleben verurteilt worden waren. Diese Angehörigen hatten Briefe an Stalin persönlich gerichtet. Der «Führer» pflegte die Namenslisten schweigend zu überfliegen und gab sie in der Regel Berija zurück, ohne ein Wort zu sagen. Dieser wiederum schaute den «Führer» mit verständnisinnigem Blick an, packte die Papiere wieder in die Mappe und verließ den Raum. «Sollen sie ihr Kreuz ruhig tragen», dachte der Diktator. Er war alles andere als angetan von der Aussicht, daß womöglich Hunderte, ja Tausende Frauen, Kinder, Neffen und Enkel seiner Genossen aus der Partei nach Moskau, Leningrad und in andere Städte zurückkehren könnten. Was das für die Behörden, die «Organe» für neue Scherereien bringen würde! Oh nein, da blieb schon besser alles so, wie es war.

Manchmal erkundigte er sich freilich trotzdem nach dem einen oder anderen:

«Braucht sie irgend etwas? Gehört sie auch zu denen, die um ihre Freilassung bitten?» Von Stalins vorwurfsvollem Blick getroffen, reichte Berija bereitwillig aus seiner Mappe die maschinenschriftliche Kopie des Briefes der betreffenden Person, deren Name das Interesse des «Führers» geweckt hatte.

Das letzte Mal betraf das einen Brief von Jadwiga Jossifowna Dzierżyǹska, einer Verwandten Feliks Edmundowitsch Dzierżyǹskis, die in der Moskauer Potapowgasse wohnte und sich für ihre Mutter, Jadwiga Genrichowna Dzierżyǹska, verwendete. Ihre Mutter war von der Sonderspruchkammer verurteilt worden und saß schon seit Jahren in Lagern bei Karaganda ein. Im Brief der Tochter stand: «Mutter ist schwerkrank, sie hat Tuberkulose, Skorbut und Brucellose. Ihr Zustand ist sehr schlimm ...»[1]

Stalins Gedanken schweiften hierauf sofort in die lange zurückliegende Zeit zurück, als er in Lenins Auftrag gemeinsam mit Dzierżyǹski an die Ostfront, nach Wjatka und nach Petrograd gereist war, um den Widerstreit gegen Judenitsch zu organisieren ... Gott, wie lange war das doch schon alles her! Auch die Erinnerung an Dzierżyǹski selbst war schon seit langem verblaßt. Weshalb hatten denn nur solche Leute so zweifelhafte Verwandte, Kinder und Enkelkinder? Was tat denn auch schon irgendeine Jadwiga Genrichowna zur Sache? Oh nein, mit diesen Dingen sollte sich lieber Berija befassen.

Elementares menschliches Mitempfinden ging Stalin ab. Am schrecklichsten war aber wohl, daß der «Führer» sich *niemals* auch nur in Gedanken an die Stelle des Opfers, der entsprechenden Person, deren Schicksal von seinem Willen abhing, zu versetzen vermochte und das auch gar nicht wollte. Innere Kälte – die schlimmste Krankheit der Seele – hatte in ihm für alle Zeiten die menschlichen Regungen «eingefroren». Wenn der

1 ЦГАОР, Fundus 9401, Liste 1, Akte 2180, Bl. 120f.

Diktator wieder einmal einen Blick in eine der besagten Namenslisten warf, wunderte er sich, wie viele von denen, für die auf dieser Erde kein Platz mehr sein sollte, doch noch am Leben waren.

Mit dem Zeigefinger beim Namen Radek verharrend, fragte Stalin leise, gleichsam im Selbstgespräch: «Verwendet sich die da auch für jemanden?»

«Nein, das ist seine Tochter, sie bittet für sich selbst», erläuterte Stalins Inquisitor.

«Ich, Sofia Karlowna Radek, geboren 1919, schreibe Ihnen diesen Brief mit der Bitte, ihm Beachtung zu schenken ...» Stalin fiel ein, daß er wohl von keinem in so hohen Tönen gepriesen worden war wie von Radek. Er schrieb schon eine treffliche Feder! Wie gelungen hatte er doch ihn als den Führer beschrieben: «In den Jahren der Oktoberrevolution bekam man Stalin nicht nur im Revolutionsstab zu Gesicht, sondern viel häufiger an vorderster Front. Als über Moskau die Schlinge einer Hungersnot schwebte, schaffte er Getreide heran; als sich der Kreis der gegnerischen Kräfte in Zarizyn zusammenzuziehen drohte, organisierte er dort den Widerstand; als Petrograd in Gefahr geriet, prüfte er vor Ort die Bastionen auf ihre Standfestigkeit. Er machte sich sein Bild von der Revolution nicht aus Berichten anderer, sondern blickte ihr direkt ins Auge, sah selbst ihre beeindruckendsten Höhenflüge und ihren Abgrund. In diesem ‹Auge in Auge› wuchs Stalin endgültig zum Führer der Revolution heran.»[2]

Damals hatten diese Worte Stalin sehr gefallen, später aber hatte er Radek vor allem deshalb neben Pjatakow auf die Anklagebank gesetzt, weil er ihn fortgesetzter Sympathien zu Trotzki verdächtigte. Immerhin hatte man ihn wissen lassen, Radek habe dem nach Alma-Ata verbannten «hervorragenden Führer» geschrieben und dieser seinen Brief auch beantwortet.[3] Freilich hatte er auch versucht, Stalins Vertrauen zurückzugewinnen und damals Trotzkis Brief so, wie ihn Bljumkin ihm gebracht hatte, also ohne das Siegel zu erbrechen, eigenhändig an Jagoda übergeben ... Der Vertriebene hatte aber schließlich nicht an einen x-beliebigen geschrieben, sondern an Radek ... Oh nein, er war derselbe Trotzkist geblieben, der er immer gewesen war. Freilich hatte der Führer Radeks Urteil vom Tod durch Erschießen in Lagerhaft umgewandelt, als Ulrich ihm den Urteilsentwurf zur Bestätigung vorgelegt hatte, und später erfahren, daß Radek dort bald darauf gestorben war ... Was schrieb nun aber Radeks Tochter?

«Mein Vater, Karl Radek, wurde am 30. Januar 1937 als Volksfeind zu zehn Jahren Gefängnishaft verurteilt. Ein halbes Jahr darauf wurden auch meine Mutter, R. M. Radek, und ich auf Beschluß der Sonderspruchkammer für fünf Jahre nach Astrachan verbannt. In Astrachan wurde meine Mutter verhaftet und für acht Jahre in die Lager bei Temnikow gebracht, wo sie starb ... Im November 1941 wurde ich aus Astrachstan mit der Auflage ausgewiesen, meinen Wohnsitz lediglich in Kasachstan nehmen zu dürfen. Es erübrigt sich, all das Leid zu beschreiben, das ich zu ertragen hatte. Ende 1942 war meine Verbannungszeit vorbei ... Ich bin doch aber auch ein Mensch: Heißt es denn, als Tochter eines Volksfeindes bin ich ebenfalls ein Feind? Als mein Vater 1936 verhaftet wurde, war ich 17 Jahre alt, seit ich 17 bin, bin ich also als ‹Feind› abgestempelt. Ich habe Bildung erworben, in Tschelkar finde ich aber keine Arbeit, die meiner Ausbildung entspricht. Bis auf den heutigen Tag besitze ich keinen Paß. Gen. Iwanow, der NKWD-Leiter von Tschelkar,

2 К. Радек, Портреты и памфлеты. Книга II, Moskau 1934, S. 19.
3 ЦПА ИМЛ, Fundus 326, Liste 1, Akte 113, Bl. 72.

läßt meine Anfrage unbeantwortet. Helfen Sie mir, die Schuld meines Vaters zu sühnen!»[4]

Diese Worte gefielen Stalin schon eher. Die Verbannungen und Ausweisungen waren offenbar nicht spurlos an Radeks Tochter vorübergegangen, sondern hatten sie gewisse Dinge einsehen lassen. So war es ja auch richtig: All diese «Angehörigen» sollten so lange sitzen, bis sie begriffen, daß auch sie schuld waren. Sollten sie daher diese Schuld auch sühnen! Das aber war Sache des Mannes, der seine kleinen Augen überhaupt nicht von ihm wenden wollte ...

Solche Briefe versetzten ihn ebenso in die Vergangenheit zurück wie der soeben in der «Prawda» erschienene Artikel «Ein herausragends Dokument des Bolschewismus», der den erneuten Jahrestag seiner Rede auf dem Februar-/März-Plenum des ZK der KPdSU(B) im Jahre 1937 zum Anlaß hatte. Der N. Michailow, dessen Unterschrift der Artikel trug, hatte – so Stalin in Gedanken – wohl ganz richtig bemerkt, er habe damals «die Partei und das Sowjetvolk zur vollständigen Vernichtung aller Agenten der imperialistischen Geheimdienste im Ausland mobilisiert. Das zog ein weiteres Erstarken des Sowjetstaates nach sich ...» Aus dem Abstand der Jahre sollte er sich aber nicht die Schatten der für immer Dahingegangenen, die einst einmal an seiner Seite gestanden hatten, vor Augen halten, sondern das, was er geschaffen hatte.

In noch nicht einmal drei Jahrzehnten war unter seiner Führung ein mächtiger Staat entstanden, den mittlerweile jedermann in der Welt ins Kalkül zu ziehen hatte. War das etwa keine Tatsache? Zwischen Ergebnis und Prozeß kommt es aber so oft zu Mißverhältnissen und Widersprüchen. Weshalb gab es so viele Unzufriedene? Weshalb kam kein einziges großes Vorhaben von der Stelle, bevor er Anweisung gab? Weshalb wurden die Gegner, Abtrünnigen und Verräter nicht weniger? Erst vor kurzem hatte er sich genötigt gesehen, einen Antrag des Innenministers zu bestätigen: «Die derzeitige Aufnahmefähigkeit der Sonderlager beträgt 180 000 Mann. Das MdI bittet um Erlaubnis, die Kapazität der Sonderlager um 70 000 Personen zu erweitern und auf 250 000 zu steigern.»[5] Immerhin sollten dort ganz *besondere* Gegner einsitzen, die ihre Waffen nicht gestreckt hatten. Wie denn, es wurden immer mehr? Berija hatte ja überhaupt gemeint, die Arbeitskräfteanforderungen der Ministerien aus dem Sonderkontingent seien so hoch, daß diese Anträge trotz der Kontingentvergrößerung nicht alle positiv beschieden werden könnten. Da waren nun so viele Millionen den Weg durch die Lager gegangen, und die Zahl der Verdächtigen nahm nicht ab! Dort im Westen wurde behauptet, er hätte eine «totalitäre» Gesellschaft geschaffen. Da wurde geschrieben, er sei der «Vater» eines neuen Phänomens im öffentlichen Leben und in der Politik – des Stalinismus. Anfangs schenkte der «Führer» dem keine besondere Beachtung, er hielt wohl selbst die Zeit für gekommen, von «Marxismus-Leninismus-Stalinismus» zu sprechen, aber damit hatte es keine Eile, das würde sich schon noch ergeben. Die Feinde aber ... Seine Feinde waren nun einmal dazu da, alles, was er in seinem ganzen Leben geschaffen hatte, in den Schmutz zu treten. Trotzki, Hilferding, Rosenberg und Abramowitsch behaupteten, der Stalinismus bedeute «Verrat am Bolschewismus». Kautsky verstieg sich kurz vor seinem Tode sogar zu der Erklärung, daß sich in Rußland «noch mächtigere und strengere Herren setzten und dem

4 ЦГАОР Fundus 9401, Liste 1, Akte 2180, Bl. 50f.
5 Ebenda, Liste 2, Akte 269, Bd. I, Bl. 169f.

Proletariat noch größere Hindernisse auf dem Weg zum Sozialismus aufrichteten, als sie in den Ländern eines entwickelten Kapitalismus mit eingewurzelter Demokratie bestehen»[6]. Was soll man von Leuten dieses Schlages auch erwarten? Sie machten ja nicht einmal vor Lenin halt!

Ich meine, Stalin hätte derartige Überlegungen ohne weiteres anstellen können. Sein Leben lang waren all seine Gedanken um den Kampf und nur um ihn gekreist. Die neuen «Hirngespinste» der bürgerlichen Apologeten hörten sich für ihn nur wie ein Echo dieses ewigen Kampfes an, wie ein Widerhall ihrer eigenen Furcht und Bosheit. Deshalb hatte auch die «Prawda», als sie kurz zuvor aus Anlaß der neuesten Auflagen der Encyclopedia Britannica und der Encyclopedia Americana einen umfangreichen Beitrag mit der Überschrift «Enzyklopädien des Obskurantismus und der Reaktion» herausgebracht hatte, ganz richtig geschrieben: «Unter den Stichwörtern ‹Sozialismus› und ‹Kommunismus› findet sich die verleumderische Behauptung, im Sozialismus gebe es keine Sorge um das Glück der Menschen»[7]. Was könnten sie wohl noch alles schreiben, diese Schreiberlinge, die sich womöglich auch über den Stalinismus wer weiß was aus den Fingern sogen, dachte der «Führer» bei sich. Er wußte ja nicht, daß in dem Lande, in dem er als Gott auf Erden galt, einst eine Zeit kommen würde, in der sich die Menschen ebenfalls fragen würden, was Stalinismus ist und was dessen Natur ausmacht.

Eine Anomalie der Geschichte

Ich möchte nicht verhehlen, daß es mir anfangs, als ich das erste Material zu diesem Buch zusammentrug, so schien, als habe alles, was vom Volk kam, mit Stalin und seinen Verbrechen nichts zu tun. Das ließ die Geschichte mit einem Schlage einfacher, verständlicher und faßlicher erscheinen. Je mehr ich mich dann aber in die Vergangenheit vertiefte, also zahlreiche Archivalien sichtete, mich mit Teilnehmern und Augenzeugen der zurückliegenden Ereignisse unterhielt und über meine Erkenntnisse nachdachte, desto mehr verfestigte sich in mir der Gedanke, daß alles weitaus komplizierter ist. Natürlich ist es verlockend, nicht Stalin allein, sondern zugleich seine Umgebung, die ganze überlegene Bürokratenschicht, die Kautsky als «neue Klasse» bezeichnet hatte, zu verdammen. Daran ist viel Wahres, aber auch viel Unwahres. Mitunter vergessen wir, daß Stalin – so wie alles, was zu ihm in Beziehung steht – weitgehend aus einem marxistischen Umfeld hervorgegangen war. Stalin war nicht aus einer anderen Partei zu den Bolschewiki «übergelaufen», er hatte nicht, wie heute mitunter behauptet wird, einen regelrechten Staatsstreich verübt, sondern einen Sozialismus Stalinschen Zuschnitts geschaffen. Fortwährend beschwor er dabei Marx, Engels und Lenin, berief sich auf sie und zitierte sie. Die ganze Partei tat es ihm gleich.

Mit frappierendem Scharfsinn schrieb Lenin, die Marxsche Theorie sei wegen ihres kritischen und revolutionären Geistes so wertvoll. «Und diese letztgenannte Eigenschaft ist dem *Marxismus* tatsächlich restlos und unbedingt eigen, weil diese Theorie es sich direkt zur Aufgabe macht, alle Formen des Antagonismus und der Ausbeutung in der modernen

6 K. Kautsky, Die Aussichten des Sozialismus in Sowjetrußland. In: Die Gesellschaft, Bd. 2, Berlin 1931, S. 438.
7 Правда vom 18. November 1948.

Gesellschaft *aufzudecken*, ihre Entwicklung zu verfolgen, ihren vorübergehenden Charakter ... nachzuweisen.»[8] Allerdings, eben ihren *vorübergehenden* Charakter. Aus unerfindlichen Gründen meinten viele Marxisten, das beziehe sich lediglich auf die Ausbeutergesellschaft. Mit Hilfe der Partei wich Stalin immer weiter von Lenins Konzeption ab. Als die klügsten Köpfe in der Partei das begriffen hatten, war es schon zu spät. Das Besondere am bürokratischen System ist nämlich, daß es sich sehr rasch herausbildet und zudem entsetzlich zählebig ist.

Daß wir die Dialektik zwar verbal gepriesen, mit ihr aber häufig nur kokettiert und gleichzeitig viele Schlußfolgerungen und Formeln des wissenschaftlichen Sozialismus verabsolutiert haben, ist nun einmal eines der Grundübel der gesamten sozialistischen Entwicklung. Davor warnten schon die Begründer des Marxismus. In einem Brief an Engels meinte Marx: «Nur dadurch, daß man an die Stelle der widerstreitenden Dogmen die widerstreitenden Tatsachen und die realen Gegensätze stellt, die ihren verborgenen Hintergrund bilden, kann man die politische Ökonomie in eine positive Wissenschaft verwandeln.»[9]

Als sich Lenin im Vorfeld der Oktoberrevolution vor den Spitzeln der Provisorischen Regierung verstecken mußte, brachte er eine bemerkenswerte Aussage zur Entwicklung des künftigen Kommunismus zu Papier: «Auf Grund der Tatsache, daß er aus dem Kapitalismus hervorgeht, sich historisch aus dem Kapitalismus entwickelt, das Resultat der Wirkungen einer gesellschaftlichen Kraft ist, die der Kapitalismus *erzeugt* hat. Bei Marx findet sich auch nicht die Spur eines Versuchs, Utopien zu konstruieren, ins Blaue hinein Mutmaßungen anzustellen über das, was man nicht wissen kann.»[10] Weshalb wiederhole ich diese bekannten Wahrheiten? Weil nach Lenins Tod rasch von ihnen abgerückt wurde. Der Marxismus wurde von nun an *selektiv* und vor allem nicht mehr schöpferisch angewandt.

Weder Marx noch Engels konnten Einzelteile oder gar größere «Baugruppen» des künftigen Bauwerkes antizipieren. Von Anfang an wurden aber viele Dogmen der Vergangenheit einfach auf Treu und Glauben übernommen. In den zwanziger Jahren verkündeten die führenden Männer oft: «Die Arbeiterklasse kann keine Fehler machen» oder « Die Partei kann keine Fehler machen», aber genau das geschah. Über diese Fehler versuchten anfangs viele zu reden. Oft auch jene, die sich selbst nicht selten irrten. Im November 1917 veröffentlichte Maxim Gorki in seiner «Nowaja Shisn» (Neues Leben) den Artikel «Den Arbeitern zur gefälligen Beachtung», in dem es hieß:

«Wladimir Lenin führt in Rußland die sozialistische Ordnung nach der Netschajew-Methode ein – ‹allezeit durch den Sumpf› ...

Als Lenin und seine Anhänger das Proletariat zwangen, der Abschaffung der Pressefreiheit zuzustimmen, legitimierten sie damit für die Feinde der Demokratie das Recht, alle jene zum Schweigen zu bringen, die nicht mit Lenins und Trotzkis Despotie einverstanden sind, indem sie sie mit Hunger und Pogromen bedrohen; diese ‹Führer› rechtfertigten die Despotie der Macht, gegen die so quälend lange alle besten Kräfte des Landes gekämpft haben.»[11] Leider wurde die Warnung vor der Gefahr der «Despotie der Macht» we-

8 Lenin, Werke, Bd. 1, S. 333.
9 Marx/Engels, Werke, Bd. 32, S. 181.
10 Lenin, Werke, Bd. 32, S. 181.
11 ЦПА ИМЛ,, Fundus 325, Liste 2, Akte 11, Bl. 25.

der damals noch später erhört. Wir alle sind uns darin einig, daß Stalin zur Theorie des wissenschaftlichen Sozialismus nichts Eigenes beisteuerte, sie um keinen Deut im positiven Sinne voranbrachte. Er stützte sich auf die häufig ein halbes Jahrhundert zuvor entwickelten marxistischen Schemata, ohne diese dialektisch und schöpferisch zu verarbeiten. Was den Gehalt und die Art der Anwendung und Umsetzung dieser Schemata anbelangt, so erhoben nur sehr wenige grundsätzliche Einwände. Stalin hielt sich an den «Buchstaben» des Marxismus. Im April 1929 kanzelte er zum Beispiel auf dem Plenum des ZK der KPdSU(B) Bucharin mit den Worten ab:

«Der Leninismus ist unbedingt für ein festes Bündnis mit den Hauptmassen der Bauernschaft, für ein Bündnis mit den Mittelbauern, aber nicht für jedes beliebige Bündnis, sondern für ein solches Bündnis mit den Mittelbauern, das die *führende Rolle* der Arbeiterklasse gewährleistet, die Diktatur des Proletariats *festigt* und die *Aufhebung der Klassen erleichtert.* (Im weiteren zitiert er Lenin:) ... ‹Was bedeutet es, die Bauernschaft leiten? Das bedeutet erstens, eine Linie verfolgen, die auf die Aufhebung der Klassen gerichtet ist, und nicht eine Linie, bei der man sich auf den Kleinproduzenten orientiert. Wollten wir von dieser Linie, der fundamentalen und grundlegenden Linie, abgehen, dann würden wir aufhören, Sozialisten zu sein ...›»[12]

Wie man sieht, hielt sich Stalin formell an den «Buchstaben». Hierbei fand er Unterstützung. Wer sich erkühnte, vom «Buchstaben» abzuweichen, wurde in Grund und Boden verdammt. Bei seiner «Durchsetzung» des Sozialismus erhob Stalin aber die Überlegungen, polemischen Bemerkungen und Vermutungen der Klassiker zunächst zum Dogma, und später bog er auch dieses Dogma noch zum Nutzen und Frommen des Cäsaren zurecht. Deshalb kann man wohl sagen, daß der Stalinismus auf marxistischem Boden wuchs und sich von dessen von ihm selbst verzerrten Postulaten und Schlußfolgerungen nährte. Hieraus folgt aber nicht, daß der Stalinismus etwa vom Marxismus verschuldet wurde. Als weltanschauliche und methodologische Konzeption von philosophischen, ökonomischen und sozialpolitischen Auffassungen zu Gesellschaft, Natur und Denken ist der Marxismus nicht dafür verantwortlich zu machen, wie andere ihn interpretieren. Der Marxismus ist keine Sammlung von Rezepten und nicht mit einem Kochbuch vergleichbar. Er ist auch kein Leitfaden für politisches Handeln, aber gerade so faßte Stalin ihn auf.

Als Stalin im Januar 1933 das Fazit des ersten Fünfjahrplanes zog und auf die Ergebnisse des «Kampfes gegen die Überreste feindlicher Klassen» einging, legte er eine marxistische These so aus: «Manche Genossen haben die These von der Aufhebung der Klassen, von der Schaffung einer klassenlosen Gesellschaft und vom Absterben des Staates als Rechtfertigung für Trägheit und Gleichmütigkeit aufgefaßt, als Rechtfertigung der konterrevolutionären Theorie vom Erlöschen des Klassenkampfes und von der Schwächung der Staatsmacht. Es erübrigt sich zu sagen, daß solche Leute mit unserer Partei nichts gemein haben können. Das sind Entartete oder Doppelzüngler, die man aus der Partei verjagen muß. Die Aufhebung der Klassen wird nicht durch das Erlöschen des Klassenkampfes, sondern durch seine Verstärkung erreicht.»[13] Daß das marxistische Gedankengut widerspruchslos hingenommen, mechanistisch und primitivistisch aufgefaßt wurde, war ein

12 Stalin, Fragen des Leninismus, S. 320.
13 Ebenda, S. 545.

Vorbote künftigen neuen Unheils. Stalin sollte dieses Unheil später freilich als Sieg hinstellen und mit dem Banner des Marxismus dekorieren. Er sprach die marxistische Grundaussage zum Klassenkampf heilig und gelangte damit zu jenem Modell sozialer Verhältnisse, das wir heute so entschieden verurteilen. Man muß einräumen, daß schon lange vor Stalin bei der Verbreitung des Marxismus in einer bestimmten Etappe die Tendenz Fuß gefaßt hatte, viele Aussprüche der großen Denker zu verabsolutieren. Stalin gehörte zu denen, die das Erbe dieser Tradition antraten und ihr beharrlich den Rücken stärkten.

Mit allem Vorstehenden soll keineswegs irgendeine auch nur partielle «Rechtfertigung» Stalins und des Stalinismus geliefert werden. Ganz bestimmt nicht. In zahlreichen Veröffentlichungen aus den letzten Jahren wurden aber häufig sämtliche Fehlentwicklungen, Entgleisungen und Verbrechen lediglich mit einer Person in Verbindung gebracht. Wäre das tatsächlich so gewesen, dann hätten wir uns schon längst vom Stalinismus freigemacht. Stalin ist zwar tot, aber der Stalinismus lebt weiter. Wie mir scheint, war der Stalinismus, historisch betrachtet, eine Möglichkeit zur – extrem negativen – Umsetzung der in der marxistischen Doktrin dargelegten Gedanken. Der den Menschen von alters her eigene Drang nach Freiheit, Glück, Gleichheit und Gerechtigkeit kommt im Marxismus ungemein gewinnend zum Ausdruck. Seine Anhänger werteten oft allein schon den Versuch, die Postulate des Marxismus *schöpferisch zu interpretieren*, als Ketzerei, Renegatentum und Revisionismus. Mit der Zeit wurde dann jede Auffassung, die von den gewohnten Bahnen des Marxismus abwich, als ausgesprochen feindlich qualifiziert. Von einer bestimmten Etappe an wurde der Marxismus gewissermaßen zu einer politischen Doktrin, die weniger darauf bedacht war, sich auf die in Veränderung begriffenen Bedingungen einzustellen, als vielmehr die Bedingungen für die eigenen Schlußfolgerungen paßgerecht zu machen. Wie besonders die letzten Arbeiten Lenins belegen, war dieser zeit seines Lebens bemüht, das Denken und Handeln der Bolschewiki auf die *Wirklichkeit* auszurichten – auf die schwierigen Gegebenheiten des Lebens und die zum Knoten geschürzten Widersprüche, die in dem riesigen Agrarland noch zunahmen. Daß Lenins Umgebung aus zwar hochgebildeten Menschen bestand, die seinem Genius aber dennoch vom Intellekt her unterlegen waren, war die Tragödie der russischen Revolution. Die Tendenz zur Kanonisierung und Dogmatisierung des Marxismus nahm nach Lenins Tod daher deutlich zu. Die vorstehend geschilderten Umstände sollten in Partei und Staat einen Mann ans Ruder bringen, der noch stärker als andere dazu tendierte, sich mechanisch an der marxistischen Doktrin festzuklammern.

Der Stalinismus mißbrauchte extrem den Hang der russischen Revolutionäre zum Radikalen. Sie hielten es für gerechtfertigt, für die Idee alles zu opfern – Geschichte, Kultur, Traditionen und Menschenleben. Die Vergötterung des erstarrten Ideals schlug letztlich in Mißachtung der Bedürfnisse von konkreten Menschen einer konkreten Zeit um. Der russische Radikalismus hüllte sich in revolutionäre Romantik, die spießbürgerlichen Wohlstand und bürgerliche Kultur ablehnte. Stalin war es, der Ansichten äußerte wie: Wenn es der Idee zum Triumph verhilft, ist alles erlaubt! Nie hat irgend jemand das als zutiefst menschenfeindlichen Gedanken, als ein soziales Verbrechen am Volk bezeichnet. In dieser Hinsicht läßt sich beispielsweise eine Parallele zwischen Stalin und Trotzki ziehen. Der Diktator brachte die aktive Entwicklung des eigenen Landes mit dem «Sieg des Sozialismus in allen Ländern» in Zusammenhang. Trotzki, der sich doch in einer ganz anderen Ausgangsposition befand und gegen seinen Hauptwidersacher eine Fehde auf Tod und Leben ausfocht, rief seinerseits: «Für den Sozialismus! Für die Weltrevolution! Gegen Stalin!»[14] Bei allem äußerlichen politischen Gegensatz zwischen den beiden «herausragenden Führern» war der Radikalismus beider auf russischem Boden gekeimt, wo man die Idee über die Wirklichkeit stellte. Ein historisches Gleichgewicht, bei dem sich Denken und Sein die Waage halten, war diesem Radikalismus fremd. Ihm kam es vor allem darauf an, «zu überholen», «umzustoßen», «zu zerstören», «zu vernichten», «zu zerbrechen», «zu entlarven», «anzuprangern» ... Der revolutionäre Radikalismus, von dem Stalin als Schmarotzer lebte, erzeugte eine methodisch unbestreitbare neue Pseudokultur, in der seine Ideen obenan standen. Ohne diesen Hinweis wäre eine Analyse des Stalinismus als Anomalie der Geschichte meines Erachtens unvollständig.

Einen Aspekt des Kampfes, der die revolutionäre Entwicklung im Vorfeld der Oktoberrevolution wie auch danach begleitete, sollte man wohl in Erinnerung rufen. Ich will hier keineswegs die Menschewiki reinwaschen, die sich zwar für eine Arbeiterpartei hielten, aber doch erheblich von kleinbürgerlichem Reformismus geprägt waren. Doch darf nicht übersehen werden, daß sie recht nachdrücklich gegen dogmatische, radikale und doktrinäre Elemente zu Felde zogen, die dem Marxismus von innen heraus Menschlichkeit und Kraft nahmen. Der Menschewismus erwies sich letzten Endes als politisch unfruchtbar, was Lenin brillant vor Augen führte. Die menschewistische Kritik an Stalin hilft jedoch einige Aspekte des Stalinismus zu verstehen.

Die menschewistischen Emigrantenführer Martow, Abramowitsch, Dan, Nikolajewski, Dolin, Schwarz und Jugow versuchten gewissermaßen lange Zeit, einen Zweifrontenkrieg zu führen: Sie verteidigten die Ideale der Revolution in Rußland und kritisierten gleichzeitig deren Entartung. Bis 1965 besaßen die Menschewiki ihr eigenes Presseorgan «Sozialistitscheski Westnik» (Sozialistischer Bote). Den größten Einfluß in ihrer als «Auslandsdelegation» bezeichneten Führung genossen der zunehmend zur UdSSR tendierende Fjodor Dan, der 1947 verstarb, und der bis zu seinem Tode 1963 an seinen ausgeprägten antisowjetischen Auffassungen festhaltende Rafael Abramowitsch. Nach Lenins Tod richtete sich die Speerspitze der von den rasch schrumpfenden Menschewikigrüppchen ausgehenden Kritik gegen die «antidemokratischen Methoden Stalins». Die scharfsinnigsten unter den Emigranten, deren Los ja ausnahmslos ein Leben fern der Heimat war, erkannten deutlich, daß Stalin sich von Lenin entfernt hatte. So hatten die Menschewiki zum Beispiel die NÖP gutgeheißen und den interessanten Gedanken entwickelt, daß die neue Linie in der Wirtschaft von einer durchgreifenden Erneuerung der Politik begleitet sein müsse, damit die bonapartistischen Tendenzen in der UdSSR nicht um sich greifen könnten.[15] Die Wurzel der stärker gewordenen cäsaristischen Tendenzen sahen die Menschewiki darin, daß die Partei der Bolschewiki, obwohl aus der Arbeiterklasse hervorgegangen, immer mehr zum Werkzeug einer kleinen Gruppe geworden war. Die größere Rolle eines einzelnen barg ihrer Meinung nach die Gefahr der Entartung in sich. Nur eine Partei, die Pluralismus zulasse, könne – so Abramowitsch – die Gewähr für eine Entfaltung der Demokratie bieten. Diesen nüchternen Überlegungen kann man nur beipflichten.

14 ЦГА при ГАУ СССР, Fundus 1199, Liste 1, Akte 134, Bl. 8.
15 Социалистический вестник vom 17. Januar 1925.

Wie urteilten die Menschewiki über Stalin? Für eine negative Entwicklung in der UdSSR sahen sie zwei Möglichkeiten: Konterrevolution und Pseudorevolution. Von Stalin meinten die menschewistischen Führer, er hätte – ob nun bewußt oder unbewußt – den zweiten Weg eingeschlagen. Die Absage an die Traditionen der Sozialdemokratie hielten sie für den Kern des Stalinismus. Nach der Revolution war der Menschewismus aber keine geeinte politische und ideologische Kraft. Sein Einfluß schmolz mehr und mehr dahin. Später sollte Dan, der lange der umstrittene Führer der Menschewiki gewesen war, diesen den Rücken kehren und die Zeitschrift «Nowy Mir» herausgeben. Er hoffte, nach dem Sieg über den Faschismus werde die Sowjetunion zum wahren Sozialismus zurückfinden. In dem umfangreichen Buch über den Ursprung des Bolschewismus, das Dan kurz vor seinem Tode verfaßt hat, bemerkte er scharfsinnig, Stalins Unfähigkeit, Sozialismus und Demokratie miteinander zu verbinden, sei Rußlands Tragödie, das «Brandmal des Stalinismus». Dan äußerte aber auch den optimistischen Gedanken, der Bolschewismus habe nicht mit Stalin begonnen und werde nicht mit ihm enden; er habe Freiheit verdient und werde sie den Menschen bringen.[16] Diese Leute, die an den Rand der russischen Geschichte gedrängt worden waren, die Lenin persönlich gekannt hatten, Augenzeugen der Revolution in Rußland gewesen waren und ihre Gegenspieler, die Bolschewiki, in günstigen wie in schweren Zeiten unmittelbar erlebt hatten, waren bisweilen – wenn auch als Außenstehende – zu nüchternen Urteilen über den Stalinismus imstande. Einige ihrer Gedanken und Einschätzungen verdienen bei Geschichtsanalysen ernsthaft in Betracht gezogen zu werden.

Obwohl all die zahlreichen «Oppositionen», «Fraktionen» und «Abweichungen», die sich nach dem Sieg der Großen Sozialistischen Oktoberrevolution zu Wort meldeten, oft viel Bedenkliches und Fehlerhaftes vorbrachten, waren sie dennoch eine dialektische Form des Entstehens von sozialen Alternativen. Was ich hier sage, mag auf orthodoxe Denker möglicherweise einmal mehr wie Ketzerei wirken, doch meine ich, daß die Beseitigung des *revolutionären* Pluralismus die historische Erneuerung der Gesellschaft ärmer werden ließ. Beispielsweise halte ich die Internationalisten unter den Menschewiki mit ihren Führern Martow, Jermanski, Astrow und andere ebensowenig für Feinde der Revolution wie die linken Sozialrevolutionäre, die sich Ende 1917 zur Partei formierten. Lag hier nicht vielleicht eine Ursache für das spätere Entstehen von dogmatischen und cäsaristischen Monolithen, die nur eine Meinung, einen Willen und eine einzige Wahrheit anerkannten? Wie viele Ideen zur Demokratie, NÖP, Bauernschaft, zu Handel, Staats- und Parteiaufbau blieben Theorie, nur weil die Mehrheit der Partei strikt an der orthodoxen Linie festhielt! Die ganze schillernde Wirklichkeit wurde in das Schwarz-Weiß-Bild eingefahrener Klischeevorstellungen gepreßt. Anfangs hatte es den Anschein gehabt, als steuerte man revolutionären Pluralismus an. Betrachten wir nur einmal einen Auszug aus dem Protokoll 23 der Sitzung des Rates der Volkskommissare vom 9. Dezember 1917: «Den Vorsitz führt: Wl. Iljitsch Lenin. Anwesend sind: Trotzki, Lunatscharski, Jelisarow, Glebow, Raskolnikow, Menshinski, Urizki, Stalin, Bontsch-Brujewitsch, Bogolepow.

Angehört: Zur Mitarbeit von Sozialrevolutionären in den Ministerien.

Beschlossen: Vorschlag an die S.-R., sich unter folgenden Voraussetzungen an der Regierung zu beteiligen:

16 Siehe Theodor Dan, Der Ursprung des Bolschewismus, Hannover 1968.

a) Die Volkskommissare setzen in ihrer Tätigkeit die generelle Politik des Rates der Volkskommissare durch;
b) Zum Volkskommissar für Justiz wird Steinberg ernannt. Das Dekret über das Gericht ist nicht außer Kraft zu setzen;
c) Zum Volkskommissar für Stadt- und Semstwoselbstverwaltung wird Trutowski ernannt. In seiner Tätigkeit hält er sich an den Grundsatz der Machtvollkommenheit auf zentraler wie auch auf örtlicher Ebene;
d) Die Gen. Algassow und Michailow (Karelin) werden als Minister ohne Geschäftsbereich in den Rat der Volkskommissare aufgenommen. Sie sind quasi Mitglieder des Kollegiums für innere Angelegenheiten ...»

Zu Volkskommissaren wurden ferner die Sozialrevolutionäre Proschjan, Kolegajew und Ismailow berufen. Anschließend ging man zu den nächsten Tagesordnungspunkten über, währenddessen Swerdlow mit den linken Sozialrevolutionären verhandelte. Noch in derselben Nacht wurde als Punkt 11 des Protokolls der Sitzung des Rates der Volkskommissare festgehalten:

«Folgendes ist zu veröffentlichen: In der Nacht vom 9. zum 10. Dezember ist zwischen den Bolschewiki und den linken Sozialrevolutionären volles Einvernehmen über die Zusammensetzung der Regierung erzielt worden. Der Regierung gehören sieben S.-R. an ...»[17] Das Protokoll trägt die Unterschriften *Wl. Uljanow (Lenin)* und *N. Gorbunow*. Damals stand nämlich für alle fest, daß sowohl die Bolschewiki als auch die linken Sozialrevolutionäre den Weg der Revolution gingen. Für die praktischen Umgestaltungen brauchte man einen sozialistischen Pluralismus, der allerdings, kaum entstanden, schon bald mit Stumpf und Stiel beseitigt werden sollte.

Stalin erwies sich als der geeignete Mann für diesen gewaltsamen, einspurigen Entwicklungsweg. Wie wir wissen, gab es auch noch andere Varianten, aber keinen wirklichen Kampf, der einer anderen Richtung reale Chancen eingeräumt hätte. Zahlreiche Gedanken Bucharins klingen zum Beispiel ausgesprochen interessant, auch wenn er sich von vielen später gezwungenermaßen distanzieren mußte. Damit will ich keineswegs behaupten, daß Stalin und der Stalinismus «vorprogrammiert» waren. So war es ganz und gar nicht. Ich will lediglich unterstreichen – und das ist meiner Meinung nach sehr wichtig –, daß der Stalinismus möglich wurde, weil viele schon Mitte des 19. Jahrhunderts gezogene Schlußfolgerungen des Marxismus zum Dogma erhoben und verabsolutiert worden waren und es keine anderen revolutionären Alternativen gab. Die Vernichtung des sozialistischen Pluralismus war der Beginn des Alleinanspruchs auf soziale Wahrheit und politische Macht. Indem Verbündete oder konstruktive Opponenten als Feinde abgestempelt wurden, trat mit der Zeit an die Stelle revolutionärer Demokratie der totale Bürokratismus. Anfangs mutete die Intoleranz ideologischem Pluralismus gegenüber wie eine revolutionäre «Tugend» an, doch stellte sie sich einer schöpferischen Auffassung vom Aufbau der neuen Welt zunehmend als entscheidendes Hindernis in den Weg.

Solange die Partei nicht an der Macht war, war das noch nicht mit großen sozialen Risiken verbunden. Als sie dann aber zur regierenden Partei geworden war, schlug die materielle Umsetzung der für heilig erklärten Thesen in Unheil um. Stalin ging auf dieser Basis noch weiter und deformierte viele Grundsätze des wissenschaftlichen Sozialismus, was

17 ЦГАОР, Fundus 130, Liste 1, Akte 3, Bl. 32f.

auf zahlreichen Gebieten auch einen sozialen Niedergang nach sich zog. Ich sage es also noch einmal: *Stalinismus* bedeutet verzerrte Theorie und Praxis des Sozialismus, die der Stärke und der Gewalt als Universalmittel zur Durchsetzung von politischen und sozialen Zielen huldigt. Stalinismus bedeutet eindimensionale Betrachtung der Welt, er billigt den Einsatz jedes radikalen Mittels, wenn nur die gestecken Ziele erreicht werden, die sich letzten Endes als deformiert erweisen. Der Stalinismus löste tiefe Widersprüche aus zwischen ökonomischer Basis und politischem Überbau, zwischen Volk und Bürokratie, wahrer Kultur und deren Surrogaten, sozialistischen Idealen und deren Umsetzung. Der Stalinismus offenbart nicht nur eine Fehlentwicklung der Volksmacht, sondern auch deren Entartung zu einer besonderen Spielart des Cäsarismus, worauf ich ja bereits eingegangen bin. Er ist eine geschichtliche Anomalie des Sozialismus.

Man könnte entgegenhalten, ausnahmslos jeder Revolution drohe ihr Thermidor, der unterschiedliche Formen annehmen könne, so zum Beispiel die der Restauration, der partiellen Deformationen oder des allmählichen Entartens. Der Stalinismus war eine Form des Thermidor, bei der die Volksmacht entartete, verzerrt wurde und in die Diktatur einer «herrschenden Persönlichkeit» umschlug.

Am stärksten trat diese Pervertierung von Theorie und Praxis in der *Entfremdung* zutage. Früher glaubten wir, Entfremdung könne es nur in der kapitalistischen Gesellschaft geben. Ich meine, daß das nicht richtig ist. In den «ökonomisch-philosophischen Manuskripten aus dem Jahre 1844» hebt Marx die Entfremdung kennzeichnenden Aspekte heraus: den Verlust des Verfügungsrechts über die eigene Tätigkeit; die Entfremdung der Arbeitsprodukte vom Produzenten; die Entfremdung von menschenwürdigen Existenzbedingungen; die gegenseitige Entfremdung und die Tatsache, daß die Menschen ihren sozialen Inhaltsreichtum einbüßen.[18] Im Grunde genommen bedeutet auch Stalinismus Entfremdung des Menschen von der Macht, von der Mitbestimmung in Staat, Produktion und Gesellschaft. Stalinismus ist somit in erster Linie eine diktatorische Form zur Entfremdung der Werktätigen vom Verfügungsrecht über sich selbst und von der staatlichen Leitung. Hatten die Begründer des Marxismus die Entfremdung in der kapitalistischen Gesellschaft für etwas ganz Natürliches gehalten, so war sie für den Sozialismus, der ja die Revolution eigens vollbringt, um viele Formen der Entfremdung zu beseitigen, eine Anomalie.

Die Durchsetzung des Stalinismus als Phänomen ging in mehreren Stufen vor sich. Die erste Stufe bildete die «Taubheit» der Umgebung Lenins für dessen «Vermächtnis». Stalin hatte damals wohl zum ersten Mal gespürt, daß der Olymp der Macht für ihn kein Phantasiegebilde bleiben mußte, sondern ein realistisches Ziel sein konnte. Die zweite Stufe umfaßt den Zeitraum zwischen 1925 und 1929, als die Stabilisierung des Kapitalismus im Westen nach dem Abklingen der revolutionären Erschütterungen zeitlich mit der beginnenden Herausbildung bürokratischer Strukturen und der Ausschaltung von Stalins Hauptrivalen Trotzki zusammenfiel. Als nächste Stufe schlossen sich die Kollektivierung und die Ausschaltung des gemäßigten Kurses im ZK an. Schon auf dieser Stufe gewann der Stalinismus durch massive Gewaltanwendung endgültig die Oberhand über potentielle Entwicklungsalternativen. Auf die nächste Stufe – auf dem XVII. Parteitag 1934 – setzte Stalin seinen in weichen Stiefeln steckenden Fuß bereits, um sich zum alleinigen

18 Siehe «Капитал» Маркса. Философия у современность, Moskau 1968, S. 467f.

Führer «krönen» zu lassen. In der Folgezeit verhärtete sich nur noch die Betonkopforthodoxie des Stalinismus. Erst der Krieg sollte seinen Würgegriff ein wenig lockern, weil nicht nur dem Stalinismus, sondern auch Stalin persönlich tödliche Gefahr drohte.

Durchgreifende Reformen konnte der Stalinismus nicht zulassen. Deshalb ebbte die Entwicklung des politischen Systems der sozialen Verhältnisse und des Denkens nach und nach ab. Ich betone nochmals, daß der *Stalinismus eine spezifische Form der Entfremdung des Werktätigen von der Macht* ist, die dieser sich in der Revolution mit allen damit verbundenen weitreichenden Folgen auf politischem, wirtschaftlichem, sozialem und geistigem Gebiet erkämpft hatte.

Zur Definition des Stalinismus könnte man wohl mehrere Wesenszüge anführen. Einer davon ist die *Alternativlosigkeit* der Entwicklung. Das ganze breite Spektrum von revolutionären «Rezepten» wurde nach der Revolution unerbittlich zusammengestrichen. Die Entscheidung zwischen zwei oder noch mehr Alternativen wurde häufig nicht von der Praxis diktiert, sondern von Kabinettstrategen. Stalin war in dieser Hinsicht unübertroffen. Er wußte jederzeit, was gut und was schlecht, wo Revolution und wo Konterrevolution war. Methodologisch ließ sich der Schlüssel für die Wahl der entsprechenden Alternativen leicht finden: Alles, was sich nicht mit seinen eigenen, also Stalins Ansichten, Richtlinien und Zielen deckte, wurde selbstredend als antileninistisch, konterrevolutionär und feindlich etikettiert. Mit der Zeit wurde das zur Staatsräson erhoben. Wenn Stalin Entscheidungen traf, prüfte er alternative Ideen oder Varianten gewöhnlich nicht ernsthaft, es sei denn, sie stammten von ihm selbst. Der ein für allemal von ihm gewählte direktivistische Leitungsstil konnte nur ausgefeilt, aber keineswegs revidiert oder durch einen anderen ersetzt werden. Was wir heute mit dem Begriff «Pluralismus» verbinden, hätte ihn wohl schlichtweg zur Raserei gebracht und wäre als regelrechter Verrat an der revolutionären Sache gewertet worden. Alles, was Stalin tat, wurde als objektives Gesetz präsentiert. In dieses Schema wurden selbst theoretische Auffassungen gepreßt. Als zum Beispiel in der Zeitschrift «Proletarskaja Rewoljuzija» (Proletarische Revolution) Sluzkis Aufsatz «Die Bolschewiki über die deutsche Sozialdemokratie während deren Krise vor dem Krieg» erschien, reagierte Stalin darauf mit einem erbosten Artikel.[19] Die Redaktion der Zeitschrift hatte lediglich die Geschichte der Beziehungen zwischen den Bolschewiki und der II. Internationale und zwischen kommunistischen Parteien und Sozialdemokratie beleuchten wollen, eine Frage, die noch heute nichts an Aktualität verloren hat. Stalin sah darin aber einen Versuch, die Auffassungen der Bolschewiki zum Zentrismus und generell zum Opportunismus zu «revidieren». In dem für ihn typischen Stil warf Stalin mit «Argumenten» wie «dummes Zeug», «abgeschmackte und spießige Epitheta», «Schwachsinn» und »getarnte Trotzkisten» nur so um sich und versah ganz nebenbei auch Rosa Luxemburg, Wolossewitsch und einige andere mit entsprechenden Etiketten. Schon der zaghafte Versuch, partielle Alternativen in Betracht zu ziehen, wurde auf der Stelle unterbunden.

Als Stalin nach dem XIII. Parteitag sein Amt als Generalsekretär behalten hatte, arbeitete er rasch seinen Standpunkt zur Machtfrage aus: keinerlei Alternativen, weder politische noch gesellschaftliche oder persönliche! Auf die persönlichen kam es ihm dabei besonders an. Letzten Endes entledigte er sich nicht nur Trotzkis, sondern auch der

19 Пролетарская революция, H. 6 (113)/1931.

gesamten Umgebung Lenins. Als Berija nach dem Krieg andeutete, nach dem Tode des Führers werde wohl Alexej Alexandrowitsch Kusnezow auf das Amt des Generalsekretärs und Nikolai Alexejewitsch Wosnessenski auf das des Vorsitzenden des Ministerrates reflektieren, reagierte Stalin ganz unmißverständlich. Immerhin hatte er Verstand und erkannte, daß das Politbüro und das ZK als kollektiver Kern der Partei eine reale Alternative zu seiner Person bilden könnten. Über politische Manipulationen, Intrigen und eine Beschneidung der Rechte des ZK ließ Stalin dieses Organ zu einem willfährigen Rat von Jasagern werden, den er zunehmend seltener zusammenrief. Im Namen des ZK agierte sein Apparat, also eine Parteikanzlei von Bürokraten. Jedwede Alternativen zu Stalins Macht waren zu Lebzeiten des Alleinherrschers ausgeschlossen.

Letztlich war der Stalinismus die Inkarnation der Ablehnung alles dessen, was nicht den Vorstellungen des «Führers» entsprach. Das Fehlen von alternativen Gedanken, politischen und gesellschaftlichen Konzeptionen gehört zu den Hauptursachen unserer derzeitigen schlimmen Lage. Stalinismus ist nicht nur ein geistiges oder soziales Gebrechen, sondern ein Gegenspieler der Menschheitswerte, er ist Autoritarismus in Reinkultur. Daß Stalin sämtliche Alternativen aus dem gesellschaftlichen Geschehen verbannt hatte, war nicht versehentlich, sondern ganz bewußt geschehen. Der «Führer» wußte sehr wohl, daß alternative Ideen oder Konzeptionen sofort die Beseitigung seiner Person in den Bereich des Möglichen rücken konnten.

Der Stalinismus war zu einer Art *weltlicher* Religion geworden ... Man konnte und mußte an sie nur glauben, ihr zustimmen und die Stalinschen Postulate kommentieren. Das aber setzte voraus, daß auch die Partei als ein von einer Person beherrschter heiliger Orden angesehen wurde. Nach Beginn der dreißiger Jahre konnte ich auch nicht die leiseste Spur einer öffentlichen Ablehnung Stalinscher Dogmen entdecken. Um die Gesinnungsgleichschaltung festzuschreiben, hatte das ZEK der UdSSR schon 1927 ein Gesetzbuch verabschiedet, dessen erstes Kapitel den berühmt-berüchtigten Artikel 58 mit seinen achtzehn «Modifikationen» enthielt.[20] Zweifellos muß ein Staat seine Interessen schützen. Wenn allerdings Andersdenken de facto als «sowjetfeindliche Propaganda oder Agitation» gewertet und aufs härteste bestraft wurde, blieb verbale und auch tätige Treue zur Ideologie des Stalinismus wohl die einzige Methode, sich anzupassen und zu überleben – obwohl auch das häufig nicht half, war das Schwert der Gesetzlosigkeit erst gegen den Betreffenden erhoben. Jedermann hatte vorbehaltlos an Stalins Theorie, seine Aufrufe, Schlußfolgerungen und Werturteile zu glauben. Das gesellschaftliche Bewußtsein wurde derart manipuliert, daß Millionen Menschen alles glaubten, was der «Führer» sagte, oder zumindest diesen Anschein erwecken mußten. Stalin aber sagte sehr oft alles andere als das, was tatsächlich richtig war.

Als er zum Beispiel am 7. Januar 1933 auf dem gemeinsamen Plenum des ZK und der ZKK den Bericht über «Die Ergebnisse des ersten Fünfjahrplans» vortrug, gab er zu vielen Punkten den Wunsch für die Wirklichkeit aus. Der Fünfjahrplan sei in der Landwirtschaft in vier Jahren erfüllt worden, sagte er, erwähnte aber mit keinem Wort die entsetzliche Hungersnot, die Millionen Menschen hinweggerafft hatte, sondern führte die Übererfüllung des Plans lediglich darauf zurück, daß mehr als 200 000 Kolchose und 5 000 Sowchose gegründet worden seien (das war tatsächlich eine dreifache «Übererfül-

20 Уголовный кодекс (кодексы РСФСР), Moskau 1938, S. 26–32.

lung»!). «Die Partei hat erreicht, daß das Kulakentum als Klasse zerschmettert, wenn auch noch nicht restlos vernichtet ist ...»[21], stellte er fest. Alle glaubten nun, so und nicht anders müsse es sein, das sei der Wahrheit des Marxismus letzter Schluß! In Wirklichkeit aber war es eine Profanation des Marxismus.

Von nun an erlaubte der Stalinismus nur *«Revolutionen von oben»* und betrachtete sämtliche Reformen lediglich als Produkt der «obersten politischen Führung». Zwischen wirklichem sozialem Engagement und seiner Vortäuschung klaffte eine ungeheure Lücke. Das Engagement wurde nunmehr durchorganisiert, alles wurde von oben entschieden: welche Trinksprüche auf einem Unionsforum des Komsomol oder der Gewerkschaft auszubringen waren, welche «Initiative» es wo herauszustellen galt, wer welche Rede auf einer Wahlversammlung halten sollte, welche Porträts in welcher Zahl in einem Demonstrationzug mitzuführen waren, wie viele «Freiwillige» jeder Rayon auf eine «Großbaustelle» delegieren mußte, wann und worüber Meldung erwartet wurde. Die Menschen gewöhnten sich nach und nach daran, daß alles bis ins kleinste für sie vorgedacht wurde. Sie hatten nur noch «zuzustimmen», «Beifall zu spenden» und zu «unterstützen». Natürlich sind für viele Prozesse immer organisatorische Ansätze nötig, doch müssen sie mit staatsbürgerlichem Engagement, sozialem Verantwortungsbewußtsein, wirklicher Initiativfreude und mit der Fähigkeit zu gesellschaftlicher Aktivität gepaart sein.

Die Organisatoren von Meldungen sahen es inzwischen als normal an, daß auch die Strafgefangenen dem «Führer» über ihre Erfolge Bericht erstatteten. Am 3. Januar 1952 teilte zum Beispiel Innenminister Kruglow Stalin mit, daß «die Besserungsarbeitslager der Holzindustrie des MdI der UdSSR die Regierungsauflagen zur Beschaffung, Verarbeitung und Lieferung von Holz für die Volkswirtschaft übererfüllt haben».[22] Der Minister informierte den «Führer» auch über die Förderung von Nichteisenmetallen und seltenen Metallen (angefügt waren dabei «Meldungen von Werktätigen» der gefängniseigenen Betriebe). Selbst die GULAGs setzten Stalin in regelmäßigen Abständen vom «großen politischen Aufschwung und Arbeitselan» in Kenntnis. Der Stalinismus organisierte alles und zog alles in Betracht, und zwar *von oben.*

Nicht unerwähnt bleiben darf auch, daß zum Stalinismus als Phänomen ungeschriebene «Gesetze» der persönlichen Diktatur gehörten. Sie waren nach außen hin ganz einfach und unkompliziert, aber Stalin wachte mit Argusaugen über ihre Einhaltung. Vor allem konnten kein Partei- oder Staatsorgan und keine gesellschaftliche Organisation eine Grundsatzentscheidung ohne ihn treffen. So wurden zum Beispiel selbst die Leitsprüche für Schriftsteller beim «Führer» eingeholt. Am 2. Januar 1936 richtete Alexander Schtscherbakow an Stalin einen Brief, in dem es hieß: «Seit fünfzehn Monaten bin ich nun schon nebenamtlicher Sekretär des Vorstandes des Schriftstellerverbandes. Im Interesse der Sache muß ich Sie behelligen und um Hilfe und Hinweise bitten. Kornejtschuk, Swetlow, Lewin, Janowski, Leonow und Awdejenko haben beachtliche neue Arbeiten vorgelegt, und auch die Altmeister Faiko, Tichonow, Babel und Olescha haben sich nach einer Phase des ‹Schweigens› wieder zu Wort gemeldet. Neue Namen wie Orlow, Kron und Twardowski sind aufgetaucht. Im großen und ganzen konnte aber der Rückstand in der Literatur nicht aufgeholt werden. Daran hat auch die Kritik Anteil. Ein Schriftsteller

21 Stalin, Fragen des Leninismus, S. 528.
22 ЦГАОР, Fundus 9401, Liste 2, Akte 337, Bd. I, Bl. 1–4.

(Winogradow) spricht als Reaktion auf scharfe Kritik von Selbstmord, woraufhin der Kritiker Jermilow erklärte: ‹Wenn sich Leute wie er vergiften, ist es nicht schade.›

So sieht es also in der Literatur aus. Sie braucht jetzt eine konkrete kämpferische Losung, die die Schriftsteller auf Vordermann bringt. Genosse Stalin, bitte helfen Sie, eine solche Losung zu finden.

A. Schtscherbakow.»[23]

Wenn von den «Gesetzen» der Diktatur die Rede ist, müssen auch ihre wichtigsten Stützelemente genannt werden. Aus Archivbeständen, dem Dokumentenfundus und der Korrespondenz Stalins wird deutlich, daß sein Hauptaugenmerk zumindest seit Mitte der dreißiger Jahre dem NKWD, dem KGB und der Armee galt. Er interessierte sich für sie weit mehr als für die Angelegenheiten im Zentralkomitee; dort nahm nach und nach Malenkow die Zügel in die Hand, aber natürlich strikt nach den Anweisungen des «Führers». Im persönlichen Fundus und Schriftwechsel überwiegen an Stalin gerichtete Dokumente von Berija, Abakumow, Kruglow, Merkulow, Serow und anderen verantwortlichen Mitarbeitern der Organe, auf die er sich stützte und die von ihm seinerseits unterstützt und gefördert wurden. In Stalins Archiv finden sich viele Vorschläge Berijas zur Verleihung von militärischen Orden an GULAG-Mitarbeiter. Ein Beispiel hierfür:

«Staatliches Verteidigungskomitee
Genossen Stalin, J. W.

20. Dezember 1944
Während des Vaterländischen Krieges hat das militärische Wachpersonal der Besserungsarbeitslager und -kolonien des NKWD seine Aufgabe, die Häftlinge der Lager und Kolonien des NKWD zu isolieren und zu bewachen, erfolgreich erfüllt. Ich ersuche darum, Angehörige des GULAG-Wachpersonals des NKWD der UdSSR, die sich dabei besonders hervorgetan haben, mit Orden und Medaillen der UdSSR auszuzeichnen ...»[24] Es folgen Hunderte Namen von Personen, die «sich besonders hervorgetan haben» und mit dem Rotbannerorden, dem Orden des Vaterländischen Krieges Stufe I und II, dem Orden «Roter Stern» und anderen militärischen Auszeichnungen dekoriert werden sollten.

Freigiebig verlieh Stalin den Kräften, auf die er sich besonders stützte, hohe Dienstgrade. Das traf nicht allein auf Berija zu, den er zum Marschall der Sowjetunion ernannte. Am 7. Juli 1945 befürwortete er einen Antrag Berijas und unterzeichnete einen Beschluß des Rates der Volkskommissare der UdSSR, sieben (!) leitende Mitarbeiter des NKWD und des KGB – Abakumow, Kruglow, Serow, Kobulow, Tschernyschew, Goglidse und Pawlow – gleichzeitig zu Generalobersten zu befördern.[25] Den Frontgeneralen, die sich im Großen Vaterländischen Krieg ausgezeichnet haben, hat der Vorsitzende des Staatlichen Verteidigungskomitees nicht ein einziges Mal seine Zuneigung so massiv bekundet.

Ein weiteres ungeschriebenes «Gesetz» der Diktatur bestand darin, daß an der Spitze des Apparates ständig für einen Spannungszustand gesorgt war. Sporadisch, aber doch mit ziemlicher Regelmäßigkeit löste Stalin bald den einen, bald den anderen Leiter der zentralen oder regionalen Ebene ab; Begründungen waren stets genug zur Hand: Da war

23 ЦПА ИМЛ, Fundus 88, Liste 1, Akte 474, Bl. 4.
24 ЦГАОР, Fundus 3 101, Liste 2, Akte 68, Bd. V, Bl. 193.
25 Ebenda, Fundus 9 401, Liste 2, Akte 97, Bd. VI, Bl. 276.

der Plan nicht erfüllt oder eine «Schädlingsbande, die im Gebiet ihr Unwesen treibt», nicht rechtzeitig entlarvt, mit «minderwertigen Werken der Kultur» zu viel Nachsehen geübt, in einem Buch oder Aufsatz ein «grober politischer Fehler» begangen worden usw. Niemand konnte sicher sein, daß der Arm der Macht nicht schon morgen oder übermorgen ihn selbst seines hohen Amtes als Volkskommissar, erster Sekretär eines Gebietskomitees oder Leiter irgendeines Staatsorgans entheben beziehungsweise ihm den Marschallrang wieder aberkennen würde. Deshalb arbeiteten viele in ständiger Anspannung und unter Aufbietung aller Kräfte, wobei sie unentwegt nach oben schielten und ihre Unterstellten rücksichtslos antrieben.

Stalin war der Auffassung, Macht müsse stets nicht nur Respekt, sondern auch Furcht einflößen. Als unumschränkter Diktator führte er auch für seine engsten Mitarbeiter inoffizielle «Verhaltensregeln» ein. Ihnen war es beispielsweise untersagt, ohne eigens erteilte Erlaubnis zu zweit, zu dritt oder gar in noch größerer Anzahl bei einem von ihnen im Arbeitszimmer, in der Wohnung oder auf der Datsche zusammenzukommen. Solche Zusammenkünfte galten als verdächtig und wurden nicht gebilligt. Eine Ausnahme machte er nur bei Berija, der mit Malenkow befreundet war und oft für den Weg zur Datsche oder zurück mit diesem denselben Wagen nahm. Alle zusammen durften sich nur bei Stalin treffen (vorausgesetzt natürlich, er hatte sie dazu aufgefordert). Das mutet etwas seltsam an, aber der «Führer» war nicht gern über Stunden hinweg bei seiner Arbeit allein. Häufig beorderte er Molotow, Berija, Kaganowitsch, Malenkow oder Shdanow zu sich, die dann oft stundenlang bei ihm blieben. Das Thema der betreffenden Unterredung, die meist ein Monolog war, bestimmte stets der «Hausherr». Wenn er laut nachdachte, schien er keinen besonderen Wert auf irgendwelche Vorschläge und Einwände zu legen, ausgenommen vielleicht von Molotow und Wosnessenski; unverzichtbar war für ihn aber, daß man ihm servil beipflichtete, einmütige Zustimmung und Billigung äußerte und Begeisterung für die Ideen des «Genossen Stalin» bekundete. Das war sein spezielles «Arbeitsmilieu», ein psychologisches Doping, das er als Zeremonie, als Ritual der Entscheidungsfindung gewöhnt war.

Der Stalinismus als Führungs- und Leitungsform stützte sich vor allem auf die zahlreichen Berichte und Informationen, die von verschiedenen Personen und Organisationen im Auftrag des «Führers» erstellt wurden. Das Gros der Informationen kam aber selbstverständlich von NKWD und KGB.

Schon bald nach dem Krieg wurde die Akademie der Wissenschaften Gegenstand von Stalins Interesse. Berija hatte ihm zugetragen, der Akademiepräsident sei häufig krank und seine Forschungsarbeit nicht besonders effektiv, auch auf die anderen Akademiemitglieder sollte man ein wachsames Auge haben. Hierauf forderte Stalin eine Übersicht von Kurzeinschätzungen der Wissenschaftler an, die schon bald auf seinem Tisch lag. Interessanterweise war sie nicht im Präsidium oder im Parteikomitee der Akademie, sondern in einer KGB-Verwaltung erstellt worden ... Nachstehend Auszüge aus den Beurteilungen der Akademiemitglieder, wobei ich in mehreren Fällen die Namen bewußt weglasse.

«Akademiemitglied B., vorzüglicher Experte auf dem Gebiet der Fe-Metallurgie. Pflegt wenig Kontakt zu Kollegen, da seine Ehefrau ausgesprochen knauserig ist;

Akademiemitglied Sergej Wawilow, Physiker. Auf der Höhe seiner Schaffenskraft. Sein Bruder ist Nikolai Wawilow, Genetiker, 1940 wegen Sabotage in der Landwirtschaft verhaftet, zu fünfzehn Jahren verurteilt, im Gefängnis von Saratow gestorben;

Akademiemitglied W. Nur unter Mathematikern angesehen. Unverheiratet, erheblicher Alkoholkonsum;

Akademiemitglied Wjatscheslaw Wolgin, Vizepräsident. Zu seiner Person liegen mehr als zwanzig Anzeigen (Stezki und andere) vor, in denen er als Trotzkist bezeichnet wird. Bisher keine Auszeichnungen, kein Stalinpreisträger;

Akademiemitglied N., Direktor des Instituts für Brennstoffe; nach Aussagen unserer Mittelsleute ein schwacher und oft kranker Institutsdirektor;

Akademiemitglied S. Nach Aussagen von Volksfeinden Mitglied einer antisowjetischen Organisation. Bei der Prospektierung von Erzen als Saboteur in Erscheinung getreten. Sehr auf sein persönliches Wohl bedacht;

Akademiemitglied Trofim Lyssenko, parteilos, Direktor des Instituts für Genetik. Präsident der Akademie der Landwirtschaftswissenschaften, zweifacher Stalinpreisträger. (Die folgenden Sätze kann man nur unterstreichen – *D. W.*) Akademiemitglied Lyssenko genießt kein Ansehen, auch nicht bei Akademiepräsident Komarow. Alle machen ihn für die Verhaftung Nikolai Wawilows verantwortlich ...»[26]

Die Liste ist lang. Anhand solcher Informationen aus Berijas Ressort traf Stalin Entscheidungen zu wichtigen Fragen. «Dokumente» dieser Art gaben bei sämtlichen Beschlüssen den Ausschlag. Hieran erkennt man, wie weit die Macht der von Stalin bevorzugten Instanzen ging; sie gaben sogar Urteile über die Sachkenntnis von Akademiemitgliedern ab.

Der Umgebung des «Führers» schien selbst der Gedanke fern zu stehen, irgendwelche seiner Entscheidungen in ihrer Zweckmäßigkeit anzuzweifeln. Der Grundtenor von «wissenschaftlichen» Kommentaren zu Arbeiten und Schlußfolgerungen des Diktators beschränkte sich auf Behauptungen folgenden Musters: Stalin ist ein genialer Denker, Theoretiker und Praktiker; besser als alle anderen hat er die grundlegenden Erfordernisse der gesellschaftlichen Entwicklung erkannt, all seinen Handlungen liegen historische Gesetze zugrunde. Da wurde verkündet, die Epoche selbst habe Stalin «auserwählt»; nur er allein bringe die Hoffnungen der Werktätigen zum Ausdruck und sei Träger allen gesellschaftlichen Fortschritts. Molotow schrieb dazu ohne Umschweife: «Wenn das sowjetische Volk nach Lenins Tod seine strategischen und taktischen Aufgaben in der Innen- und Außenpolitik erfolgreich gelöst und einen so mächtigen Staat aufgebaut hat, dem zugleich die Werktätigen der ganzen Welt Sympathie entgegenbringen, dann ist das vor allem das hervorragende historische Verdienst des großen Führers unserer Partei, Genossen Stalin ...»

Als verzerrte Theorie und Praxis des Sozialismus ließ der Stalinismus deutlich Motive erkennen wie ein automatisches Hinarbeiten der Geschichte aus den Sozialismus, die vorgeblich von Anfang an vorhandene Gerechtigkeit aller seiner Schritte und den vermeintlich vorbestimmten Triumph der kommunistischen Ideale. Sehr großen Wert legte Stalin auf die Ablehnung: der kapitalistischen Produktionsweise, der Ausbeutung, der Klassen und aller Parteien mit Ausnahme der bolschewistischen, jedweder Auffassungen, die marxistischen ausgenommen, und zugleich auch aller Kampfgefährten Lenins und aller potentiellen Gegner. Ohne Ablehnung von Überlebtem gibt es im Leben tatsächlich keinen Fortschritt. Heißt das, daß sich nur auf diesem Wege die Ideale des Marxismus in

26 Ebenda, Bl. 283–292.

die Tat umsetzen lassen? Reichen die Industrialisierung (die Kollektivierung und die Vernichtung der Kulaken spare ich bewußt aus) und die allgemeine Alphabetisierung aus, um sagen zu können: Das ist nun der Sozialismus, den wir anstreben?

Stalins binärem Denken, das in der unendlich farbenreichen Wirklichkeit nur Schwarz und Weiß gelten ließ, entging etwas sehr Wichtiges, Entscheidendes und Grundlegendes, nämlich der *Mensch*. Für den Stalinismus war der Mensch nur Werkzeug, nur Mittel zum Zweck, nicht aber Ziel. Die übliche Phrasendrescherei vom Sowjetmenschen, der «nun besser und froher lebt», konnte nicht die tatsächliche Lage verbergen, wie wir sie bei einer Rückschau in die Vergangenheit erkennen: Alles Individuelle wurde unterdrückt, der Kollektivismus zu Lasten einer harmonischen Persönlichkeitsentwicklung verabsolutiert, es dominierte die Konzeption, die den «neuen Menschen» *mit Macht* erziehen wollte.

Ohne die beispiellose Einsatzbereitschaft der sowjetischen Menschen, ihren bewundernswerten Glauben an den Triumph der sozialistischen Ideale und ihre Verbundenheit mit jenen Werten, die in der Theorie für die neue Welt standen, auch nur im geringsten in Zweifel ziehen zu wollen, können wir heute doch nicht umhin zu sagen: Stalin wies dem Volk im Geschichtsprozeß die Rolle eines von seinen Ideen, seinem Willen und seinen Weisungen gelenkten Objektes zu. Der Stalinismus degradierte die Volksmassen zu einem gigantischen Mechanismus, der lediglich seine, des «Führers», Pläne in die Tat umzusetzen hatte. An ganzen Teilen dieses äußerst komplizierten lebendigen Organismus schändliche und grausame Zwangsmaßnahmen zu vollstrecken und Tausende, ja Millionen der besten Vertreter des Volkes in den Tod zu schicken oder auf Jahre in den ungezählten Lagern verschwinden zu lassen, galt als normal. Das berühmt-berüchtigte GULAG (Staatliche Straflager) wurde zum Schreckenssymbol für das Leben eines Landes und eines Volkes, das von Stalin niemals gefragt wurde, was es dachte und wollte oder wie es zu den einen oder anderen der von ihm getroffenen «historischen» Beschlüssen stand. «Im Namen des Volkes» erstatteten ihm jene Bericht, denen er am meisten vertraute, nämlich Portegés Berijas. Schon zehn Jahre nach dem Tode Dzierzyńskis war dessen Lebenswerk nicht mehr wiederzuerkennen: Es stand nunmehr auf dem Staat und über der Partei. Das aber bedeutete, daß die Macht von Grund auf degeneriert war. Alles war auf Stalins Konzeption zugeschnitten, wonach die wichtigsten staatlichen Funktionen unter anderem von «den Straforganen und vom Nachrichtendienst wahrgenommen wurden, die die von ausländischen Spionagediensten ins Land geschleusten Spione, Mörder und Saboteure dingfest zu machen und zu bestrafen haben».

Der Stalinismus hat, wie ich meine, das Primat der Politik über die Wirtschaft und des Staates über die Gesellschaft ad absurdum geführt. Was wir als bürokratisches Kommandosystem bezeichnen, hat hierin seine tiefen Wurzeln. Unter diesen Umständen wurde derjenige zum Beherrscher der Gesellschaft, der gerade oben war – eine Tatsache, die Stalin früher als andere begriffen hatte. Zum *Beherrscher* und nicht etwa zum Genossen. Die Wirtschaft dagegen entwickelte sich nicht mehr nach den ihr immanenten Gesetzen, sondern nach politischen Direktiven. Für ein derartiges System ist eine breite und mächtige bürokratische Schicht auf sämtlichen Ebenen der Gesellschaft und in allen ihren Bereichen lebensnotwendig. Ein besonderer «politischer Absolutismus» bildete sich heraus, bei dem die willkürlichen Leiterentscheidungen in keiner Weise der ökonomischen Zweckmäßigkeit, den materiellen Möglichkeiten und der zeitlichen Vertretbarkeit der betreffenden technischen oder wirtschaftlichen Projekte Rechnung trugen. Erinnert sei nur an den Bau der Stalinschen Baikal-Amur-Eisenbahn, an den Tunnel vom Festland nach Sachalin (unter der Meerenge hindurch) und die Magistrale vom Nordural bis zum Jenissej – Projekte, die ohne entsprechende ökonomische Begründung von einem Tag auf den anderen in Angriff genommen wurden und später gestoppt werden mußten. Der ins Absurde gesteigerte politische Absolutismus machte selbst eine auch nur kosmetische Kritik an irgendwelchen politischen Entscheidungen, ob in Wirtschaft, Technik, Wissenschaft oder Landwirtschaft, unmöglich. Die Politik war zu einer rätselhaften allmächtigen Sphinx geworden, die jeden zu verschlingen drohte, der auch nur indirekt Zweifel an ihrer Richtigkeit anmeldete. Stalinismus bedeutet absolute Diktatur der Politik über die Wirtschaft, das soziale und geistige Leben wie auch die Kultur. Stalinismus bedeutet Evolution von der Diktatur des Proletariats zur Diktatur der Partei und im folgenden zur Diktatur einer einzelnen Person. Bei der Diktatur einer «herrschenden Persönlichkeit» fungieren sämtliche staatlichen und gesellschaftlichen Institutionen nur noch als Macht*apparat* dieser einen Persönlichkeit.

Kritikern, die mir wegen dieser Überlegungen vielleicht fehlendes Verständnis für die Rolle der Politik im gesellschaftlichen Geschehen vorwerfen werden, möchte ich gleich entgegenhalten: Ich bin selbstverständlich nicht gegen die Politik, sondern gegen deren Verabsolutierung. Sie wird stets eine sehr große Rolle spielen, denn nur mit ihrer Hilfe lassen sich Beziehungen zwischen den Klassen, Nationen und anderen sozialen Gruppen regeln und die Volksmacht errichten. Ihrer eigentlichen und wahren Rolle wird die Politik aber nur dann gerecht, wenn sie sich auf unvergängliche demokratische Werte gründet, die nicht nur die Beziehungen zwischen den gesellschaftlichen Gruppen harmonisch zu regeln, sondern auch ein enges Zusammenspiel mit dem wirtschaftlichen und dem geistigen Leben des Landes zu bewirken vermögen.

Der Stalinismus ist ein Gebrechen des unreifen Sozialismus, das sich nicht mit schicksalhafter Notwendigkeit einstellen mußte. Diesen Umstand habe ich ja bereits erwähnt. Viele Dinge resultieren allerdings nicht aus subjektiven Fehlern der Partei und ihrer Führung sowie aus dem ungenügenden Entwicklungsstand der Theorie, sondern auch aus objektiven Umständen, wie ich ebenfalls bereits festgestellt habe. Der Stalinismus zog nicht die völlige Entartung der Gesellschaft nach sich und konnte somit auch die sozialistischen Ideale und Wertvorstellungen nicht gänzlich deformieren. Der Glaube der Menschen an den Sozialismus war erschüttert, aber nicht vollends gebrochen. Vieles an diesem Glauben wirkt paradox: Die Menschen glaubten, daß die Mühen, Repressionen und Entbehrungen der historische Preis für das Paradies der Zukunft seien. Dieser Gedanke war dem Volke seit Trotzkis Zeiten von oben beharrlich suggeriert worden. Stalin schlug auf kriminelle Weise aus diesem heiligen Glauben Kapital; über Jahre hinweg mißbrauchte er ihn ganz bewußt, um sich als Alleinherrscher zu etablieren. **Daß Stalin sich erkühnte, ein Gleichheitszeichen zwischen seiner Person und dem Sozialismus zu setzen, was ihm auch weitgehend gelang, ist eines der schlimmsten Verbrechen des Stalinismus.** Das Volk hielt stand, weil es glaubte. Der Stalinismus überzog die Gesellschaft mit einem Panzer von Bürokratismus und Dogmatismus, von dem sie sich nur mit quälender Langsamkeit und unter größter Mühe frei macht. Der Schaden, den der Stalinismus der Gesellschaft vor allem in politischer, sozialer, kultureller und moralischer Hinsicht zufügte, ist riesengroß. Der Ungeist der Breshnew-Ära und viele gravierende Mißstände des heutigen Lebens wurzeln tief im Stalinismus.

Die vulgärste Erscheinungsform des Stalinismus im Alltag ist die von stalinistischem Ungeist getragene politische Tyrannei eines einzelnen. Dieser Ungeist äußerte sich vor allem im *Dualismus* von Denken und Handeln, von Theorie und Praxis. Ein gespaltenes Bewußtsein, das die Menschen etwas anderes als das sagen ließ, was sie sahen und taten, war seine am weitesten verbreitete Form. Die bekannte amerikanische Journalistin Anna Louise Strong, die bereits 1956 das Buch «The Stalin Era» verfaßte, stellte darin fest, dieser Dualismus habe sich bereits während des triumphalen Aufstiegs von Stalin bemerkbar gemacht. «Die Stalinsche Verfassung», schreibt Anna Louise Strong, «wurde schon gebrochen, als sie noch zu Papier gebracht wurde ... Die Verfassung der UdSSR wurde von ihrem eigenen Autor, Stalin, gebrochen ...»[27] Er redete von Menschenrechten, trat sie aber selbst mit Füßen. Stalin war ein zynischer Pragmatiker. Auf dem ersten Unionskongreß der Stoßarbeiter der Kollektivwirtschaften sprach er am 19. Februar 1933 voller Pathos davon, «alle Kollektivbauern wohlhabend zu machen». Dafür empfahl er ein simples Rezept (dessen man sich auch späterhin noch jahrelang bedienen sollte): «... wenn wir ehrlich arbeiten, für uns, für unsere Kollektivwirtschaften – dann werden wir erreichen, daß wir in zwei, drei Jahren alle Kollektivbauern, sowohl die früheren armen Bauern als auch die früheren Mittelbauern, auf das Niveau von Wohlhabenden, auf das Niveau von Leuten heben, die Produkte in Fülle haben und ein kulturvolles Leben führen.»[28] Wie verhielt er sich aber gegenüber jenen, die tatsächlich «für sich» aufopferungsvoll zu arbeiten verstanden? Sie alle wurden ohne Unterschied, ohne auch nur den Versuch ihrer Einbeziehung in die Genossenschaften oder der ökonomischen Einbindung in die neuen Prozesse auf dem Lande zu machen, zur «Liquidierung» verurteilt. Einen Monat zuvor hatte Stalin auf dem gemeinsamen Plenum des ZK und der ZKK der KPdSU(B) zur Situation festgestellt: «Die Kulaken sind geschlagen, aber noch lange nicht vernichtet. Mehr noch – sie werden auch nicht so bald vernichtet sein, wenn die Kommunisten Maulaffen feilhalten und Gleichgültigkeit an den Tag legen, in der Meinung, die Kulaken würden von selbst in die Grube fahren ...»[29]

Das ist zynischer Pragmatismus: die «Wohlhabenden» ausrotten und im selben Atemzuge dazu aufrufen, «wohlhabend» zu werden. Als Kennzeichen einer Weltanschauung bedeutet das, mit zwei Zungen zu reden. Stalin sagte oft etwas, was für die Ohren der «breiten Masse» bestimmt war, wogegen er ganz anders handelte. Mit Vorliebe sprach er von einem «kulturvollen und fröhlichen» Leben und überzog gleichzeitig ganze Gesellschaftsschichten mit grausamem Terror. Der stalinistische Ungeist nahm nach und nach in Gesinnungsgleichschaltung, geistiger Unbeholfenheit, Bürokratismus, Inaktivität, Argwohn und Intoleranz Gestalt an. Das Schlimmste daran war, daß viele dieser Erscheinungen nicht nur schmückendes Beiwerk und Exterieur des wichtigsten Machtinstruments Stalins, des Apparates, sondern vielen Menschen in Fleisch und Blut übergegangen waren und ihre Weltanschauung bestimmten; sie sind bis auf den heutigen Tag lebendig.

Der Stalinismus gab eine subjektiv verzerrte Antwort auf die Fragen, mit denen die Geschichte nach Lenins Tod das erste Land des Sozialismus konfrontiert hatte. Die auf Gewalt, Kommandos, Gesinnungsgleichschaltung und historischer Bestimmtheit aufbau-

27 Siehe Anna Louise Strong, The Stalin Era, New York 1956.
28 Stalin, Werke, Bd. 13, S. 224.
29 Ebenda, S. 206.

ende Theorie und Praxis des Stalinismus hemmte die Umsetzung, das Erreichen der sozialistischen Ideale. Daß nicht der Mensch als solcher, sondern der Staat als Maschinerie zur Lobpreisung eines einzelnen Dreh- und Angelpunkt aller gesellschaftlichen Bestrebungen war, macht den folgenschwersten Defekt des Stalinismus aus. Der humanistische Wesensgehalt des Leninismus war bei den von Stalin vorgenommenen «Umgestaltungen» abhanden gekommen, den Platz des Menschen nahm nun ein gesichtsloser Apparat ein. Bezeichnenderweise wurde diese Tatsache schon vor langer Zeit registriert. Der zum Antisowjetismus konvertierte einstige Kommunist Victor Serge schrieb in seinem Buch «Schicksal einer Revolution. Die UdSSR 1917–1936», Stalin habe einen Staat geschaffen, «für den der Mensch nichts galt».[30] Heute erkennen wir, daß derartige Thesen, die für uns früher wie Ketzerei klangen, der Wahrheit nahekommen. Boris Souvarine stellt in seinem Buch «Stalin» fest, daß die Stalinsche Sozialismuskonzeption bereits fünf Jahre nach Lenins Tod infolge der raschen Bürokratisierung von Partei, Staat und sämtlichen Institutionen schon viel an Substanz eingebüßt habe.[31] Diese Autoren kannten den Stalinismus von innen her. Ihre Ablehnung des Stalinismus ließ sie eine dem Sozialismus völlig konträre Haltung beziehen. Einzelnen ihrer Urteile, die das Phänomen Stalinismus analysieren, kann man aber einen gewissen Scharfsinn nicht absprechen.

Stalin und der Stalinismus hielten den Kult um die Staatsgewalt für ganz natürlich. Aber schon Hegel hatte konstatiert: «... Das Schicksal hat ein ausgedehnteres Gebiet als die Strafe ...»[32] Übrigens hatte Stalin Hegel niemals richtig begriffen ... Dem «Führer» wäre nie auch nur die Idee gekommen, sein Produkt, der Stalinismus, könnte einmal auf dem Kehrichthaufen der Geschichte landen.

Mumien des Dogmatismus

Jossif Dshugaschwili, einst ein zu Hoffnungen berechtigender Zögling einer geistlichen Lehranstalt und späterer Seminarist, erfaßte die Postulate der dogmatischen Theologie schneller als andere. Wie jedes andere Wissenschaftsgebiet enthält auch die Theologie – entgegen der bei uns gängigen Vorstellung – viele nützliche Informationen zum geschichtlichen, sozialen und moralischen Bereich. Dshugaschwili indessen gefiel an der Theologie die eigentliche «Verpackung» des Wissens, dessen Systematisierung und selbst die gewisse Harmonie. An den Inhalt vieler Dogmen glaubte er wohl kaum; sie schienen ihm häufig naiv, doch gleichzeitig hatten sie etwas an sich, was eine Brücke zum weltlichen Leben schlug. Dieses «Etwas» war der Zusammenhang von Wissen und Glauben.

An den Schriften von Clemens Alexandrinus, Kirill Jerusalimski, Grigori Nisski und anderen Theologen, deren Bücher der junge Seminarist seinerzeit las, fesselte ihn ganz besonders der Gedanke, daß es keinen Glauben ohne Wissen und kein Wissen ohne Glauben gibt. Die Formel vom Zusammenhang zwischen Glauben und Wissen präsentierte sich in seinem Bewußtsein in der Regel so: Der Glaube ist Wegbereiter des Wissens, das Wissen folgt auf den Glauben. Der Zögling erinnert sich, daß sein Theologielehrer

30 Victor Serge, Destin d'un révolution. URSS 1917–1936, Paris 1937, S. 323.
31 Siehe Boris Souvarine, Stalin. Anmerkungen zur Geschichte des Bolschewismus, München 1980.
32 G. F. W. Hegel, Der Geist des Christentums und sein Schicksal, Gütersloh 1970, S. 42.

ihm eingeprägt hatte: «Jeder Mensch ist von Natur aus Dogmatiker, denn er *glaubt* so lange an die Möglichkeit, die Wahrheit zu finden, bis er sich von der Vergeblichkeit seiner Bemühungen überzeugt hat. Die Wahrheit besteht nämlich im Glauben.»

Mehr als anderen gefielen dem späteren «Führer» aus unerfindlichen Gründen die theologischen Schriften Chomjakows und das Buch von Silvester, dem Rektor der Geistlichen Akademie von Kiew, mit dem Titel «Die Erfahrungen der orthodoxen dogmatischen Theologie (unter historischer Darstellung der Glaubenssätze)». Darin hieß es, die Heilige Schrift enthalte Wahrheiten, die von der Kirche *immer* und *überall* anerkannt werden müßten.

All das hatte er weit hinter sich gelassen, und es war vom späteren Leben tief verschüttet worden. Die «Glaubenssymbole» lösten sich irgendwie unmerklich im weltlichen Alltag auf, und bereits vor der Revolution wußte Dshugaschwili-Stalin kaum noch etwas Zusammenhängendes über den Gottesglauben, die Gleichnisse Salomos, die Offenbarung des Johannes oder den Judaskuß zu sagen. Die Zeit hatte all das unerbittlich mit sich fortgerissen, so daß er mitunter selbst kaum glauben konnte, ein Priesterseminar durchlaufen zu haben. Irgend etwas Unfaßliches war jedoch in seinem Bewußtsein haftengeblieben. Stalin sollte stets daran glauben, daß es Doktrinen gibt, die den Rang von unanfechtbaren Wahrheiten besitzen. Auch wir glauben wohl daran, sind sogar davon überzeugt. Stalin jedoch tendierte, zu dem geworden, was er nun einmal war, dazu, diese Wahrheiten zu verabsolutieren, besonders wenn sie von ihm selbst stammten. Ich bezweifle sehr, daß er alles, was er selbst behauptete, auch glaubte. Aber die anderen glaubten es. Das wissen wir heute mit Sicherheit.

Auf den Dogmatismus von Stalins Denkgewohnheiten bin ich bereits eingegangen. Mich interessiert der Dogmatismus als ein Eckpfeiler des Stalinismus, als dessen hochwichtiges Attribut, das die Gesellschaftswissenschaft und anschließend auch die Gesellschaft selbst nach und nach in eine theoretische und geistige Sackgasse zu treiben vermochte. Stalin besaß die ausgeprägte Gabe, den Grundgedanken des Marxismus alles Leben zu entziehen und sie zu Mumien einer erstarrten, verzerrten Wahrheit werden zu lassen. Darin war er unübertroffen.

Bei jeder Gelegenheit tischte Stalin beispielsweise seine eigene Auffassung vom «endgültigen Sieg des Sozialismus» auf. Er ging von Lenins Gedanken aus, wonach in unserem Land alle nötigen Voraussetzungen für den Aufbau des Sozialismus vorhanden seien, und zitierte in seinem Werk «Zu Fragen des Leninismus» wiederholt «Modifikationen» seiner Definitionen. Schließlich formulierte er seine Grunddefinition: «Der endgültige Sieg des Sozialismus ist die volle Garantie gegen Interventions- und folglich auch gegen Restaurationsversuche, denn ein einigermaßen ernsthafter Restaurationsversuch kann nur mit ernster Unterstützung von außen, nur mit Unterstützung des internationalen Kapitals erfolgen.»[33] Um aber die absolute Richtigkeit und Fehlerlosigkeit der eigenen Formel zu beweisen, mußte Stalin vor Augen führen, wie falsch seine Gegner diese Frage verstanden. Zu diesem Zweck zitierte er Sinowjew: «Unter dem endgültigen Sieg des Sozialismus ist mindestens zu verstehen: 1. die Aufhebung der Klassen und folglich 2. die Abschaffung der Diktatur einer Klasse, im gegebenen Fall der Diktatur des Proletariats … Um noch klarer zu stellen, wie die Frage bei uns in der UdSSR im Jahre 1925 steht, muß

33 Stalin, Werke, Bd. 8, S. 57.

man zweierlei unterscheiden: 1. die gesicherte *Möglichkeit*, den Sozialismus zu bauen – diese Möglichkeit, den Sozialismus zu bauen, ist natürlich auch im Rahmen eines Landes durchaus vorstellbar, und 2. die endgültige Errichtung und Festigung des Sozialismus, das heißt die Verwirklichung der sozialistischen Ordnung, der sozialistischen Gesellschaft.»[34]

Mit allen hieran anschließenden Überlegungen versuchte Stalin nachzuweisen, daß Sinowjew ein kleingläubiger Kapitulant war. Scholastiker könnten Stalin darum beneiden, mit welcher Raffinesse er Schwachpunkte herausfand, die nicht seinem eigenen orthodoxen Denken entsprachen. Der mittelalterliche Theologe Thomas von Aquino sah einst eines der Hauptprobleme der Erkenntnis darin, ob das göttliche Tun nach dem freien Willen Gottes geschehe oder ob ihm göttliche Vernunft zugrunde liege, der auch sein Wille untergeordnet sei. Die Scholastiker konnten sich jahrzehntelang darüber streiten, was einen höheren Stellenwert habe: das innere «Licht» der Vernunft oder das «Licht der Glückseligkeit» und der «Heiligen Schrift». Stalin gab sich mit solchen «Lappalien» nicht ab, sondern forschte nach all jenen, die nicht an den Aufbau des Sozialismus glaubten. Da sich jedoch niemand gegen diesen Aufbau aussprach und niemand prinzipielle Einwände gegen diese Möglichkeit erhob, erhielten für den Generalsekretär Schattierungen, Nuancen und Feinheiten einen besonderen Stellenwert. Auch hierbei offenbarte Stalin die ganze Erfindungsgabe und zugleich Dogmatik seines Geistes. Wenn er die Aufmerksamkeit auf die Sünden der Oppositionellen lenkte, machte das stets Eindruck auf Hörer und Leser, was Stalin nicht entging. Auch hier handelte Stalin so:

«Ein Bauen aufs Geratewohl, ohne Perspektive, ein Bauen des Sozialismus, bei dem man nicht die Möglichkeit hat, die sozialistische Gesellschaft zu errichten – das ist die Position Sinowjews ... Aber das ist doch ein Hohn auf die Frage und keine Lösung!»

Der Leser kann sich aber davon überzeugen, daß Sinowjew lediglich Zweifel angemeldet hat, von denen er sich übrigens schon bald wieder freimachte. Er hatte das Schicksal der russischen Revolution zu sehr mit den internationalen Angelenheiten verknüpft, was ja auch verständlich ist, war er doch Vorsitzender des Exekutivkomitees der Komintern!

«Kapitulation vor den kapitalistischen Elementen unserer Wirtschaft», ereiferte sich Stalin weiter, «dahin führt die innere Logik der Argumentation Sinowjews.»

Nichts dergleichen hatte Grigori Jewsejewitsch Sinowjew aber auch nur gedacht! Er hatte lediglich die Möglichkeit und deren Gegenteil erwähnt. Stalin ging aber noch weiter, indem er resümierte:

«Man hätte im Oktober 1917 die Macht nicht ergreifen sollen – das ist die Schlußfolgerung, zu der die innere Logik der Argumentation Sinowjews führt.»

Die Partei kritisierte die «neue Opposition» wegen mehrerer falscher Schlußfolgerungen, doch war das noch kein Grund dafür, daß Stalin Sinowjew (und mit ihm auch dessen Gesinnungsgenossen) auf die andere Seite der politischen Barrikade stellte. Stalin konnte (und wollte) nicht begreifen, daß viele ungenaue und mitunter auch fehlerhafte Äußerungen im Eifer der Polemik, in der Hitze der Auseinandersetzungen gefallen und von Sinowjews Wunsch diktiert waren, den verlöschenden Brand der Weltrevolution wieder anzufachen. Sinowjew ging in der Tat voll in seiner Kominternarbeit auf und äußerte sehr absolute Urteile. Stalin übte nicht einfach als Genosse Kritik an diesem «Übers-Ziel-Hin-

34 Ebenda, S. 59f.

ausschießen», sondern nahm es zum Anlaß, «zuzuschlagen», «zu verdammen» und «zu liquidieren».

Das Ablehnen von theoretischen Prämissen wurde von Stalin schon Mitte der zwanziger Jahre als «feindliches Abweichen» vom Marxismus bewertet. In der Folgezeit hatte allein schon die Andeutung einer Divergenz mit dem Diktator tragische Folgen. Das kann man als theoretisches Diktatorgebaren werten: Übrigens bezeichnete schon Nietzsche solche Personen als «Tyrannen des Geistes». In einer seiner Schriften stellte er recht interessante Überlegungen zu dieser Frage an. Vielleicht war das Glück, schrieb er, «im Glauben an den Besitz der Wahrheit nie größer in der Welt, aber auch nie die Härte, der Uebermuth, das Tyrannische und Böse eines solchen Glaubens».[35]

Stalins Dogmatismus, der dem gesellschaftlichen Denken seinen diktatorischen Stempel aufdrückte, war militant, halsstarrig und gnadenlos. Hilfestellung leisteten ihm dabei seine ideologischen Schildknappen Shdanow, Suslow, Pospelow, Mitin und andere «Ritter» des Dogmatismus. Besondere Raffinesse legte hierbei Michail Suslow an den Tag – ein ideologischer Inquisitor, wie er im Buche steht. Er verstand es, die theoretischen Forschungen auch noch viele Jahre nach Stalin stagnieren zu lassen. Überall ließ er seinen ideologischen Schlagbaum herunter, konservierte den Stalinismus und erzeugte stets aufs neue Doppelzüngigkeit und theoretische Heuchelei. Auf der Unionsberatung der Leiter von Lehrstühlen für Gesellschaftswissenschaften verkündete ZK-Sekretär Suslow zum Beispiel 1962: «Der Dogmatismus ist die gefährlichste Form einer Loslösung der Theorie von der Praxis. Unter dem Deckmantel vorgeblicher Treue zum Marxismus-Leninismus fügen Dogmatismus und linker Opportunismus der revolutionären Theorie und Praxis sowie dem Sozialismus großen Schaden zu. Versuche, sich hinter einem Berg von Zitaten vor dem Leben zu verstecken, zeugen von Unfähigkeit oder mangelndem Willen, die neue historische Situation zu beurteilen, die großen Prinzipien des Marxismus-Leninismus schöpferisch auf die neuen, veränderten Bedingungen anzuwenden und sie weiterzuentwickeln.»[36] Solche gelehrigen Schüler Stalins wie Suslow waren regelrechte Verwandlungskünstler; schonungslos zogen sie gegen lebendiges Denken, Neuerergeist und alle Versuche, neue Prozesse geistig zu verarbeiten, zu Felde, wobei sie ihre dogmatische Rückständigkeit mit Reverenzen an die Dialektik und die «lebendige Seele des Marxismus» verbrämten.

Mit seiner Mumifizierung von Wahrheiten kultivierte der Stalinismus auch die selektive Benutzung von Leitgedanken des Marxismus, einen Wesenszug des Dogmatismus. Die Theorie des wissenschaftlichen Sozialismus, die Werke der Begründer des Marxismus-Leninismus und ihre Schlußfolgerungen müssen sich selbstverständlich ebenso wie jede andere Theorie der Prüfung durch die Zeit stellen. Schon Karl Marx sagte ja: «Wir treten … nicht der Welt doktrinär mit einem neuen Prinzip entgegen: Hier ist die Wahrheit, hier knieet nieder!»[37] Manche von den Klassikern formulierten Leitsätze müssen vor dem Hintergrund ihrer Zeit betrachtet werden. Das ist ganz natürlich. Doch selbst jene Schlußfolgerungen, die eventuell veraltet oder unserer heutigen Auffassung nicht mehr adäquat sind, haben wir zu respektieren und zu kennen. Niemandem käme es heute zum

35 F. Nietzsche, Kritische Studienausgabe in 15 Bänden, Bd. 2: Menschliches, Allzumenschliches, Berlin – New York 1980, S. 215.
36 Коммунист, H. 3/1962, S. 42.
37 Marx/Engels, Werke, Bd. 1, S. 345.

Beispiel in den Sinn, Arbeiten der Klassiker, in denen etwa von der Diktatur des Proletariats die Rede ist, nicht mehr zu drucken. Stalin aber legte persönlich fest, was aus dem theoretischen Nachlaß der Begründer des Marxismus veröffentlicht werden durfte und was nicht. Stalins Archivfundus enthält viele Gesuche um eine Veröffentlichungsgenehmigung für bestimmte Briefe von Lenin oder Manuskriptfragmente von Marx beziehungsweise Engels. Hierzu einige Beispiele. Im Juni 1939 wandte sich Mark Mitin, der Direktor des Marx-Engels-Lenin-Instituts, an Stalin: «Ich bitte um die Erlaubnis, in der nächsten Ausgabe des ‹Bolschewik› die beiden in der Anlage beigefügten Briefe W. I. Lenins an Inés Armand veröffentlichen zu dürfen.» Die Antwort fiel sehr knapp aus: «Kein Einw. St.»[38] ...

Doch nicht immer erhielt das Institut eine solche Erlaubnis. Shdanow, Mitin und Pospelow legten beispielsweise Stalin einen Artikel von Engels «Über die Außenpolitik des russischen Zarismus» vor, da sie sich nicht im klaren waren, ob seine Veröffentlichung zweckmäßig wäre. Der «Führer» studierte Engels' Ausführungen aufmerksam und brachte folgende Randbemerkungen an: «Greueltaten von Eroberern waren nicht das Monopol der russischen Zaren»; «Überbewertung der Rolle der Außenpolitik Rußlands»; «mit seinen Ausfällen gegen die Außenpolitik des Zarismus wollte er ihn in den Augen der Öffentlichkeit Europas absolut vertrauensunwürdig machen». Zusammenfassend schlußfolgerte er dann: «Lohnt es sich, nach allem bisher Gesagten Engels' Artikel in unserem Kampforgan ‹Bolschewik› als einen Leitartikel für alle Fälle oder zumindest zutiefst lehrreichen Beitrag zu veröffentlichen? Ihn im ‹Bolschewik› abzudrucken hieße ja automatisch, ihn stillschweigend als solchen zu empfehlen. Ich denke, daß das nicht lohnt. *J. Stalin.* 15. VII. 1940.»[39]

Daher ist es nicht verwunderlich, daß eine ganze Reihe Leninscher Dokumente über Jahrzehnte hinweg unveröffentlicht blieb. Bis ans Ende seiner Tage hielt Stalin viele Gedanken und Ideen Lenins «unter Verschluß». Der Dogmatismus erkennt nur an, was seine eigenen Thesen direkt bestätigt, und lehnt ab, was ihm widerspricht. Das hatte schon Hegel erkannt: Der Dogmatismus im engeren Sinne, schrieb er, bestehe darin, einseitige gedankliche Bestimmungen zu bewahren und entgegengesetzte Bestimmungen zu eliminieren.[40] Nicht einmal die «linken Phrasen», auf die Stalin häufig mit Vorliebe zurückgriff, konnten seinen Hang zum Konservieren der von ihm benötigten theoretischen Leitgedanken des Marxismus und zum Verschweigen solcher, die ihm suspekt erschienen, verbergen. Das liegt in der Natur dogmatischen Denkens, hält es sich doch selbst stets für unfehlbar.

Als eine regelrechte Enzyklopädie des Dogmatismus und als Ansammlung von mumifizierten Halbwahrheiten und Antiwahrheiten entpuppte sich das berüchtigte Lehrbuch «Geschichte der Kommunistischen Partei der Sowjetunion (Bolschewiki). Kurzer Lehrgang», das in über dreihundert Auflagen mit insgesamt rund 43 Millionen Exemplaren erschien! Dieses Sammelsurium von Dogmenmumien war für alle Erwachsenen des Landes ebensolche Pflichtliteratur wie es der Koran für die moslemischen Fundamentalisten ist. Wie die Geschichte allerdings schon seit langem gezeigt hat, ist das Bewußtsein der am

38 ЦПА ИМЛ, Fundus 558, Liste 1, Akte 3 222, B. 19.
39 Ebenda, Akte 906, Bl. 44–52.
40 Siehe Гегель, Сочинения, Moskau – Leningrad 1930, Bd. 1, S. 70.

stärksten von der Macht unabhängige Bereich. Ketzerische Ansichten, Zweifel und Andersdenken resultieren weitgehend aus Vergewaltigungen des Bewußtseins und aus Versuchen, dieses mit hartem Griff zu steuern und zu reglementieren.

Unmittelbar zu Beginn unseres Jahrhunderts veröffentlichte der bekannte (auf Geheiß Stalins jedoch für lange Zeit aus der Geschichte des gesellschaftlichen Denkens der Sowjetunion gestrichene) Philosoph Wladimir Solowjow einen Artikel mit dem vielsagenden Titel «Leitgedanken». Darin übte er wissenschaftliche Kritik an einem Beitrag Professor Nikolai Karejews von der Petersburger Universität, der in dem Sammelband «Istoritscheskoje Obosrenije» (Geschichtlicher Überblick) erschienen war. Karejew hatte den Historikern nicht nur Vorschriften zu machen versucht, wie die Geschichte *zu schreiben* und wie sie *zu erforschen*, sondern auch wie sie *zu verstehen* sei. Mit der ihm eigenen intellektuellen Brillanz machte Solowjow deutlich, wie haltlos der Anspruch des Autors, Empfehlungen zum Verständnis der Vergangenheit geben zu wollen, sei. Was aber war Karejew verglichen mit Stalin! Seine «Leitgedanken» waren absolut bindend für alle, zumindest verbal! Anmerken möchte ich, daß das Gros der Bevölkerung bereits ein deformiertes Bewußtsein besaß und dem «Führer» blind glaubte: Die Geschichte verstehen konnte es nur nach Stalins Muster.

Im folgenden will ich versuchen, die tatsächliche Rolle des «Kurzen Lehrgangs» in unserem gesellschaftlichen Geschehen herauszuarbeiten. Zuvor sei daran erinnert, daß Stalins dogmatischer Verstand, der die Bedeutung des inneren Kampfes der Partei gegen unzählige «Feinde» verabsolutierte, eine verzerrte Vorstellung von der Vergangenheit vermittelte. Natürlich hatte es Auseinandersetzungen in der Partei gegeben, und häufig auch erbitterte. Das ist ein Gesetz der Dialektik. Stalin sah aber in der Geschichte der Partei nichts als Kampf und Niedertracht: die Tücken der Menschewiki, das kapitulantenhafte Verhalten der Liquidatoren, den Antisowjetismus der Trotzkisten und die politische Doppelzüngigkeit seiner einstigen Kampfgefährten. Wollte man Stalin glauben, könnte man sogar meinen, außer ihm und der Gruppe seiner Anhänger seien alle in der alten «Parteigarde» – um mit ihm zu sprechen – «Ungeheuer aus der Bande Bucharins und Trotzkis» gewesen. Allein schon die Zwischenüberschriften der zwölf Kapitel des «Kurzen Lehrgangs» sprechen für sich. Dem «Führer» stellte sich die Geschichte als endlose feindliche Umtriebe der einen Seite und entschlossene, weise Aktionen der von Stalin geführten anderen Seite dar. «Spalteraktionen der menschewistischen Führer», «Zersetzung in den oppositionellen Schichten der Intelligenz», «Die verstärkte Aktivität der Trotzkisten», «Die Zerschmetterung des trotzkistisch-sinowjewschen Blocks», «Die politische Doppelzünglerei», «Die Liquidierung des Kulakentums als Klasse», «Die Liquidierung der Überreste der bucharinschen-trotzkistischen Spione, Schädlinge und Landesverräter» ...

Eine Gruppe von Historikern, bestehend aus Knorin (er konnte sein «Werk» allerdings nicht beenden, weil er verhaftet wurde), Pospelow und Jaroslawski, konzentrierte sich gemäß dem Politbüro-Beschluß vom 16. April 1937 voll auf die Aufgabe, dieses Buch zu Papier zu bringen. Als Grundlage diente eine von Stalin stammende Periodisierung der Parteigeschichte und seine Definition ihres Wesens als «Kampf der Bolschewiki gegen antibolschewistische Fraktionen».[41] Die einzelnen Kapitel und mehrere Umbruchvarian-

41 ЦПА ИМЛ, Fundus 558, Liste 1, Akte 3212, Bl. 27.

ten wurden Stalin der Reihe nach zugesandt. Fast jedes Kapitel «trimmte» der «Führer» auf den Grundgedanken: Die Geschichte der Partei ist die Geschichte ihres internen Kampfes, an dessen Spitze Stalin, der treue Kampfgefährte und Fortsetzer des Werkes von Lenin, stand. Obwohl von anderen Aufgaben stark in Anspruch genommen, saß Stalin, nach den Bemerkungen in den verschiedenen Varianten des künftigen Buches zu urteilen, lange persönlich über dieser «Geschichte». Er wußte sehr gut, daß er damit einen der wichtigsten Mechanismen für seine langfristige Einflußnahme auf das Bewußtsein von Millionen Menschen schaffen würde.

Stalin selbst konnte bei der Lektüre der jeweiligen Textvorlage des «Kurzen Lehrgangs» (es gab mehrere davon, bevor er die Variante absegnete, die später von vielen Millionen studiert wurde) nicht verborgen bleiben, daß sich die Geschichte der Partei wie ein Ritterturnier ausnahm, auf dem sein «Orden» immer neue Schlachten gegen die unzähligen feindlichen Kriegsscharen schlug. Er ging also in sich und beschloß, sein eigenes Konzept der Parteigeschichte gegen eventuelle künftige Kritik (gegenwärtig war sie ja ausgeschlossen) zu schützen. Daher diktierte er eine Reihe von Leitgedanken, die nach ihrer redaktionellen Bearbeitung folgendermaßen klangen:

«Es könnte scheinen, daß die Bolschewiki dem Kampf gegen die opportunistischen Elemente in der Partei zu viel Zeit gewidmet, daß sie deren Bedeutung überschätzt hätten. Das ist jedoch völlig unrichtig. Man darf in seiner Mitte nicht den Opportunismus dulden, wie man in einem gesunden Organismus kein Geschwür dulden darf. Die Partei ist der führende Trupp der Arbeiterklasse, ihre vorgeschobene Festung, ihr Kampfstab. Man darf nicht zulassen, daß in dem führenden Stab der Arbeiterklasse Kleingläubige, Opportunisten, Kapitulanten, Verräter sitzen. Gegen die Bourgeoisie auf Leben und Tod kämpfen und Kapitulanten und Verräter in seinem eigenen Stabe, in seiner eigenen Festung haben – heißt in die Lage von Leuten geraten, die sowohl von der Front wie vom Rücken her beschossen werden. Es ist nicht schwer zu begreifen, daß ein solcher Kampf nur mit einer Niederlage enden kann. Festungen werden am leichtesten von innen genommen.»[42] Soweit der «Frontstandpunkt» Stalins und seine rein militärische Terminologie.

Hinter den Überschriften des «Lehrgangs» verbergen sich mumifizierte Geschichte und eine lange Liste von Dogmen. Letztlich sollten sie alle einen der Hauptgedanken des Stalinismus unterstreichen: daß alles oben entschieden wird. Die gewohnten Worte – «eine Weisung von Genossen Stalin» und später von Chruschtschow und Breshnew – bedeuteten, daß Weisungen von oben bedingungslos auszuführen waren. Die Macht hat immer recht. Der Führer irrt sich nicht. Nicht einmal Despoten verlangten solche Hirnlosigkeit.

Reale Ereignisse und Fakten werden im «Kurzen Lehrgang» auf Schritt und Tritt gegen vertrocknete Mumien aus Stalins Vorstellungsspektrum ausgewechselt.

Eine solche Mumie des Dogmatismus ist die Verabsolutierung der revolutionären Sprünge und Herabsetzung der Rolle von Reformen. «Um in der Politik nicht fehlzugehen, muß man Revolutionär sein und nicht Reformer.» Diese weltanschauliche und methodologische Prämisse rechtfertigte Voluntarismus und gewaltsame Lösungen und räumte dem «Führer» von vornherein das Recht zu jedweden Radikalmaßnahmen ein, die er für nötig erachtete, so zum Beispiel einen Schritt wie den Übergang «zur Politik der Liquidierung, zur Politik der Vernichtung des Kulakentums als Klasse». Der «revolutio-

42 Geschichte der Kommunistischen Partei der Sowjetunion (Bolschewiki). Kurzer Lehrgang, Berlin 1952, S. 448.

näre», sprunghafte Voluntarismus Stalins wurde im «Kurzen Lehrgang» als höchste marxistische Wahrheit gepriesen. Die Worte «Reform» und «Evolution» galten als Synonyme für feindlich, fremd und von der Geschichte abgewertet.

Eine weitere Mumie des Dogmatismus war die Behauptung, die Wirtschaft der UdSSR sei der Gipfel der Vollkommenheit in der damaligen Welt. In unserem Land, so verkündete der «Kurze Lehrgang», befinden sich die Produktionsverhältnisse in voller Übereinstimmung mit den Produktivkräften ..., weshalb die sozialistische Produktion in der UdSSR auch keine periodischen Überproduktionskrisen und die damit zusammenhängenden Ungereimtheiten kennt. Was die «Ungereimtheiten» der Überproduktion betrifft, so hatte Stalin tatsächlich seine Hand im Spiel, damit es bei uns niemals dazu kam. Die permanenten Versorgungslücken, der bedrückende Warenmangel, die schlechte Qualität der Erzeugnisse und eine Produktion, die sich lediglich an quantitativen Kennziffern orientierte, wurden jedoch in den Rang einer Gesetzmäßigkeit erhoben.

Man könnte ein Vielzahl ähnlicher Mumien des Dogmatismus aufzählen, ich möchte aber nur noch eine nennen. Stalin verstand es (das wird im «Kurzen Lehrgang» auch wiederholt unterstrichen), den Sowjetmenschen den beständigen Eindruck zu vermitteln oder ihnen vielmehr die Weltanschauung anzuerziehen, daß sämtliche Mißerfolge, Fehlschläge und Schwierigkeiten lediglich den Machenschaften der zahlreichen «Volksfeinde» anzulasten seien, derer wir uns von 1937 an endlich entschlossen und in großem Stil entledigten. Der «Kurze Lehrgang» spart nicht mit Schmähungen an die Adresse der Altkommunisten, der «Leninschen Garde», der Väter der Oktoberrevolution: «Bande von Feinden», «Abschaum des Menschengeschlechts», «trotzkistisch-bucharinsche Mißgestalten», «weißgardistische Pygmäen und Geschmeiß», «nichtswürdige Lakaien der Faschisten» und dergleichen mehr. Das für jedermann zur Pflichtlektüre erklärte Lehrbuch trichterte Millionen Bolschewiki und Parteilosen ein: «Es ist notwendig, daß die Parteimitglieder nicht nur wissen, wie die Partei gegen die Kadetten, die Sozialrevolutionäre, die Menschewiki, die Anarchisten kämpfte und sie überwand, sondern auch, wie die Partei die Trotzkisten, die ‹demokratischen Zentralisten›, die ‹Arbeiter-Opposition›, die Sinowjewleute, die rechten Abweichler, die ‹rechts-linken› Mißgestalten usw. bekämpfte und überwand. Man darf nicht vergessen, daß die Kenntnis und Beherrschung der Geschichte unserer Partei das wichtigste Mittel ist, um die revolutionäre Wachsamkeit der Parteimitglieder vollauf zu sichern.»[43] Der Hauptautor dieser «Enzyklopädie marxistischen Wissens» forderte, daß jedermann in Anspannung, in Erwartung von Ausfällen des Feindes, in ständiger Wachsamkeit gegenüber seiner Umgebung, seinen Arbeitskollegen leben sollte, denn «der Feind schläft nicht!».

Neben diesen allgemeinen Richtwerten, die den Verfassern des «Kurzen Lehrgangs» 1937 in einem Brief «Über das Lehrbuch zur Geschichte der KPdSU(B)»[44] vorgegeben worden waren, war Stalin auch um größtmögliche antitrotzkistische Ausrichtung des «Werkes» bemüht. So zum Beispiel in folgendem Fragment: «Wie *nunmehr* im Prozeß gegen den antisowjetischen ‹rechtstrotzkistischen Block› *im Jahre 1938* festgestellt wurde, war es mit Wissen und Zustimmung Bucharins *und Trotzkis* zum Aufruhr der ‹linken› Sozialrevolutionäre gekommen und gehörte er zum Gesamtkonzept der konterrevolutionä-

43 Ebenda, S. 409.
44 К изучению истории. Сборник, Moskau 1937, S. 28.

ren Verschwörung der Bucharinleute, Trotzkisten und ‹linken› Sozialrevolutionäre gegen die Sowjetmacht.»[45] (Die hervorgehobenen Wörter sind von Stalin selbst eingefügt.)

Der gesamte Inhalt des «Werkes» sollte die Menschen dazu bewegen und erziehen, ihre Umgebung mit Stalins Augen zu betrachten. Er sah nahezu in jedem dritten Bürger des Landes ein «verdächtiges Subjekt», einen «Doppelzüngler» oder einen «verkappten Feind». Ich möchte zugleich bemerken, daß der «Kurze Lehrgang» nicht nur deshalb in unserem Lande so populär war, weil der Propagandaapparat ihn ganz im Sinne der Weisungen Stalins für viele Jahre zum «wichtigsten Buch» der Gesellschaft gemacht hatte, sondern auch weil seine extrem primitive, schematische Darstellung vielen Menschen imponierte; denn sie hatten sich immer mehr daran gewöhnt, daß andere für sie dachten, und so nahmen sie mit dieser kärglichen geistigen Nahrung vorlieb. Die mumifizierten Dogmen waren sehr faßlich und verständlich (mit Ausnahme von Paragraph 2, Kapitel 4). Man brauchte nicht erst in Quellen- und anderer Literatur nachzuforschen, vor allem aber brauchte man nicht seinen Kopf anzustrengen, denn alles war in die entsprechenden politischen Kästchen verpackt, die Akteure waren mit entsprechenden Farben gekennzeichnet (von denen es hier nur zwei gab), und überall wurden klare, unmißverständliche Wertungen abgegeben. Auf Stalins Vorschlag hatten die Verfasser dafür gesorgt, jedes Kapitel mit «Kurzresümees» im Stil von politischen Anleitungen abzuschließen. Man brauchte also nur noch die «vorgekauten Leitsätze» auswendig zu lernen. Dieses Buch diente als wichtigstes Instrument zur Kultivierung von dogmatischem Denken in der Partei und im Lande. So gingen die mumifizierten Antiwahrheiten aus dem Buch ins gesellschaftliche und individuelle Bewußtsein über. Von nun an fußte das gesamte System der politischen Schulung und der Bildungsarbeit in der Partei jahrelang auf dem «Kurzen Lehrgang», der dem Bewußtsein von Millionen Menschen gröblich verstümmelte Fragmente des Leninismus vorsetzte. Da braucht man sich wohl kaum zu wundern, weshalb es noch heute so viele Anhänger des «Führers» gibt! Der «Kurze Lehrgang» hat hieran keinen geringen Anteil.

Von einem kleinen Kreis von Wissenschaftlern und Intellektuellen einmal abgesehen, kannten die Generationen der dreißiger und vierziger Jahre den Original-Lenin und dessen Schriften eigentlich überhaupt nicht. Statt dessen war der «Kurze Lehrgang», für dessen Verfasser schon bald der «Führer» selbst gehalten wurde, im wahrsten Sinne des Wortes mit Stalin-Zitaten «gespickt». Die letzten drei Kapitel des «Lehrganges» zum Beispiel enthalten auf wenig mehr als siebzig Seiten über sechzig (!) Erwähnungen, Zitate und «Schlußfolgerungen» Stalins. Der Autor des «Kurzen Lehrganges» hatte sich damit auch zu dessen «Hauptperson» gekürt. Als Stalin am 1. Oktober 1938 aus Anlaß des Erscheinens seines «Werkes» eine Ansprache vor Moskauer und Leningrader Propagandisten hielt, führte er seinen Hauptgedanken aus: Er sei nicht überzeugt, ob ohne die Schüler Lenins (natürlich meinte der «Führer» damit nur sich selbst), die «am gleichen Strang zogen», die Sowjetmacht überhaupt zustande gekommen wäre. Dann empfahl er noch den «Kurzen Lehrgang» zusammen mit dem «Buch des Genossen Stalin ‹Über die Grundlagen des Leninismus› zu lesen, das alles Wesentliche vermittelt». Den «Kurzen Lehrgang» bezeichnete Stalin als «Manifest und Hohelied des Marxismus». In Anbetracht der Teilnehmerstruktur unterließ er auch nicht den warnenden Hinweis: Wir haben einen «Teil

45 ЦПА ИМЛ, Fundus 558, Liste 1, Akte 5400, Bl. 28.

der Intelligenz nicht erzogen; er ist ausländischen Spionagediensten ins Netz gegangen und ihre Beute geworden»[46]. Stalin belehrte die Propagandisten, wie sie mit dem «Manifest» umzugehen hätten, und warnte gleichzeitig vor eigenem Denken, mit dem man womöglich in den Fängen «ausländischer Spionagedienste» ende. Der «Kurze Lehrgang» war von nun an das stalinistische Zitatenbuch und diente als Gradmesser der Orthodoxie und politischen Zuverlässigkeit jedes einzelnen.

Eine derart dogmatische und geschichtsfeindliche ideologische Nahrung zog geistige Verarmung, theoretische Simplifizierungen und Primitivismus nach sich. Stalin düngte den Boden, auf dem eine breite Schicht elementar denkender Menschen gezüchtet werden sollte, aus deren Mitte unentwegt neue Karrieristen, Denunzianten, übereifrige Beamtenseelen und gedankenlose Befehlsausführer rekrutiert wurden. Diese Schicht stellte die Nachfolgekandidaten für den bürokratischen Apparat, die Straforgane und die Funktionärsreihen der verschiedenen Ebenen. Malenkow lancierte, wie sein Archiv belegt, viele Tausende, die für die Parteiarbeit vorgesehen und auf Vollversammlungen automatisch gewählt worden waren, in die Organe des Inneren und den Apparat der Ministerien. Die erforderliche ideologische und theoretische Reife galt als vorhanden, wenn kein «Belastungsmaterial» seitens der «Organe» vorlag und nachweislich mit Stalins «Handbuch» gearbeitet worden war. Mancher wurde zu einem Gespräch nach Moskau geladen, bei dem Malenkow höchstpersönlich mit aufgeschwemmtem Gesicht, wichtigtuerisch in einen Sessel geflätzt – oder ein von ihm benannter Beamter bei der Examination mit Sicherheit auch ein, zwei Fragen zum «Kurzen Lehrgang» oder anderen Arbeiten Stalins stellten:

«Welche Abweichung ist die hauptsächliche und gefährlichste?» (Das war eine Falle, denn nicht allen fiel gleich ein, daß Stalin gelehrt hatte: Die Hauptabweichung ist die, die wir nicht mehr bekämpfen.)

«Wann und wo hat Genosse Stalin gesagt: ‹Die Kader entscheiden alles?›»

Und so ging es weiter mit den «Weisheiten».

Der ideologische Stoff des «Kurzen Lehrganges» reichte für mehr als ein Jahrzehnt. Vor dem Kriege gab Stalins Zitatenbuch nicht nur deshalb im gesellschaftlichen Bewußtsein den Ton an, weil die Propagandisten dafür sorgten, sondern auch weil Millionen Menschen – ich wiederhole das nochmals – hier die extrem komprimierte und faßliche Darlegung einer ganzen Epoche in einem Buch vorfanden. Die meisten begriffen nicht, daß das im «Kurzen Lehrgang» skizzierte Zeitporträt extrem verzerrt war. Das dogmatische Denken im Lande wurde vom gesamten politischen Erziehungssystem kultiviert. Die wichtigsten Wegbereiter der stalinistischen Linie waren hierbei Shdanow und nach dessen Tod Suslow.

Shdanow war Stalin schon seit langem aufgefallen. Vieles über ihn erfuhr der «Führer» aber natürlich erst später, als der junge Sekretär des Gouvernementkomitees Nishni Nowgorod 1925 als Kandidat ins ZK einzog. 1929 lud Stalin den Sekretär des Regionsparteikomitees Gorki (die Stadt war zu diesem Zeitpunkt bereits umbenannt) zu sich in den Kreml ein, um sich mit ihm zu unterhalten. Der 33jährige kraftstrotzende Mann hinterließ beim Generalsekretär einen guten Eindruck. Er erkundigte sich, wie es in Gorki so lief, welche Stimmung unter den Leuten herrschte und wie man in der Stadt zur Ausweisung Trotzkis, dessen Ausschluß aus der Partei und zur Verbannung einer großen Gruppe

46 Ebenda, Liste 120, Akte 313, Bl. 7–15.

seiner Anhänger stehe. Nebenbei erkundigte er sich, wer von Shdanows Verwandten jetzt in seiner Heimatstadt Mariupol wohne und ob er noch Kontakt zu Schadrinsk habe, wo seine Parteilaufbahn während des Bürgerkrieges begonnen hatte. Erstaunt, wie gut der Generalsekretär Bescheid wußte, gab Shdanow kurz und gescheit über alles Auskunft, schätzte die Perspektive der beginnenden Kolchosbewegung in seiner Region optimistisch ein und kündigte an, daß die Bolschewiki der Regionsorganisation den Fünfjahrplan vorfristig erfüllen würden. Man verabschiedete sich. Stalin notierte etwas in sein geheimnisvolles Heft: Kluge Augen, intelligent, hat um nichts gebeten, wie es in solchen Fällen sonst oft vorkommt (Autos, Leute, zusätzliche Bezüge). Was der junge Sekretär über die Perspektiven der Kolchosbewegung und die Notwendigkeit einer forcierten Entwicklung der Industrie gesagt hatte, stimmte mit Stalins Meinung überein.

Wieder in Gorki, interessierte sich Shdanow dafür, wo die nächste Parteikonferenz stattfinden sollte. Als er erfuhr, daß es im Stadtbezirk Sormowo sein würde, fuhr er dorthin und hielt eine Rede, in der er vor allem die Schlußfolgerungen und Hinweise aus seinem Gespräch mit Stalin herausstellte. Er wies die Parteimitglieder besonders darauf hin, daß noch nicht alle Anhänger Trotzkis unschädlich gemacht seien, und rief zu Wachsamkeit auf.[47] Im Jahr darauf wurde Shdanow auf dem XVI. Parteitag bereits zum ZK-Mitglied gewählt, und danach ging es mit seiner Karriere noch steiler bergauf. 1934 übernahm Shdanow nach Kirows Ermordung die Leitung der Leningrader Parteiorganisation und wurde gleichzeitig Sekretär des ZK der KPdSU(B). Ab Februar 1935 war er dann Kandidat und ab 1939 Mitglied des Politbüros. Stalin stand er persönlich nahe und war eine Zeitlang sogar mit ihm verschwägert, als sein Sohn Juri Stalins Tochter Swetlana geheiratet hatte. Diese Ehe sollte aber nicht lange halten. Auch als Mitglied des Kriegsrates der Leningrader Front fand Shdanow Stalins Zufriedenheit. Auf Empfehlung des Obersten Befehlshabers wurde ihm als Parteiarbeiter 1944 der Dienstgrad Generaloberst verliehen.

Bei Kriegsende testete Stalin Shdanow gewissermaßen auf seine Tauglichkeit für die Militärdiplomatie. Nach Abschluß des Waffenstillstandes von 1944 war er für die Verhandlungen mit den Finnen zuständig. In Shdanows Archiv sind zahlreiche Telegramme an Stalin aufbewahrt. Hier nur eines von ihnen:

«Genossen Stalin, J.W. — Blitztelegramm

Genossen Molotow, W. M.

Heute, am 18. Januar 1945, war ich bei Mannerheim. Unser Treffen unter vier Augen dauerte rund zwei Stunden. Mannerheim sagte, nach den vielen Jahren der Feindschaft sei nun die Zeit gekommen, eine grundlegende Wende in den Beziehungen zwischen unseren Staaten herbeizuführen. Die militärischen Verteidigungslinien gegen die UdSSR sind, wie ich mich überzeugen konnte, nutzlos, wenn die Beziehungen nicht gut sind. Wie Mannerheim erklärte, hatte er den Krieg 39 ebensowenig gewollt wie den von 41 bis 44, dessen günstigen Ausgang er schon vor seinem Ausbruch anzweifelte. Er stimmte einer Zusammenarbeit in der Küstenverteidigung zu; zu Lande werde man sich selbst schützen. Als er sich nach Rahmenverträgen erkundigte, sagte ich, es gäbe sie wohl, zum Beispiel mit der Tschechoslowakei. Ich bitte um Weisungen.

A. Shdanow.»

47 Ebenda, Fundus 77, Liste 1, Akte 268, Bl. 5–10.

Die Antwort an das Politbüromitglied verfaßte damals nicht Stalins, sondern Molotow, und sie fiel wie eine Zurechtweisung aus: «Sie haben den Dingen vorgegriffen. Mit Mannerheim einen Pakt zu schließen, wie wir ihn mit der Tschechoslowakei haben, ist Zukunftsmusik. Zuerst einmal müssen die diplomatischen Beziehungen wieder aufgenommen werden. Verschrecken Sie Mannerheim nicht mit radikalen Vorschlägen. Verschaffen Sie lediglich Klarheit über seinen Standpunkt. *Molotow.*»

Tags darauf meldete Shdanow Stalin wiederum: «Ich war erneut bei Mannerheim und sagte, der Abschluß eines Paktes wie mit der Tschechoslowakei sei ‹Zukunftsmusik› und könne erst nach Wiederaufnahme der diplomatischen Beziehungen erfolgen. Mannerheim entgegnete, dafür habe er Verständnis, denn Finnland stehe unter Beobachtung und könne wohl vorerst keine anders gearteten Beziehungen mit der UdSSR haben. Seine Enttäuschung war nicht zu übersehen.» Dem schlossen sich konkrete Fragen zum Alliierten Kontrollrat an.[48] Stalin bekräftigte die Vorschläge der sowjetischen Seite, wobei er überlegte, ob sich für Shdanow nach dem Kriege nicht möglicherweise bei der Lösung internationaler Fragen Verwendung finden könnte. Nebenbei bemerkt, war es Shdanow, der sich in Stalins Auftrag mit dem Kominformbüro befaßte.

Weshalb schweife ich so weit ab? Um deutlich zu machen, daß Stalin die Person, auf die er setzte, unentwegt testete. Mitunter prüfte er sie lange, bisweilen ein Leben lang, aber er verzieh nicht einen einzigen größeren Fehler. Shdanow rechtfertigte Stalins Vertrauen jederzeit, aber wer weiß, ob nicht auch ihn die Leningrader Repressalien in ihren Strudel gerissen hätten, wäre er nicht im August 1948 ganz plötzlich im Alter von 52 Jahren verstorben. Sein Sohn Juri Andrejewitsch Shdanow meint, Stalins Verhältnis zu seinem Vater habe sich gegen dessen Lebensende ebenso abgekühlt wie schon zuvor das zu Wosnessenski und Kusnezow und kurz darauf auch zu Molotow. Was aber Stalins reserviertes Verhalten zu Shdanow angeht, so sind das Vermutungen, für die es nur wenige Indizien gibt.

Seit 1944 arbeitete Shdanow unmittelbar im ZK der KPdSU(B) und wachte dort mit Argusaugen unnachsichtig über Ideologie und Kultur. Der Dogmatismus wurde nicht nur über die Vergötterung des «theoretischen Genies des Führers» gezüchtet, sondern es gab auch noch ein ganzes System von Verboten, um ihn zur Bewußtseinsdominante zu machen: Was durften Kinos und Theater aufführen, was Schriftsteller und Komponisten zu Papier bringen, was Philosophen und Historiker schreiben und was nicht ...? Auf Schritt und Tritt gab es unzählige Tabus. Shdanow wußte sie geschickt zu verteilen, womit er Stalins Vertrauen rechtfertigte. Auch das geistige Leben nach dem Kriege verknöcherte rasch, kaum daß es nach den Ereignissen von 1937/38 wieder etwas aufgetaut war, und zahlreiche Mumien des Dogmatismus taten auch hier das ihre.

Ein 1979 in Paris erschienener Sammelband von historischen Berichten und Erinnerungen gibt die Eindrücke eines Augenzeugen wieder, der im August 1946 im Smolny Shdanows Referat zu den Zeitschriften «Swesda» (Stern) und «Leningrad» miterlebt hatte.

Ich zitiere aus den mit D. D. unterzeichneten Erinnerungen:

«Der Referent kam in Begleitung einer größeren Gruppe von rechts, so daß ihm das Publikum den Rücken zuwandte. In der Hand hielt er eine Mappe. Das elektrische Licht

48 Ebenda, Liste 3, Akte 54, Bl. 1–4.

ließ sein Haar leuchten. Er sah aus, als hätte er gut geschlafen und kurz zuvor ein Bad genommen. Alle erhoben sich und applaudierten. Der Referent trat an die Tribüne heran. Es war 17 Uhr. Wie üblich wurden namhafte Literaturschaffende für das Präsidium vorgeschlagen. Es gab sogar kurz Gelächter, weil die Schriftsteller vergessen hatten, ihren eigenen Sekretär Prokofjew fürs Präsidium zu benennen. Der Referent schmunzelte und brachte halblaut eine scherzhafte Bemerkung an. Rasch zog wieder Ruhe im Saal ein. Der Referent verharrte einen Augenblick lang schweigend und hob dann zu sprechen an. Nach wenigen Minuten herrschte dann eine knisternde Stille. Die Anwesenden saßen wie versteinert da. Immer eisiger wurde es im Saal, bis er nach drei Stunden einem harten weißen Eisblock glich. Die Rede hatte allen die Sprache verschlagen. Schweigend ging man auseinander.»[49] So war Shdanow, einer der ranghöchsten intellektuellen Zerberusse Stalins und Wächter über dessen ideologische Mumien.

Viele in der Partei, die um Suslows tatsächliche Rolle wußten, nannten ihn die «graue Eminenz». Er und Malenkow waren mit die wichtigsten Drahtzieher für das Funktionieren des Apparates. Stalin wußte ihn (wie auch Schwernik) nach seinem 70. Geburtstag besonders zu schätzen. Alles war nach Meinung des «Führers» bestens organisiert gewesen. Die ideologische Seite des Jubiläums fiel dabei hauptsächlich in Suslows Aufgabenbereich. Das beste Bild von Suslow vermitteln meines Erachtens seine eigenen Äußerungen, so zum Beispiel über Stalin und Chruschtschow. Interessant ist dabei der Unterschied zwischen den Äußerungen vor dem Tode bzw. der Absetzung des Betreffenden und danach. Ich will hier gar nicht diese Urteile zitieren, die so gegensätzlich sind, als seien sie auf ganz verschiedene Personen gemünzt. Prinzipienfestigkeit war, kurz gesagt, nie Suslows Stärke, wenn es um «Führer» ging. Er betete nur den an, der gerade am Ruder war, wogegen er den Abgedankten eiskalt in den Schmutz zog.

Suslow war ein hagerer, kränklich wirkender Mann, der stets einen abgetragenen Anzug trug; aber dennoch wußte er die Annehmlichkeiten des Lebens mehr als andere zu schätzen. Er hatte eine ausgemachte «Schlagbaumdenkweise»: nichts durchgehen lassen, nichts genehmigen, nichts erlauben, keine Nachsicht üben. Nicht nur auf der mittleren Ebene, sondern auch bei Gleichgestellten war er etwas gefürchtet. Von 1947 an hatte er fünfunddreißig Jahre lang als Sekretär des Zentralkomitees die ideologischen Zügel in der Hand. Dieser Mann tat nicht nur unter Stalin, sondern auch danach sehr viel, um den Dogmatismus in der sowjetischen Gesellschaftswissenschaft festzuschreiben. In den Jahrzehnten seiner ZK-Tätigkeit vermochte der Chefideologe der Partei andererseits auch nicht eine einzige einigermaßen einprägsame, frische Idee oder Konzeption vorzulegen. Sein Leben lang war er ein Hüter der Dogmen des Stalinismus; auch als er sich später pro forma von Stalin abgekehrt hatte, ließ er doch nicht davon ab, zur Konservierung der alten stalinistischen Legenden beizutragen. Bis zu Stalins Tod gehörte Suslow zu den fanatischsten Propagandisten von Stalins Arbeiten und des «Kurzen Lehrganges», der allen Bemühungen zum Trotz unmerklich an «ideologischer Kraft» verlor.

Nach dem Krieg wurde allmählich deutlich, daß die Möglichkeiten dieses «Meisterwerkes» zur ideologischen Einflußnahme ausgeschöpft waren. Die Gesellschaftswissenschaft begann nicht nur zu stagnieren, sondern über weite Strecken abzusterben. Stalin verabreichte ihr daraufhin ein paar neue Spritzen in Gestalt seiner Broschüre «Der Marxismus

49 Сборник исторических свидетельств, Paris 1979, S. 449f.

und die Fragen der Sprachwissenschaft» und «Ökonomische Probleme des Sozialismus in der UdSSR». Wie es seine Gewohnheit war, veröffentlichte er auch einige Antworten auf die zahlreichen Briefe, die unter anderem zur erstgenannten Arbeit eingegangen waren. In seinen «Antworten an die Genossen» unterstrich Stalin: «Der Marxismus erkennt keine unveränderlichen Schlußfolgerungen und Formeln an, die für alle Epochen und Perioden obligatorisch wären. Der Marxismus ist ein Feind jeglichen Dogmatismus.»[50] Wenn es heißt, daß der Marxismus dem Dogmatismus feind ist, muß man dem beipflichten. Doch im vorliegenden Fall setzte Stalin natürlich ein Gleichheitszeichen zwischen seiner «Lehre» und dem Marxismus. Stalins neue Schriften, die übrigens namhafte Wissenschaftler für ihn verfaßt hatten, wonach er ihnen lediglich noch das typisch Stalinsche Gepräge verliehen hatte, waren durch und durch ebenso hoffnungslos dogmatisch wie praktisch alles, was er zuvor geschrieben hatte.

Der Gerechtigkeit halber sei gesagt, daß Stalin zu den wenigen führenden Funktionären seit Lenin gehörte, die zumeist selbständig an ihren Artikeln, Reden und Büchern (mit Ausnahme der letzten) arbeiteten. Ich will hier gar nicht auf ihren Inhalt eingehen. Zwar besteht der Verdacht, daß Stalin in mehreren Fällen Gedanken und Thesen für «Über die Grundlagen des Leninismus» und «Fragen des Leninismus» bei anderen entlehnt hat, doch möchte ich wiederholen, daß er seine Arbeiten in der Regel selbst verfaßte. In der Folgezeit sollte diese Tradition verloren gehen: Chruschtschow teilweise, besonders aber Breshnew und Tschernenko «verlasen» lediglich noch, was andere für sie geschrieben hatten, und auch das nicht immer klar verständlich. In den Vereinigten Staaten sind zum Beispiel die Namen der Speechwriter, die die Reden für den Präsidenten aufsetzen, bekannt. Dagegen ist wohl auch gar nichts einzuwenden. Aber wenn jemand zahlreiche Bände seiner Werke erscheinen läßt, ohne sie auch nur gründlich gelesen zu haben? Breshnew hatte zum Beispiel seine zu beeindruckenden Folianten gebundenen Arbeiten wohl weder selbst geschrieben noch jemals gelesen. Er begriff nicht, daß «seine» zahlreichen Bücher nur gedruckte Denkmale seiner Eitelkeit und seines Mittelmaßes waren.

Stalins Versuch, am Ende seines Lebens die vernknöcherte Gesellschaftswissenschaft zu neuem Leben zu erwecken, kam zu spät. Das Schicksal ließ ihm hierfür nicht genug Zeit. Um seine Schrift «Der Marxismus und die Fragen der Sprachwissenschaft» konnte die Propagandamaschinerie noch genügend die Werbetrommel rühren, wurde in zahlreichen Publikationen, Broschüren und Vortragsreihen auf die unverminderte «Genialität» Stalins hingewiesen. Den Propagandisten fiel es freilich schwer, eine vernünftige Antwort auf die Frage zu geben, weshalb der alternde «Führer» sich in der Neige der Jahre ausgerechnet mit der Sprachwissenschaft, einem relativ speziellen Wissenschaftsbereich, befaßte. Nur Experten konnte natürlich auffallen, daß der «Führer» mit seiner Kritik an den recht odiösen Auffassungen von Akademiemitglied Nikolai Jakowlewitsch Marr, der auch unter Sprachwissenschaftlern kein Ansehen genoß, einen Mißgriff getan hatte. Zudem war sehr vielen bekannt, daß große Teile der Broschüre von Akademiemitglied Wiktor Wladimirowitsch Winogradow verfaßt worden war. Stalins Versuche, ganz nebenbei einige methodologische Fragen wie Basis, Überbau, Klassencharakter, Sprache und Denken abzuhandeln, muten häufig primitiv und naiv an. Daß Stalin sich auf ein so spezielles

50 Stalin, Der Marxismus und die Fragen der Sprachwissenschaft, Berlin 1952, S. 17.

Wissenschaftsgebiet vorwagte, zog nicht die von ihm erwartete deutliche Belebung der Gesellschaftswissenschaften nach sich und verhalf ihm auch nicht zu dem erhofften noch größeren Ruhm als «Theoretiker».

Mit größerer Sorgfalt bereitete sich Stalin auf die Veröffentlichung seiner Schrift zur Ökonomie vor. Wie schon in der vorausgegangenen Broschüre blieb der «Führer» auch hier seinem katechetischen Grundsatz – Fragen und Antworten – treu. Fragen zu den ökonomischen Gesetzen, zur Warenproduktion, zum Wertgesetz und viele andere. Formell war diese Schrift als Bemerkungen zu ökonomischen Fragen vor dem Hintergrund der Novemberdiskussion von 1951 und der Einschätzung des Entwurfs eines Lehrbuchs zur politischen Ökonomie konzipiert, der, wie bereits erwähnt, von D. T. Schepilow zusammen mit einer kleinen Gruppe von Wissenschaftlern verfaßt worden war. Stalin war schon alt, und das Ende 1952, wenige Monate vor seinem Tode, erschienene schmale Heft von rund hundert Seiten hatten andere an seiner Stelle verfaßt. Der kranke «Führer» war natürlich wie stets mehrere Male den Text gründlich «durchgegangen» und hatte den Autoren gegenüber mündlich seine Wünsche geäußert. Viele Leitgedanken der Broschüre sind jedoch deutlich vom dogmatischen Denken des Diktators persönlich geprägt. Was die Kolchosproduktion anging, überwog zum Beispiel nach wie vor sichtlich das Wunschdenken, was Stalins völlige Inkompetenz und seine absolute Unkenntnis der Landwirtschaft enthüllte. Der Leser mag selbst urteilen. Stalin bestand darauf, das nachstehende Fragment in die Broschüre einzuarbeiten: «Dieser Umstand führt dazu, daß der Staat nur über die Erzeugnisse der staatlichen Betriebe verfügen kann, während über die kollektivwirtschaftlichen Erzeugnisse nur die Kollektivwirtschaften als über ihr Eigentum verfügen. Aber die Kollektivwirtschaften wollen ihre Produkte nicht anders als in Form von Waren veräußern, für die sie im Austausch die von ihnen benötigten Waren erhalten wollen.»[51] Sollte Stalin wirklich nicht gewußt haben, daß die Kolchose nach wie vor über gar nichts verfügten und daß die Lage dieser abhängigen Schicht, zu der die Bauern infolge der Stalinschen Agrarpolitik degradiert worden waren, einen Punkt erreicht hatte, an dem die völlige Ausweglosigkeit begann?

Im alten, traditionellen Stil wurden hier in der Regel auch viele andere Fragen der politischen Ökonomie und des historischen Materialismus abgehandelt. Wieder wurde der Versuch deutlich, seit langem vertrockneten Mumien neues Leben einzuflößen, was nur mit neuen Fehlern oder einem Wiederkäuen von Altbekanntem einherging. Freilich hat es den Anschein, als hätten sich die eigentlichen Verfasser (ob nun absichtlich oder nicht) hier mit Stalin einen bösen Scherz erlaubt. Das von ihnen formulierte «ökonomische Grundgesetz des Sozialismus» ist eine fast wörtliche Wiederholung dessen, was mehr als ein halbes Jahrhundert zuvor Karl Kautsky gesagt hatte, den Stalin doch als Reformisten verachtete … Kautsky hatte das Gesetz ebenso wie Stalin nicht über den Gewinn, sondern über die maximale Befriedigung der ständig wachsenden materiellen und kulturellen Bedürfnisse der Gesellschaft definiert.

Wie ich bereits bemerkte, war Stalin ein ausnehmend schlechter Prophet. Die meisten seiner Prophezeiungen trafen nicht ein. Seine letzte Arbeit bestätigte das einmal mehr. Zu der Frage, ob sich Kriege zwischen kapitalistischen Ländern vermeiden lassen, wiederholte Stalin im Grunde lediglich Thesen, die nur in den dreißiger Jahren aktuell und rich-

51 Stalin, Ökonomische Probleme des Sozialismus in der UdSSR, Berlin 1952, S. 17.

tig gewesen waren. Der gealterte «Führer» war in seinem Weltverständnis auf dem Niveau jener Jahre stehengeblieben. Kategorisch erklärte er, daß «die Unvermeidbarkeit von Kriegen zwischen kapitalistischen Ländern fortbesteht», wobei er ganz am Rande die noch zweifelhaftere und falschere These aufstellte, die Wahrscheinlichkeit eines Krieges zwischen kapitalistischen Ländern sei nunmehr größer als die eines Krieges «zwischen dem Lager des Kapitalismus und dem Lager des Sozialismus.»

Stalin dachte in «Komintern-Kategorien» und begriff eindeutig nicht die Rolle der Friedensbewegung bei der Erhaltung des Friedens. Wenn gewisse Umstände zusammentreffen, könne sich, wie er schrieb, der Friedenskampf hier oder da zu einem Kampf um den Sozialismus entwickeln, doch werde das dann nicht mehr dieselbe Friedensbewegung sein, sondern eine Bewegung für den Sturz des Kapitalismus. Stalin war im Grunde entgangen, daß eine neue Betrachtung des Weltgeschehens entstanden war. Vielleicht fiel es ihm (er war doch aber ein «Genie»!) schwer, die Tatsache auszusprechen, daß die Atomwaffe, in deren Besitz sich nunmehr auch die Sowjetunion befand, schon bald über die Ziele, um derentwillen sie entwickelt worden war, «hinauswachsen» würde. Im Dunstschleier der Zukunft vermochte er nicht die Trennlinie, die Grenze zu erkennen, jenseits derer der Krieg aufhört, ein vernünftiges, rationelles Mittel der Politik zu sein. Sicherlich verlange ich da viel von Stalin ... Aber – ich wiederhole mich – alle hielten ihn doch schließlich für ein Genie! Er aber zerrte erneut mumifizierte Antiwahrheiten ans Licht, die noch anderthalb Jahrzehnte zuvor bei der Beantwortung beispielsweise der Frage, ob das Gesetz der Unvermeidbarkeit von Kriegen seine Gültigkeit behält, eine gewisse Hilfe sein konnten. Die von ihm aufgetischte Schlußfolgerung war angetan, den Wind des «kalten Krieges» nur noch eisiger blasen zu lassen: «Um die Unvermeidbarkeit von Kriegen zu beseitigen, muß man den Imperialismus vernichten». Stalin war sich treu geblieben: Um aufzubauen, muß man zuerst vernichten.

Der Dogmatismus, der dazu tendiert, die Welt und die menschliche Erkenntnis in statischer Unveränderlichkeit zu sehen und theoretische Leitgedanken in jahrhundertealter Erstarrung zu akzeptieren, hat großes Unheil über unsere Gesellschaft gebracht. In der Theorie, im sozialen Geschehen und in der Geschichte dominierte das Wunschdenken. Es gab wohl keine einzige Wissenschaft und keine einzige Form des gesellschaftlichen Bewußtseins, die nicht durch den Dogmatismus verstümmelt worden wären.

Die Geschichte war ein besonderer Bereich, in dem Stalin die Klischees seiner Vergangenheitssicht zu kultivieren versuchte. In der Parteigeschichte waren es die «zwei Führer» und späterhin nur noch er als Nachfolger Lenins, der «Lenin von heute». Besonderen Raum nahm in der Parteigeschichte die Herausarbeitung der Rolle Stalins bei der Zerschlagung der zahlreichen «Fraktionen» und «Oppositionen», bei der Industrialisierung und Kollektivierung, beim Aufbau des Sozialismus und beim Sieg über den Faschismus ein. Nach und nach hatte neben dem «Führer» niemand mehr Platz in der Parteigeschichte, wie der «Kurze Lehrgang», die «Kurze Lebensbeschreibung» und andere apologetische Schriften belegen. Mit Hilfe seiner «persönlichen» Geschichtsschreiber drängte er sogar Lenin an den Rand. Die Geschichte der Partei wurde zur alleinigen Geschichte der Taten Stalins. Um der «höchsten Interessen» willen galt es als durchaus statthaft, Wahrheiten zu verfälschen, zu verschweigen oder zu entstellen.

Stark überarbeitet wurde auch die Geschichte der UdSSR. Über den Charakter der dogmatischen Schablonen, die sich auf diesem Gebiet der Gesellschaftswissenschaft eingebürgert hatten, geben Aufzeichnungen Shdanows vom August 1944 einen gewissen Aufschluß, die Bemerkungen und den Entwurf des Beschlusses des ZK der KPdSU(B) «Über Mängel und Fehler in der wissenschaftlichen Arbeit auf dem Gebiet der Geschichte der UdSSR» enthalten. Heftige Kritik übt Shdanow in seinen Bemerkungen an den Professoren Syromjatnikow, Jakowlew und Tarlé, die an der Politik mehrerer russischer Zaren positive Züge entdeckt hatten. Der Verfasser der Notiz meinte, auf Tschinggis-Chan, Batu-Chan, Timur und den Pseudo-Demetrius brauche man in Geschichtsbüchern nicht einzugehen. Die Verleihung des Stalinpreises an Jakowlew für dessen Werk «Leibeigenschaft und Leibeigene im Moskauer Staat des 17. Jahrhunderts» sei ein Fehler gewesen. Als dann jedoch jene russischen Zaren an die Reihe kamen, denen, wie Shdanow wußte, Stalins Sympathie galt (insbesondere Iwan der Schreckliche), änderte sich der Ton der Ausführungen: «Für seine Zeit war Iwan der Schreckliche zweifellos ein fortschrittlicher und gebildeter Mann, der mit Hilfe des Adels seine absolute Macht zu festigen verstand. Die zahlreichen Folterungen und Hinrichtungen, die er befohlen hatte, wie auch Iwan des Schrecklichen gesamtes Wirken waren fortschrittlich (wie «scharfsichtig» vom Autor der Aufzeichnungen – *D. W.*), beschleunigten den Lauf der Geschichte und trugen dazu bei, daß Rußland zu einer starken Zentralmacht wurde.»[52] Stalin brauchte solche Postulate, sie waren ganz nach seinem Geschmack.

Gestützt auf seine dogmatischen Vorstellungen, nahm Stalin willkürlich «Einschnitte» vor, um Etappen des Ablaufs und der Entwicklung zu markieren. Hätte Stalin – welch schrecklicher Gedanke! – noch ein, zwei Jahrfünfte länger gelebt, so hätte er wahrscheinlich den Aufbau der kommunistischen Gesellschaft zu einer vollendeten Tatsache erklärt, ebenso wie er vom vollständigen Aufbau des Sozialismus sprach. Seine Vorstellung, man brauche nur noch dem Überbau «den letzten Schliff zu geben», sobald die sozialistische Basis der Gesellschaft geschaffen sei, weckte bei den Menschen den Eindruck, das Land, in dem es noch eine Unmenge höchst schwieriger Probleme gab, wo blutige Säuberungsaktionen stattfanden, alle in Armut gleich waren und schlichtweg alles zentralisiert war, entspräche jenem Ideal, das die Bolschewiki angestrebt hatten. Derartige Behauptungen verzerrten unwillkürlich die Vorstellungen vom Sozialismus. Stalin erhob die Tatsache, daß die Nachfrage der Bevölkerung rascher wuchs als die Produktion, zum Gesetz und gab somit zu verstehen, ständige Versorgungslücken bei elementarsten Waren des täglichen Bedarfs seien eine Gesetzmäßigkeit des Sozialismus. Die dogmatischen Rechtsauffassungen gingen mit einer Simplifizierung des Wesens der Gesetzlichkeit einher. Laut Stalin gehörte hierher lediglich die Unabwendbarkeit von Strafe, Unterdrückung und Züchtigung für jedweden Verstoß gegen sowjetische Gesetze. Fragen der Rechtskultur, Einheit von Rechten und Pflichten der Bürger sowie der Rechenschaftspflicht der Behörden den Vertretungskörperschaften gegenüber wurde sämtliche Aktualität abgesprochen.

Die Gesellschaftswissenschaften vegetierten überhaupt notgedrungen nur dahin. Sie hatten lediglich noch primitive Kommentare abzugeben, was nicht nur die Seele der Wissenschaft abtötete, sondern auch ihren Wirkungsbereich erheblich einschränkte. Seit Ende der dreißiger Jahre – ich wiederhole das nochmals – oblag es ihr nur noch, Stalins höchstpersönliche Ansprüche zu interpretieren. Alle Wissenschaftler – von angehenden Gesellschaftswissenschaftlern bis hin zu Akademiemitgliedern – arbeiteten an ähnlichen

52 ЦПА ИМЛ, Fundus 77, Liste 3, Akte 27, Bl. 134–163.

«Forschungsthemen»: die Rolle Stalins bei der Entwicklung der Wirtschaftswissenschaft; die Bedeutung von Stalins Abhandlung «Ökonomische Probleme des Sozialismus in der UdSSR» für die Entwicklung der Philosophie; Stalin über die Theorie von Staat und Recht; Stalins entscheidender Beitrag zur Entwicklung der Militärwissenschaft usw. In Bibliotheken entdeckte ich rund 550 (!) zwischen 1945 und 1954 geschriebene Bücher und Broschüren zu derartigen Themen (bestimmt gibt es aber noch mehr davon). Primitiver Dogmatismus hatte das wissenschaftliche Denken in die Zange genommen. Wie viele echte Begabungen auf diese Weise langsam zugrunde gingen, ohne die Möglichkeit gehabt zu haben, laut ihre Stimme zu erheben und mit neuen Konzeptionen, Ideen, Büchern und Entdeckungen auf sich aufmerksam zu machen, läßt sich nur erahnen! Die Mumien des Dogmatismus hingen wie Blei an den Füßen und zogen nur allzu viele zu Boden. Noch kennen wir nicht das ganze Ausmaß des Schadens, den der Stalinismus dem geistigen Potential unserer Gesellschaft zugefügt hat.

Große Nachteile brachte der stalinistische Dogmatismus den Natur- und Technikwissenschaften. Die Entwicklung der Genetik lag für viele Jahre auf Eis, und die Kybernetik war in Acht und Bann getan. Bei der Beurteilung neuer Bereiche und neuen wissenschaftlichen Gedankenguts in den Natur- und Technikwissenschaften wurden nämlich diese vom vulgärpolitischen Standpunkt und mitunter schlicht dilettantisch betrachtet. Die Suche nach «Kosmopoliten» verurteilte die Wissenschaft zu weiterer Isolation und dogmatischer Erstarrung. Zeitungsartikel wie «Der Kosmopolitismus im Dienst der imperialistischen Reaktion» (Iswestija vom 18. April 1950) erstickten jeden Wunsch nach Aufnahme von wissenschaftlichen Kontakten zu ausländischen Forschungszentren bereits im Keim. Erwähnte eine ausländische wissenschaftliche Fachzeitschrift den Namen eines sowjetischen Wissenschaftlers oder wurde er zu einem internationalen Kongreß eingeladen, konnte das für ihn fatal ausgehen.

Versuche, Stalins Formeln der «Dialektik» mechanisch auf die Entwicklung der Biologie zu übertragen, kamen, wie zum Beispiel von Wladimir Dudinzew in «Weiße Gewänder» vortrefflich geschildert, einem Selbstmord der Wissenschaft gleich. Genauer gesagt, war das aber kein Selbstmord, sondern ein Mordanschlag. Wäre das noch weitere fünf Jahre oder länger so gegangen, hätte die Wissenschaft, die große Wissenschaft, sehr weit zurückfallen können.

In dieser Situation wurden rasch Leute vom Schlage eines Trofim Denissowitsch Lyssenko an die Oberfläche gespült, die sich Stalins pragmatische Forderung «In der Wissenschaft wird ein sofortiges praktisches Ergebnis gebraucht» zu eigen machten. Die damalige Presse druckte vernichtende Artikel gegen die «katzbuckelnden» sowjetischen Morganisten. In einem Artikel mit der Überschrift «Das reaktionäre Wesen des Weismanismus» schmähte beispielsweise J. Gluschtschenko, Doktor der Bilogie, die sowjetischen Genetiker Dubinin, Filiptschenko, Kolzow und Serebrowski, wogegen er Akademiemitglied Lyssenko in den Himmel hob, weil dieser die «dürftigen praktischen Ergebnisse» der sowjetischen Morganisten in seinem Referat «Über die Situation in der Biologie» aufgezeigt hatte. Für Stalin waren und blieben die Natur- und Technikwissenschaften im Grunde ein Stück Alchimie, rätselhaft-geheimnisvolle Vorgänge bei der Erkundung von Neuem. Das A und O der Wissenschaft schien ihm die Organisation zu sein. Meldungen über wissenschaftliche Erkenntnisse und Entdeckungen betrachtete er, wenn er sie nicht verstand, oft mit Skepsis. Der «Führer» glaubte, auch im GULAG könne wissenschaftliche Arbeit geleistet werden. Wen Stalin für gefährlich hielt und wer nicht auf das dogmatische Gleis des Stalinismus überzuwechseln verstand, den vernichtete er gnadenlos oder verbannte ihn in eines der unzähligen Lager. Dieses Los ereilte Hunderte fähiger Wissenschaftler wie Gastew, Wawilow, Newski, Gorbunow, Teodorowitsch, Jermanski, Muralow, Kolzow, Tulaikow, Nadson, Tupolew, Mjassischtschew, Petljakow, Koroljow, Klejmenow und viele andere.

Wissenschaftler, die man am Leben gelassen hatte, mußten in besonderen Institutionen und Lagerlabors unter Aufsicht der 4. Sonderabteilung des MdI der UdSSR arbeiten. Stalins Einstellung zur Wissenschaft war von purem Pragmatismus geprägt; Weltanschauung und politische Ansichten der Verurteilten interessierten ihn kaum noch. Nur auf ein rasches Ergebnis kam es an. War dieses erreicht, ließ Stalin mitunter sogar «Barmherzigkeit» walten und verkürzte die Haftstrafen oder hob sie bisweilen sogar gänzlich auf. Berijas Ressort hielt Stalin ständig über die Arbeitsergebnisse der internierten Wissenschaftler auf dem laufenden. Hier einige solche Meldungen:

«Genossen Stalin, J. W.

Eine Gruppe internierter Spezialisten der 4. Sonderabteilung des MdI unter Leitung der ebenfalls internierten Experten Professor K. I. Stachowitsch und Professor A. J. Winblat sowie des Ingenieurs G. K. Teifel arbeitet seit geraumer Zeit an einem Propellerturbinenmotor sowjetischer Bauart. Aufbauend auf ihren theoretischen Forschungsergebnissen unterbreitet die Gruppe den Vorschlag, den Motor «TRD-7B» zu bauen. Ich bitte, den Beschlußentwurf des Ministerrates zu prüfen.

18. Mai 1946 *S. Kruglow.*»[53]

«Genossen Stalin, J. W.

Der internierte Spezialist A. S. Abramson (zu 10 Jahren verurteilt) hat 1947 einen neuen wirtschaftlichen Vergaser für Kfz-Motoren entwickelt. Die Tests am SIS-150 erbrachten eine Kraftstoffeinsparung von 10,9 % ... Ich schlage vor, die Haftzeit von A. S. Abramson, Ingenieur M. G. Ardshewanidse und Entwicklungsingenieur G. N. Zwetkow um 2 Jahre zu verkürzen.

Erbitte Ihre Entscheidung.

8. Februar 1951 *S. Kruglow.*»[54]

Stalin gab sein Einverständnis. Aber hatte er begriffen, daß das technische Denken in diesen und vielen anderen Fällen nicht seinen «Erleuchtungen» entsprungen war, sondern das methodische Vorgehen der Wissenschaftler und Ingenieure einfach auf nicht vom ideologischen Nonsens des Stalinismus getrübten fundierten Kenntnissen, wahrem Schöpfertum und Erfindungsgabe beruhte?

Es konnte nicht ausbleiben, daß die dogmatische Einstellung zum Marxismus-Leninismus auch für die Beschäftigung mit Lenins Werken Konsequenzen hatte. Wie sich herausstellte, konnte Lenin nicht mehr interpretiert werden, ohne daß seine Aussagen durch Stalinzitate kommentiert wurden. An den Hochschulen wurde in erster Linie überprüft, wie die Studenten Konspekte von Stalins Werken anfertigten. Ich entsinne mich, wie ich als Offiziersschüler an der panzertechnischen Offiziersschule Orjol nach einem Seminar

53 ЦГАОР, Fundus 9401, Liste 2, Akte 136, Bd. III, Bl. 205.
54 Ebenda, Akte 302, Bd. I, Bl. 29–31.

von meinem Dozenten angesprochen wurde. Er war ein nicht mehr junger Oberstleutnant. Wir Offiziersschüler schätzten ihn wegen seiner «Gutherzigkeit», wenn ich es einmal so sagen darf. Als wir allein waren, reichte mir dieser Oberstleutnant, an dessen Namen ich mich leider nach so vielen Jahren nicht mehr erinnere, meinen von ihm durchgesehenen Konspekt zu Originalquellen und sagte dabei halblaut in väterlichem Tonfall:

«Ein guter Konspekt. Man sieht gleich, daß du nichts abschreibst, sondern zuerst nachdenkst. Aber ich gebe dir einen guten Rat: Fertige zu Stalins Arbeiten vollständigere Konspekte an, verstehst du, *vollständigere!* Und noch etwas. Setze vor Joseph Wissarionowitschs Familiennamen niemals Abkürzungen wie ‹Gen.›, sondern schreib' aus: ‹Genosse›. Hast du mich verstanden?» Dabei blickte mir mein Lehrer aufmerksam ins Gesicht.

«Jawohl, Genosse Oberstleutnant, genau verstanden!»

Am Abend erfuhr ich von meinem Kasernennachbarn, daß der Dozent für Geschichte der KPdSU mit ihm und mehreren anderen Zöglingen ebensolche Gespräche geführt hatte. Man erwartete eine Kommission, und Gerüchten zufolge war eine ähnliche »politische Unreife» wie die an meinem Konspekt bemängelte an einer anderen Offiziersschule «unangenehm aufgefallen».

Noch heute kann man ältere Menschen fragen, die in jungen Jahren Stalins Werke studieren mußten. Viele erinnern sich an seine Abhandlungen «Zu den Fragen des Leninismus» und «Über die Grundlagen des Leninismus» mit ihren Zwischenüberschriften «Die Methode», «Die Theorie», «Die Diktatur des Proletariats», «Die Bauernfrage», «Die nationale Frage», «Strategie und Taktik», «Die Partei» ... Es gab eine Zeit, da waren viele von der Schlichtheit und Klarheit dieser primitiven Dogmen sogar beeindruckt. Man lehrte sie überall – an Fach- und Hochschulen, in der Produktion, in Partei, Gewerkschaften und Komsomol. Das Schlimme daran war nicht einmal, daß alle diese Offenbarungen extrem simplifiziert waren. Jeder schreibt so gut er kann. Entscheidend ist, daß Stalin diese Mumien des Dogmatismus, diese vertrockneten und verzerrten Wahrheiten über Jahrzehnte hinweg in Spiritus konservierte und zum ABC des Marxismus erhob. Und das, obwohl sich Stalin bereits damals (welche Ironie des Schicksals!) für einen Dialektiker hielt und die «Dogmen» der Opportunisten der II. Internationale mit einem Bannfluch belegt hatte. So numerierte er sie dann auch: «erstes Dogma», «zweites Dogma», «drittes Dogma» ...

Je mehr sich die Menschen Stalins Dogmen einhämmerten, um so willfähriger wurden sie. Die mumifizierten stalinistischen Dogmen waren ein Mittel zur Prägung jenes Menschentyps, den die Chinesen Hongweibing nannten. Nach und nach gewöhnte man sich an einseitige Deduktionen, bei denen aus der einen Formel die zweite und – wenn nötig – auch noch eine dritte abgeleitet wurde. Erklärungen für bestimmte Prozesse suchte man häufig nicht mehr dem Leben zu entnehmen, sondern Formeln, Definitionen und Auszügen aus Stalins Schriften. Die Bürokratie, die ein ebenso unabdingbarer Bestandteil des Stalinismus war, oktroyierte den Dogmatismus des Denkens mit allen Mitteln.

Totale Bürokratie

Bevor ich ein weiteres Relikt des Stalinismus, die Bürokratie, analysiere, möchte ich kurz auf Nikolai Berdjajews Buch «Das Schicksal Rußlands» verweisen. Der große russische Philosoph hatte die Arbeit an diesem Buch noch nicht abgeschlossen, als die Große Sozialistische Oktoberrevolution ausbrach und die Luft förmlich erfüllt war vom Freiheitstaumel der einen wie auch von der Furcht der anderen vor dem «Antichrist». Berdjajew reflektierte über die Demokratie und gelangte dabei häufig zu absurden Erkenntnissen. Lassen wir ihn etwas ausführlicher zu Wort kommen: «Die Volksherrschaft kann das Individuum genauso seiner unveräußerlichen Rechte berauben wie die Alleinherrschaft. Das trifft auf die bürgerliche Demokratie mit ihrem formalen Absolutismus des Volksherrschaftsprinzips zu. Doch die Marxsche sozial ausgerichtete Demokratie befreit das Individuum ebensowenig und wird seinem autonomen Sein nicht besser gerecht. Die Sozialdemokraten haben auf einem ihrer Parteitage die Meinung geäußert, das Proletariat dürfe das Individuum seiner doch eigentlich unveräußerlichen Rechte wie der Freiheit des Denkens berauben, wenn es im ureigensten Interesse des Proletariats liegt. Das Proletariat ist in diesem Falle als eine Art Absolute zu verstehen, der alles geopfert werden muß. Allerorten begegnen wir dem Erbe des Absolutismus, des staatlichen wie des gesellschaftlichen, er ist nicht nur lebendig, wenn ein einzelner, sondern auch dann, wenn eine Mehrheit herrscht.»[55] Auch in der Tyrannei einer Mehrheit, nicht nur in der Alleinherrschaft sah Berdjajew eine Gefahr. In diesen Überlegungen steckt meines Erachtens ein rationeller Kern, und auf den Sozialismus bezogen wird diese Gefahr real, wenn die Mehrheit dem Mann an der Spitze hilft, innerhalb des Staates eine Art Schicht von «Vollstreckern des Mehrheitswillens» herauszubilden, wenn ein kollektiver Bürokratismus entsteht.

Kein Staat kommt ohne Apparat aus. Bürokratie aber entwickelt sich dort, wo der Apparat mit den Ergebnissen des ökonomischen Wirkens des Systems weder direkt verbunden noch von ihnen abhängig ist, wo er nicht demokratisch aufgebaut und kontrolliert wird. Anfangs schien es, die «Vollstrecker des Mehrheitswillens» würden keine große Gefahr darstellen. Lenin erklärte schon bald nach der Oktoberrevolution, als er sich Gedanken über den Aufbau eines neuen Apparates machte, dieser müsse «... im Interesse des Volkes von jedem Bürokratismus frei sein ...»[56] Doch schon die ersten Jahre der Sowjetmacht ließen erkennen, daß die Bürokratie eine wesentlich größere Gefahr in sich barg, als theoretisch angenommen worden war. Wir wissen, daß Lenin in kritischen Momenten mit der Bürokratie sehr scharf ins Gericht gehen konnte, denn er sah in ihr eine sich abzeichnende Bedrohung für die neue Ordnung. Im Januar 1919 beispielsweise brachte er seine Haltung zu einer konkreten Erscheinungsform der Bürokratie in der Forderung zum Ausdruck, daß «... bürokratisches Verhalten zur Arbeit, Unfähigkeit, hungernden Arbeitern zu helfen, mit strengsten Strafen bis zum Erschießen geahndet wird».[57]

Durch den Kriegskommunismus begünstigt, ließ der Kampf um die Festigung der Sowjetmacht den Apparat anwachsen. Kriegkommunismus bedeutete ja uneingeschränkte Kontrolle über Produktion, Verteilung und Ausführung. Und damit hatten viele, sehr

55 Н. Бердяев, Судьба России, Moskau 1918, S. 227.
56 Lenin, Werke, Bd. 26, S. 338.
57 Ebenda, S. 489.

viele Leute zu tun. Neue staatliche Strukturen, neue Bereiche entstanden. Häufig waren das Zwischenglieder, dienten der Koordinierung, der Abstimmung. Noch zu Lenins Lebzeiten begann der Apparat besorgniserregend zu wachsen und büßte dabei schon einen erheblichen Teil der dem Volke innewohnenden Tatkraft, der Mittel und Möglichkeiten ein, um sich funktionsfähig zu halten. Wenn sich Stalin in jenen Jahren überhaupt auf etwas verstand, dann auf die Arbeit mit dem Apparat. Er, der zwei Volkskommissariate leitete, seit vielen Jahren Mitglied des ZK und verschiedener Räte, Kommissionen und Komitees war, erkannte intuitiv früher als andere die Stärken und Schwächen des Partei- und Verwaltungsapparates und dessen Potenzen.

Als Generalsekretär dann beauftragte Stalin den Apparat, eine Klassifikation der Funktionen in den Volkskommissariaten aufzustellen, aus der mit der Zeit die berüchtigte bürokratische Nomenklatur wurde. Bresanowski, Leiter des Büros des Volkskommissariats für Nationalitätenfragen, erarbeitete auf Stalins Anweisung im Februar 1923 eine Vorlage: «Festlegung einer Strukturpyramide im Apparat im Volkskommissariat für Nationalitätenfragen». Alle Funktionen wurden in vier Gruppen unterteilt (Leiter für Nationalitätenfragen, Leiter der Verwaltungs- und Wirtschaftsbereiche, Leiter für politische, wissenschaftliche und Bildungsarbeit, Leiter der Literatur- und Wissenschaftsverlage). Im Strukturplan war die Qualifikation angegeben: Parteifunktionär des höchsten, hohen, mittleren, unteren Qualifikationsgrades. Weiterhin war aufgeführt, welche Funktionen Parteilose bekleiden konnten (es waren nur zwei oder drei). Nach der Bestätigung des Strukturplanes durch Stalin wurde der sich aufblähende Apparat in mehrere Ebenen unterteilt (ähnlich den vielen Klassen zaristischer Beamter), was die ohnehin ungegnügende Beziehung des Volkskommissariats zu den tatsächlichen Problemen der Nationen und Völkerschaften völlig abreißen ließ.[58] Im Grunde genommen begann Stalin vom ersten Tage seiner Tätigkeit als Generalsekretär an, ein gewaltiges, alles umfassendes Heer von Beamten zu formieren.

Sehr bedauerlich ist, daß die Partei zu diesem Zeitpunkt versagte. Sie wurde selbst Opfer und Instrument der totalen Bürokratie. Daß die Partei ihrer Leninschen demokratischen Grundwerte verlustig gegangen war, beschleunigte die Bürokratisierung der Gesellschaft. Die Partei war nicht imstande, sich den cäsaristischen Ambitionen des künftigen «Führers» zu widersetzen, und wurde immer mehr zum Instrument eines Alleinherrschers. Das geht mir nicht leicht von der Feder, doch es ist wahr. Wäre es nicht so gewesen, dann würden wir heute nicht von Erneuerung und Perestroika sprechen. Die Partei muß das Vertrauen der Massen erst wieder erringen, muß neue, demokratische Wege finden, um ihren Einfluß in der Gesellschaft wiederzuerlangen und die Voraussetzungen für die Weiterentwicklung des realen sozialistischen Pluralismus zu schaffen. Sie muß gründliche Lehren aus der Vergangenheit ziehen, denn gerade in den zwanziger Jahren hätte der sich abzeichnenden Diktatur Stalins ein Riegel vorgeschoben werden müssen.

Stalin konzentrierte in seiner Hand außergewöhnliche Macht und beherrschte meisterhaft den Apparat. Nicht ohne sein Zutun bürgerten sich in der sowjetischen Bürokratie schnell später geradezu klassisch zu nennende Erscheinungen ein – zahllose Rapporte, Lageberichte, die Erteilung von Direktiven und Anweisungen, der Aufbau einer Kadernomenklatur und die Konzentration von Funktionen in den zentralen Organen, die mit der

58 ЦГАОР, Fundus 58, Liste 1, Akte 9, Bl. 3f.

Zeit bis ins Absurde gesteigerte Geheimhaltung der verschiedensten Tätigkeitsbereiche, die Versuche, auftretende Probleme durch immer mehr Behörden zu lösen, der Aufbau mehrerer Ebenen und Schichten von Kontrollmechanismen, die Erweiterung der Unterdrückungsfunktionen für die entsprechenden Organe der proletarischen Diktatur usw. Früher als andere wurde Stalin zum «Professor der Bürokratie». Selbst im Alltag machte er sich sehr schnell eine ganz gewöhnliche Taktik der Bürokratie zu eigen – unnahbar, unerreichbar zu sein. Zwar hatte das Plenum des ZK schon 1922 die Tage und Stunden festgelegt, an denen der Generalsekretär Bittsteller empfangen sollte, doch Stalin entledigte sich kurzerhand dieser für ihn uninteressanten Aufgabe. Dafür ein Beispiel. Jenukidse erhielt einen Brief von einer Mitarbeiterin des zentralen Apparates, Malinowskaja (im Dokument ohne Namenskürzel). Sie war entlassen worden und schrieb dazu:

«Awel Safronowitsch!

...... Man hat mich entlassen ..., und alle verdächtigen mich. Die mich kennen, sind weggefahren: Serebrjakow, Semaschko, Rykow. Zu Gen. Stalin *dringt man nicht vor* (Hervorhebung von mir – *D. W.).* Helfen Sie mir, Awel Safronowitsch, aus dieser unerträglichen Situation herauszukommen, ich werde Sie nicht enttäuschen ...

Malinowskaja.

Meine Telefonnumer: 2-66-93 19. XII. 24.»[59]

Das ist natürlich nur ein Aspekt der Bürokratie, und bei weitem nicht der wichtigste, doch die Verschlossenheit, Unerreichbarkeit und gottgleiche Distanz Stalins zu den Menschen zeichneten sich schon in jenen Jahren ab. Man kann sogar sagen, daß er, wie wir ihn heute kennen, in hohem Grade *ein Produkt der Bürokratie*, ihr unheilvolles Ergebnis war. Die Bürokratie brauchte einen Führer vom Schlage Stalins, und Stalin brauchte eine mächtige bürokratische Maschinerie.

Lenin, damals schon krank, versuchte mit mehreren Verfügungen, besonders aber in seinen letzten Briefen, einen entschlossenen Kampf gegen die Allmacht der Bürokratie aufzunehmen, die dann auf dem Höhepunkt der Alleinherrschaft Stalins zur totalen Bürokratie werden sollte. Eine Gefahr sah er nicht nur in der quantitativen Zunahme der Bürokratie – die er im übrigen mit keineswegs zimperlichen Formulierungen bedachte («Beamtenheuschrecke», «Bürokratenratte») –, sondern vor allem darin, daß der Apparat an die Stelle der Volksherrschaft trat. Welche Wege sah Lenin, den Einfluß der Bürokratie einzudämmen und einzuschränken?

Lenin brachte vieles mit der sozialen Zusammensetzung des Verwaltungsapparates in Zusammenhang und bestand darauf, mehr Arbeiter und Bauern einzubeziehen. Wir wissen heute allerdings, daß dies nur ein Anfang hätte sein können und kein Allheilmittel ist. Alle unsere Bürokraten von heute zum Beispiel sind «Fleisch vom Fleische des Volkes», unter ihnen findet man keine Vertreter von Ausbeuterklassen, keine Personen, die, wie man früher sagte, aufgrund ihrer sozialen Herkunft unzuverlässig waren. Lenin setzte seine Hoffnungen auch auf eine Säuberung der Partei, um sich von den Mitgliedern zu trennen, die «nicht nur nicht verstehen, gegen Schlendrian und Bestechlichkeit zu kämpfen, sondern den Kampf dagegen behindern.»[60] Man kann sich vorstellen, wie entsetzt Lenin gewesen wäre, hätte man ihm gesagt, daß es sechs, sieben Jahrzehnte später in der von

59 Ebenda, Fundus 567, Liste 1, Akte 89, Bl. 29.
60 Lenin, Werke, Bd. 33, S. 56.

ihm geschaffenen Union von Republiken Erscheinungen geben werde, wie sie mit den Namen Raschidow, Tschurbanow, Kunajew und vielen anderen in Verbindung stehen. Die Reinheit der «Reihen des Apparates» ist immer eine aktuelle Frage. Doch das ist nicht das Ausschlaggebende. Lenin ging es vor allem um die Sicherung wahrer Volksherrschaft, um die tatsächliche Mitwirkung der arbeitenden Menschen an der Leitung des Staates und der Kontrolle der ausführenden Organe, um mehr Offenheit und eine höhere Allgemeinkultur des ganzen Volkes. Das Volk darf nicht vom Apparat abhängen, der Apparat muß aber vom Volk abhängig sein. Voll Bitterkeit stellte Lenin fest: «Gesetze sind geschrieben worden in Hülle und Fülle! Warum also bleibt dieser Kampf ohne Erfolg? Weil er sich durch Propaganda allein nicht führen läßt, sondern nur zu Ende geführt werden kann, wenn die Volksmasse selbst mithilft.»[61] Das ist alles richtig. Doch wir müssen heute wohl bekennen, daß auch das noch nicht genügt.

Etwas vereinfacht kann man sagen, daß es in der zweiten Hälfte der zwanziger Jahre zwei alternative Konzeptionen gab. Die eine Konzeption, die Bucharin vertrat, ging von einem recht gemäßigten Entwicklungstempo aus (für die Industrialisierung wie auch für die Vergenossenschaftung), die zweite setzte auf einen beispiellosen Sprung in Industrie und Landwirtschaft. Diese Alternative wurde vor allem von Stalin kompromißlos vertreten. Mit rein ökonomischen Methoden ließ sich ein solcher Sprung schwerlich verwirklichen. Dazu bedurfte es administrativer Schritte und der Anwendung von Gewalt, und das ließ zwangsläufig eine ganze bürokratische Schicht entstehen, wachsen und feste Wurzeln schlagen. Da diese Aufgaben in der Hauptsache mit Hilfe der Bauern gelöst werden sollten, war Gewaltanwendung gleichsam eingeplant und vorprogrammiert. Man kann davon ausgehen, daß adminstrative Maßnahmen, aber natürlich nicht Repressalien, in einer bestimmten Etappe unumgänglich waren. Stalin konnte nicht wissen, daß auch Lenin geschrieben hatte: «Es ist ein gewaltiger Fehler zu denken, die NÖP hätte dem Terror ein Ende gesetzt. Wir werden noch zum Terror zurückkehren, auch zum ökonomischen Terror.»[62]

Ich möchte unterstreichen, daß ich die Möglichkeit betrachte, nicht aber mein Einverständnis mit einer solchen Variante bekunde. Stalin aber brach gnadenlos den Widerstand seiner Opponenten und setzte allein auf Gewalt. Und die erzeugte dann von allein rasch ihr bürokratisches System. Der außerökonomische Zwang als bevorzugte Methode brachte eine Gesellschaftsschicht hervor, die nicht direkt von Quantität und Qualität der Produktion, aber sehr stark von politischen Direktiven abhängig war. Auch die Bürokratie rückte automatisch ideologische und politische Instrumente zur Beeinflussung der Massen in den Vordergrund, und erst an zweiter oder dritter Stelle standen die ökonomischen Methoden. Der Sozialismus verlor sehr schnell selbst bescheidene Züge von Demokratie. Dazu sei bemerkt, daß sich viele führende Bolschewiki von Anfang an auf eine Diktatur ohne Demokratie orientierten. Trotzki schrieb 1922, daß «die russische Revolution, hätte sie sich bei der Zerbrechlichkeit der inneren sozialen Verhältnisse, bei den jähen und immer gefährlichen äußeren Veränderungen die Fesseln des bürgerlichen Demokratismus angelegt, schon längst mit zerschnittener Kehle auf der Strecke geblieben wäre». Von sozialistischer Demokratie sprach er damals gar nicht, weil er meinte, sie ließe sich erst ver-

61 Ebenda.

62 Ленин, Полн. собр. соч., Bd. 44, S. 171.

wirklichen, wenn das Feuer der Revolution auf andere Länder übergreift. Deshalb, so Trotzki weiter, «sagen wir nicht, wenn wir Feinde erschießen, es erklängen die Äolsharfen der Demokratie. Ehrliche revolutionäre Politik schließt zuallererst aus, den Massen Sand in die Augen zu streuen.»[63] Bei den Bolschewiki, die von der Idee der Diktatur des Proletariats gefangen waren (anders konnte man damals offensichtlich nicht an die Macht gelangen), war es sehr verbreitet, komplizierteste Probleme mit Gewalt lösen zu wollen. Radikalismus war die Visitenkarte für revolutionären Geist. Zum großen Unglück für die russische Revolution fiel die Wahl der Geschichte, entgegen dem Willen Lenins und den Interessen der Zukunft, auf Stalin – den idealen Kandidaten für einen «Sänger» und «Schöpfer» von Bürokratie und Terror.

Daß der Kampf gegen die Bürokratie in den zwanziger Jahren, als Lenins Garde noch am Leben war, so begrenzt und unentschlossen geführt wurde, erklärt sich nicht nur aus der Einseitigkeit dieses Programms, sondern auch aus der oberflächlichen Sicht auf das Wesen der Erscheinung. Im übrigen verstehen viele bis heute gemeinhin unter Bürokratie lediglich Amtsschimmel, Schematismus, Formalismus, Papierkrieg. Und damals sahen selbst viele führende Männer der Revolution im Bürokratismus nichts anderes. Als Trotzki am 28. Mai 1926 auf der III. Unionskonferenz der Arbeiter- und Bauernkorrespondenten sprach, legte er zunächst einen scheinbar richtigen Gedanken dar: «Bei uns gibt es einen fürchterlichen Bürokratismus. Er hat seinen Ursprung in Kulturlosigkeit, er entsteht aus Unfähigkeit und einer ganzen Reihe historischer und politischer Gründe.»[64] Anschließend aber reduzierte er den Bürokratismus auf das recht begrenzte Phänomen der Liebedienerei, des Opportunismus, der Zählebigkeit der Traditionen usw. Das alles ist richtig, doch das eigentliche Wesen des Bürokratismus – der Ersatz der Volksherrschaft durch die Allmacht des Apparates, der von den Massen nicht mehr kontrolliert werden kann – ist damit nicht erfaßt.

Die grundlegende Besonderheit des Bürokratismus Stalinscher Prägung besteht darin, daß es ein totaler Bürokratismus ist. Worin zeigte sich das? Nach seinen ungeschriebenen Gesetzen begannen alle Staats-, Partei- und Rechtspflegeorgane, alle gesellschaftlichen Organisationen zu handeln. Die Bürokratie ließ sie gleichsam zu etwas Allgemeinem, Zähem, Allesdurchdringendem, Unverwundbarem verschmelzen. Jedes Organ, jedes Element des Systems, jeder einzelne konnte nur das tun, was vorgeschrieben, erlaubt, angewiesen war. In diesem System herrschten die «Anweisungen», «Direktiven», «Beschlüsse»; es drohte mit Bestrafung, Verurteilung, Femegericht; es belohnte denjenigen, der bedingungslos funktionierte und ein wachsamer Untergebner war; letzten Endes entstand daraus kollektive Bürokratie. Die totale Bürokratie war nicht an ökonomische Zweckmäßigkeit gebunden. Ihr Kult war die Allgewalt des Apparates. Bis vor kurzem war es doch bei uns noch so: Klappte die Versorgung mit Gemüse nicht, bildete man ein Ministerium für Gemüseprodukte. Erschienen in der Presse kritische Bemerkungen über die schlechte Verpackung von Lebensmitteln und Industriewaren, gründete man ein Forschungsinstitut für Verpackungsmaterial. Verschlechterte sich die Qualität von Industrieerzeugnissen, setzte man hinter die Gütekontrolle der Betriebe ein ganzes System der staatlichen Abnahme. Je mehr Beschlüsse über die Reduzierung des Verwaltungsapparates verabschie-

63 Л. Д. Троцкий, Сочинения, Bd. XII, S. 261, 267.
64 Ebenda, Bd. XXI, S. 94.

det werden, desto schneller wächst er. Doch es ist sinnlos, ein administratives System mit administrativen Methoden bekämpfen zu wollen. Ohne die Anwendung ökonomischer, sozialer und politischer Methoden kann man der Bürokratie nicht Herr werden. Schon deshalb nicht, weil sie so sehr viele Gesichter hat – von den zahllosen Titeln, Graden, Rängen bis zur rätselhaften Hierarchie der oberen Instanzen, wo es häufig schwer ist, hinter der unergründlichen Kollegialität und den zahllosen Stufen der Leitungspyramide den konkreten «Verantwortlichen» zu finden. Stalin und die ihn umgebenden Männer feilten dieses System lange, sorgfältig, beharrlich und unbarmherzig aus.

Es muß festgestellt werden, daß das bürokratische System in dem Maße, wie es sich selbst ausprägte, die gesamte Gesellschaft in seinem Sinne «erzog». Die Menschen wurden ein Teil von ihm. Mehr noch, sie gewöhnten sich daran, und in seinem reibungslosen Funktionieren sehen viele bis auf den heutigen Tag einen «Vorzug» des Sozialismus. Wir haben es hier mit einem komplizierten Problem zu tun. Auf sozialem und kulturellem Gebiet hat unser Land vieles erreicht, und es wäre falsch, das in Abrede zu stellen. Vollbeschäftigung, garantierte soziale Sicherheit, wenn auch auf sehr niedrigem Niveau, allgemeine Bildung von geringer Qualität, Heranführung der Massen an das ABC geistiger Kultur, kostenlose, aber auch kaum befriedigende medizinische Betreuung, niedrige Preise für Waren des Grundbedarfs, außerordentlich geringe Mieten für die staatlichen Wohnungen mit wenig Komfort, der im Grunde genommen kostenlose Aufenthalt unserer Kinder in Pionierlagern, Kindergärten und Krippen (der zu entrichtende Betrag ist rein symbolisch) und eine ganze Reihe weiterer wesentlicher sozialer Errungenschaften des sowjetischen Volkes. Sehr gut kamen beim Volk die Regierungsmaßnahmen zur Senkung von Preisen für Lebensmittel und Industriewaren an. Auch wenn sich das alles auf einer Ebene abspielte, die nur wenig über dem allgemein als Armutsgrenze geltenden Niveau lag – allein die Tendenz, daß es schrittweise, aber stetig vorwärts ging, war für die Menschen Ansporn und Kraftquell.

Es liegt mir fern, das alles auf «Erfolge» der Stalinschen Führung zurückzuführen. Doch die aufopferungsvolle, harte Arbeit der sowjetischen Menschen brachte eben bestimmte Ergebnisse. In der Gesellschaft gab es keine weitreichende und alles durchdringende Korruption, keinen moralischen Verfall großer Gruppen von Spitzenfunktionären, wie sie zwei, drei Jahrzehnte nach dem Tode Stalins von sich reden machen sollten. Die allgemeine Atmosphäre war so, daß der Eindruck von moralischer Integrität und sozialem Wohlstand in der Gesellschaft entstehen konnte. Die totale bürokratische «Ordnung» schien auch der Masse der Bevölkerung zu gefallen. Das hatte verschiedene Gründe. In der Stalinschen Zeit wuchsen mehrere Generationen heran. Sie kannten keinen «anderen» Sozialismus, so wie sie auch durch den dichten ideologischen Vorhang kein reales Bild von der «anderen» Welt hatten. Die allermeisten Menschen glaubten aufrichtig daran, daß die Arbeiter in der kapitalistischen Welt ein Leben ohne Hoffnung führten, daß sie «relativ» und «absolut» immer mehr verarmten, sie hörten von haarsträubenden Vorgängen in den Gefängnissen der Länder des Westens, von der vollständigen Überlegenheit der UdSSR über die «freie Welt» in nahezu jeder Hinsicht. Das war eine gefestigte Vorstellung, die ja auch von dem starken Propagandaapparat nach Kräften genährt wurde.

Für Menschen, die man in Unfreiheit, Lüge und Isolation erzogen hat, ist der totale Bürokratismus in gewisser Weise bequem, das sollte man nicht vergessen. Jawohl, bequem: Alles im Leben ist vorgeschrieben, vorbestimmt, festgelegt. Von der Arbeit, dem festen Einkommen bis zu dem Anlaß, aus dem man Begeisterung und Bewunderung äußert, und der Vorgabe, wann und was zu säen, welcher Bericht zuerst nach oben zu erstellen ist usw. Das System kümmerte sich um alles – es lieferte die gültige Einschätzung eines Werkes, bewertete Fakten aus Geschichte und Gegenwart, es bestimmte eindeutig, was gut und was schlecht ist, es wußte von Anfang an, daß eine Entscheidung, eine Rede des «Führers» historisch war. Es gewährleistete auch die weitgehend gleichmacherische Verteilung. Totaler Bürokratismus ist für die Werkzeuge, die «Schräubchen» und für die Leiter auf allen Ebenen gleichermaßen bequem. Das System förderte die Herausbildung einer nivellierenden, vereinfachenden Weltanschauung. Die gesellschaftlichen Fonds spielten eine immer größere Rolle, und das hatte viel Positives, doch häufig wurden Menschen dadurch auch, unabhängig von ihrer Leistung, gleichgestellt. Nicht die Leistung, sondern die Funktion, die Stellung, die Lohnstufe, die Aufnahme in die Nomenklatur standen an erster Stelle. Alex de Jonge, Professor an der Universität Oxford, gab in seinem Buch «Stalin und die Schaffung der Sowjetunion» die richtige Beobachtung wieder, daß der Diktator eine vollkommene, totale Leitungspyramide geschaffen hatte: «Keiner konnte seinen Chef korrigieren. Jeder Chef war im Verhältnis zu seinen Unterstellten ein kleiner Stalin. Jeder behandelte die unter ihm Stehenden schlecht, sah die ihm Gleichgestellten scheel an und schmeichelte allen, die über ihm standen.»[65]

Nicht nur die weitere Ausprägung der totalitären Tendenzen und zaristischen Traditionen, sondern auch die allgemeine Blindheit, der fest verwurzelte Glaube, daß der Sozialismus so und nicht anders sein müsse, daß eine gedeihliche Entwicklung nur auf diesem Wege möglich sei, ließen Stalins Cäsarismus immer stärker Fuß fassen. Stalins Name wurde nahezu mystisch, er flößte gleichzeitig Angst und Liebe, Furcht und Ergebenheit, Gehorsam und Vergötterung ein. Die Maschinerie, die in dieser Atmosphäre funktionierte, machte den Menschen noch mehr zum unscheinbaren «Schräubchen».

Zu den landläufigen Einwänden, unter Stalin habe es «Ordnung», «Zukunftsgewißheit», «strikte Planerfüllung», «langsame, aber spürbare Hebung des Lebensniveaus» gegeben, ist folgendes zu sagen. Die bürokratisch-militärischen Begleiterscheinungen des Alltags – die ständige Gefahr von Sanktionen und Repressalien – können die ökonomischen Strukturen, die Produktion, das Funktionieren aller Institutionen des Staates auf der Grundlage bestätigter, von oben festgelegter Pläne absichern. Wenn über dem einzelnen, dem Leiter, dem Betrieb das Damoklesschwert der Stalinschen Strafmaschinerie schwebte, würde meiner Meinung nach auch heute, einmal ganz abstrakt überlegt, der Plan strikt, um jeden Preis erfüllt werden, Genauer – um den schrecklichen Preis des Verlustes an Menschenwürde, eines Lebens in Angst, des Schweigens, der blinden Unterordnung. Doch wer wäre heute dazu bereit?

Eine Ausgeburt des Stalinschen Bürokratismus war der allmächtige Apparat der Strafорgane, der bis zum XX. Parteitag im Grunde genommen nur dem einen Mann rechenschaftspflichtig war. Dabei geht es gar nicht so sehr um die Gewalt, die diese Organe verkörperten, sondern darum, daß sie in alle Poren, alle Sphären des Staates eindrangen, ob im politischen, ökonomischen, kulturellen oder ideologischen Bereich. Stalin setzte nahezu allen guten Traditionen Dzierzyńskis ein Ende. Und selbst zu dessen Zeiten war an die Stelle von Gesetzlichkeit schon häufig die «revolutionäre Zweckmäßigkeit» getreten.

65 A. de Jonge, Stalin and Shaping of the Soviet Union, London 1986, S. 305.

Ein höchst trauriger Umstand unserer Geschichte ist die Tatsache, daß der in vieler Hinsicht der Not gehorchende revolutionäre Radikalismus der Bolschewiki häufig einzig auf Gewalt setzte. Oft war das unumgänglich, das möchte ich betonen. Doch unmerklich machte die Anwendung von Gewalt diese zur Norm, zu einer alltäglichen Erscheinung, zum legitimen Akt. Selbst Lenin ließ sich (in einigen Fällen) dazu hinreißen, zum Terror aufzurufen. Am 20. Juni 1918 wurde W. Wolodarski (M. M. Goldstein), Mitglied des Petrograder Komitees der RKP(B), Kommissar für Pressewesen, Propaganda und Agitation, von einem Sozialrevolutionär umgebracht. Eine Woche später schickte Lenin einen Brief an G. J. Sinowjew, M. M. Laschewitsch und weitere Mitglieder des ZK der RKP(B) in Leningrad:

«Gen. Sinowjew! Erst heute haben wir im ZK gehört, daß die *Arbeiter* in Petrograd die Ermordung Wolodarskis mit dem Massenterror beantworten wollten und daß man (nicht Sie persönlich, aber die dortigen Mitglieder des ZK oder des PK) sie zurückgehalten hat.

Ich protestiere entschieden!

Wir kompromittieren uns: wir drohen sogar in den Resolutionen des Deputiertensowjets mit dem Massenterror, wenn es aber soweit ist, *hemmen* wir die revolutionäre Initiative der Massen, die völlig berechtigt ist.

Das ist un-mög-lich!

Die Terroristen werden uns für Waschlappen halten. Wir leben im Krieg, mitten im Krieg. Man muß die Energie und den Massencharakter des Terrors gegen die Konterrevolutionäre anspornen, besonders in Petrograd, dessen Beispiel *entscheidet.*

Mit Gruß! *Lenin.*»[66]

Solche Standpunkte waren keine Episoden. Während der Revolution und des Bürgerkrieges flossen Ströme von Blut. Landsleute, Russen, Bewohner ein und desselben Landes vernichteten verbissen einander. Damals schien das allen natürlich. Selbst Lenin.

«Swijashsk. An Trotzki (ohne Angabe des Datums).

Danke, die Genesung macht Fortschritte. Bin sicher, daß die Niederschlagung der Kasaner Tschechen und Weißgardisten und ebenso der sie unterstützenden blutrünstigen Kulaken vorbildlich gnadenlos sein wird.

Flammender Gruß. *Lenin.*»[67]

Die «vorbildlich gnadenlose» Niederschlagung wurde allmählich nicht etwa die wichtigste Erscheinung des Revolutionären, sondern vielmehr gewohnte soziale Praxis.

Was Lenin nur für die reine Kriegszeit gelten ließ, als alles an einem seidenen Faden hing, begann man später als «revolutionäre Norm» zu betrachten. Selbst als es gelungen war, die revolutionären Errungenschaften zu behaupten und zu festigen, wurde der Terror nicht ins Archiv der Geschichte verbannt. Durch Stalin und die Männer um ihn wurden Repressalien gegen das eigene Volk zu einer gewöhnlichen Angelegenheit.

Demokratische Traditionen hatten sich in Rußland nicht sonderlich entwickeln können, um die Traditionen der Polizeiarbeit war es da weit besser bestellt. Allerdings war das, was Stalin schuf, mit dem «Dilettantismus» der Selbstherrschaft überhaupt nicht zu vergleichen. Trotzdem ... Gemeinhin sagt man: Gerichte und Gesetze sind nötig, um die Macht der herrschenden Klasse zu festigen. Doch ich glaube, daß zu allen Zeiten weniger

66 Lenin, Werke, Bd. 35, S. 313.
67 ЦПА ИМЛ, Fundus 325, Liste 1, Akte 403, Bl. 87 a.

die herrschenden Klassen als vielmehr die Rechtlosen und Elenden Gesetze brauchten. Wahrscheinlich gehen die Traditionen der Geheimpolizei in Rußland auf das Jahr 1826 zurück, als Nikolaus I. die Dritte Abteilung der Kanzlei seiner Kaiserlichen Hoheit aufbauen ließ. Exekutivorgan war ein Sonderkorps von Gendarmen, deren Chef der Dritten Abteilung vorstand. Damals trat auch die politische Zensur sehr aktiv auf den Plan. Allerdings gelangte trotz ihrer Existenz die Mehrzahl der Bücher aus dem Ausland ungehindert zu den Lesern. 1845 wurde dann mit dem Sonder-«Gesetzbuch der Kriminal- und Korrektionsstrafen» über Staatsverbrechen und Verbrechen gegen die Staatsgewalt die rechtliche Grundlage für die Verfolgung Andersdenkender gelegt. In den Artikeln 267 und 274 hieß es dort unter anderem:

«Für das Abfassen und Verbreiten geschriebener oder gedruckter Schriften und für öffentlich gehaltene Reden, in denen sich das Bestreben zeigt, wenn auch ohne direkte und offenbare Aufreizung zum Aufstande wider die Souveraine Gewalt, die Unantastbarkeit ihrer Rechte abzustreiten oder einem Zweifel zu unterziehen, oder aber die durch die Reichsgesetze festgestellte Regierungsform, oder die Thronfolgeordnung, frech zu tadeln, unterliegen die dessen Schuldigen:

der Entziehung aller Standesrechte und der Verweisung zu schwerer Zwangsarbeit in Fabriken auf eine Zeit von vier bis sechs Jahren ...»[68]

Interessant ist hier ein Vergleich: Einundachtzig Jahre später, schon nach Lenins Tod, sollte es im Strafgesetzbuch der RSFSR von 1926 heißen:

«Propaganda und Agitation, die Aufrufe zum Sturz, zur Unterwanderung oder Schwächung der Sowjetmacht enthalten ..., ebenso wie die Verbreitung oder Herstellung oder Aufbewahrung von Literatur derartigen Inhalts werden mit Freiheitsentzug und strenger Isolierung von mindestens sechs Monaten bestraft.»[69] Das sind nahezu die gleichen Gedanken, mit Ausnahme der zu Zeiten Nikoalaus I. unbekannten Worte «Propaganda» und «Agitation» und der recht verschwommenen «mindestens sechs Monate».

Die Selbstherrschaft legte größten Wert auf Armee und Polizei. Für heutige Begriffe war allerdings die zahlenmäßige Stärke der Straforgane gering. 1895 zum Beispiel dienten im Polizeidepartement 161 Mann, im Gendarmeriekorps rund 10 000 Mann, dazu kamen einige ...zigtausend Polizisten. Doch die Machthaber übertrugen der Polizei, besonders der politischen, weitreichende Rechte. Wie schrieb doch A. A. Lopuchin, von 1902 bis 1905 Chef des Polizeidepartements: «Rußlands Bevölkerung wurde vom persönlichen Gutdünken der Beamten der politischen Polizei abhängig gemacht. Die Schuldfrage wird häufig auf der Grundlage der subjektiven Ansichten der Polizeibeamten beantwortet.»[70] Das selbstherrschaftliche System verbannte sehr viele Unliebsame zur Zwangsarbeit. Um die Jahrhundertwende zum Beispiel gab es in Sibirien rund 300 000 Verbannte verschiedener Kategorien und rund 11 000 Gefangene, die zu Zwangsarbeit verurteilt worden waren.[71] Allerdings waren nur fünf bis zehn Prozent der Verbannten «Politische». Ein erheblicher Teil der Verbannten, manchmal bis zur Hälfte, hielt sich nicht am Bestimmungsort auf, er war, mit anderen Worten gesprochen, auf der Flucht, denn man bewachte sie mehr schlecht als recht.

68 Gesetzbuch der Kriminal- und Korrektionsstrafen, St. Petersburg 1846, S. 66.
69 Собрание кодексов РСФСР, изд. 4-е, Moskau 1927, S. 665–668.
70 А. А.Лопухип, Настроящее о будущее русской полиции, Moskau 1907, S. 26.
71 Р. Пайпс, Россия при старом режиме, Cambridge Massachusetts 1981, S. 417.

Die polizeilichen Vorschriften waren nicht sonderlich streng. Man konnte zum Beispiel ungehindert ins Ausland reisen. Vor Reiseantritt mußte man lediglich einen Antrag an den Gouverneur stellen und eine geringe Gebühr bezahlen. Im Jahre 1900 beispielsweise verbrachten rund 200 000 Russen jeweils mehrere Monate im Ausland. Es ist deshalb nicht verwunderlich, daß sich die wichtigsten Gegner des Zarismus im Ausland aufhielten. Viele von ihnen kannten die Schwächen des Polizeidepartements sehr gut und faßten (nach der Revolution) beim Aufbau eines neuen Sicherheitssystems die Verfahren und Regeln, nach denen über die Loyalität einer bestimmten Person gegenüber dem Sowjetstaat entschieden wurde, wesentlich strenger ab.

Die revolutionäre Partei verfügte demzufolge, als sie an die Macht gekommen war, zum einen über zu geringe demokratische Traditionen, um sich der aufblähenden Bürokratie entgegenzustellen, zum anderen über «ererbte» Polizeierfahrungen der zaristischen Selbstherrschaft, die sie gestürzt hatte. Es nimmt deshalb nicht wunder, daß schon bald nach der Revolution in großem Umfang Repressalien gegen Gegner der neuen Ordnung angewendet wurden, Maßnahmen, die über den Rahmen der revolutionären Gesetzlichkeit hinausgingen. Das war eine Gefahr für die Freiheit, um die die Bolschewiki gekämpft hatten. Unmerklich, nach und nach wurde der Weg für den künftigen Cäsar bereitet.

In Kalinins Korrespondenz findet sich ein Auszug aus dem Protokoll des Politbüros Nr. 110 vom 9. März 1922. Unszlicht erstattete Bericht über den Kampf gegen das Banditenunwesen. Das Politbüro beschloß daraufhin: «Folgender Vorschlag Unszlichts wird angenommen: Die GPU erhält das Recht der unmittelbaren *Abrechnung* (Hervorhebung von mir – *D. W.)* a) mit Personen, die des bewaffneten Raubes überführt wurden, mit Kriminellen und Rückfalltätern, die mit einer Waffe gestellt wurden; b) mit illegalen Anarchisten und linken Sozialrevolutionären zur Verbannung nach Archangelsk und Gefängnishaft in Archangelsk …

Sekretär des ZK *Molotow.*»[72]

Abrechnung ohne Gericht … Doch es sollte noch schlimmer kommen. Hier ein weiteres Dokument dieser Art:

«Moskau, B(olschaja) Lubjanka 2 Nr. 243 511

An den Sekretär des ZEK der UdSSR, Gen. Jenukidse

Die OGPU bittet um die Genehmigung zu einem *außergerichtlichen* Urteil (Hervorhebung von mir – *D. W.).*

1. In der Sache Babin, M. J. alias Rubin, Menschewik der rechten Gruppierung «Sarist», beschuldigt gemäß Art. 62 des Strafgesetzbuches.
2. In der Sache Abrikossowa und andere, insgesamt 56 Personen, beschuldigt gemäß Art. 61, 66 und 68 des Str.gesetzbuches – große faschistische Spionageorganisation.
   Persönlichen Bericht zu beiden Fällen wird die Stellv. Leiterin der SOOGPU, Genn. Andrejewa, erstatten.

5. VI. 1934 *Jagoda*

Deribas.»

Darunter folgte der Zusatz: «Im zweiten Fall erhebt Staatsanwalt Karanjan Einwände. *Jagoda.*»[73] Damals konnte man noch Einwände erheben …

72 ЦГАОР, Fundus 7 523, Liste 65, Akte 239, Bl. 12.
73 Ebenda, Fundus 567, Liste 1, Akte 89, Bl. 18.

Die außerordentlichen Maßnahmen, Repressalien ohne Gerichtsurteil, die sich im Umfeld von Revolution und Bürgerkrieg noch erklären ließen, wurden im Frieden nicht ausgemerzt, ungeachtet aller Bemühungen Lenins, und nach seinem Tode waren sie dann eine nahezu alltägliche Erscheinung der neuen Lebensweise. Es genügte, jemanden «feindseliger Aktionen» gegen die neue Ordnung zu beschuldigen. Die Bürokratie machte sich diese Regel eines grausamen Spiels früher als andere zu eigen. Allmählich sahen die neuen Generationen von Mitarbeitern der Sicherheitsorgane im Grunde genommen in jedem Sowjetbürger einen potentiellen Gegner der Ordnung. Diese Betrachtungsweise trug ihre Früchte. Man schrieb selten darüber in der Presse, aber in jedem Dorf, jedem Betrieb, Institut oder Volkskommissariat verschlossen sich die Menschen, wenn sie von einem neu ausgehobenen «Nest von Sowjetfeinden» hörten, noch mehr, kapselten sich ab, schauten mißtrauisch auf die Leute in ihrer Umgebung und waren bereit, jede neu «Direktive«, jede neue «Linie» der Führung zu unterstützen. Die potentielle (und häufig auch reale) Gefahr der Strafe machte die Menschen geistig zu Krüppeln.

Stalin erhielt viele Berichte über die politische Stimmung, über Beobachtungen von verdächtigen Elementen, über die Aufdeckung neuer antisowjetischer Gruppen. Im folgenden ein Auszug aus einem solchen Rapport, den Stalin kurz nach Kriegsende auf den Tisch bekam: «Antisowjetische Gruppen unter der Intelligenz und der Jugend».

«1) Die Strafsache einer antisowjetischen Gruppe von Ingenieuren und Technikern des Volkskommissariats für Verkehrswesen in Moskau: D. D. Terembezki, W. D. Birjukow, S. A. Babenkow (es folgen weitere Namen – D. W.) Antisowjetische Äußerungen. Die Gruppe hatte sich die Aufgabe gestellt, einen Aufstand zu entfesseln, wenn die deutschen Truppen anrücken. Die Strafsache befindet sich bei der Sonderspruchkammer.

2) Antisowjetische Gruppe von Studenten Moskauer Hochschulen (5 Personen), darunter Medwedski, L. A., Student der Hochschule für chemische Technik; Wiljams, N. J., Sohn von Akademiemitglied Wiljams, Staatliche Universität Moskau; Student Gastew, J. A., Sohn des Volksfeindes und Trotzkisten A. K. Gastew; Mutter und Bruder verbüßten Freiheitsstrafen – ebenfalls Student der Staatlichen Universität Moskau, u. a. Führen sowjetfeindlicher Gespräche. Bei den Mitgliedern der Gruppe wurden Gedichte antisowjetischen Inhalts beschlagnahmt …

4) Antisowjetische Gruppe der Oberschule der Staniza Staromichailowka, Region Krasnodar, mit Kowda, B. A., ehemaliger Schüler, befand sich auf besetztem Territorium; Duchno, R. N., Schüler der 9. Klasse, Bogwa, N. G., Schüler der 9. Klasse. Haben eine Art Zirkel «Kampf um Gerechtigkeit» gebildet. Wurden von den antisowjetisch gesinnten Lehrern S. M. Jakowitsch und D. K. Jarow unterstützt. Die Untersuchungen werden fortgesetzt …»[74] Es folgt die Aufzählung mehrerer Dutzend derartiger «antisowjetischer Gruppen». Wenn man in 15- bis 16jährigen Schülern, deren romantischen und patriotischen Gedankenflügen noch keine Fesseln angelegt worden waren, eine Gefahr für die Ordnung sah, was sollte man dann von den anderen Gruppen sagen … Der Stalinsche Bürokratismus forderte seine Opfer.

Viele Fragen, die eigentlich in den politischen und ideologischen Bereich fallen, überließ Stalin ebenfalls völlig den Stellen, die für ihn nun, das möchte ich wiederholen, wichtiger waren als die Partei.

74 Ebenda, Fundus 9401, Liste 2, Akte 2223, Bl. 338–357.

«Genossen Stalin, J. W.

8. September 1945

Das W.-I.-Lenin-Mausoleum ist für den Einlaß von Besuchern bereit ... Wir legen Ihnen hiermit einen Entwurf für die Anordnung des Rates der Volkskommissare der UdSSR über die Eröffnung des W.-I.-Lenin-Mausoleums ab Sonntag, den 16. September 1945, zur Bestätigung vor. *L. Berija*

W. Merkulow.»[75]

Lenins sterblichen Überreste, aus Tjumen zurückgeholt, wohin man sie während der Kriegsjahre gebracht hatte, bereiteten die «Organe» für die Überführung ins Mausoleum vor. Die Bürokratie verfügte, daß sich Berijas Ministerium um das Gedenken an Lenin zu «kümmern» habe. An seinen eigentlichen Verpflichtungen, die stets «übererfüllt» wurden, wurden deshalb aber keine Abstriche gemacht. Hier ein Beispiel:

«Genossen Stalin, J. W.

Genossen Molotow, W. M.

Genossen Berija, L. P.

Das Ministerium des Innern berichtet über den Verlauf der Erfüllung des Beschlusses des ZK der KPdSU(B) und des Ministerrates Nr. 1630 vom 27. Juli 1946 über Maßnahmen zum Schutz des staatlichen Getreides. Folgende Ergebnisse liegen vor: Im Dezember 1946 wurden 13 559 Personen strafrechtlich zur Verantwortung gezogen (in nur einem Monat! – *D. W.*), im Januar 1947 9 928 Personen ... *S. Kruglow.*»[76]

Maß Stalin einer Information keine Bedeutung bei, setzte er in die obere Ecke des Dokuments einfach eine Art «Häkchen» oder ein lateinisches «v» ... Und da der «geliebte Führer» buchstäblich alles über sein Volk wissen wollte, überschüttete Kruglow, ein gelehriger Schüler Berijas, Stalin mit allen möglichen Mitteilungen – von Aktionen «antisowjetischer Gruppen» bis hin zu der Erscheinung von Heiligen:

«Wie das Ministerium des Innern der Ukrainischen SSR mitteilt, gingen unter der Bevölkerung des Rayons Rawa, Russkaja, Gebiet Lwow, Gerüchte um, nach denen einer Wandernonne die Mutter Gottes erschienen ist. Angeblich ist eine Wolke herabgeschwebt und hat sich aufgelöst, wonach auf dem Boden Blutspuren zurückgeblieben seien ...»[77] Auf den «Führer», den Atheisten und einstigen Seminaristen, machte das natürlich keinen Eindruck, und er versah die Mitteilung mit einem Häkchen. Das war unwichtig ...

Die staatliche Bürokratie hielt ständig mehrere Millionen Menschen hinter Stacheldraht, aus denen sie eine «schöpferische» Kraft der neuen Gesellschaft machte. Wie ich schon feststellte, war Stalin Initiator und unbeirrter Verfechter des Gedankens, die Arbeit der Gefangenen maximal für den sozialistischen Aufbau zu nutzen. Das war für ihn eine Frage des Prinzips. Der «Führer» beauftragte das NKWD, später das MdI, mit der Errichtung hochwichtiger Industrieobjekte. Selbst der Bau der Atombombe wurde im wesentlichen dieser Einrichtung übertragen. Die Termine für die Ausführung der Arbeiten waren häufig so gestellt, daß sie uns heute einfach phantastisch anmuten. Und gewöhnlich wurden die Aufgaben erfüllt, die Termine eingehalten. Schließlich wußten alle, die damit zu tun hatten, daß ihnen gar nichts anderes übrigblieb. Dafür ein Beispiel.

75 Ebenda, Akte 98, Bd. VII, Bl. 380.
76 Ebenda, Akte 168, Bd. I, Bl. 337–353.
77 Ebenda, Akte 170, Bd. III, Bl. 344f.

Als Stalin im Juli 1945 angeordnet hatte, den Bau der Atombombe zu beschleunigen, wurden Sondermaßnahmen ergriffen. Darauf folgten weitere, zusätzliche Maßnahmen, etwa folgende:

«Magadan. An den Leiter des Bautrusts Fernost, Gen. Nikischow

Auf Beschluß des Rates der Volkskommissare der UdSSR vom 13. Oktober 1945 wurden Sie beauftragt, die Arbeiten zur Erkundung von Uranerz zu organisieren. Es handelt sich dabei um eine außerordentlich wichtige Angelegenheit.

Es sind alle Maßnahmen zu treffen, um die Suche nach Uran energisch voranzutreiben und schon *in diesem Jahr* (Hervorhebung von mir – *D. W.)* die Förderung des Erzes und die Herstellung von Urankonzentrat zu organisieren ... Ich bitte Sie, alle zwei Wochen über die zur Erfüllung der Aufgabe getroffenen Maßnahmen zu berichten ... *L. Berija.*»[78]

Ich habe schon erwähnt, daß praktisch alle Ministerien das MdI mit Bitten um Tausende, ...zigtausende Arbeitskräfte bestürmten. Die Gefangenen bauten nicht nur Straßen und Brücken, förderten Kohle und fällten Holz, sie förderten auch Uran, errichteten Kernreaktoren, Hochhäuser und mächtige Wasserkraftwerke. 1952 hatte ich Gelegenheit, mit einer Gruppe von Komsomolfunktionären die Baustelle zu besuchen, auf der das Wasserkraftwerk Kuibyschew entstand, und dieses Erlebnis werde ich nie vergessen. Es war ein Bau von beeindruckenden Dimensionen. Von der Höhe der Staumauer herab konnte man überall Hunderte von graugekleideten Menschen durcheinanderwimmeln, hin- und hereilen sehen. Als wir an einer dieser Gruppe vorbeikamen, richtete sich ein magerer, hochgewachsener junger Mann auf und sagte leise, aber deutlich zu uns:

«Erzählen Sie in der Freiheit, wie wir auf den Großbaustellen der Stalinschen Epoche arbeiten!»

Wir schauten uns um, doch als wir mehrere Wachposten in der Nähe sahen, war uns alles klar. Mich wunderte nur die hochtrabende Ausdrucksweise des Häftlings. Doch bald begriff ich, warum er so gesprochen hatte. Mir fiel ein kleines Buch in weichem Einband in die Hände, das «Die Großbaustellen der Stalinschen Epoche»[79] betitelt war. Sicherlich gab es das von den Akademiemitgliedern A. W. Toptschijew, G. M. Krshishanowski, A. W. Winter, W. A. Obrutschew, W. S. Nemtschinow, I. A. Scharow und anderen Wissenschaftlern verfaßte Buch in der Lagerbibliothek. Doch was wahr ist, muß wahr bleiben – sehr viele, wenn nicht die meisten «großen Stalinbauten» sind von Häftlingen errichtet worden. Ein besonders zynischer Aspekt der totalitären Gesellschaft, wie ich meine.

Ein weiteres Dokument:

«Genossen Stalin, J. W.
Genossen Molotow, W. M.
Genossen Malenkow, G. M.
Genossen Berija, L. P.
Genossen Chruschtschow, N. S.

2. Februar 1951

Auf Beschluß des Ministerrates vom 30. Juli 1949 wurde das Ministerium des Innern der UdSSR mit der Projektierung und dem Bau des Wasserkraftwerkes Kuibyschew an der Wolga bis zum Jahre 1955 beauftragt. Der Bau geht planmäßig voran ...

78 ЦАМО, Fundus 132, Liste 2462, Akte 40, Bl. 3.

79 Великие стройки сталинской Эпохи, Moskau 1951.

Auf Beschluß des Ministerrates vom 16. August 1950 wurde das MdI der UdSSR außerdem beauftragt, das Wasserkraftwerk Stalingrad und den zentralen Kanal zur Bewässerung des nördlichen Teils der Kaspiniederung zu projektieren und zu bauen. Umfangreiche Vorbereitungsarbeiten sind im Gange …

S. Kruglow.»[80]

Stalin liebte derartige Berichte. Seine Antwort lautete kurz und knapp: «Berichten Sie regelmäßig über den Verlauf der Arbeiten.»

Die Bürokratie, die in alle Winkel der Gesellschaft eingedrungen war, machte auch vor dem Kunstschaffen nicht halt. Die Berija-Kruglow-Behörde schrieb sogar künstlerische Wettbewerbe aus. Allerdings lief hier alles ganz anders ab. Die Bürokratie bestimmte, wie das Endergebnis auszusehen hatte. Doch wohlgemerkt, zuerst mußte dem «Führer» berichtet werden.

20. März 1951 «Genossen Stalin

Der Ministerrat hat das MdI verpflichtet, einen internen Wettbewerb für die architektonische Lösung (Gestaltung) des Wolga-Don-Kanals auszuschreiben. Einbezogen wurden die Architektenbüros von L. M. Poljakow, A. N. Duschkin, I. I. Fomin und I. I. Prijmak (Abteilung Projektierung hydrotechnischer Anlagen des MdI).

Am besten schnitt der Entwurf von Gen. L. M. Poljakow (Architektenbüro Nr. 6) ab, der dann als Grundlage diente. Die Abteilung Projektierung hydrotechnischer Anlagen des MdI erarbeitete unter Berücksichtigung der Hinweise der Jury einen neuen Entwurf. Die herausragende Rolle des Genossen Stalin wird in einem monumentalen Standbild auf dem hohen Ufer der Wolga an der Einfahrt zum Wolga-Don-Kanal zum Ausdruck gebracht. Wir beabsichtigen, einen weiteren internen Wettbewerb für das Denkmal auszuschreiben.

Erbitte Ihre Zustimmung.

Minister des Innern der UdSSR *S. Kruglow*
Chefarchitekt der Abteilung Projektierung
hydrotechnischer Anlagen des MdI *L. Poljakow.»*[81]

Mit der ihm eigenen «Bescheidenheit» stimmte Stalin der neuerlichen monumentalen Verewigung seiner Person zu und ließ dafür …zig Tonnen Buntmetall bereitstellen.

Ich bin im Süden der Region Krasnojarsk aufgewachsen, im Rayon Irbejskoje, konkret im Dorf Agul. In der Ferne schimmerten die majestätischen, schneebedeckten Gipfer des Sajangebirges mit seinen Ausläufern zum Jenissej, nach Kan und Agul. Überall unberührte Taiga. Das war das Land der Kershaken, angestammter Sibirier, die 150 bis 200 Jahre zuvor aus den westlichen Gouvernements Rußlands hierhergekommen waren. 1937 oder 1938 strömten Scharen von Soldaten in unser gottverlassenes Agul. Ihnen folgten Kolonnen von Häftlingen. Die Taiga stöhnte auf. «Zonen» entstanden. Innerhalb eines halbes Jahres schossen nicht nur in Agul, sondern auch in anderen Taigasiedlungen Lager wie Pilze aus dem Boden. In Kessa, Puntschet, Nishne-Sacharny, Werchne-Sacharny, Solomatka … Stacheldraht, hohe Zäune, hinter denen die Baracken kaum zu sehen waren, Wachtürme, Schäferhunde. Schon bald stellten die Bewohner fest, daß die Lager immer neue Kolonnen entkräfteter Menschen (sie kamen von der 100 Kilometer

80 ЦГАОР, Fundus 9401, Liste 2, Akte 302, Bd. I, Bl. 21–28.
81 Ebenda, Bl. 39–41.

entfernten Bahnstation) aufnahmen, als wären sie aus Gummi ... Dann begriffen sie, wie das möglich war. Hinter den Siedlungen zogen sich bald endlose Gräben hin, zu denen man nachts auf Wagen oder Schlitten die mit Planen bedeckten Toten brachte. Viele starben an den Entbehrungen des Lagerlebens. Andere wurden in der Taiga erschossen. Boris Franzewitsch Kreschtschuk, der damals in Agul lebte und dem man den Vater, der Schmied war, und den älteren Bruder erschossen hatte, erzählte: Er war mit den Nachbarjungs nach Zedernnüssen unterwegs, da hörten sie plötzlich in der Nähe Schüsse, «als ob man ein großes Stück Leinen zerreißt» ... Wir sofort hin. Durch die Sträucher sahen wir, wie mehrere Schützen die getöteten Häftlinge in eine Grube schoben, etwa zwanzig Mann ... Wir rannten, was wir konnten ... Bis heute sehe ich vor mir, wie sich einer mit den Händen am dürren Gras festklammerte, er war offensichtlich noch nicht tot ...

Meine Mutter war Direktorin einer Siebenklassenschule. Wie ich schon erzählte, kamen mit Erlaubnis der Leitung zwei Häftlinge zu ihr und brachten die Bibliothek in Ordnung; klebten oder erneuerten die Einbände der Bücher. Wir hatten selbst ein schweres Leben, besonders nachdem man meinen Vater geholt und erschossen und uns hierher verbannt hatte. Da wir in der Region Primorje lebten, konnte man uns schlecht noch weiter nach Osten schicken (wohin auch, nach Japan?), und so ging es nach Westen, in dieses Agul. Lehrer gab es hier nicht, und meiner Mutter, die nach der Revolution die Universität absolviert hatte, erlaubte man zu unterrichten. Mit einem der Häftlinge jedenfalls (ich erinnere mich nicht an seinen Namen, ich war damals zehn), unterhielt sich meine Mutter manchmal lange, wenn niemand in der Nähe war. Erst viel später begriff ich, was ich da gesehen hatte. Dieser Gefangene zog aus der Innentasche seiner Häftlingsjacke ein zusammengefaltetes Stück Stoff. Er schlug es auseinander und zeigte der Mutter etwas. Ich stand nicht weit entfernt in dem niedrigen Zimmer, das die Bibliothek beherbergte; neugierig stellte ich mich auf die Fußspitzen und konnte über den Rücken der Mutter hinweg sehen, daß der Häftling ein kleines Foto in der Hand hielt, wie sie früher üblich waren, auf festem Karton, mit Monogramm und Schriftzügen in einer fremden Sprache. Der Unglückliche sagte halblaut zu meiner Mutter:

«Wir lebten damals in der Emigration. In der Schweiz. Da sitzt Lenin, daneben meine Frau und ich, und das sind zwei deutsche Kommunisten.»

Verblüfft blickte ich auf den schmutzigen, hageren Mann mit den großen, traurigen Augen – dieser Mensch hatte Lenin persönlich gekannt? Er erklärte meiner Mutter noch etwas und wickelte dabei das Foto wieder sorgsam in das Tuch ein. Vielleicht noch zweimal kam er dann unter Bewachung in die Schule. Dann sahen wir ihn nicht mehr. Entweder war er gestorben (er war sehr schwach), oder es war ihm ergangen wie den anderen dort im Wald ...

Diese Kindheitseindrücke haben sich mir unauslöschlich eingeprägt. Lese ich die folgenden Zeilen aus Shakespeares Sonetten, dann scheint mir, er spricht darin vom Schicksal meiner Familie. Nein, nicht nur meiner. Hier ist vom Schicksal vieler, sehr vieler Menschen die Rede, die Stalins verbrecherische Willkür am eigenen Leibe erfahren haben:

«Wenn ich zu süssen stillen sinnes tag
aufruf' erinnrung der vergangenheit.
Beseufze manch ein ding woran mir lag
Und altes weh neu weint um schwund der zeit;

Dann schmerzen mich die schmerzen längst ertragen
Und schwer von weh zu wehe zähl ich her
Die trübe liste schon beklagter klagen
Und zahle sie wie nicht bezahlt vorher.»

Meine Mutter starb, noch ziemlich jung, schon bald nach dem Krieg. Vieles hatte sie uns, meiner Schwester, meinem Bruder und mir, nicht mehr erzählen können. Wir setzten sie auf dem Dorffriedhof in der Nähe der Stelle bei, wo man die Gefangenen verscharrt hatte. Schon damals waren die Gräber, in denen sie ruhten, dem Erdboden nahezu gleichgemacht. Namenlose, stumme Plätze, Zeugen der schrecklichen Tragödie eines Volkes. Doch das Schweigen dieser Gräber gleicht für uns noch heute einem Schrei ... Dort, wo diese Lager standen, haben nur sehr wenige überlebt, glaube ich. In meiner Familie kehrten außer dem Vater zwei Onkel nicht aus den Lagern zurück. Als einfache Bauern, die sie waren, waren sie so unvorsichtig gewesen, laut auszusprechen, was viele damals dachten.

Vielleicht wird jemand, der diese Zeilen liest, jetzt hämisch meinen: «das gekränkte Söhnchen», «einer von den Repressierten», «unverhohlene Rache». Nein, auf keinen Fall. Ich war ein junger Panzerleutnant, als Stalin starb. Für mich brach eine Welt zusammen. Als man meine Verwandten abgeholt hatte, war ich immerhin völlig ahnungslos. Auch später brachte ich diese Tragödie in keiner Weise mit Stalin in Verbindung. Es hieß: «Vater ist gestorben.» Meine Mutter weinte heimlich. Aber was es bedeutet, «gezeichnet» zu sein, das merkte ich im Juli 1952 zum erstenmal. Nach dem festlichen Abschlußessen in der Kantine der Schule packten die frischgebackenen Leutnants mit den knarrenden Koppeln und den goldglänzenden Schulterstücken ihre einfachen Vulkanfiberkoffer, um für immer in die zugewiesenen Truppenteile auseinanderzugehen. Bevor wir uns alle verabschiedeten, kam ein Kamerad aus meinem Zug zu mir, nahm mich zur Seite und sagte:

«Schwöre, daß du nie jemandem davon erzählen wirst!»

«Natürlich», ich blickte ihn erstaunt und ahnungslos an.

«Ich habe dich drei Jahre lang im Auge gehabt und weitergegeben, was du gesagt hast, na ja, dich eben beobachtet ... Verzeih mir, ich hatte keine Wahl.»

«Was sagst du da?» Ich konnte es nicht begreifen und starrte den Jungen an.

«Du hast ja die Schule jetzt beendet, und auch noch mit Auszeichnung, also habe ich nichts Schlechtes gesagt ... ich wünsch' dir was ... Behalt mich trotzdem in guter Erinnerung ... Und denk daran, vielleicht geht es noch weiter ...» Er sah mir in die Augen.

Seinen Namen nenne ich nur deshalb nicht weil er ja sicherlich heute auch irgendwo arbeitet, und ich habe schließlich mein Wort gegeben.

Ich bin wohl etwas sehr weit von den Überlegungen zum Stalinschen Bürokratismus abgeschweift. Doch ich wollte auf diese Dinge eingehen, um zu zeigen, daß es sinnlos ist, für die Geschichte Rache nehmen zu wollen. So wie es sinnlos ist, sie zu belächeln. Was war, läßt sich nicht ändern. Man muß die Geschichte aber kennen, man muß sie sich einprägen. Man darf zum Beispiel nicht vergessen, daß mein Vater erst 37 war, als er umkam.

Wußte man im Kreml, was in Agul, Solomatka, Kessa und an Tausenden anderen Orten geschah? Man wußte es, wußte es sehr genau. Im Archiv Berijas lagern zahlreiche Briefe, die ein Schmerzensschrei, ein Ruf nach Hilfe sind, in denen appelliert wird, man solle doch prüfen, sich einschalten, die «Sache» eines bestimmten Menschen unvoreingenommen betrachten. Nachstehend einer der vielen Briefe, die an das «ZK der KPdSU(B),

Stalin» adressiert waren. Offensichtlich hatte sich ein gutherziger Mensch gefunden, der den Brief aus dem Lager brachte und abschickte. Sehr selten gelangten solche Botschaften «von dort» bis zum «Führer». Hier ein Auszug:

«Es handelt sich um die Lagerabteilung 14 des NKWD-Lagers Nr. 283 und den Schacht Nr. 26. Die Situation der Gefangenen ist sehr schlecht. Mittelalterliche Inquisition wäre dagegen geradezu das Paradies. Ehemalige Soldaten und Partisanen hat man mit Polizisten und Kollaborateuren der Deutschen zusammengesteckt. Keiner weiß, für wie lange er in Haft bleibt, und das ist keineswegs besser, als erschossen zu werden. Wir werden ständig geschlagen, gehen in Lumpen und sind verlaust. Die Ernährung ist miserabel, häufig sind Mäuse im Essen. Der Kohl wird mit einer pferdegetriebenen Drehmaschine verarbeitet, dabei gerät Pferdemist hinein. Die Wachleute schlagen die Gefangenen. Für das Personal werden besonders brutale Leute ausgewählt.

Dieser Brief berichtet die reine Wahrheit. Doch ihn zu unterschreiben, das würde mich in die Hölle bringen ...»[82]

Stalin gab den Brief an Malenkow weiter. Der setzte darunter: «An die Gen. Berija und Tschernyschow.» Und Berija zeichnete einfach ab. Der Kreis war wieder geschlossen. Keiner kann sagen, was schwerer ist: Heldentum im Kampf oder langes Leiden. Frappierend war auch die unermeßliche Leidensfähigkeit der sowjetischen Menschen. Vielleicht hatte Hegel recht, als er sagte, daß «die schmerzende Passivität ... nur an ihrem Mangel hängt und ihm nicht eine Fülle von Kraft entgegensetzt».[83] Die Duldsamkeit der Menschen gegenüber der Tatsache, daß Stalin und seine Helfershelfer Millionen Menschen vernichteten, ist erschütternd. Man brachte unschuldige Menschen dazu, an ihre Schuld zu glauben. Oder bestenfalls zu denken: «Das ist ein Irrtum bestimmter Leute, aber kein Irrtum Stalins.»

Die Bürokratie Stalinscher Prägung geht mit Gesetzlosigkeit einher. Ja sicher, es gab zahlreiche Gesetze, Verordnungen, Verfügungen. Aber viele Gesetze waren einfach ungesetzlich. Was die Pflichten der einfachen Mitglieder der Gesellschaft (und auch nicht nur der einfachen) betraf, so wurde dafür streng Rechenschaft gefordert. Aber bei den Rechten ... Als ich in den Archiven Dokumente einsah, frappierte mich, wie die Willkür der Stalinschen Bürokratie verherrlicht worden war. Um so mehr erstaunte es dann, wenn man auf einen der seltenen schwachen Protestversuche von Leuten stieß, die weit oben auf der staatlichen Leitungspyramide standen. Sie brachten sich damit in große Gefahr. Im persönlichen Archiv Molotows gibt es ein interessantes Schreiben des Justizministers der UdSSR N. Rytschkow an Stalin und Molotow vom Mai 1947. Darin heißt es:

«Entsprechend den Anweisungen der Regierung der UdSSR und der Verfügung des Volkskommissariats für Justiz und des Staatsanwalts der UdSSR (Nr. 058 vom 20. März 1940) werden Personen, die in Verfahren wegen Konterrevolution *freigesprochen* wurden, nicht sofort entlassen, sondern *werden in die Haftanstalt zurückgebracht* (Hervorhebung von mir – *D. W.*) und können erst entlassen werden, wenn vom MdI die Mitteilung eingegangen ist, daß dem von seiner Seite nichts entgegensteht. Diese Verfahrensweise führt dazu, daß die Freigesprochenen noch monatelang im Gefängnis verbleiben.

So hat am 5. April 1946 das Militärkollegium des Obersten Gerichts der UdSSR auf

82 Ebenda, Liste 1, Akte 2180, Bl. 533f.

83 G. F. Hegel, Der Geist des Christentums, S. 42f.

Protest des Generalstaatsanwalts der UdSSR das Urteil des Militärtribunals der Tamaner Schützendivision aufgehoben, in dem die Bürgerin Litwinenko des Landesverrates angeklagt und zum Tode durch Erschießen verurteilt wurde (vom Tribunal der Selbständigen Küstenarmee wurde das Urteil in 10 Jahre Lagerhaft umgewandelt). Das Militärkollegium des Obersten Gerichts der UdSSR stellte das Verfahren schließlich mangels Beweises ein. Dieser Beschluß wurde am 6. Mai 1946 in das Sibirische Arbeitslager des MdI, den Aufenthaltsort der Gefangenen, geschickt. Von dort ging das Dokument zur Abstimmung des Beschlusses an die 1. Sonderabteilung des MdI; diese schickten es an den Taurischen Militärbezirk. So zieht sich die Sache monatelang hin ...

Solche Fälle gibt es viele. Das untergräbt die Autorität des Gerichts. Ich bitte, die Verfügung des Volkskommissariats für Verteidigung und des Staatsanwalts der UdSSR Nr. 058 vom 20. März 1940 aufzuheben.

Minister für Justiz der UdSSR *N. Rytschkow.*»[84]

Wie Stalin darauf reagiert hat, ist nicht bekannt. Molotow vermerkte auf dem Brief: «Die Gen. Gorschenin, Kruglow, Abakumow fragen. *W. Molotow.* 17. V. 47.» Es würde noch sehr viel Zeit vergehen, bis die «Befragten» der Abschaffung der absurden Vorschriften zustimmten. Doch solche Lichtblicke waren in der bürokratischen Strafmaschinerie der Stalinzeit eine große Ausnahme. Die Bürokratie machte die Menschen allmählich glauben, daß alles, was die Führungsspitze tut, vernünftig und richtig ist. Wirkliches Recht gab es nicht, ebensowenig wie ein Rechtsbewußtsein. Und darin besteht eine Voraussetzung für totale Bürokratie. Stalin und das von ihm geformte System brachten die Menschen dazu, auszuharren, zu schweigen, sich zu fügen. Die Bürokratie kann nicht herrschen, ohne den Willen der Menschen zu brechen. Der «Führer» hat einen «stählernen» Willen, alle anderen einen gefügigen. Anders konnten die Menschen das alles nicht ertragen, schon gar nicht im GULAG. Stalin wußte das besser als andere. Bei Hegel heißt es: «... die Tapferkeit ist größer als schmerzendes Dulden, weil jene, wenn sie auch unterliegt, diese Möglichkeit vorher erkannte ...»[85] Der deutsche Philosoph konnte allerdings nicht wissen, was ein GULAG ist. Selbst in Rußland reichte der schlimmste Alptraum nicht aus, sich diese Hölle auf Erden vorzustellen. Schließlich haben Stalin und der Stalinismus in nur dreißig Jahren unvergleichlich viel mehr Menschen vernichtet, als alle russischen Zaren in der 300jährigen Geschichte der Romanows zusammengenommen. Das war das Ergebnis von Stalins Glauben an die universelle Kraft der Gewalt, der Stärke. Paul Valérys kluge Worte «Die Stärke ist dadurch schwach, daß sie nur an die Stärke glaubt» kannte er nicht. Er wußte auch nicht, daß das Schwert längst nicht immer stärker ist als die Feder. Es ist in der Geschichte schon mehr als einmal vorgekommen, daß eine der Feder entsprungene kraftvolle, wahre Idee dem Schwert eine Niederlage bereitet hat. Doch das ging über Stalins Vorstellungsvermögen.

Seinerzeit machten sich die Menschen, zumindest sehr viele, darüber wenig Gedanken und kannten meist nicht den ganzen Schrecken, der sich hinter der totalen Bürokratie verbarg. Sicherlich war auch Alexander Fadejew keineswegs im Bilde, als er einige Tage nach Stalins Tod den großen Artikel «Stalins Humanismus» veröffentlichte. Nur die Erschütterung von Sklaven oder die Blindheit unserer Herzen konnten Worte hervorbrin-

84 ЦГАОР, Fundus 9401, Liste 2, Akte 172, Bd. I, Bl. 325f.
85 G. F. W. Hegel, Der Geist des Christentums, S. 42.

gen, wie sie Fadejews Feder entflossen. Damals wurden sie mit Sicherheit von Millionen Menschen geteilt. Heute aber klingen sie wie eine ungeheuerliche Lästerung. Der begabte Schriftsteller, dessen Bewußtsein auch in den Fesseln des Stalinschen Dogmatismus gepreßt war, schrieb, wir dürften Stalin als den «größten Humanisten, den die Welt je gekannt hat» bezeichnen. Fadejew behauptete, «der große und einfache Mann, dessen unbeugsame innere Kraft in seinem Namen Ausdruck fand, der gütige Lehrer der Menschheit und Vater der Völker ist am Ende seines Lebensweges angekommen, doch seine Sache ist unbesiegbar und unsterblich.» Vielleicht quälte Fadejew, als er sich im Mai 1956 das Leben nahm, das Gewissen, der Schmerz der Erkenntnis und der Reue?

Es gibt in der Geschichte manch Beispiel dafür, daß ein ganzes Volk mit Blindheit geschlagen sein kann. Kreuzzüge, Religionskriege, nationalistischer Taumel und fanatischer Cäsarenglaube haben nicht nur ökonomische, soziale und politische Ursachen. Sie sind auch eine Verirrung des Geistes. Doch eine solche Verirrung hält nicht ewig an. Geht sie vorüber, sterben die Cäsaren, wenn auch oft zu langsam.

Der physische Tod ereilte Stalin schneller, als er erwartet hatte. Darin unterschied er sich kaum von der Mehrzahl der Menschen. Sein politischer Tod aber ließ leider zu lange auf sich warten. Relikte des Stalinismus bestehen noch. Der Name Stalin wird sicher niemals aus der Geschichte verschwinden. Nie werden die Menschen vergessen können, was mit seinem Namen verbunden ist.

Sterbliche irdische Götter

In den letzten ein bis anderthalb Jahren vor seinem Tode ging Stalin allmählich von seinen viele Jahre zuvor angenommenen Lebensgewohnheiten ab. Das Alter, die an Kampf und Erschütterungen reichen Jahre, der übermenschliche Ruhm und die Erinnerungen (ja, die Erinnerungen!) lasteten immer schwerer auf dem «Führer». Immer häufiger fuhr er nun, nachdem er wie immer um 11.00 Uhr aufgestanden war, nicht in den Kreml, sondern ließ Poskrjobyschew zu sich kommen, sog an der kalten Pfeife, trat ans Fenster und schaute lange auf den kühlen Streifen bleiernen Himmels über dem dunklen Wald, auf die kahlen Bäume im Park, über denen ein Schwarm von Krähen kreiste. Ihm fiel ein, daß es zu den bevorzugten Vergnügungen Nikolaus II. gehört hatte, auf seinen Spaziergängen Krähen zu schießen. Das «Rote Archiv» hatte, wie er wußte, Auszüge aus den Tagebüchern des letzten russischen Zaren veröffentlicht, und er bekam Lust, sie anzuschauen.

Am nächsten Tag brachten Berija (sämtliche staatliche Archive unterstanden dem MdI) und Poskrjobyschew mehrere Dutzende in Saffianleder gebundene Hefte. Stalin wechselte mit Berija ein paar Worte auf Georgisch und entließ die beiden dann. Langsam begann er zu blättern, las hier und da längere Textstellen, bis er sich endgültig festgelesen hatte. Stalin war verblüfft: In den fünfzig dicken Heften fand sich nichts von Belang. Der Selbstherrscher hatte wohl mehr die Kontinuität (in 36 Jahren ließ er nicht einen einzigen Tag aus!) als den Inhalt der Eintragungen geschätzt. Wetter, Gespräche, Billard, Bücher, Namenstage, Empfänge, die Beziehungen zu Alix, die Jagd ... Ja, über die Jagd notierte er mehr als über alles andere. Im Heft mit der Jahreszahl 1895 sind die Jagderfolge des Zaren zusammengezählt: «In all der Zeit habe ich 3 Auerochsen, 28 Hirsche, 3 Ziegen,

8 Wildschweine und 3 Füchse zur Strecke gebracht = 45.»[86] Der Zar griff gern zur Flinte: «Ging spazieren und erlegte eine Krähe.» (8. November 1904). Der Imperator übte bei der Krähenjagd seine Treffsicherheit, verfehlte sein Ziel kaum. Stalins Interesse an den Heften erlosch – überall dasselbe. Rußland hat kein Glück mit seinen Zaren gehabt, dachte er vielleicht, sie hatten nicht das richtige Ziel im Visier.

Was würde man nach dem Tode über ihn, Stalin, sagen? Die Menschen nehmen gern das Leben Verstorbener unter die Lupe, sie verstehen nicht, daß man die Vergangenheit nicht ändern kann. Würde es wirklich jemand wagen, bei ihm etwas Falsches, Fehlerhaftes zu suchen? Nein, das war unmöglich. Aus dem «Russia in the Shadows» war eine starke Siegermacht geworden. Alles war im Lot. Noch ein, zwei phantastische Sprünge – und dieser Staat würde allen seine Ordnung aufzwingen ...

Poskrjobyschew überraschte den «Chef» jetzt mehrfach dabei, wie er unbeweglich am Fenster des Eßzimmers stand oder im Sessel des Arbeitszimmers saß und auf den Park blickte. Woran dachte der «Führer», wissend, daß er bei all seiner Größe sterblich war wie alle?

Stalin hatte absolute Macht über die Menschen erlangt. Manchmal schien ihm, seine Herrschaft sei grenzenlos. Hätte er Dostojewski gelesen, wäre ihm vielleicht das Kapitel «Der Großinquisitor» aus den «Brüdern Karamasow» eingefallen.

Im gedankentiefen Monolog des Großinquisitors läßt der geniale russische Schriftsteller die Verbindung, das Wechselverhältnis, die Dialektik von Idee, Freiheit und Diktator, dem Stellvertreter Gottes auf Erden, deutlich werden. Mir ist klar, daß sich direkte Vergleiche in diesem Zusammenhang kaum anstellen lassen. Doch Dostojewski suggeriert den Gedanken: Ein Diktator kann eine große Idee schänden, wenn er die Freiheit mit Füßen tritt.

Vermöge der Idee, so dachte der Schriftsteller nach, werden Millionen «uns den Rang von Göttern geben, und dies dafür, daß wir uns über sie gesetzt haben und bereit gewesen sind, die Freiheit auf uns zu nehmen und über sie zu herrschen – so sehr wird es sie am Ende schrecken, frei zu sein ...! Denn die Sorge dieser kläglichen Geschöpfe richtet sich nicht allein darauf, das zu entdecken, was ich oder ein anderer zu verehren hätte, nein, sie suchen das, woran alle würden glauben und was alle würden anbeten können – unbedingt *alle gemeinsam.* Dieses Bedürfnis nach *Gemeinsamkeit* der Anbetung macht ja die große Qual, die Hauptpein jedes Menschen, von Anbeginn aus ... Ich sage Dir, der Mensch hat keine quälendere Sorge, als den zu finden, dem er so schnell wie möglich jene Gabe der Freiheit, mit der dieses unglückselige Wesen geboren wird, überlassen könnte.»

Ich bin nicht sicher, ob Stalin diese Zeilen jemals gelesen hat. Aber ich glaube, er hat erkannt, daß man Gott gegen eine Idee austauschen konnte und daß alle an sie glauben würden. Und in dieser historischen Seligkeit, Glückseligkeit und Freude, die die Idee versprach, wurde die Freiheit irgendwie nicht mehr gebraucht, um die man auf den Barrikaden gestritten hatte. Die Menschen fanden in ihm denjenigen, dem man «jene Gabe der Freiheit ... überlassen könnte». Er wußte schon genau, wie er mit der Freiheit umzugehen hatte. Ich wage es, den Monolog des Großinquisitors fortzusetzen:

Dem Volk werden wir «ein Glück in Stille und Demut geben, das Glück der schwachen

86 ЦГАОР, Fundus 601, Liste 1, Akte 217, Bl. 181.

Geschöpfe, als die sie geschaffen sind ... Sie werden schüchtern sein, zu uns aufsehen und sich in Furcht an uns drängen wie Küken an die Glucke ... Ja, wir werden sie zwingen zu arbeiten, doch für die Mußestunden werden wir ihr Leben einrichten als harmloses Spiel mit Kinderliedern, mit Reigen und unschuldigen Tänzen. Oh, wir werden ihnen auch die Sünde erlauben, sie sind schwach und ohne Widerstand, und sie werden uns auf Kinderweise dafür lieben, daß wir ihnen erlauben zu sündigen. Wir sagen ihnen, daß jegliche Sünde vergeben wird, wenn sie mit unserer Erlaubnis geschieht ... Und keinerlei Geheimnis werden sie vor uns haben.»[87]

Dieser lange Monolog des Großinquisitors könnte mit den Gedanken des sowjetischen Diktators übereinstimmen, der in seinen späten Jahren einen Hang zum Philosophieren über sein bisheriges Leben entwickelte. Mit Senecas Aphorismus «Post mortem nihil est» (Nach dem Tode kommt nichts mehr) jedoch hätte er sich schwerlich einverstanden erklärt. Der große Denker der Antike behauptete: «Nach dem Tode kommt nichts mehr, und der Tod selbst ist nichts – du fragst, wo wir nach unserem Ende sein werden? Da, wo die Ungeborenen herkommen.»

Wie kann das sein: «Nach dem Tode kommt nichts?» Und sein unsterblicher Ruhm, sein Wirken, seine großen Leistungen? Menschen wie er, so meinte Stalin und erinnerte sich an den lateinischen Spruch «vitae lampada tradunt», «übergeben das Licht des Lebens» nicht einzelnen Menschen, sondern der Zeit, der Epoche, der Ewigkeit ...

Bis ans Ende seiner Tage wandte sich Stalin, wenn er grübelte, häufig laut oder in Gedanken religiösen Texten zu, verwandte sie als Metaphern, geflügelte Worte, biblische Aphorismen. Im hohen Alter verglich er vielleicht das eigene Leben mit dem, was in der Heiligen Schrift steht. Schwer, sich an alles zu erinnern, doch beim Propheten Salomo heißt es wohl zu Recht: «Weil es denn mir gehet wie dem Narren, warum hab ich denn nach Weisheit gestanden? Da dachte ich in meinem Herzen, daß solches auch eitel sei ... und wie der Narr stirbt, also auch der Weise ... Ein jegliches hat seine Zeit, und alles Vornehmen unter dem Himmel hat seine Stunde. Geboren werden und sterben ... Es fährt alles an einen Ort; es ist alles von Staub gemacht, und wird wieder zu Staub ... Oder wer will dem Menschen sagen, was nach ihm kommen wird unter der Sonne?»

Ja, was würde wohl nach ihm kommen? Würden sich seine Mitstreiter in den Haaren liegen oder würde sein tüchtiger Helfer mit dem Zwicker aller hinwegfegen? Darüber ist gründlich nachzudenken. Doch wozu solche Eile? Weshalb dieser Pessimismus? Stammte er denn nicht aus dem für das lange Leben seiner Bewohner berühmten Kaukasus? Alle seine Kontrahenten sind längst zu Asche geworden, er aber befindet sich immer noch auf dem Höhepunkt der Macht ... Man sollte nicht so viel auf diese Ärzte hören und mehr der Volksmedizin vertrauen ...

Wenn sich sein Blick in den kahlen Wipfeln der winterlichen Birken verfing, stellte sich der Diktator, sofern er Lew Tolstoi gelesen hatte, vielleicht eine «mit Verstand nicht zu lösende Frage», wie es der große Schriftsteller formuliert hatte. «Welchen Sinn hat mein Leben? ... Die Antwort muß nicht nur vernünftig und klar, sondern auch richtig sein, das heißt, sie muß so ausfallen, daß ich mit jeder Faser meines Herzens an sie glaube, daß ich gar nicht anders kann, als an sie zu glauben, so wie ich unvermeidlich an die Ewigkeit glaube.» Tolstoi erklärte mißbilligend, es gebe Menschen, die den Sinn ihres

87 F. Dostojewski, Die Brüder Karamasow, Bd. 1, Berlin – Weimar 1981, S. 406f., 415.

Lebens in ihrem persönlichen Wohl sehen. Dann aber «lebt und handelt der Mensch nur dafür, daß es ihm allein wohlergeht, daß alle Menschen und auch alle anderen Wesen nur leben und handeln, auf daß es ihm allein gut gehe ...»[88] Stalin wäre sicher empört gewesen, hätte man diese Worte auf ihn bezogen: Hatte er denn irgendetwas nur für sich gewollt, weiß man denn im Volk nicht, wie anspruchslos und bescheiden er ist, wie er die bekannte Sängerin und ihren Mann, den General, ohne Erbarmen an die Kolyma bringen ließ, als sie sich im besiegten Deutschland nehmen wollten, was ihnen nicht zustand? Ist denn das Volk nicht überzeugt davon, daß alles, was er tut, dem Gemeinwohl dient?

Der Diktator war schon längst nicht mehr fähig, auch nur sich selbst und auch nur halblaut oder in Gedanken zu sagen, daß er lediglich eine, ewige, unvergängliche, unersättliche Leidenschaft kennt. Nein, nicht für die verstorbenen Ehefrauen, nicht für die wenigen Frauen, mit denen ihn eine Beziehung verband, die er streng geheimzuhalten wußte, nicht für die marxistischen Ideen, die er so lange und sorgsam aufbereitet hatte, nicht für das Volk, dem er so das Blut ausgesaugt hatte, nein. Alle diese dreißig Jahre hatte er nur die Macht geliebt. Nun, und hatte er denn diese phantastische Macht, die er mit einem Federstrich oder einer leichten Bewegung seines verkrüppelten Arms demonstrieren konnte, hatte er sie denn nicht für das Volk eingesetzt? Die maßlose und beschämende Lobhudelei hatte dem «Führer» schon längst bestätigt, daß sein Verstand und seine feste Hand die Menschen glücklich machten. Ist nicht er es, der immer neue Ideen zur Verbesserung des «materiellen Wohlergehens» des Volkes, zur Festigung der Macht des Staates entwickelt? Gestern zum Beispiel hat man ihm berichtet, wie begonnen wurde, eine weitere seiner Ideen in die Tat umzusetzen:

«Genossen Stalin, J. W.

Da Sie, Genosse Stalin, sich für den Stand der Arbeiten zur Projektierung des Wasserkraftwerkes interessiert haben, berichtet das MdI über die bisherige Arbeit. In Ausführung ihrer Anordnung werden umfangreiche hydrologische, topographische und geologische Erkundungen im Uralabschnitt von Uralsk bis Tschkalow (500 Kilometer) durchgeführt. Zwei Varianten für den Standort des Wasserkraftwerkes und die Staumauern in der Gegend der Dörfer Golizyn und Krasny Jar werden geprüft. Die Jahresleistung wird voraussichtlich 390 Mill. kW/Stunde betragen. Der Stausee soll ein Fassungsvermögen von 7,7 bis 11 Milliarden Kubikmetern haben. Das endgültige Projekt wird zum 1. April 1953 fertiggestellt.

11. Dez. 1952

Minister des Innern der UdSSR *S. Kruglow.*»[89]

Er konnte natürlich nicht wissen, daß er im April 1953 schon nicht mehr am Leben sein und ein neuer «historischer» Stalinbau nicht mehr errichtet werden würde. Doch war es denn eine schlechte Idee, wenn die vielen auf seinen Willen hin entstandenen künstlichen Meere Strom im Überfluß liefern würden? Allerdings schoß ihm einmal durch den Kopf, daß man in diesen zahllosen von Menschenhand geschaffenen Meeren das ganze gigantische flache Land, seine fruchtbarsten Felder ertränken, die jahrtausendealte Kultur der Völker in den Wassermassen versinken lassen konnte ... Doch er verjagte diesen ungebetenen Gedanken.

Diese morgendlichen Stunden trugen Stalin oft weit weg in das Dunkel längst vergange-

88 Л. Н. Толстой, Полн. собр. соч., Bd. 24, S. 14, Bd. 26, S. 369.
89 ЦГАОР, Fundus 130, Liste 1, Akte 1, Bl. 50f.

ner Zeit, an den Anfang des Jahrhunderts. Da schwelgte er in Erinnerungen. Stumme, unscharfe schwarz-weiße Erinnerungsbilder holten einzelne Gesichter aus dem Nichts hervor: seine schüchterne Kato, die herbe, arbeitsame Mutter, Schaumjan, Kamenew, der ihm seine warmen Wollsocken überließ, als sie im Jahre 17 im kalten Eisenbahnwagen von Atschinsk nach Petrograd zitterten ... Was soll hier die Sache mit den Socken? Plötzlich fiel ihm ein, wie Lenin ihn zum erstenmal unterstützte und wie ihm das half, an sich selbst zu glauben. Warum haben denn die Historiker darüber nichts geschrieben? Was für ein verbrecherischer Fehler! Wer hatte es gewagt, diese bedeutsame Tatsache zu verbergen? Selbst er hatte davon im Durcheinander der zwanziger Jahre keinen Gebrauch gemacht, als er gegen Trotzki, Sinowjew, Kamenew und Bucharin kämpfte. Gleich morgen wird er Berija beauftragen, diese Dokumente herauszusuchen ... In den neuen Bänden seiner Werke muß man die Leute noch einmal daran erinnern, daß sich Lenin selbst für ihn entschied; nicht das Schicksal, nicht der Zufall, sondern der Führer der Revolution ...

Tatsächlich blieb in der Geschichte eine bemerkenswerte Episode unberücksichtigt. Es war im Dezember 1917. Unter dem ungeheuren Druck von Problemen erlosch nach und nach die Euphorie des revolutionären Sieges. Am 23. Dezember fand eine turnusmäßige Sitzung des Rates der Volkskommissare statt. Lenin führte den Vorsitz. Anwesend waren: Schljapnikow, Urizki, Winogradow, Proschjan, Schlichter, Menshinski, Axelrod, Stalin, Petrowski, Trutowski, Algassow, Dybenko, Bontsch-Brujewitsch, Karelin, Lunatscharski, Kollontai, Kosmin. Wie immer standen viele Fragen auf der Tagesordnung: der Entwurf des Dekrets über Türkisch-Armenien, der Konflikt zwischen dem Volkskommissariat des Innern und dem Obersten Volkswirtschaftsrat, die Einstellung der Zinsrückerstattung, die «Nudelkommission», die Abschaffung des Staatlichen Komitees für Versehrtenfragen und die Übergabe ihrer Angelegenheiten an den «Allrussischen Verband der Kriegsversehrten» und vieles andere, darunter auch eine Frage wie diese. «Gewährung von 3–5 Tagen Urlaub für Gen. Lenin, 2 Tagen für Gen. Dybenko, 1 Tag für Proschjan sowie die Vertretung des Vorsitzenden des Rates für die Zeit der Abwesenheit von Gen. Lenin.

Es wurde beschlossen:

Der Urlaub wird bewilligt. Zum Vorsitzenden des Rates der Volkskommissare wird Gen. Stalin ernannt, zu seinem Stellvertreter Gen. Schljapnikow.»[90]

Stalin erinnerte sich, daß er zwei oder drei Sitzungen des Rates der Volkskommissare leitete, als er Lenin vertrat (zu jener Zeit kam die Regierung fast täglich zusammen, um die zahllosen Probleme zu beraten). Gorbunow hatte damals gefragt, ob zu den Sitzungen des Rates der Volkskommissare ein Korrespondent aus dem Pressebüro zugelassen werden sollte. Proschjan erstattete Bericht über den Kampf gegen die Sabotage im Post- und Telegrafenamt und schlug vor, für die Postangestellten die Dienstverpflichtung einzuführen; Stalin selbst informierte über die Lage am Don, über die schwankende Haltung der meisten Kosaken; auf Antrag von Algassow befaßte man sich mit der Bereitstellung von Mitteln für die Senatsdruckerei; dann erstattete wohl Swerdlow noch einen Bericht ...[91] Trotzki erschien nicht zu den «Stalinschen» Sitzungen. Wie lange ist das nun schon her ... Aber es konnte doch kein Zufall gewesen sein, daß Lenin ihn an seine Stelle setzte. Bei so vielen hervorragenden Revolutionären im Rat! Warum nur hatte er dieses Argu-

90 Ebenda, Fundus 130, Liste 1, Akte 1, Bl. 50f.
91 Ebenda, Bl. 52f.

ment nicht früher für seinen Kampf genutzt? Aber was soll's. Der Sieger braucht es jetzt nur noch für seine «historische Biographie».

Stalin konnte sich nur schwer vorstellen, daß Lenin, als er sich von Stalin vertreten ließ, dieser Tatsache keine besondere Bedeutung beigemessen haben sollte. Den Revolutionsführer hatte beunruhigt, daß es im Rat kaum Vertreter der nationalen Randgebiete gab; die in den Süden geflüchteten Schwarzhunderter riefen immer lauter, Lenin habe eine «jüdische Regierung» gebildet ... Unter diesen Bedingungen lag sein vom Rat der Volkskommissare unterstützter Schritt, den Vorsitzenden durch den Volkskommissar für Nationalitätenfragen Stalin vertreten zu lassen, ganz in der Natur der Sache. Doch Stalin sah wie in allem, was sich im Machtapparat tat, außer dem Offensichtlichen immer etwas, was ihm zum Vorteil gereichen konnte.

... Stalin brach seine Erinnerungen ab und wandte sich um, als er jemanden eintreten hörte. Doch das war nicht die gewohnte Gestalt Poskrjobyschews, den er im November 1952 auf Drängen Berijas schließlich seiner Funktion enthoben hatte, wie später auch Wlassik. Gestern hatte Berija, der ihm von Tag zu Tag verdächtiger erschien, angedeutet, daß «Poskrjobyschew vielleicht etwas mit der Ärzte-Affäre zu tun hat und man ihn überprüfen muß». Sollen sie ihn doch überprüfen. So, wie sie vor kurzem die ganze Leningrader Führung und «deren Leute» in Moskau und anderen Städten überprüft hatten, wie sie die Sache im Zusammenhang mit den Jüdischen Antifaschistischen Komitee prüften, das von S. A. Losowski geleitet wurde, den Stalin übrigens im Krieg als Leiter des Sowinformbüros recht gut kennengelernt hatte, und wie sie den erst kürzlich aufgerollten Fall der «Giftmischerärzte» prüften. Gott sei Dank sieht er zu, daß er ohne ihre Hilfe auskommt. Wie viele Imperatoren, Könige, Präsidenten und Führer hatte die höfische Medizinergilde in der Geschichte unbemerkt ins Jenseits befördert ...? Wer kann es sagen? Das Wichtigste ist, diesem Volk nicht zu trauen, das sicherlich auch von Berija persönlich «bearbeitet» wird.

Ein weiterer Exkurs sei mir gestattet. Wie ich schon sagte, hatte Stalin kurz vor seinem Tode noch den ständigen Einflüsterungen Berijas nachgegeben und seine beiden treuesten Helfer, Poskrjobyschew und Wlassik, ihres Amtes enthoben. Am Ende seines Lebens glaubte der «Führer» niemandem mehr. Nein, niemandem. Stalin glaubte auch Berija nicht, doch er mußte einfach nachgeben, nachdem dieser Poskrjobyschew und Wlassik, die mehr als zwei Jahrzehnte an seiner Seite gearbeitet hatten, immer wieder massiv kompromittierte. Daß Stalin Berija nicht traute, geht aus folgendem Dokument hervor.

Generalleutnant Nikolai Sidorowitsch Wlassik wurde am 16. Dezember 1952 verhaftet. Berija selbst, außerdem Kobulow und Wlodsimirski vernahmen ihn. Der Leiter der Hauptverwaltung Personenschutz des Ministeriums für Staatssicherheit Wlassik wurde der «Nachsicht gegenüber den Giftmischerärzten», der Bekanntschaft mit dem «Spion» W. A. Stenberg sowie des Amtsmißbrauchs (Veruntreuung staatlicher Lebensmittel) beschuldigt. Doch im Grunde genommen ging es natürlich nicht um diese nach dem üblichen Schema zusammengezimmerten Beschuldigungen. In einem Brief, den der ehemalige Generalleutnant im Mai 1955 aus der Region Krasnojarsk, wohin man ihn verbannt hatte, an den Vorsitzenden des Präsidiums des Obersten Sowjets der UdSSR, K. J. Woroschilow, richtete, hieß es:

«Als sich der Regierungschef (so bezeichnete Wlassik Stalin in seinem Brief – **D. W.**) nach Kriegsende im Süden aufhielt, äußerte er sich in meinem Beisein sehr empört über

Berija und sagte, die Staatssicherheitsorgane kämen nicht für die notwendige Sicherheit auf ... Er sagte, er habe angeordnet, Berija als Leiter des Ministeriums für Staatssicherheit abzulösen. Er fragte mich, wie Merkulow und Kobulow arbeiten, später auch nach Goglidse und Zanawa. Ich berichtete ihm, was ich wußte ... Und dann mußte ich feststellen, daß sie über dieses Gespräch zwischen mir und dem Regierungschef genauestens Bescheid wußten, ich war völlig verblüfft ...»

Man kann sich leicht vorstellen, daß Berija Stalins Haltung ihm selbst gegenüber die meisten Sorgen machte. Doch wie konnte er erfahren, was Wlassik ganz allein dem «Führer» gesagt hatte? Vielleicht hatte Stalin selbst es seinem Fouché erzählt? Oder hörte Berija sogar den «Chef» selbst ab?

Weiter schrieb Wlassik in seinem Brief an Woroschilow: Nachdem man mich zum Verhör zu Berija geholt hatte, «war mir klar, daß mich nichts als der Tod erwartete, denn ich mußte erneut feststellen, daß sie den Regierungschef hintergingen ... sie verlangten von mir Aussagen gegen Poskrjobyschew. Kobulow ließ mich noch zweimal holen, als Wolodsimirski dabei war. Ich lehnte ab und erklärte, daß ich keinerlei kompromittierende Informationen über Poskrjobyschew habe, und sagte ihnen nur, daß der Regierungschef eine Zeitlang mit der Arbeit unserer Organe und der Leitung durch Berija sehr unzufrieden gewesen war, und führte die Fakten an, die mir der Regierungschef genannt hatte – Fehler in der Arbeit, die er Berija anlastete ... Weil ich keine Angaben über Poskrjobyschew machen wollte, sagten sie mir – du wirst im Gefängnis krepieren.»

Ich füge lediglich hinzu, daß die einstigen «Kollegen» gegen Wlassik zu den verschiedensten «Maßnahmen» griffen, um Aussagen zu erpressen. Man hat mich, schrieb Wlassik, ganz unglaublich verhöhnt und erniedrigt ... Bei «meinem Alter und Gesundheitszustand konnte ich das nicht verkraften. Ich hatte einen Nervenzusammenbruch, geriet völlig aus dem Gleichgewicht und verlor jede Selbstbeherrschung, jedes Denkvermögen ... Ich war nicht einmal in der Lage, meine von ihnen fabrizierten Antworten durchzulesen, und konnte unter ihren Beschimpfungen und Drohungen, in den scharfkantigen, tief ins Fleisch schneidenden Handschellen einfach nicht anders, als diese für mich schreckliche Verleumdung zu unterschreiben ... Da nahm man mir die Handschellen ab und versprach, mich schlafen zu lassen, wozu es nie kam, denn in der Zelle folgten neue Quälereien ...»[92]

So ging es «bei Hofe» zu. Alle wurden bespitzelt. Niemand, absolut niemand konnte vor Verdächtigungen sicher sein. Als Berija spürte, daß sich das Verhältnis des «Führers» zu ihm abkühlte, machte er sich auf jede Wendung der Ereignisse gefaßt. Doch Stalin wartete ab, überlegte und blieb dabei nach außenhin der gleiche wie früher. Vielleicht hatte Richelieu recht, als er sagte: «Die Fähigkeit zu verbergen ist die Kunst der Könige»?

... Auf der Schwelle stand nun an Poskrjobyschews Stelle ein neuer Sekretär mit einer Mappe voller Papiere. Es war schwer, Poskrjobyschew zu ersetzen, und Stalin zögerte schon drei Monate mit der endgültigen Entscheidung – wer würde so ein Adjutant werden, wie es der in Ungnade gefallene Referent gewesen war?

Stalin wies mit einer Kopfbewegung zum Tisch, auf den W.N. Malin die im Sekretariat des «Führers» zusammengestellte Mappe mit Dokumenten gelegt hatte, und erklärte knapp, ohne den Gruß zu erwidern:

92 Ebenda, Fundus 7 523, Liste 107, Akte 127, Bl. 1–6.

«Malenkow soll mich anrufen.»

«Jawohl, Genosse Stalin!»

Nur wenige Minuten später erklang im Hörer die Stimme seines Favoriten, die höchste Bereitschaft signalisierte, jeden Willen des «Chefs» zu erfüllen.

«Ich will heute abend ins Bolschoi ... überprüfen Sie alles. Schicken Sie keine Unterlagen mehr her, morgen abend möchte ich Sie, Chruschtschow, Berija», er hielt einen Moment inne und fügte dann hinzu «und Bulganin hier bei mir sehen.»

«Gut, Genosse Stalin! Ich überprüfe alles, arbeite die Unterlagen durch und gebe den genannten Genossen Ihre Anweisung weiter ... Es wird alles erledigt ...»

Stalin legte auf, ohne Malenkows Redeschwall zu Ende gehört zu haben. Die verräterische Schwäche, das leichte Schwindelgefühl wollten nicht vergehen. Obwohl er erst vor gut einem Monat Sotschi verlassen hatte, wollte sich die gewohnte Leichtigkeit und Frische nicht einstellen. Stalin sah die Dokumente durch und vertiefte sich anschließend in Zeitungen, Zeitschriften und Übersetzungen ausländischer Artikel und Bücher. In Begleitung von einem Dutzend Leibwächter machte er sich dann am Abend auf den Weg ins Bolschoi, zu einer Aufführung von «Schwanensee». Neben der Loge erwartete ihn A. T. Rybin, Direktor (und gleichzeitig Kommandant) des Theaters, ein Mitarbeiter des Ministeriums für Staatssicherheit. Aus einer Ecke der leeren Loge heraus (früher hatte er manchmal Molotow oder Shdanow zu sich gebeten) schaute Stalin abwesend auf die Bühne. Er kannte jeden Schritt der Choreographie, jeden Ton der Musik. Ohne das Ende des letzten Aktes abzuwarten, fuhr er wieder zurück. Der Diktator konnte einer seltsamen Unruhe nicht Herr werden – die zunehmende Schwäche erschreckte ihn. Er war kein Mystiker, doch er hatte sein ganzes Leben lang geahnt, daß ihm Gefahren drohen würden. Stalin spürte, daß eine jetzt ganz nahe war. Und sie war offensichtlich sehr real.

Am 28. Februar 1953, er war etwas später aufgestanden als gewöhnlich, spürte Stalin, daß er wieder in Form kam, und seine Stimmung besserte sich. Er las die Meldungen aus Korea und die Vernehmungsprotokolle der «Giftmischerärzte» M. S. Wowsi, J. G. Etinger, B. B. Kogan, M. B. Kogan, A. M. Grinschtejn. Ein kurzer Spaziergang folgte. Spät am Abend erschienen, wie er angeordnet hatte, Malenkow, Berija, Chruschtschow und Bulganin auf der Datscha. Sie aßen zuammen Abendbrot. Wie immer besprachen (sprich: entschieden) sie eine Unmenge von Fragen. Bulganin schilderte eingehend die militärische Lage in Korea. Dort war eine Pattsituation entstanden, wie Stalin ein weiteres Mal bestätigt fand, und er beschloß, morgen über Molotow den Chinesen und Koreanern zu raten, «bei den Gesprächen bis zum Schluß zu verhandeln», sich aber letztlich auf die Einstellung der Kampfhandlungen zu einigen.

Berija sprach lange. Er spürte, daß sich Stalins Verhältnis zu ihm unmerklich änderte. Der «Führer», ein noch listigerer Mann als er, verdächtigte wohl seinen Henkersknecht der Illoyalität. Und so strengte sich Berija heute besonders an.

«Rjumin hat unwiderlegbar bewiesen, daß diese ganze Sippschaft – Wowsi, Kogan, Feldman, Grinschtejn, Etinger, Jegorow, Wassilenko, Schereschewski und andere – schon seit langem insgeheim der Führungsspitze ans Leben will. Shdanow, Dimitrow, Schtscherbakow – wir stellen gerade eine genaue Liste der Opfer zusammen – gehen auf das Konto dieser Bande. Shdanows Elektrokardiogramm zum Beispiel hat man einfach ausgetauscht. Sie haben geheimgehalten, daß er einen Infarkt hatte, ließen ihn herumlaufen, arbeiten und haben ihn schnell kaputtgemacht. Die Hauptsache aber ist: Das Ganze ist ein Agentennest der jüdischen bürgerlich-nationalistischen Organisation ‹Joint›. Die Fäden reichen bis zu Parteifunktionären und Militärs. Die meisten Beschuldigten haben gestanden ...»

Stalin dachte daran, daß die «Ärzte-Affäre» eigentlich mit Professor W. N. Winogradow begonnen hatte, der während seines letzten Besuchs 1952 eine wesentliche Verschlechterung von Stalins Gesundheitszustand festgestellt und ihm empfohlen hatte, bei der Arbeit erst einmal kurzzutreten. Stalin war außer sich. Winogradow durfte nicht mehr kommen und wurde bald darauf verhaftet. Und das MfS schürte Stalins Unzufriedenheit mit den Ärzten nach Kräften, denn dort gab es einen Untersuchungsführer namens Rjumin, der entschlossen war, mit diesem «Fall» Karriere zu machen. Die Ereignisse kamen sehr schnell ins Rollen. Die «Organe» ahnten, was Stalin wollte, und inszenierten eine ausgesprochen antisemitische, großangelegte «Ärzteverschwörung». Ganz sicher hätte es einen Prozeß, hätte es Opfer gegeben, und wer weiß, wie weit sie diesen neuen, viele Menschenleben bedrohenden Fall getrieben hätten? Nur der plötzliche Tod des Tyrannen verhinderte, daß mit unerbittlicher Konsequenz eine weitere Tragödie ihren Lauf nahm.

An jenem letzten Abend erkundigte sich Stalin zwei-, dreimal nach dem Verlauf der Untersuchung. Schließlich fragte er den neuerdings überaus beflissenen Berija noch einmal:

«Und was ist mit Winogradow?»

«Dieser Professor ist nicht nur unzuverlässig, er hat auch ein loses Mundwerk. Er hat in seiner Klinik einem Arzt erzählt, Genosse Stalin hätte schon mehrere gefährliche Schlaganfälle gehabt ...»

«Lassen wir das», unterbrach in Stalin. «Was gedenken Sie weiter zu tun? Haben die Ärzte gestanden? Sagen Sie Ignatjew, daß wir ihn einen Kopf kürzer machen, wenn er uns nicht ein volles Geständnis der Ärzte bringt ...»

«Sie sind geständig. Mit Unterstützung von Timaschuk und anderen Patrioten führen wir die Untersuchung zu Ende und werden Sie um Ihre Erlaubnis zu einem öffentlichen Prozeß bitten.»

«Bereiten Sie alles vor», schloß Stalin ung ging zu anderen Dingen über.

Bis in die vierte Morgenstunde des 1. März saßen sie beisammen. Das nächtliche Gespräch hatte Stalin verärgert, und er machte aus seiner Unzufriedenheit mit Molotow, Malenkow und Berija kein Hehl, auch Chruschtschow bekam etwas ab. Nur Bulganin blieb verschont. Alle warteten darauf, daß der «Chef» sich erhob, damit sie losfahren konnten. Stalin aber erklärte lang und breit, in der Führung meine offensichtlich mancher, man könne sich auf seinen Lorbeeren ausruhen. Das sei ein Irrtum. Diese Worte verhießen nichts Gutes. Seine Gesprächspartner mußten wissen, daß hinter dem Zorn des «Führers» ein neuer Plan steckte. Vielleicht der, alle alten Politbüromitglieder auszuschalten, um die zahllosen eigenen Sünden auf sie abwälzen zu können? Stalin war klar, daß das Schicksal ihm nicht mehr viel Zeit ließ. Doch selbst er konnte nicht wissen, daß dieser Zornausbruch der letzte seines Lebens war. Die Uhr war abgelaufen, noch ein paar letzte müde Schläge ... Stalin brach mitten im Gedanken ab, nickte den Männern reserviert zu und zog sich zurück. Schweigend verließen alle das Haus und fuhren schnell los. Es war dunkel. Malenkow und Berija nahmen im gleichen Auto Platz.

Am Mittag des 1. März, so berichtete mir A. T. Rybin, wurden die «Bediensteten» unruhig. Stalin ließ sich nicht blicken, rief niemanden. Ohne Aufforderung aber durfte man nicht zu ihm. Die Sorge wuchs. Doch da ging um 18.30 Uhr in Jossif Wissarionowitschs Arbeitszimmer das Licht an. Alle atmeten erleichtert auf und warteten auf ein Klingeln. Stalin hatte nicht zu Mittag gegessen, weder Post noch Papiere durchgesehen. Das alles war ungewöhnlich und befremdlich. Doch die Zeit verging, erzählte Rybin, der aus seiner persönlichen Sympathie für Stalin kein Hehl machte, und er hatte immer noch nicht geläutet. Es wurde acht Uhr, neun, zehn – in Stalins Zimmern war alles ruhig. Die Nervosität erreichte ihren Höhepunkt. Die Bediensteten und der Personenschutz begannen zu streiten, ob man die Zimmer betreten solle. Man ahnte Schlimmes. Die Wachhabenden M. Starostin und W. Tukow und die Serviererin M. Butussowa einigten sich, wer gehen sollte. Um 23.00 Uhr betrat dann Starostin die Räume und nahm als Vorwand die Post mit, falls der «Chef» wegen der Störung der erwünschten Ordnung ungehalten sein sollte.

Starostin ging durch mehrere Zimmer, knipste unterwegs das Licht an und prallte zurück, als er im kleinen Eßzimmer die Beleuchtung eingeschaltet hatte. Stalin, in Schlafanzughosen und Unterhemd, lag auf dem Boden. Mühsam bewegte er die Hand, um Starostin zu sich zu rufen, konnte aber nicht sprechen. Entsetzen, Furcht und Flehen standen in seinen Augen. Die «Prawda» war auf den Boden gefallen, auf dem Tisch stand eine offene Flasche «Borshomi». Offensichtlich lag Stalin schon lange hier, denn es brannte kein Licht im Eßzimmer. Auf Starostins Ruf kam das zu Tode erschreckte Gesinde. Man legte Stalin auf den Diwan. Er versuchte mehrfach, etwas zu sagen, brachte aber nur undeutliche Laute hervor. Die Gehirnblutung lähmte nicht nur die Sprache, sondern bald auch das Bewußtsein. Ob Stalin wohl in diesen Minuten noch an die Tragödie Lenins dachte, der zu langer, schrecklicher Stummheit verdammt war?

Rybins Worten zufolge riefen die Wachmannschaft und Angestellten Ignatjew im MfS an. Der riet ihnen, Berija und Malenkow zu informieren. Berija war nirgends zu finden, und Malenkow konnte sich nicht durchringen, ohne Berija etwas zu unternehmen. Einem der mächtigsten Männer der Erde blieb in kritischer Stunde selbst elementare medizinische Hilfe versagt, weil ihn ein Zaun bürokratischer Instruktionen und Verbote abschirmte. Der «Führer» war Gefangener seines eigenen Systems. Wie sich später herausstellte, durfte ohne Berijas Erlaubnis kein Arzt zu Stalin gerufen werden. So stand es in einer der zahllosen Instruktionen. Schließlich fand man Stalins Monster in Gesellschaft einer neuen Frau in einer Regierungsvilla, und um 3.00 Uhr waren Berija und Malenkow dann da. Berija stand unverkennbar unter Alkohol. Malenkow ging in Socken, mit den neuen Schuhen unter dem Arm (wohl, damit sie nicht knarrten), zu Stalin. Todesröcheln kam aus dem Munde des Mannes auf dem Diwan. Berija ließ keine Ärzte rufen, sondern fuhr gleich das Personal an:

«Was macht ihr hier für Panik! Seht ihr nicht, daß Genosse Stalin fest schläft! Schert euch weg und stört den Schlaf unseres Führers nicht! Das hat noch ein Nachspiel!»

Malenkow pflichtete ihm nicht eben energisch bei. Man hatte den Eindruck, erklärte Rybin sehr überzeugt, daß niemand auch nur Anstalten machte, für Stalin medizinische Hilfe zu holen. Immerhin waren seit dem Schlaganfall nun schon sechs bis acht Stunden vergangen. Alles schien eher so abzulaufen, wie es Berija ins Konzept paßte, schloß Rybin. Nachdem sie die Wachmannschaft und das Mädchen verscheucht und ihnen verboten hatten, irgendwo anzurufen, fuhren Stalins Mitstreiter lärmend ab. Erst gegen 9.00 Uhr kamen Berija, Malenkow und Chruschtschow wieder, ihnen folgten weitere Mitglieder des Politbüros und mehrere Ärzte.

Stalins Tochter Swetlana schrieb in ihren Erinnerungen: «In dem großen Raum, in dem mein Vater lag, drängte sich eine Menge Leute. Unbekannte Ärzte, die den Kranken zum erstenmal sahen (Akademiemitglied Winogradow, der meinen Vater viele Jahre lang behandelt hatte, saß im Gefängnis), waren furchtbar geschäftig um ihn besorgt. Sie setzten ihm Blutegel auf Nacken und Hals, Kardiogramme wurden angefertigt, die Lungen durchleuchtet, eine Krankenschwester gab ihm ständig Spritzen, und einer der Ärzte hielt den Verlauf der Krankheit minutiös in einer Akte fest. Alles geschah vorschriftsmäßig. Man beeilte sich, ein Leben zu retten, das nicht mehr zu retten war.» Alle waren sich der ernsten, traurigen, für den Staat bedeutungsvollen Stunde bewußt, obwohl keiner daran zweifelt, daß dies das Ende war. Zu schwer war der Schlaganfall, der den «Führer» getroffen hatte. Berija aber kam immer wieder zu den Ärzten und fragte laut, damit es auch jeder hörte:

«Garantieren Sie für das Leben des Genossen Stalin? Sind Sie sich Ihrer Verantwortung für die Gesundheit des Genossen Stalin voll bewußt? Ich warne Sie ...»

Die Professoren, Ärzte und Krankenschwestern, bleich wie der Tod, stammelten kaum hörbar etwas, hasteten hin und her und ahnten, daß nach dem Tode des «Führers» auch sie das Schlimmste zu gewärtigen hatten. Berija verbarg seinen triumphierenden Gesichtsausdruck nicht. Alle im Politbüro, Malenkow eingeschlossen, fürchteten dieses Scheusal. Der Tod des Tyrannen verhieß neue opferreiche Aktionen. Berija, der zahllosen Anweisungen und der demonstrativen Sorge müde, fuhr, nachdem er sich überzeugt hatte, daß Stalin schon die unsichtbare Schwelle zwischen Leben und Tod überschritten hatte, schnell für einige Stunden in den Kreml und ließ die politische Führung des Landes am Totenbett des «Führers» zurück. Ich habe schon die Vermutung geäußert, daß der Erste Stellvertreter des Vorsitzenden des Ministerrates der UdSSR, L. P. Berija, das große politische Pokerspiel forcierte, das er schon lange plante. Seine eilige Fahrt in den Kreml hatte möglicherweise damit zu tun, daß er aus Stalins Safe Dokumente des Dikators holen wollte, die vielleicht (und das fürchtete Berija) ihn betreffende Anweisungen enthielten. Stalin konnte durchaus ein Testament hinterlassen haben, und zu jener Zeit, als seine Autorität grenzenlos war, hätten sich schwerlich Kräfte gefunden, die den letzten Willen des Verstorbenen anzweifelten.

Als Berija einige Stunden später mit noch größerem Selbstbewußtsein zurückkehrte, übernahm er ungeniert das Kommando über seine niedergeschlagenen Kollegen. Es war schnellstens eine Regierungsmitteilung über Stalins Krankheit zu formulieren und eine Information über den Krankheitsverlauf zu veröffentlichen. In der über Funk und Presse verbreiteten Regierungsmitteilung hieß es unter anderem: «In der Nacht zum 2. März hat Genosse Stalin in seiner Wohnung in Moskau (in Wirklichkeit war es auf der Datscha – *D. W.*) einen Schlaganfall erlitten, von dem lebenswichtige Gehirnabschnitte betroffen sind. Genosse Stalin ist nicht bei Bewußtsein. Die Lähmung des rechten Arms und des rechten Beins schreitet voran. Ein Verlust des Sprachvermögens zeichnet sich ab. Herztätigkeit und Atmung sind stark beeinträchtigt ... Die Behandlung des Genossen Stalin steht unter ständiger Kontrolle des Zentralkomitees der KPdSU und der Sowjetregierung ... Die schwere Krankheit des Genossen Stalin hat zur Folge, daß er über einen mehr oder weniger langen Zeitraum seine Führungsaufgaben nicht wahrnehmen kann.»

Diesem ersten Bulletin folgten am 5. März zwei weitere Informationen – um 2.00 Uhr und um 16.00 Uhr. A. F. Tretjakow, I. I. Kuperin, P. J. Lukomski, N. W. Konowalow, A. L.

Mjasnikow, J.M. Tarejew, I.N. Filimonow, I.S. Glasunow und andere, allesamt namhafte Mediziner (die noch nicht abgeschlossene «Ärzte-Affäre» hatte Berija veranlaßt, Stalin ausschließlich von Akademiemitgliedern und Professoren ausschließlich einer Nationalität behandeln zu lassen) machten keinen Hehl daraus, daß man mit dem Schlimmsten rechnen mußte. Auch die drohendsten Einflüsterungen des Monsters änderten nichts an der Diagnose der Ärzte: «Starke Durchblutungsstörungen der Koronararterie mit fokalen Veränderungen an der Herzrückwand», «schwerer Kollaps», «nach wie vor außerordentlich schwerer Zustand». Sie wußten noch nicht, daß die periodischen zerebralen Kreislaufstörungen schon früher eine Vielzahl kleiner Höhlen (Zysten) im Gehirn hatten entstehen lassen, besonders in den Stirnlappen. Wie Experten heute meinen, riefen diese Veränderungen psychische Störungen hervor, die dem despotischen Charakter zusätzliche Nahrung gaben und Stalins ohnehin vorhandene tyrannische Neigungen noch verstärkten.[93] Ich glaube aber, daß es sich dabei um ganz gewöhnliche Alterserscheinungen handelte. Abgesehen von der erschreckenden moralischen Anomalie war Stalin meiner Ansicht nach kein Fall für die Psychiatrie. Seine «Krankheit» war sozialer Natur – Cäsarenwahn und Tyrannei. Man kann es wohl auch anders sagen – nicht nur der «Führer», die ganze Gesellschaft war krank.

Am Lager des Sterbenden näherte sich indes ein Drama dem Ende, das erst Jahre später das ganze mit dem Leben dieses Mannes verbundene Ausmaß der Tragödie eines Volkes erkennen lassen sollte. Damals schien sein Tod die Tragödie des Volkes zu sein, Jahre später sollte man begreifen, daß es die Verbrechen seines Lebens waren. Stalins Sohn Wassili tauchte immer wieder im Raum auf und rief mit erregter Stimme: «Diese Hunde, sie haben meinen Vater sterben lassen!», die wie versteinerte Tochter war hier, in Sesseln und auf dem Diwan saßen die vom fehlenden Schlaf und der drohenden Ungewißheit erschöpften Mitglieder des Politbüros. Woroschilow, Kaganowitsch, Chruschtschow und andere weinten. Berija ging mehrfach nahe an Stalin heran und fragte laut:

«Genosse Stalin, alle Mitglieder des Politbüros sind hier, sag' uns etwas.»

Berija gebärdete sich wie der Thronfolger eines gigantischen Reiches, der über das Leben jedes seiner Bewohner nach Belieben verfügen kann. Der Mann, dem er gedient hatte und der ihm unkontrollierte Macht übertragen hatte, interessierte Berija schon nicht mehr. Stalin war für ihn Vergangenheit. Er, Berija, dachte schon an die Zukunft. Das Ende des «Führers» ließ nicht mehr lange auf sich warten. Am besten hat über die letzten Augenblicke im Leben des Diktators sicherlich seine Tochter berichtet, die in jenen Minuten an der Seite des Sterbenden war. «Sein Todeskampf war schrecklich. Er starb vor unser aller Augen. In einem bestimmten Moment – ich weiß nicht, ob es wirklich so gewesen ist, zumindest sah es so aus –, wohl schon in seiner letzten Minute, schlug er plötzlich die Augen auf und umfaßte mit seinem Blick alle Umstehenden. Es war ein schrecklicher Blick, halb wahnsinnig, halb zornig und voller Angst vor dem Tode und vor den unbekannten Gesichtern der Ärzte, die sich über ihn beugten. Im Bruchteil einer Minute glitt dieser Blick über alle hinweg. Und da – es war unverständlich und schrecklich, ich verstehe es bis heute nicht, kann es aber nicht vergessen – da hob er plötzlich den linken Arm (der sich auf einmal bewegen ließ) und zeigte damit nach oben oder drohte uns allen. Es war eine unverständliche, aber drohende Geste, und man wußte nicht, wer oder

93 Я.Л. Рапопорт, На рубеже двух эпох. Дело врачей 1953 года. Moskau 1988, S. 208f.

was damit gemeint war ... Im nächsten Moment wich die Seele mit einer letzten Kraftanstrengung aus seinem Körper.» Es war der 5. März 1953, 9.50 Uhr.

Vor den Gefährten, die im Angesicht des ewigen Geheimnisses des Todes verstummt und erstarrt waren, lag ihr Herrscher, ihr Idol, ihr Richter, ihr Gebieter, ihr Wohltäter. Ein Henker. Die meisten empfanden Trauer und Erleichterung zugleich. Ein Mann war von ihnen gegangen, der allen außer blinder Liebe ständig eine irrationale Angst eingeflößt hatte. Jeder seiner Mitstreiter konnte sich plötzlich als überflüssig erweisen, so wie vor kurzem Wosnessenski und Kusnezow. In vielen bohrte insgeheim die Frage, ob Stalin ein Testament hinterlassen hatte. Wenn ja, was stand darin? Sicherlich hatte er verfügt, wer seine Nachfolge antreten soll ...

Mancher wischte sich Tränen aus den Augen und empfand aufrichtige Trauer, wenn er mit geröteten Augen in das strenge, seltsamerweise sofort bleich gewordene, vertraute Gesicht schaute. Den Kopf auf der Brust, lag W. W. Istomina, Stalins Haushälterin, die rund zwanzig Jahre für ihn gesorgt, ihn auf allen seinen Reisen in den Süden und während des Krieges sogar zu zwei der drei internationalen Konferenzen begleitet hatte, vor dem Toten auf den Knien. Doch die Erstarrung, die der Tod des Gottes auf Erden bewirkt hatte, löste sich schnell wieder. Plötzlich taten alle sehr geschäftig, fingen alle gleichzeitig an zu sprechen und hasteten auf einmal aus dem Raum – man mußte das Politbüro zusammenrufen, Staatsangelegenheiten entscheiden und zwar als erstes, abgesehen von den Beisetzungsfeierlichkeiten, wem diese Angelegenheiten zu übertragen waren, wenn der Verstorbene selbst keine Verfügung dazu getroffen hatte. Das große Eßzimmer, in dem Stalin häufig im kleinen Kreis von vier, fünf eingeladenen Mitarbeitern am Kamin oder am Tisch gesessen hatte, war im Handumdrehen leer. Von nun an wird man hier niemals mehr über ein neues Gesetz, die Ernennung von Ministern, Botschaftern, die Verleihung der Stalinpreise, den Aufbau neuer Lager, den Bau von Kraftwerken, die Aussiedlung ganzer Völker und das Schicksal so manches Menschen beraten und entscheiden. Eine ganze Epoche tyrannischer Alleinherrschaft war zu Ende. Im übrigen konnte damals noch niemand sagen, ob sie wirklich zu Ende war. Womöglich fiel Stalins «Werk» voll und ganz Berija als Erbe zu? Viele Vertraute Stalins dachten ganz sicher darüber nach, als sie in den langen schwarzen Limousinen auf dem Weg in den Kreml waren. Hätten sie alle zusammen den Mut aufgebracht, sich sofort gegen den letzten Willen des «Führers» aufzulehnen? Kaum ... Damals – kaum. Drei Monate später sah es schon anders aus.

Dmitri Trofimowitsch Schepilow erinnerte sich: «Ich war damals Chefredakteur der ‹Prawda›. Das Land hielt den Atem an, alle warteten auf Nachrichten aus Moskau – wie geht es Stalin ... Am Morgen des Fünften klingelte das Telefon – Suslow war am Apparat:

‹Kommen Sie schnell ins Arbeitszimmer des ‹Führers› im Kreml. Genosse Stalin ist gestorben›, und er legte auf.»

Im Arbeitszimmer sprach man darüber, wie die Beisetzung vonstatten gehen sollte. «Mir fiel auf», sagte Schepilow, «wie sich die Politbüromitglieder aufführten. Sie hatten sich an den langen Tisch gesetzt. Stalins Sessel an der Stirnseite blieb frei. Neben dem Stuhl des Vorsitzenden hatten Berija und Malenkow einander gegenüber Platz genommen. Beide konnten ihre Erregung nicht verbergen. Sie unterbrachen kurzerhand ihre Mitstreiter und redeten mehr als andere. Berija strahlte geradezu. Chruschtschow sagte wenig, er stand offensichtlich noch unter Schock ... Kaganowitschs Worte waren ebenfalls deplaciert ... Erstaunlich war (ich weiß das noch genau), daß Molotow schweigend, abwesend, mit steinernem Gesichtsausdruck am Tisch saß und anscheinend in der ganzen halben Stunde der recht verworrenen Beratung kein einziges Wort sagte.» Jeder empfand auf seine Weise, daß der 5. März nicht nur das Ende des «Führers», sondern auch den Beginn einer neuen «Herrschaftsepoche» bedeuten kann.

Am nächsten Tag fand eine ungewöhnliche gemeinsame Sitzung dreier Organe statt – des Zentralkomitees der Partei, des Ministerrates und des Präsidiums des Obersten Sowjets der UdSSR. Man hatte keinerlei Anordnungen Stalins für den Fall seines Todes finden können. Seit der Krankheit des «Führers» war nur Berija einmal in seinem Arbeitszimmer gewesen und hatte danach befohlen, den Raum zu versiegeln. Man mußte sich über die Machtnachfolge einigen. Für ein demokratisches System ist das ein normales Verfahren, und alles geschieht in Übereinstimmung mit den Verfassungsnormen. Dort aber, wo Demokratie vergänglich war, wo im Mittelpunkt des Staates ein Mann wie Stalin stand, war das immer mit Unwägbarem und mit Geheimniskrämerei verbunden. Geleitet wurde die Versammlung von Malenkow. Doch die Entscheidungen waren zuvor im kleinen Kreis abgesprochen worden.

Eine Funktion Stalins – den Posten des Vorsitzenden des Ministerrates – trug man Malenkow an, der in den letzten zwei, drei Jahren unübersehbar der Favorit des «Führers» gewesen war. Als seine Ersten Stellvertreter wurden Berija, Molotow, Bulganin und Kaganowitsch bestimmt. Von den weiteren, mit den Kaderveränderungen in der Staatsführung verbundenen Fragen sind folgende hervorzuheben: Das Ministerium für Staatssicherheit und das Ministerium des Innern wurden erneut zusammengelegt. Berija stand wieder dem nun weit größeren, gigantischen MdI vor. Faktisch hatte er auch früher schon beide Ministerien geleitet, nun aber, da er sich den Posten des Ersten (und zwar des im wahrsten Sinne des Wortes *Ersten*) Stellvertreters des Ministerratsvorsitzenden wieder gesichert hatte, übernahm er eine Instanz, die faktisch ein Vierteljahrhundert lang unkontrolliert über allen anderen gestanden hatte. Allem Anschein nach wollte Berija nicht nur die Situation beibehalten, wie sie unter Stalin existiert hatte, sondern sein Ministerium auch bei der Entscheidung innen- und außenpolitischer Fragen noch stärker ins Spiel bringen. Im Grunde genommen stand ihm ein Apparat zur Verfügung, mit dessen Hilfe er in Zukunft an die Macht gelangen konnte. Molotow ernannte man zum Außenminister, Bulganin zum Kriegsminister. Auch die gesetzgebende Macht erfuhr erhebliche personelle Veränderungen Schwernik, den früheren Vorsitzenden des Präsidiums des Obersten Sowjets, schickte man «zu den Gewerkschaften», und an seine Stelle trat Woroschilow, der nach dem Krieg beim «Führer» in Ungnade gefallen war.

Nicht weniger gravierende Veränderungen vollzogen sich im höchsten Parteiorgan. Der «Führungskern» versammelte sich nachts, noch vor dieser denkwürdigen Sitzung, und beschloß weniger als zwölf Stunden nach Stalins Tod entsprechend einem von allen unterstützten Vorschlag Molotows das Politbüro, das seit dem XIX. Parteitag der KPdSU im Oktober 1952 Präsidium des ZK hieß, drastisch zu verkleinern. Stalin hatte gegen Ende seines Lebens offensichtlich darauf hingearbeitet, sich seiner langjährigen Mitstreiter Berija, Woroschilow, Kaganowitsch, Mikojan, Molotow, Chruschtschow und vielleicht auch einiger anderer zu entledigen. Schritt für Schritt wollte er sie alle ausschalten, doch er hatte nicht mehr viel Zeit, das spürte Stalin. Raffiniert wie er war, fand er wie immer einen unerwarteten Ausweg. Er schlug vor (und im alten Politbüro stimmten selbstverständlich sofort alle zu), das Präsidium auf 25 Mitglieder und 11 Kandidaten zu vergrößern. Die Zahl der Sekretariatsmitglieder sollte auf 10 erweitert werden. Auf diese Weise hatte er mit einem Schlag seine alten Mitstreiter mit den neuen Funktionären «vermischt», auf die er in Zukunft zu bauen gedachte. Hätte Stalin nicht der Schlaganfall niedergeworfen, wäre ihm sicherlich ein Vorwand eingefallen, um Molotow, Mikojan, Berija und anderen etwas anzulasten, sie somit aus dem Führungsgremium auszuschließen und ihnen darüber hinaus noch die Schuld für sehr vieles, das, wie der alternde «Führer» fühlte, sein Bild in der Geschichte belastete, in die Schuhe zu schieben. Doch die erfahrenen Funktionäre hatten ihren «Chef» genau studiert. Einige Stunden nach seinem Tode beschlossen sie im Interesse «der Gewährleistung einer kontinuierlichen und richtigen Führung» als erstes, den neuen Protegés den wichtigsten Hebel der Macht aus der Hand zu nehmen.

Auf der gemeinsamen Sitzung wurde der Vorschlag des «Kerns» bestätigt, die Zahl der Präsidiumsmitglieder um mehr als die Hälfte auf 10 Mitglieder und 4 Kandidaten zu reduzieren. Zur alten «Stalinschen» Garde – G.M. Malenkow, L.P. Berija, W.M. Molotow, K.J. Woroschilow, N.S. Chruschtschow, L.M. Kaganowitsch, A.I. Mikojan gesellten sich nur drei andere – N.A. Bulganin, M.S. Saburow und M.G. Perwuchin. Von den Funktionären, die aus Stalins Laune heraus für knapp fünf Monate ins Präsidium gekommen waren, verschwanden viele aus diesem politischen Olymp, um nie wieder dort aufzutauchen: W.M. Andrianow, A.G. Swerew, I.G. Kabanow, W.A. Malyschew, L.G. Melnikow, N.A. Michailow, P.K. Ponomarenko, A.M. Pusanow, I.F. Tewosjan, D.I. Tschesnokow, P.F. Judin. Leonid Iljitsch Breshnew konnte sich zunächst auch nicht in diesem illustren Kreis von Funktionären halten (man entband ihn von seinen Funktionen als Kandidat des Präsidiums und Sekretär des ZK und machte ihn zum Stellvertretenden Leiter der Politischen Hauptverwaltung der Sowjetarmee und der Seekriegsflotte).

Seit 1934 hatte es keine offizielle Wahl des Generalsekretär des ZK mehr gegeben. Allen war auch so klar, daß der erste Mann, die «herrschende Persönlichkeit» in Staat, Gesellschaft und Partei Stalin war. Nach seinem Tode gab es niemanden, der über eine solche Autorität verfügt hätte. Malenkow, der in den letzten Jahren im Auftrag des «Führers» im ZK die Geschäfte geführt hatte, wurde, ich erwähne es noch einmal, zum Vorsitzenden des Ministerrates ernannt. Mit einem recht vagen Beschluß wurde Chruschtschow quasi eine Probezeit eingeräumt: «Für notwendig wird erkannt, daß sich Gen. N. S. Chruschtschow auf die Arbeit im Zentralkomitee der KPdSU konzentriert und in diesem Zusammenhang von seinen Pflichten als Erster Sekretär des Moskauer Komitees der KPdSU entbunden wird.»

Das Land, das in eine offiziell verkündete viertägige Trauer fiel, maß diesen «Feinheiten» bei der Umverteilung der Macht keine Bedeutung bei. Viele jedoch sahen, daß die neuen Politiker, die Stalin ersetzen sollten, nur ein Schatten des «Führers» waren. Begierig wartete das Volk in jenen Tagen auf Informationen aus Funk und Presse, die sich schon seit langem ähnelten wie ein Wassertropfen dem anderen. Die Mitteilung über die Beschlüsse des ZK und des Ministerrates, den Sarkophag mit dem Leichnam J.W. Stalins im Mausoleum auf dem Roten Platz neben dem Sarkophag W.I. Lenins aufzustellen und ein Pantheon – ein Denkmal des ewigen Ruhms großer Persönlichkeiten des Sowjetlandes – zu errichten, empfanden die Menschen als völlig richtig. «Nach Fertigstellung des Pantheons sind der Sarkophag mit dem Leichnam W. I. Lenins und der Sarkophag mit dem Leichnam J.W. Stalins sowie die sterblichen Überreste herausragender Funktionäre der Kommunistischen Partei und des Sowjetstaates, die an der Kremlmauer beigesetzt wurden, in das Pantheon zu überführen.» Das schien nur recht und billig zu sein.

Der alte Brauch der Einbalsamierung und Mumifizierung von Herrschern, gegen den die Krupskaja seinerzeit protestiert und auf dem Stalin so hartnäckig bestanden hatte, erschien als die natürlichste Sache der Welt. Mit den Jahren gewöhnen sich die Menschen an vieles. Selbst daran, daß mit ihnen ein Gott auf Erden lebt. Daß dieser Gott aber gestorben war wie alle Sterblichen, das wollte ihnen nur schwer in den Sinn. Alexej Surkow beschrieb in seinem Artikel «Der große Abschied» in der «Prawda», wie sich «drei Tage lang ein weder morgens noch abends nachlassender lebendiger Strom der Liebe und Trauer des Volkes seinen Weg durch die Straßen Moskaus bahnte und dann in den Säulensaal mündete.»[94] Er hat nur nicht geschrieben (und das hätte man ihm auch nicht gestattet), daß sich der entschlafene «Führer» treu geblieben war – selbst als Toter konnte er nicht zulassen, daß der Opfertisch leer blieb. Es strömten so viele Menschen zusammen, daß auf Moskaus Straßen an mehreren Stellen ein entsetzliches Gedränge entstand, das viele das Leben kostete.

Im Tagesbefehl des neuen Kriegsministers Bulganin an die Sowjetarmee folgten nacheinander die Worte «groß», «genial», «unsterblich». In der Stunde der Beisetzung wurden in den Hauptstädten der Unionsrepubliken, den Heldenstädten und einigen anderen Orten dreißig Salven Artilleriesalut geschossen. Die Marschälle Sokolowski, Budjonny, Goworow, Konew, Timoschenko, Malinowski, Merezkow und Bogdanow, Generale und Admirale trugen die Orden und Medaillen des Generalissimus. Das ganze Land war von tiefer Trauer erfüllt. Der Schmerz war aufrichtig. Millionen Menschen wußten jedoch nicht, daß mit dem Begräbnis für sie die Befreiung von einer Tyrannei ohnegleichen begann.

Zhou Enlai, Gheorghe Gheorghiu-Dej, Klement Gottwald, Bolesław Bierut, Matyás Rákosi, Otto Grotewohl, Jumshagin Zedenbal, Wylko Tscherwenkow, Urho Kekkonen und viele andere Politiker und Staatsmänner aus allen Teilen der Welt waren zu den Beisetzungsfeierlichkeiten gekommen. Die Menschheit hatte erkannt, daß ein Mann gestorben war, dessen Rolle in der Weltgeschichte nicht leicht zu werten sein würde. Doch in jenen Tagen schickten die diplomatischen Vertretungen in Moskau Telegramme in ihre Hauptstädte, in denen sie vor allem das Ereignis und dessen Bedeutung für das riesige Land einschätzten und Prognosen für die Zukunft abgaben. Alle warteten ab, was Stalins Nachfolger auf der feierlichen Trauerzeremonie sagen würde. Vier kamen zu Wort: Chruschtschow, der als Vorsitzender der Kommission für die Beisetzungsfeierlichkeiten die Trauerfeier eröffnete, Malenkow, Berija und Molotow. Wer die politischen Vorgänge genauer analysierte, erkannte, daß namentlich diese vier die zentralen Persönlichkeiten der neuen Führung waren.

Die Redner unterstrichen im Grunde mit den gleichen Worten und Wendungen die uneingeschränkte Treue von Volk und Land zum Stalinschen Kurs. Malenkow, der Stalin als «größtes Genie der Menschheit» bezeichnete, äußerte die Überzeugung, daß «die UdSSR alles hat, was für den Aufbau einer vollständigen kommunistischen Gesellschaft notwendig ist». Berija erinnerte natürlich daran, daß wir, auf dem Wege Stalins, «die

94 Правда vom 9. März 1953.

Wachsamkeit von Partei und Volk gegenüber den Umtrieben und Intrigen der Feinde des Sowjetstaates unermüdlich erhöhen und schärfen müssen. Wir müssen unsere Wachsamkeit jetzt noch mehr verstärken.» Molotow versuchte, bei der Beantwortung der Frage «Was heißt es, treu und würdig die Sache Stalins fortzusetzen?», die Hauptrichtungen der weiteren Festigung der Positionen der Führung innerhalb des Landes und auf dem internationalen Schauplatz abzustecken. Die Kampfgefährten schworen im Grunde, daß alles so bleiben würde, wie es unter Stalin war. Schattierungen waren in den Reden der führenden Männer des Landes auf der Trauerveranstaltung nicht zu erkennen. Es sei denn, man rechnet dazu, daß Berija, da ihm der Platz an der Spitze der Führungskolonne nicht zugefallen war (ich bin sicher, daß er solche Vorstellungen gehegt hat), beschlossen hatte, den ihm am nächsten stehenden Mann, Malenkow, nach Kräften zu unterstützen. Berija erklärte in seiner Rede, daß «unter den außerordentlich wichtigen Entscheidungen zur Gewährleistung einer kontinuierlichen und sachkundigen Leitung des gesamten Lebens in unserem Lande» die «Ernennung von Georgi Maximilianowitsch Malenkow, dem begabten Schüler Lenins und treuen Mitstreiter Stalins, zum Vorsitzenden des Ministerrates der UdSSR war.»[95]

Nach der Trauerzeremonie wurde der Leichnam des verstorbenen «Führers» ins Mausoleum übergeführt. Dieses blieb jedoch noch acht Monate für die Besucher gesperrt, da die Balsamierung noch nicht abgeschlossen war. Die Mumie sollte ja Jahrhunderte hier liegen, so stellte man es sich zumindest vor. Neben Lenin hatte jetzt ein Mann seinen Platz, der in seinem politischen Leben für sich allein das Recht in Anspruch genommen hatte, seinen großen Vorgänger richtig verstanden und interpretiert zu haben. Auch wenn Lenin nur mit seinem dunklen Anzug, ohne jegliche Auszeichnungen, angetan war (keiner kann sich Lenin mit einer «Ordensbrust» vorstellen), Stalin aber Ordensspangen aus Platin trug, wird nur die Geschichte ihr Urteil über die wahre Bedeutung dieser Männer sprechen, und die schert sich nicht um «Rangabzeichen». Wer konnte damals wissen, daß in der Nacht des 31. Oktober 1961 die Mumie Stalins für immer aus dem Mausoleum entfernt werden sollte?

Presse und Rundfunk brachten eine Woche um die andere aufrichtige und schmerzerfüllte Kondolenzen. Ich glaube, daß selbst für ihren Antisowjetismus bekannte bürgerliche Politiker mit Stalin aufrichtig eine ganze Entwicklungsepoche eines der mächtigsten Staaten der Erde verbanden, dessen Position man bei der Lösung vieler internationaler Probleme nicht einfach übergehen konnte. Der sowjetischen Presse war kein Wort großartig genug, um Stalins Rolle in der modernen Zivilisation Ausdruck zu verleihen. Die «Prawda» schrieb, daß seine Hände «das Steuer der Menschheitsgeschichte hielten», allerdings fand man ab und zu auch Texte, aus denen sich noch ein anderer Sinn herauslesen ließ.

Der proletarische deutsche Dichter Johannes R. Becher schrieb in seinem Gedicht «Dem Ewig-Lebenden»:

«Die Erde bebte und in ihrem Beben
War Lenin wie erwacht zu neuem Leben.
Da sprach das Volk: «Seht! Stalin hat vollstreckt
Sein Testament und ihn vom Tod erweckt!»

95 Правда vom 10. März 1953.

Und wieder war's, daß Stalin stand und schwieg
In jener Stunde nach dem Großen Sieg.
Gedenkend all der Toten, all der Seinen,
Stand er im Volk – es war ein schweigend Weinen.»[96]

Der «Führer» hatte die Augen für immer geschlossen. Doch sein physischer Tod sollte nicht auch seinen politischen Tod bewirken. Er ging, beweint von willfährigen Gefährten (diejenigen, die sich nicht gefügt hatten, waren längst vernichtet), begleitet von ihrem Jammern und ihren Schwüren der Treue zu «seinem Werk». Äußerlich änderte sich nichts. Die Menschen dachten wie früher. Das wuchtige Räderwerk der bürokratischen Maschinerie drehte sich weiter und brachte ebenso rastlos Direktiven und Anweisungen hervor, befaßte sich mit «Schulung, Auswahl und Einsatz der Kader». Genau wie einst wurden auf jeder Festveranstaltung Grußbotschaften an «die ganz oben» verabschiedet. Doch dieselben Leute, die glaubten, ihre Reden und Artikel stets mit einem Hinweis auf Stalins «Genialität» beginnen und schließen zu müssen, begannen allmählich ihre Akzente anders zu setzen. Vieles fiel ihnen plötzlich wie Schuppen von den Augen. Nach knapp einem Monat ließ man die «Ärzte-Affäre» fallen, und Rjumin, wichtigster Erfüllungsgehilfe Berijas, wurde erschossen, wie es auch früher üblich war. Nur wenig Zeit verging, und den mutiger gewordenen Mitstreitern gelang es, Berija in einer «Palastrevolte» auszuschalten und dann zu liquidieren. Ein Jahr nach Stalins Tod stellte das Militärkollegium des Obersten Gerichts der UdSSR unter dem Vorsitz von A. A. Tschepzow die «Leningrader Affäre» als «vom ehemaligen Minister für Staatssicherheit der UdSSR und seinen Helfershelfern gefälscht» ein. A. A. Wosnessenski, N. A. Wosnessenski, M. A. Wosnessenskaja und die vielen anderen von diesem Fall Betroffenen, die nach dem Willen des im März 1953 verstorbenen Satrapen ihr Leben hatten lassen müssen, wurden rehabilitiert.[97] Im darauffolgenden Jahr teilte die «Prawda» mit, daß in Leningrad in einer öffentlichen Sitzung des Militärkollegiums die Schuldigen an der Fälschung der «Leningrader Affäre» (W. S. Abakumow, A. G. Leonow, W. I. Komarow, M. T. Lichtschow) zum Tode durch Erschießen, andere zu unterschiedlich hohen Gefängnisstrafen verurteilt worden waren. Die größten Verbrecher waren zu dieser Zeit schon nicht mehr am Leben.

Was noch vor der offiziellen Verurteilung des Personenkults unerschütterlich, gefestigt, ewig und ehern schien, begann zu wanken, zu schwinden, in unmerklicher Erosion zu zerfallen, zu vergehen. Die von Thomas Mann kurz und knapp formulierte Wahrheit, so alt war sie wie die Welt, «Ruhm zu Lebzeiten ist eine zweifelhafte Sache», sollte sich schon bald bestätigen.

Stalin starb, als er den Höhepunkt seines Ruhms und seiner Größe schon überschritten hatte. Nicht alle wußten und empfanden das damals, doch der Tod des «Führers» fiel mit einer tiefen Krise der sowjetischen Gesellschaft zusammen. Das System war erstarrt – alle Foren, Parteitage, Treffen liefen rein formal ab, denn der Diktator hatte ihr Ergebnis schon vorher festgelegt. Die Kultur wurde von der Ideologie dazu herabgewürdigt. Vorgegebenem die entsprechende Form zu geben und gehorsamer «Erzieher» zu sein. Ungeachtet des Durchbruchs im Nuklearbereich trat der technische Rückstand zum Westen immer deutlicher zutage. In der Landwirtschaft ging es weiter bergab. Die Gesellschaftswis-

96 Neue Deutsche Literatur, H. 4/1953, S. 7.
97 ЦГАОР, Fundus 7523, Liste 107, Akte 261, Bl. 28–34.

senschaft hatte allein damit zu tun, Zitate zusammenzustellen. Auf die Entwicklung der Naturwissenschaften und der technischen Wissenschaften wirkten sich so reaktionäre Tendenzen wie die mit Lyssenko verbundenen Erscheinungen und die Angriffe gegen die Kybernetik und die Genetik aus. Das bürokratische System kontrollierte in der Gesellschaft nahezu alles. Obwohl die offizielle Propaganda unablässig von immer neuen Triumphen der «Stalinschen Innen- und Außenpolitik» sprach, lag das Land weitgehend im Tiefschlaf und mußte jeden Moment mit einem neuen Gewaltausbruch seines obersten Herrschers rechnen. Mißtrauisch sah der Alte im Kreml, wie der Enthusiasmus des Volkes schwand, das gewohnt war, Gehorsam zu leisten, zu schaffen und zu hoffen. Unzufrieden betrachtete er die äußerlich wirkungsvollen, im Grunde aber wenig einträglichen Aktivitäten der von ihm geschaffenen Bürokratenschicht. Er merkte, daß sich die Bewegung nicht beschleunigte, sondern verlangsamte. Eine Krise reifte heran.

Auch international sah es nicht besser aus. Der Konflikt mit Tito hatte allen gezeigt, daß Stalin nicht allmächtig war. Das von ihm aufgebaute Kominformbüro war gelähmt. Im kalten Krieg zeichneten sich die Konturen eines möglichen neuen internationalen Konfliktes ab. Doch Stalin erkannte nicht, daß die Welt an der Schwelle von Veränderungen stand. Neues Denken, neue Methoden, neue Alternativen waren gefragt, die von der Priorität der allgemeinmenschlichen Werte gegenüber den klassenmäßigen ausgingen. Stalin war überhaupt nicht dazu imstande, eine solche Entwicklung zu erkennen. Mit jedem weiteren Jahr Stalins, hätte er nicht 1953 einen Schlaganfall erlitten, wäre die schwere politische Krise des Landes fortgeschritten. Das Schicksal wollte es anders, und der Tod des «Führers» bot neue Möglichkeiten, das zu überwinden, was die Menschen später Stalinismus nennen sollten. Wie sagte doch Vergil: «Für jeden kommt einmal der Tag.» Und er kam, dieser Tag. Die umfangreichen Rechte und Freiheiten, die sich die Werktätigen erkämpft hatten, waren drastisch beschnitten worden, wie sich nun zeigte, und konnten nicht aus den Stalinschen Bahnen ausbrechen. Alles aber hatte Stalin nicht deformieren können. Vieles war, wenn auch verstümmelt, lebendig geblieben. Trotz der Krise, die wir in ihren ganzen Ausmaßen erst Jahrzehnte später erkennen sollten, läßt sich nicht leugnen, daß dem Sozialismus eine gewaltige Lebenskraft innewohnt.

Noch als Junge hatte Dshugaschwili einmal einen Geistlichen des Seminars über die Grundlagen des Evangelismus predigen gehört. Mit großen Augen schaute Soso auf den Geistlichen, der ihn überzeugen wollte, daß Jesus nicht nach irdischer Macht strebte, sondern als Pilger verfolgt wurde und Leiden und Tod dem Ruhm vorzog. Und wenige Stunden vor seiner Kreuzigung auf Golgatha sah er sich als Messias. Gott, mit den Menschen eins geworden, wurde zum Menschengott und teilte das Los aller der Wahrheit wegen Verfolgten ...

Der junge Dshugaschwili konnte nicht verstehen, warum Gott auf die Macht auf Erden verzichtete. Hätte er sie doch ergriffen, dann hätte er das Los nicht nur der Verfolgten, sondern all derer ändern können, bei denen er es für richtig hielt. Er, der mit den biblischen Postulaten gebrochen hatte, gierte jedoch seit seiner Jugend nach Macht, die dem Menschen gottgleiche Stärke und Willen zu geben vermochte.

Stalins Leben und Stalins Tod haben manche ewige Wahrheit bestätigt. Der Abgrund der Geschichte ist für alle gleich tief. Doch das Echo desjenigen, der hineinstürzt, kann als Appell und Zeugnis des Guten oder des Bösen zu hören sein. Je mehr wir über Stalin erfahren werden, desto besser können wir uns davon überzeugen, daß er in der Geschichte eine der schlimmsten Inkarnationen des Bösen werden sollte. Keinerlei gute Absichten und Programme können als Rechtfertigung menschenfeindlichen Handelns dienen. Stalin hat mit seinem Leben ein weiteres Mal gezeigt, daß man selbst edle, hohe menschliche Ideale in ihr Gegenteil verkehren kann, wenn die Politik kein Bündnis mit dem Humanismus eingeht. Ich sage es noch einmal: Stalin hatte die Hauptsache aus dem Auge verloren – den Menschen. Für den «Führer» war der Mensch immer nur Bestandteil der Masse, und als solcher nahezu ein Nichts. Leben und Tod Stalins bestätigten, daß die Alleinherrschaft als Ausdruck der Diktatur einer Einzelperson historisch außerordentlich zerbrechlich ist. Sie stirbt und geht mit dem Tod des Alleinherrschers zusammen unter. Stalin konnte und wollte nie begreifen, daß eine wirklich freie Gesellschaft nicht die Basis für eine Pyramide ist, an deren Spitze ein einzelner steht, sondern eine Assoziation, in der jeder so frei ist, sein eigenes Schicksal selbst zu bestimmen.

Stalins Leben und Tod haben gezeigt, daß fehlende Harmonie zwischen Politik und Moral letztlich immer zum Zusammenbruch führt. Das Pendel der Geschichte in unserem Lande hatte Stalin an die Spitze gebracht und ihn dann tief fallen lassen. Leben und Tod Stalins haben deutlich gemacht, daß ein Mensch, der nur an die Stärke der Gewalt glaubt, nur von einem Verbrechen zum anderen schreiten kann. Die Dekoration, die sich der Diktator aus seinem «Ruhm, seiner Weisheit, seinem Scharfblick und seiner Verehrung» errichten ließ, stürzt früher oder später ein. Stalin hat mit seinem Leben und seinem Tod gezeigt, daß seine Ansprüche auf Machtvollkommenheit auf Illusionen gegründet waren. Seine Fähigkeit, das Bewußtsein der Menschen zu beherrschen, sie zu willenlosen Werkzeugen zu machen, mahnt nur auf grausame Weise, wozu unkontrollierte, absolute, in der Hand eines Mannes konzentrierte Macht führen kann. Doch diese Mahnung der Geschichte haben wir uns noch nicht vollständig bewußt gemacht. Vorläufig gibt es keine zuverlässigen Garantien zu verhindern, daß der erste Mann im Staate und in der Gesellschaft nicht zu einer Gottfigur gemacht wird. Stalins Triumph und die Tragödie des Volkes sind eine ewige Mahnung ... Die Geschichte klagt Stalin an. Der Tod hat ihn nicht freigesprochen.

Stalins Erbe

Daß sich der Stalinismus auf marxistischem Boden entwickelte, kam in diesem Kapitel bereits zur Sprache. Für mich steht das außer Zweifel. Nun hat aber Stalin diesen Boden auf eine Weise «umgepflügt» und «gedüngt», daß darauf soziale und moralische Mißstände wie Bürokratie und Dogmatismus gedeihen konnten, die bis auf den heutigen Tag in unserem Leben fest verwurzelt sind. Ich möchte aber ein weiteres Mal hervorheben, daß nicht der Leninismus für die Entstehung des Stalinismus verantwortlich gemacht werden kann. Letzterer war das ganze Gegenteil des Leninismus, obwohl er es verstand, sich geschickt ein marxistisches Mäntelchen umzuhängen. Auf diese Feststellung lege ich größten Wert, sind doch heute immer häufiger Stimmen zu vernehmen, die glauben machen wollen, der Ursprung des Stalinismus lasse sich nachgerade bis zum «Kommunistischen Manifest» zurückverfolgen. Wir wissen wohl, daß auf ein und demselben Nährboden die verschiedensten Pflanzen gedeihen können. Stalin züchtete viele Früchte, die bei all denen, die lange vor der Oktoberrevolution von einem «Reich der Gerechtigkeit und des Glücks» geträumt hatten, Entsetzen ausgelöst hätten. Es ist bezeichnend, daß Berija auf dem Roten Platz in seiner Rede zu den Beisetzungsfeierlichkeiten für den «Führer» sagte, Stalin habe «unserer Partei und dem Lande ein großes Erbe hinterlassen, das es wie den eigenen Augapfel zu hüten und unablässig zu mehren» gelte. Der Gedanke, das Monster hätte womöglich für dieses «Mehren» sorgen können, läßt erschauern …

Hätte Lenin auch nur fünf bis zehn Jahre länger gelebt, wäre vieles vielleicht ganz anders gekommen. Das ist keine Verabsolutierung der Rolle der Einzelpersönlichkeit, sondern Glaube an die Kräfte, die eine große Idee «in Kopf und Händen hatten». Leider konnte diese Idee, vor fast 150 Jahren geboren, bisher nicht volle materielle Gestalt annehmen. Das bedeutet aber nicht, daß sie etwa durch und durch utopisch ist. Stalins Vorgehen weckte einfach bei zu vielen Zweifel, ob diese Idee auf menschenwürdige Art umgesetzt werden könnte. Deshalb gilt es im Zusammenhang mit Stalins «Erbe» darauf hinzuweisen, daß den großen Denkern Marx, Engels und Lenin nicht der dunkle Schatten angelastet werden kann, der für lange Zeit auf ihre genialen Ideen fiel. Es war, als verflache der Marxismus durch Stalin. Wir konnten die wahre Tiefgründigkeit der marxistischen Lehre nicht mehr erkennen. die meines Erachtens nicht nur eine, sondern mehrere Dimensionen besitzt. Die eindimensionale Sicht des Marxismus, die Stalin und seine Propagandamaschinerie über dreißig Jahre hinweg Millionen Menschen vermittelten, prägte sich ihnen mehr und mehr als eine Sammlung von Dogmen ein, die nicht nur die Theorie, sondern auch die Revolution selbst «verflachen» ließen. Hätte Lenin auch nur einen kurzen Blick in die Zukunft tun und auch nur einen Bruchteil des Schadens sehen können, den der erste Generalsekretär der Partei der Sache der Revolution zufügen sollte, er wäre entsetzt gewesen. Als Jean Jaurès die Geschichte der Französischen Revolution niederschrieb, brachte er die bemerkenswerte Feststellung zu Papier: «Die großen Väter der Revolution und der Demokratie, die vor mehr als einem Jahrhundert gewirkt und gestritten haben, tragen uns gegenüber nicht die Verantwortung für ein Vorhaben, das nur über mehrere Generationen hinweg verwirklicht werden konnte. Sie zu beurteilen, als hätten sie das Drama zum Abschluß bringen müssen und als hätte die Geschichte nach ihnen stillgestanden, wäre völlig kindisch und ungerecht. Ihrer Sache mußten unweigerlich Grenzen gesetzt sein, aber es war eine große Sache.»[98] Ein Frevel wäre es, das Strafgericht über Stalin zu einem Strafgericht über Lenin zu machen, wie das heutzutage mitunter versucht wird. Folgt man Jaurès' Logik, trägt auch Lenin «uns gegenüber nicht die Verantwortung für ein Vorhaben, das nur über mehrere Generationen hinweg verwirklicht werden konnte».

Diese Generationen wurden gegen Lenins Willen von einem Manne angeführt, dessen abscheulichstes Verbrechen darin bestand, daß er zwischen *der großen Idee* und *seiner eigenen Macht* ein Gleichheitszeichen setzte. Alle Verbrechen Stalins resultieren aus diesem seinem *größten Verbrechen.* Diese Feststellung bestimmt den Charakter und Inhalt des Stalinschen «Erbes» und seine Rolle in der Geschichte. Man kann Milovan Djilas nur zustimmen, wenn er folgert, Stalin sei «einer der ungeheuerlichsten Gewalttäter der Geschichte»[99] gewesen. Das Stalinsche «Erbe» läßt sich auf eine Formel bringen: Unglück, Leid und Verderben für Millionen um das «Glück» der übrigen willen. Stalin hielt das für

98 Jean Jaurès, Histoire socialiste de la Révolution française, Bd. VI, Paris 1972, S. 516.
99 М. Джилас, Разговоры со Сталиным, New York 1962, S. 207.

ein normales Phänomen des «Fortschritts», den er anstrebte. Zum Hauptopfer des Stalinismus wurde die Freiheit. Obwohl der «Führer der Völker» kein Kaiser war, hat wohl kein einziger Monarch über derart unbegrenzte Macht verfügt wie Stalin.

Es läßt sich nicht leugnen, daß Stalin sich stärker als andere nicht nur soziale, wirtschaftliche und ideologische Faktoren zunutze machte, die ihm zunächst sich zu behaupten halfen und später dabei, «fest im Sattel zu sitzen», sondern auch die nationalen Besonderheiten des russischen Volkes. Schon zu Beginn unseres Jahrhunderts schrieb Dmitri Sergejewitsch Mereshkowski, eine der ausgeprägtesten Besonderheiten des russischen Geistes bestehe darin, daß «wir uns sehr schwer in Bewegung versetzen lassen, aber einmal in Bewegung geraten, gehen wir aufs Ganze, im Guten wie im Bösen, in der Wahrheit wie in der Lüge, in der Weisheit wie im Wahnwitz»[100]. Manch einer mag diese Behauptung des großen russischen Schriftstellers anfechten, unleugbar jedoch ist, daß Stalin die nationalen, ethnischen und historischen Besonderheiten der Völker, vor allem aber des russischen Volkes, geschickt für seine Zwecke ausnutzte.

Um das politische Porträt dieses Mannes, der in der Geschichte des sowjetischen Volkes (und nur des sowjetischen?) so einschneidende Blessuren hinterließ, abzurunden, muß auch gesagt werden, daß *im Grunde genommen in Stalins Erbe* nichts Positives erhalten geblieben ist (was auch gar nicht möglich war!). Alles, was wir wertschätzen, alles Wichtige, Notwendige und Unvergängliche, verdankt seine Entstehung und Existenz nicht Stalin. Dieser Mann, der doch so viele persönliche «Siege» errungen zu haben schien, erlitt in letzter Instanz eine totale geschichtliche Niederlage. Um sein «Erbe», dessen Relikte sich noch heute bemerkbar machen, richtig einordnen zu helfen, sei hier an einige Ergebnisse und Einschätzungen des letzten Stalinschen Parteitages erinnert.

Zwischen dem XVIII. und dem XIX. Parteitag der KPdSU(B) gingen ganze dreizehn Jahre ins Land. Parteiforen hatte Stalin schon lange nicht mehr nötig. Nach dem Krieg war das Dasein des Zentralkomitees noch farbloser geworden. Im Grund fungierte dieses Führungsorgan der Partei unter Stalin zwischen den Parteitagen als Parteikanzlei, beschränkte sich seine Tätigkeit doch darauf, Kader einzusetzen, den Parteiorganisationen auf Republiks- und Gebietsebene Weisungen zu erteilen und Beschlüsse zu fassen, die einander vom Ton her verblüffend glichen. Die meisten dieser Beschlüsse betrafen die Landwirtschaft. Dabei ging es im einzelnen um die Unterbindung von Verstößen gegen das Statut für landwirtschaftliche Artels in den Kolchosen; um die Erhaltung der Qualität des staatlichen Getreides; um die Bildung von Kolchosen in der Litauischen, der Lettischen und der Estnischen SSR; um die Vergrößerung der kleinen Kolchose und die entsprechenden Aufgaben der Parteiorganisationen; um die Propagierung und praktische Nutzung von wissenschaftlichen Erkenntnissen in der Landwirtschaft sowie um andere, ähnlich gelagerte Versuche, das kümmerliche Dasein der Landbevölkerung zu verbessern.

In den langen nächtlichen Gesprächen, die Stalin in seiner stadtnahen Datscha mit «Agrarexperten» wie Molotow, Berija und Malenkow führte, wurden nur willkürliche, von unsinnigem Starrsinn geprägte Ideen geboren, die die Landwirtschaft immer mehr in eine Sackgasse trieben. Da Stalin nun spürte, daß das Dorf sich für die schimpfliche Behandlung, die er den Bauern hatte zuteil werden lassen, unwillkürlich mit langem passiven, aber unerbittlichen Widerstand rächte, packte er häufig illusorische Möglichkeiten beim

100 Д. Мережковский, Грядущий хам, 1906, S. 29.

Schopf. Ihm war es zu verdanken, daß Lyssenko seine schwindelerregende Karriere machte, auf sein Betreiben hin wurde der Beschluß des Ministerrates und des ZK der KPdSU zur Überprüfung und Konfiszierung «der sowohl von einzelnen Kolchosmitgliedern als auch von Betrieben und Behörden unrechtmäßig für individuelle Nebenwirtschaften angeeigneten Ländereien» im September 1946 (so wie schon vor Ausbruch des Krieges) erneut in Kraft gesetzt. Wer dagegen verstoßen hatte, sollte diesem Dokument zufolge «als Rechtsverletzer und Feind der Kolchosordnung vor Gericht gestellt» werden. Auch die Empfehlung, (die selbstverständlich Eingang in den einschlägigen Beschluß fand), beim Ministerium für Landwirtschaft der UdSSR und den Landwirtschaftsministerien der Unionsrepubliken vom ersten Stellvertreter des Ministers geleitete Verwaltungen für Landwirtschaftspropaganda zu bilden, ging auf Stalin zurück ... Aber alles blieb vergebens. Auf die willkürlichen, praxisfremden Beschlüsse, die samt und sonders administrativ-repressiven Charakter trugen, reagierte das Dorf mit stummer Gleichgültigkeit.

Jahr um Jahr verging, ohne daß das Zentralkomitee zusammengetreten wäre. Nach dem Februarplenum von 1947, auf dem die erwähnten Fragen des «Aufschwungs der Landwirtschaft» auf der Tagesordnung gestanden hatten, fand das nächste Plenum erst im August 1952 statt. Dort ging es um organisatorische Fragen im Zusammenhang mit der Einberufung des XIX. Parteitages. Selbst den Pressemeldungen über diese Plenartagungen war nichts Konkretes zu entnehmen. Da stand zu lesen: «Vor kurzem (?! – *D. W.*) fand in Moskau ein turnusmäßiges (?! – *D. W.*) Plenum des ZK der KPdSU(B) statt.» Wer den Bericht erstattet hatte, wie die Diskussion verlaufen war und welches genaue Datum sich hinter diesem «vor kurzem» verbarg, konnte der Leser nur vermuten. Bürokratie kann ohne Geheimniskrämerei nicht sein, denn sie gehört zu ihren wichtigsten Stützpfeilern.

Stalin hatte Parteiforen in der Tat nicht nötig. Andererseits wollte er keine einschneidenden Veränderungen in der Parteiführung ohne einen Parteitag vornehmen. Er war sich ohnehin sicher, daß dieser Parteitag nach seinem Szenario verlaufen und die von ihm diktierten Beschlüsse ohne Abstriche absegnen würde. Das war schon so weit gediehen, daß das Gewissen der Menschen seit langem in Tiefschlaf lag. Die Partei war, wie gesagt, zu Stalins Orden geworden. Er aber, von seiner geistigen Unsterblichkeit überzeugt, beschloß, der Nachwelt Schriften zu hinterlassen, die sie lange «wiederkäuen» sollte: «Der Marxismus und die Fragen der Sprachwissenschaft», «ökonomische Probleme des Sozialismus in der UdSSR», seine Rede auf dem XIX. Parteitag und zwei neue Bände «seiner» Werke, deren Herausgabe in aller Eile betrieben wurde. Dem alternden, kranken «Führer» war es wohl auch darum zu tun, der Beseitigung mehrerer langjähriger Mitstreiter den Boden zu bereiten, die zuviel wußten und nach dem Parteitag ohne größere Schwierigkeiten zu «Sündenböcken» gestempelt werden könnten.

Für das politische Porträt Stalins und die Kennzeichnung seines «Erbes» liefert der XIX. Parteitag zwar wenig neues, aber doch einiges recht interessante Material. Im August und September 1952 hatte Malenkow den Generalsekretär wiederholt über den Stand der Vorbereitungen für den Parteitag Bericht erstattet. Dabei ging es um den Inhalt des Rechenschaftsberichts über die Arbeit des ZK der KPdSU(B), um die Direktiven des Parteitages zum fünften Fünfjahrplan und um weitere Dokumente und Reden. Stalin nahm kurzen Einblick in die Entwürfe der Reden der Politbüromitglieder, zeigte aber nur geringes Interesse daran. Sie alle schienen sich gegenseitig übertreffen zu wollen, was die Prägung von neuen schmückenden Beiworten und die Beschreibung der Verdienste, Tugenden und Talente des «Führers» anging. Stalin verzichtete auf schriftliche Notizen und erteilte bei seinen Begegnungen mit dem servilen Malenkow diesem nur kurze Hinweise, die wie unumstößliche Instruktionen klangen. Weit mehr Aufmerksamkeit verwandte er auf seine eigene Rede. Nach den von Stalin geäußerten Vorstellungen bereite Suslow mit einer kleinen Gruppe mehrere Fassungen der Rede vor. Die letzten Korrekturen an der Rede nahm Stalin dann persönlich vor.

Wenige Tage vor Beginn des Parteitags legte Stalin dessen Eröffnung auf ... neunzehn Uhr fest. Damit ordnete er selbst das höchste Parteiforum seinem persönlichen Tagesablauf unter. Das Präsidium des Parteitages war nicht groß, aber es gab eine Neuerung: Alle Mitglieder saßen dicht an dicht an der linken Seite des Präsidiumstisches, während Stalin auf der rechten Seite allein Platz nahm. Die Plätze neben und hinter ihm blieben leer. Nicht einmal unter die höchsten Parteifunktionäre wollte sich der «große Führer» mischen. Wieder und wieder erwähnten die Delegierten in ihren Reden Stalins Namen, der zahllose Ovationen und Sprechchöre auslöste und die Anwesenden sich geschlossen von ihren Plätzen erheben ließ. Stalin ließ seinen Blick über diese doch eigentlich wohl ganz normalen Menschen schweifen, die von einem Begeisterungstaumel erfaßt waren und ihre Blicke nicht von ihm wendeten. In ihren Augen standen grenzenlose Ergebenheit, Liebe und regelrechte Unterwürfigkeit. Von den pausenlosen hochgestochenen Lobeshymnen ermüdet, zog sich der «Führer» in der Pause zurück, um längere Zeit nicht wieder aufzutauchen. Er war wohl nur am Eröffnungs- und am Abschlußtag auf allen Sitzungen zugegen. Zwei bis drei Tage zeigte er sich überhaupt nicht, und es waren wohl schwerlich gesundheitliche Gründe, die ihn vom Erscheinen abhielten. Stalin hatte an solchen Foren, in denen es keinerlei Kampf, Rätsel oder Unklarheiten gab, längst alles Interesse verloren. Aber er wollte die Parteitage ja auch gar nicht anders haben. Ein Parteitag war für ihn der «demokratische» Rahmen für die eigene Alleinherrschaft. Hinzu kam, daß von den auf dem XVIII. Parteitag gewählten ZK-Mitgliedern nur noch wenige am Leben waren. Nun galt es, den Bestand des Zentralkomitees zu ergänzen. Immerhin mußten ab und zu pro forma gewisse Beschlüsse abgesegnet werden ... Der «Führer» spielte in der Öffentlichkeit eine derart große Rolle, daß die Bedeutung des ganzen Parteitages verblaßte angesichts der alle bewegenden Frage, ob Stalin denn sprechen würde.

Im öffentlichen Bewußtsein war Stalin schon lange zu einer lebenden Legende geworden. Er galt als Inkarnation allen irdischen Segens und aller weisen Voraussicht. Die allgemeine Verblendung hatte einen Grad erreicht, daß instinktiv in jedes von Stalin geäußerte Wort, jede seiner Ideen und Gedanken ein besonderer, unverwechselbarer und einzigartiger Sinn gelegt wurde. Den Leuten fiel gar nicht mehr auf, daß sie ganz gewöhnliche Banalitäten und belanglose Aussagen, die sich häufig noch nicht einmal besonders mit dem Leben vereinbaren ließen, nachgerade für göttliche Offenbarungen hielten.

Bis zum letzten Tag waren sich die Delegierten im unklaren, ob der «Führer» wohl zu ihnen sprechen würde. Als sich Stalin dann auf der Abschlußsitzung von seinem Platz erhob und langsam über den Teppich zur Tribüne schritt, brachte ihm der Saal lange stehende Ovationen. Er hatte wieder einmal auf die Militäruniform verzichtet und statt dessen «Parteiuniform» angelegt, seine Brust zierte lediglich ein Heldenstern. So wußte er sich geschickt als «schlichter» Führer zu geben und einzuprägen. Die Rede, die er damals hielt, war kurz. Möglicherweise nahmen Beifallsstürme, von denen sie unterbrochen wurde, mehr Zeit in Anspruch als die eigentliche Rede. Stalin verlor kein einziges

Wort (!) über die inneren Belange des Landes und der Partei, erwähnte jedoch, daß nunmehr durch das Entstehen der volksdemokratischen Länder, die er neue «Stoßbrigaden» nannte, unserer «Partei der Kampf leichter» falle und ihr nun «auch die Arbeit fröhlicher von der Hand» gehe.

An die Delegation der kommunistischen Parteien kapitalistischer Länder gewandt, formulierte Stalin zwei ungemein anfechtbare Losungen. Beide liefen auf die Aussage hinaus, in der kapitalistischen Welt seien die Banner der bürgerlich-demokratischen Freiheiten, der nationalen Unabhängigkeit und der Souveränität eingeholt worden. Die kommunistischen und demokratischen Parteien rief er auf, diese Banner erneut zu hissen. Wie schon in den alten Zeiten der Komintern, den zwanziger Jahren, gab Stalin seinem festen Glauben «an den Sieg der Bruderparteien in den Ländern des Kapitals»[101] Ausdruck. Stalins einseitiges Denken schien völlig festgefahren zu sein. Er äußerte nicht eine einzige neue Idee. Nicht von ungefähr erschien kurz nach Beendigung des Parteitages, noch im selben Monat, in der «Prawda» ein Artikel unter der Überschrift «Zusammenrottung von Sozial-Verrätern in Mailand», in dem es um den turnusmäßigen Kongreß der Sozialistischen Internationale ging. Zum Wortschatz des Artikels gehörten Ausdrücke wie «Rädelsführer», «Provokateure», «Verbrecher» und «Verräter». Das Stalinsche «Erbe» im Bereich der kommunistischen Bewegung, des Kampfes der Werktätigen für ihre sozialen Rechte wie der internationalen Beziehungen generell ist geprägt von Erzkonservatismus und fehlender Einsicht in die Notwendigkeit radikaler Veränderungen. Auf seinem letzten Parteitag schrieb Stalin nur noch plastischer die nicht mehr zeitgemäße althergebrachte Position der Kommunisten fest, die mit den unterdessen weltweit einsetzenden Veränderungen in keiner Weise mehr Schritt hielt.

Ich hatte Gelegenheit, mich mit einigen Delegierten des XIX. Parteitages zu unterhalten. Wer über besondere Beobachtungsgabe verfügte, so erfuhr ich von ihnen, konnte damals spüren, daß Stalin schon konkrete Überlegungen anstellte, wie es nach ihm weitergehen, wie man sein Erbe wohl verwalten würde. Wahrscheinlich war das auch der Grund für seine ungewöhnlich lange Rede auf dem Plenum des vom Parteitag gewählten Zentralkomitees. In harschem und anklagendem Ton ließ er Zweifel daran laut werden, ob seine Mitstreiter überhaupt in der Lage wären, den eingeschlagenen Kurs zu halten. Würden sie auch nicht vor inneren Schwierigkeiten und vor dem Imperialismus kapitulieren? Würden sie genügend Mut und Standhaftigkeit aufbringen, um die neuen Prüfungen zu bestehen?

Heute wissen wir, daß Stalin in seiner letzten öffentlichen Ansprache eine Brandrede gegen Molotow und Mikojan hielt, um zu verstehen zu geben, daß nicht alle in seiner «alten Garde» vertrauenswürdig seien. Stalin hatte schlichtweg Angst, daß sein «Haupterbteil», diese gewaltige und seit langem in Unveränderlichkeit erstarrte düstere Staatsmacht, in falsche Hände geraten könnte ... Der «Führer» wußte sehr gut, daß sein Name, seine Ideen und Taten nur innerhalb des von ihm installierten Systems von Bestand sein würden. Jedes andere System würde seine Postulate umstoßen. Der totalitäre Staat, den der Diktator im Grunde über all die Jahre hinweg aufgebaut hatte, funktionierte nach seinen unerbittlichen Rezepten: ein Höchstmaß an Zentralismus, Alleinherrschaft mit demokratischem Anstrich und Gewalt als Hauptfaktor der Entwicklung. Den einzigen Weg zur Si-

101 Правда vom 15. Oktober 1952.

cherung der materiellen Basis dieses Staates sah Stalin bis zu seinem Lebensende im forcierten Wachstum der Produktion von Produktionsmitteln und der Überführung des kollektivwirtschaftlichen Eigentums in Volkseigentum.

Zum tragenden Element des Stalinschen «Erbes» wurde die Unfreiheit der Menschen. Zwar gab es keine Ausbeutung im früheren, kapitalistischen Sinne, die Menschen waren einander in ihrer Armut, in ihrer ungeheuren Abhängigkeit vom Apparat und der Möglichkeit, «selbstlos zu arbeiten», im wesentlichen gleich. Noch war das große Feuer der Oktoberrevolution in den Herzen der Menschen nicht verloschen, wurden immer wieder hohe Leistungen in Industrie und Landwirtschaft, Wissenschaft und Kultur erzielt. Aber das zunehmende Umsichgreifen eines ausgeklügelten Systems von Verboten, Einschränkungen und Zwangsmaßnahmen bewirkte in den Köpfen der Menschen eine wachsende soziale Passivität, Gleichgültigkeit und Lethargie. Zwangsarbeit und Verbannung als Massenerscheinung, allgegenwärtige Gesinnungsschnüffelei und ständige Gefahr, für das kleinste Abweichen von den offiziellen Anschauungen bestraft zu werden, waren zur «Zierde» einer Gesellschaft geworden, in der die Unfreiheit der Menschen der Normalzustand war. Selbstverständlich wurde von ihr nicht nur nicht gesprochen, allein schon an sie zu denken war gefährlich.

Eine Sonderstellung in Stalins «Erbe» nahm die Partei ein, das aber war keine Partei in unserem heutigen Sinne, sondern ein Synonym eines mächtigen ideologischen Ordens. Stalin pflegte bis zu seinem Lebensende gern zu sagen: «Wir Bolschewiki», «es gibt keine Festung, die die Bolschewiki nicht nehmen könnten», «die Bolschewiki sind Menschen von besonderem Schlage» … Ganze Generationen wuchsen heran in Ehrfurcht vor Stalin und seinen Ideen. Im Mittelpunkt aller weltanschaulichen Aussagen stand dabei wahrscheinlich der falsch verstandene Klassenstandpunkt. Die Marxisten haben ihn wohl stets verabsolutiert und alle sozialen Phänomene in ein Schema gepreßt, das auf dem Postulat fußte: Der Klassenkampf ist die Haupttriebkraft der Entwicklung. Allein schon die Idee des Humanismus, der allgemeinmenschlichen Werte und der Moral wurde für bourgeoise Ketzerei erklärt, so als seien Humanismus und Marxismus Gegenpole. Das humanistische Wesen des Marxismus durfte nicht einmal erwähnt werden. Für das Parteimitglied bedeutete Klassenstandpunkt rigorose Ablehnung alles Fremden, alles dessen, was seinen eigenen Überzeugungen zuwiderlief. Die Verabsolutierung des Klassenstandpunktes und des Kampfes der Gegensätze diente als Rechtfertigung für Grausamkeit, Gewalt und Intoleranz. Für den Klassenstandpunkt stand der Kampf obenan, wogegen Kompromißbereitschaft, Koexistenz, Einvernehmen und Zusammenarbeit in den Hintergrund rückten. Außenpolitisch führte das zur Konfrontation, während innenpolitisch Gewalt und Terror legitimiert wurden. Die Verabsolutierung der tatsächlich zwischen den Klassen bestehenden Widersprüche mündete in eine universelle Doktrin des politischen und ideologischen Krieges.

Aus dem Parteiorden, den Stalin oft auch seine «Armee» nannte, entwickelte sich nach und nach ein verzweigter universeller Machtapparat. Die Partei, die Stalin hinterließ, hatte ihren Leninschen Charakter weitgehend verloren. Gehorsame Einmütigkeit, die sich von selbst verstand, die absolute Gleichschaltung des Denkens und Handelns, ließen die Mitglieder der einst revolutionären Partei Lenins zu einer Schar von Vollstreckern werden. Die Partei trug Stalins Handschrift ebenso deutlich wie andere Bereiche. Allerdings ist in diesem Zusammenhang nicht zu leugnen, daß für den Stalinismus nicht nur Stalin selbst und seine unmittelbare Umgebung, sondern auch die Partei verantwortlich zu machen sind.

Das Bild von Stalins «Erbe» bliebe unvollständig, untersuchten wir nicht bei der Analyse seiner Überbleibsel die Rolle und den Stellenwert, die der Diktator den Straforganen zugedacht hatte. Nach der von Stalin vorgenommenen Selektion wurden diese Organe von einer Kaste von Personen geleitet, denen der «Führer» bedingungslos vertraute. Jeshow, Berija, Kruglow, Abakumow, Kobulow, Serow, Dekanosow, Merkulow, Zanawa und andere Opferpriester des Stalinschen Sicherheitsdienstes entschieden über das Los ausnahmslos aller Bürger des Landes, ganz gleich, ob einfache Werktätige oder namhafte Persönlichkeiten. Dazu ein Beispiel.

Serow, eine der übelsten Gestalten in Berijas Umgebung, schrieb in einer Denunziation an Stalin und Berija (und zwar, als der Krieg schon vorbei war): «Die nichtobjektive Einstellung von Generalleutnant Telegin, Mitglied des Militärrates der Gruppe der Besatzungstruppen in Deutschland, zu den Mitarbeitern des NKWD habe ich bereits geschildert. Telegin hat versucht, verschiedenstes ‹Belastungsmaterial› gegen einzelne Mitarbeiter des NKWD zusammenzutragen und entsprechende Falschmeldungen an Genossen Shukow weiterzuleiten. So meldete er beispielsweise, an das NKWD seien 51 Transporte mit Trophäen gegangen ... Wir haben Dutzende Beweise, daß General Telegin Mitarbeiter des NKWD zu kompromittieren versucht hat. Ich bin zu der Überzeugung gelangt, daß General Telegin ausnehmend schlecht auf das NKWD zu sprechen ist ...»[102] Stalin beauftragte das NKWD selbstredend, «der Sache gründlich nachzugehen». Der Ausgang der Angelegenheit läßt sich unschwer erraten. Schon bald darauf wurde Telegin nach Moskau zurückbeordert und zu einem Weiterbildungslehrgang für Politkader geschickt, während in den «Organen» ein «Fall» zurechtgezimmert und Stalin vorgetragen wurde. Mit seiner Zustimmung wurde dann Konstantin Fjodorowitsch Telegin, der den ganzen Krieg über an den schwierigsten Abschnitten im Einsatz gewesen war, die häufig über den weiteren Verlauf des Krieges entschieden hatten, wegen «Feindtätigkeit» inhaftiert. Das Urteil des Militärkollegiums lautete: «Der Angeklagte wird wegen antisowjetischer Propaganda entsprechen dem Gesetz vom 07.08.1932 und Artikel 58-12 des Strafgesetzbuches der RSFSR zu einem Freiheitsentzug von 25 Jahren verurteilt und in ein Besserungsarbeitslager überführt. Sein gesamtes Eigentum wird konfisziert ....» Erst nach Stalins Tod öffneten sich für Telegin die Lagertore. Die leiseste Meinungsverschiedenheit mit Vertretern der Straforgane, ein «scheeler Blick», das geringste Anzeichen mangelnder Ehrerbietung ihnen gegenüber wurden als schweres Verbrechen gewertet.

Jeder entnimmt der Geschichte das, was in seine Weltanschauung paßt. Als Lenin sich mit der Großen Französischen Revolution befaßte, erkannte er in dieser großen Erschütterung die Volksherrschaft als zentrale Idee. Deren Unvollkommenheit und Widersprüchlichkeit sehr wohl bemerkend, wertete er die Volksherrschaft dennoch als unvergängliche geschichtliche Hoffnung. Als Trotzki sich mit der Französischen Revolution beschäftigte, war er ganz besonders beeindruckt von der Unaufhaltsamkeit der rückläufigen Bewegung und von der Möglichkeit, das Feuer der Volksfreiheit erbarmungslos zu ersticken. Für ihn war das Wort «Thermidor» ein Symbol für die Restauration alter Verhältnisse, ein Synonym für Konterrevolution, Verrat und Betrug an den besten Hoffnungen der Revolutio-

102 ЦГАОР, Fundus 9401, Liste 2, Akte 105, Bd. III, Bl. 324–327.

näre. Nicht von ungefähr gebrauchte er das Wort «Thermidor» gewöhnlich im Zusammenhang mit dem Wort «Stalin». Den «Führer der Völker» dagegen ließ vor allem die Gefahr aufhorchen, die der Französischen Revolution seiner Meinung nach zum Verhängnis geworden war. Das war eine ganz konkrete Gefahr, die von den «Volksfeinden» ausging. Dieser für die sowjetische Geschichte so verhängnisvolle Terminus wurde aus dem 18. Jahrhundert auf unsere tragischen Verhältnisse übertragen. «Volksfeinde» waren für Stalin alle, die eine direkte, indirekte oder auch potentielle Gefahr für seine Alleinherrschaft bildeten. All sein Sinnen und Trachten kreiste um die Konsolidierung seiner persönlichen Macht, wogegen offiziell natürlich stets von einer «Stärkung des Sozialismus» die Rede war. Dafür aber bedurfte es eines ausgedehnten Strafsystems, das er persönlich aufbaute, ausrichtete und kontrollierte.

Über Volk, Staat und Partei spannte sich ein verhängnisvolles Netz von Straforganen. Die Verabsolutierung der Gewalt gipfelte bei Stalin im Aufbau eines ausgedehnten Systems zur Überwachung jedes einzelnen Bürgers, der der Gefahr von Willkür völlig schutzlos preigegeben war. Die Idee des Klassenkampfes verzerrend und ad absurdum führend, würdigte der «Führer» sie zu einem Instrument zum Erkennen der «höchsten Wahrheit» herab. Im Grunde läuft das gesamte Stalin-«Erbe», ganz gleich, ob es nun Staat, Gesellschaft oder Ideologie berührt, auf die Möglichkeit und Notwendigkeit von Gewalt hinaus. Sein Leben lang verteidigte Stalin die mit seinem Zutun gebildeten Institutionen und unterstützte beziehungsweise äußerte er die orthodoxesten Auffassungen, die für seinen Glauben an die soziale Trägheit einer Bewegung, wenn deren revolutionäre Stimulierung ausbleibt, sprachen.

Doch der «Führer» überschätzte offensichtlich die Stabilität der von ihm geschaffenen Gesellschaft. Buchstäblich wenige Stunden nach Stalins Ableben begannen seine Erben, sich über seine Gebote hinwegzusetzen. Im März 1953 begann das sowjetische Reformjahrzehnt, das alle Lebensbereiche berührte. Seine Bedeutung kann gar nicht hoch genug bewertet werden. Das betrifft vor allem die Aspekte, die mit den Beschlüssen des wahrhaft historischen XX. Parteitags in Zusammenhang stehen. Für alle Reformen jener Zeit war bezeichnend, daß sie nicht zum Abschluß gebracht wurden. Vieles blieb ungesagt, vieles wurde nur halbherzig betrieben. Das wichtigste Ziel aber wurde erreicht, als man dem fast seit einem Vierteljahrhundert wütenden Terror ein Ende setzte. Die Freiheit erhielt eine Chance zur Selbstverwirklichung. Das alles sollte aber erst geschehen, nachdem das Stalinsche «Erbe» zu bröckeln begann.

Heute betrachten wir Stalin und den Stalinismus noch aus einer Art geschichtlicher Vogelperspektive. Wahrscheinlich werden diese düsteren Kapitel in der Geschichte des sowjetischen Volkes nach einigen Jahrzehnten, aus einer größeren zeitlichen Distanz heraus, in vieler Hinsicht tiefgründiger, fundierter und wahrheitsgetreuer gesehen werden können. Noch liegt die Vergangenheit nicht weit genug zurück, noch können wir uns nicht genug von ihr lösen. Aber eines, das möchte ich nochmals betonen, läßt sich schon heute klar erkennen: Stalin war nur die Spitze des Eisberges. Mit meiner Beschreibung dieser Spitze erhebe ich nicht den Anspruch, den gesamten Eisberg ausgeleuchtet zu haben.

Ich möchte einen weiteren, fast ketzerischen Gedanken äußern, vielleicht ist er sogar schon zu ketzerisch. Wie sich der Leser erinnern wird, schrieb der russische Schriftsteller Dmitri Sergejewitsch Mereshkowski Anfang unseres Jahrhunderts sein prophetisches

Pamphlet «Anmarsch des Pöbels», das seinerzeit viel Staub aufwirbelte. Damals wurde dieses Werk als ein spezielles antirevolutionäres Manifest bewertet (und auch heute dürfte es von vielen noch nicht anders gesehen werden). Ich möchte seinen Kerngedanken anführen. Mereshkowski, ein Mann von Begabung, der aber zur Mystik neigte, schrieb prophetisch: «Fürchtet euch nicht vor Versuchungen und Verlockungen, fürchtet euch nicht vor der Freiheit, weder vor der äußeren, gesellschaftlichen, noch vor der inneren, persönlichen, denn ohne die zweite ist auch die erste nicht möglich. Eines aber fürchtet – die Knechtschaft und die schlimmste aller Knechtschaften – das Philistertum, dessen schlimmste Form wiederum das Pöbelhafte ist, denn hat der Knecht den Thron bestiegen, wird er zum Schurken, der Schurke auf dem Thron aber ist nichts anderes als ein Teufel, und zwar nicht mehr dessen altes Phantasiebild, sondern ein neuer, real existierender Teufel, der wahrhaft schrecklich ist, schrecklicher als man ihn sich vorstellt – der Fürst dieser Welt, der im Kommen ist, der Pöbel im Anmarsch.»[103]

Die Kritiker meinten sofort, in den Knechten das Proletariat erkennen zu müssen, doch da irrten sie wohl. Wie aus dem Pamphlet klar hervorgeht, spricht Mereshkowski von der «geistigen Knechtschaft», an der nach seinen Worten Monarchen ebenso kranken wie die «chinesische Mauer des Beamtenklassenregisters», der «tote Positivismus der orthodoxen Bürokratie» oder die «Schwarzhunderter». Knechtschaft und Pöbelhaftigkeit sind für Mereshkowski im Grund Synonyme für Unfreiheit. Möglicherweise versuchte der Schriftsteller ja gar nicht, besonders weit über den Horizont des Lebens hinwegzublicken, sondern hegte die naive Hoffnung, Rußland sei allein schon über das «öffentliche Gespräch über die Religion» und eine Wiederbelebung der Intellektuellen zu retten. Er formulierte jedoch, ob nun bewußt oder nicht, einen bemerkenswerten Gedanken: Wird die Freiheit angetastet, so erzeugt das stets die Gefahr, daß der «Fürst dieser Welt» erscheint, «der Anmarsch des Pöbels» stattfindet. Immer, wenn die Freiheit zum Privileg von Machthabern, Kaisern, Diktatoren und Tyrannen wurde, schwebten die Menschen in Gefahr, durch den «Anmarsch des Pöbels» überrollt zu werden. Stalin lieferte damit seinem ganzen Leben, seinen Taten und Plänen den Beweis, daß der Ansturm des Pöbels auf die Freiheit blutig und grauenhaft ausfallen kann. Die Rezepte Mereshkowskis, der den Ansturm des Pöbels fürchtete, sind recht naiv, doch steckt in ihnen ein rationaler Kern: Er glaubte an die besondere Aufgabe des menschlichen Intellekts. Heute wissen wir, daß der Ansturm von Gewalt, Bürokratie und Dogmatismus sich aufhalten läßt, wenn man ihm eine feste Allianz von Demokratie, Gesetzlichkeit und Kultur entgegenstellt.

Möglicherweise muten diese Überlegungen etwas abstrakt und weithergeholt an, ich sage das aber aus der Erkenntnis heraus, daß sich das Schreckgespenst eines Ansturmes auf die Freiheit stets um so deutlicher abzeichnet, je weniger Demokratie, Gesetz und Kultur gelten. Diese Wahrheit, die für den Beginn des 20. Jahrhunderts zutraf, wird meines Erachtens auch im 21. Jahrhundert Gültigkeit haben. Vielleicht ahnte Mereshkowski selbst nicht, von welch dauerhaftem Bestand seine Idee sein sollte. Möglicherweise lese ich ihn heute mit anderen Augen, als man es zu Beginn des Jahrhunderts, im Vorfeld der blutigen Klassenschlachten, tat. Letzten Endes geht es ja gar nicht um Mereshkowski. Es gibt allgemeinmenschliche Wahrheiten, die dem traditionellen Marxismus nicht zuwiderlaufen, Wahrheiten, die sich auf den Humanismus, auf den Glauben an die Größe des

103 Д. Мережковский, S. 36.

menschlichen Verstandes und an den unbeugsamen Willen des Menschen zu sozialer und moralischer Gerechtigkeit gründen. Stalins «Erbe» läßt sich in diesen Rahmen überhaupt nicht einfügen.

Der «Ansturm des Pöbels» hat die verheerendste Wirkung in seiner Diktatur, die Freiheit ausschließt. Dabei schien es eigentlich doch alles ganz harmlos begonnen zu haben: Die Macht konzentrierte sich in den Händen eines zu kleinen Personenkreises, die sie letzten Endes einem einzelnen anvertraute. Schon Plechanow erkannte diese drohende Gefahr. Kurz nach der Revolution schrieb er gegen die übermäßige Machtkonzentration: «Überall ‹kassiert› das ZK alle mit ihm unzufriedenen Elemente, überall züchtet es sich seine eigenen Kreaturen und besetzt mit ihnen alle Komitees, womit es sich ohne Mühe eine recht folgsame Mehrheit auf dem Parteitag sichert ... So wird es bei uns in der Partei tatsächlich weder eine Mehrheit noch eine Minderheit geben, weil dann hier das Ideal des Schahs von Persien erreicht wird.» Weiter schreibt Plechanow unter Hinweis auf die Krylowsche Fabel von den Fröschen, die sich einen König wünschten: «... Wenn sich unsere Partei wirklich eine solche Organisation geben würde, dann wäre in ihr schon sehr bald weder für kluge Köpfe noch für erprobte Kämpfer Platz: In ihr blieben nur die Frösche übrig ... und ein *Leitkranich*, der einen Frosch nach dem anderen ungehindert verschlukken würde.»[104] Heute wissen wir, daß dieser «Leitkranich», der alles andere als Frösche verschluckte, nicht etwa für die Durchsetzung und Festigung der Volksmacht lebte, sondern den alleinigen Sinn seines Daseins und Wirkens in der Konsolidierung des Cäsarismus sah. Selbst als Stalin spürte, daß Alter und Krankheit ihm bald das Zepter aus der Hand nehmen würden, stellte er ein weiteres Mal die Zuverlässigkeit des neuen ZK auf die Probe. In seiner Rede auf dem letzten ZK-Plenum kam er ganz überraschend auf sein Alter und auf die Notwendigkeit zu sprechen, ihn von seinen Pflichten als Generalsekretär des ZK zu entbinden. Den Ausgang dieser Farce kannte er im voraus. Dem neugewählten ZK lag natürlich schon der Gedanke fern, Stalin abzulösen. Der Gedanke allein kam Frevel gleich. Selbst wenn das Unmögliche eingetreten und Stalin sein Amt als Generalsekretär niedergelegt hätte, wäre er doch Vorsitzender des Ministerrates geblieben, und man hätte wohl damit rechnen können, daß er kraft dieses hohen Amtes ein Blutbad unter all denen angerichtet hätte, die für seinen Rücktritt gestimmt hatten. Das ist aber nur eine Hypothese von mir, die völlig aus der Luft gegriffen ist. Stalin wußte das besser als alle anderen, wollte aber dennoch wenige Monate vor seinem Tode seine Umgebung und das neue Zentralkomitee noch einmal auf ihre Treue hin überprüfen. Diese *Stalinsche* Probe hatten die neuen Mitglieder des Zentralkomitees, wie er meinte, bestanden.

Ich möchte nochmals betonen, daß Stalin sich niemals für den Menschen schlechthin, als soziales Phänomen, «Maß aller Dinge» und Ziel der sozialistischen Entwicklung interessierte. Der Mensch war für ihn (das aber muß man wissen, um das Wesen von Stalins «Erbe» zu erkennen) nur als Verbündeter, als Feind, als Vollstrecker oder als «Schräubchen» von Interesse. Gegen Ende seines Lebens sollten ihn freilich hochgestellte Persönlichkeiten, Berühmtheiten, Menschen mit «blauem Blut» in den Adern oder mit bekannten Namen interessieren. Solchen Personen galt Stalins ungeteiltes Interesse. Für sie traf er spezielle Anordnungen oder ergötzte sich einfach an der Möglichkeit, ihr Schicksal in den Händen zu haben. Zwei, drei Beispiel hierfür möchte ich anführen:

104 Г. В. Плеханов, Сочинения, Bd. XIII, S. 90, 92.

Feldmarschall Paulus, der in einem «Sonderobjekt» bei Moskau festgehalten wurde, arbeitete mit den sowjetischen Behörden zusammen, was die Weitergabe und Auswertung von militärischen Erfahrungen betraf. Wiederholt hatte er bei Stalin um die Erlaubnis ersucht, in seine Heimat zurückkehren zu dürfen, um so mehr, als sich seine Einstellung zur UdSSR von Grund auf zum Guten gewandelt habe. Doch die Jahre gingen ins Land, ohne daß Stalin den Gefangenen freigegeben hätte. Schließlich fand Stalin eines Morgens auf seinem Tisch eine Meldung des Innenministers folgenden Inhalts:

«Genossen Stalin, J. W.

Hiermit melde ich, daß der frühere Feldmarschall des deutschen Heeres Friedrich Paulus in der Nacht zum 26. Februar 1952 einen Schwächeanfall, verbunden mit kurzzeitiger Bewußtlosigkeit, erlitten hat. In Paulus' ständiger Begleitung befinden sich seine persönliche Ordonnanz, der Kriegsgefangene Schulte, Soldat, sowie sein persönlicher Koch, der Kriegsgefangene Schorsch. Nach der langen Gefangenschaft und aus der Ungewißheit heraus, wie wohl die Frage seiner Repatriierung entschieden wird, beginnen die Nerven des Feldmarschalls zu versagen. Ich würde es meinerseits für sinnvoll halten, Paulus' Rückkehr in die DDR in Erwägung zu ziehen.

29. Februar 1952 *S. Kruglow.»*[105]

Endlich gab Stalin seine Einwilligung, die Modalitäten für Paulus' Repatriierung festzulegen. Zehn Jahre hatte er diesen Mann in seiner Gewalt gehabt, der für einen «seiner» glänzendsten militärischen Siege stand. Von diesem «Symbol» trennte er sich nur ungern. Als Stalin erfuhr, daß man im November 1945 in einem sächsischen Dorf in der Nähe von Schloß Roßla Hermine von Reuß, die Witwe Wilhelms II., entdeckt hatte, bemerkte er nach kurzem Nachdenken: «Sorgen Sie dafür, daß ihr normale Lebensbedingungen geboten werden.»

Kurze Zeit zuvor war Stalin gemeldet worden, im Konzentrationslager Oranienburg habe man den einstigen Premierminister der Spanischen Republik, Francisco Largo Cabellero, in einem äußerst entkräfteten Zustand vorgefunden. Stalin hatte Ende der dreißiger Jahre wiederholt mit ihm zu tun gehabt. Hier beschränkte er sich auf die Anweisung: «Lassen Sie seine Familie in Spanien wissen, daß er am Leben ist.» Immerhin handelte es sich bei all diesen Personen um Leute «aus seinen Kreisen» – ein Premierminister, eine Königin und ein Feldherr. Da meinte er sich schon einmal Großzügigkeit erlauben zu können.

Stalin nahm auch am Schicksal des Mandschukaisers Pu Yi Anteil. Nach der Zerschlagung der Kwantung-Armee wurde der Kaiser samt Angehörigen und Dienern nach Tschita und später nach Chabarowsk transportiert. Offenbar wurde er dort intensiv «bearbeitet», wie aus einem Brief hervorgeht, den der einstige Mandschukaiser Mitte 1949 an Stalin schrieb. Hier ein Auszug aus diesem Brief, der dem eitlen «Führer» wohl großes Vergnügen bereitete, vorausgesetzt natürlich, er meinte nicht, die «Organe» hätten wieder einmal «des Guten zuviel getan» ...:

«Generalissimus Stalin

Es ist mir eine große Ehre, diesen Brief zu schreiben. Ich habe für Sie stets ausgesprochene Liebe und Begeisterung empfunden, daher möchte ich Ihnen gegenüber meiner Hoffnung Ausdruck geben, meinen ständigen Wohnsitz in der UdSSR nehmen zu dürfen.

105 ЦГАОР, Fundus 9401, Liste 2, Akte 337, Bd. I, Bl. 26.

In der Vergangenheit unterwarf der japanische Militärklüngel mein Privatleben Einschränkungen. So konnte ich über die tatsächliche Lage in der UdSSR nicht im Bilde sein ... Erst mit vierzig Jahren las ich Ihr Buch ‹Fragen des Leninismus› und die ‹Geschichte der KPdSU(B). Kurzer Abriß›. Nun weiß ich, daß die UdSSR wirklich das demokratischste und progressivste Land der Erde und den kleinen und unterdrückten Völkern Leitstern ist ... Die Regierung der UdSSR hat die Todesstrafe abgeschafft. Damit hat die UdSSR im Bereich der Humanität ein neues Zeitalter eingeläutet ...

Ich habe schon vor einiger Zeit darum ersucht, in der UdSSR bleiben zu dürfen, aber bisher noch keine Antwort erhalten. Ich würde gern hier arbeiten. Ihnen wünsche ich stetige Gesundheit und Glück.

Aixinjiüluo Pu Yi.»[106]

Stalin las die Übersetzung, blickte lange interessiert auf die lange Reihe von Hieroglyphen und meinte danach kurz zu Berija: «Den Kaiser werden wir wohl am besten den Chinesen überlassen?» Hier hatte Stalin also gar über das Schicksal eines Kaiser zu befinden, soweit war es gekommen. Eigentlich zog er es ja vor, per Liste über Menschenschicksale zu entscheiden. Das waren lange, endlose Listen ...

Da Stalin jedwede Alternativen in der Gesellschaft ausgeschaltet hatte, bestand sein Erbe nur aus Negativem. Er ahnte wohl kaum, daß der Beginn seiner historischen Niederlage schon greifbar nahe war. Wenn er in den letzten Monaten seines Lebens lakonische Bemerkungen an den Rand der Dokumente schrieb, die er immer seltener durchsah, führte er die linke Hand zum Gesicht, als wolle er sich vor der Sonne schützen. Das war so eine Angewohnheit von ihm. Auf einem Foto aus frühen Jahren sieht man Stalin in der gleichen Haltung an einem Tisch sitzen – unrasiert und ungekämmt, mit schiefgelaufenen Stiefeln und einem speckigen alten Mantel. Seine Hand hält er schützend vor die Augen, als blende ihn das Licht ... Nun war er der Generalissimus und wahrscheinlich der mächtigste Diktator auf der Erde. Aber nicht gegen die Sonne schirmte sich der «Führer» mit dieser Bewegung ab. Ohne es selbst zu wissen, wollte er sich wohl vor der bevorstehenden historischen Demontage schützen.

Die geschichtliche Demontage

Am Rednerpult des XX. Parteitages der KPdSU stand Chruschtschow. Gebannt folgten die Delegierten seinem Bericht, der sie wie ein Blitzschlag traf. Das Präsidium schien den Blicken entrückt, man meinte auf der Bühne nur noch zwei Akteure zu sehen – Chruschtschow und ein sattsam bekanntes (nun aber auf einmal gänzlich fremdes!) Gespenst. Genau das müssen die Delegierten des XX. Parteitages wohl empfunden haben, als der Erste Sekretär des ZK der KPdSU, Nikita Sergejewitsch Chruschtschow, am 25. Februar 1956 seine legendäre «Geheimrede» hielt. In atemloser Stille, die nur ab und zu von entrüsteten oder erschütterten Ausrufen unterbrochen wurde, hingen die fast anderthalbtausend Delegierten an den Lippen des Mannes am Rednerpult. Mit jedem Wort seines leidenschaftlichen Vortrages nahm für alle im Kremlpalast Anwesenden dieses Phantom, das sich mal zur Linken, mal zur Rechten Chruschtschows zeigte, immer deutlichere

106 Ebenda, Akte 236, Bd. III, Bl. 180f.

Konturen an. Mit seiner typischen Redeweise ließ der Erste Sekretär im Handumdrehen ganz unmerklich ein völlig neues Bild vom «Führer der Völker» entstehen. Schon bald wurde die Saalmitte gleichsam zur Szenerie für zwei Personen – für den neuen ersten Mann der Partei, einst ein treuer Kampfgefährte des vor etwa drei Jahren verstorbenen Diktators, und für die ausnahmslos allen bekannte stumme Gestalt des «Führers», die sich hier vor aller Augen in einer nachgerade historischen Kulisse völlig zum Schreckensbild des blutrünstigen Tyrannen wandelte. Das waren Stunden von wirklich historischer Tragweite, wie sie selten vorkommen.

Man hätte meinen können, Chruschtschow habe die Geister aus dem Jenseits heraufbeschworen. Berdjajew hatte wohl recht, als er in seinen Vorlesungen an der Freien Akademie der Geisteskultur in Moskau davon sprach, daß «... bei der Zukehr zur Vergangenheit immer eine gewisse ganz besondere Empfindung der Kommunion mit der anderen Welt mit(spielt) und nicht allein mit jener empirischen Wirklichkeit, die uns von allen Seiten her wie ein Alp drückt und die wir überwinden müssen, um uns auf eine neue Höhe zu erheben ...»[107]. Noch wenige Stunden vor dieser Rede hätte niemand auch nur ahnen können, daß es der Partei nach den langen Jahren der Stagnation und Deformation gelingen könnte, sich auf diese «neue Höhe» zu erheben. Wie immer wir auch zu Chruschtschow stehen mögen, der ja wie Stalins gesamte Umgebung Mitverantwortung für die Jahre der Rechtlosigkeit und des Terrors trug – damals auf dem Parteitag vollbrachte er eine wirkliche historische Leistung als aufrechter Staatsbürger.

Heute wisssen wir, daß schon unmittelbar nach Stalins Tod in der Parteiführung zaghafte Versuche eingesetzt haben, die Fesseln des Stalinismus zu sprengen. Die Bemühungen in dieser Richtung verstärkten sich nach Berijas Verhaftung und Hinrichtung. Die neue Führung erhielt damit einen tieferen und umfassenderen Einblick in das Geschehen hinter den Kulissen, auch wenn Stalins Mitstreiter schon zuvor von vielem sehr wohl Kenntnis gehabt hatten. Kurz nachdem der Termin für den XX. Parteitag, den ersten nach Stalins Tod, feststand, unterbreitete Chruschtschow auf einer Präsidiumstagung des ZK der KPdSU völlig unerwartet den Vorschlag, eine Kommission zur Untersuchung von Übergriffen in der Stalinzeit einzusetzen. Dabei war der Erste Sekretär nicht etwa «einem inneren Bedürfnis und seinem Gewissen» gefolgt, wie er später gern glauben machen wollte. Der Grund dafür war ein anderer: Kaum war nämlich Stalins einbalsamierter Leichnam im Mausoleum neben Lenin gebettet, als im Zentralkomitee, bei der Regierung und in den verschiedensten Einrichtungen eine unablässig anschwellende Flut von Briefen einging. Ihre Absender waren Personen, die für lange Zeite hinter dem Stacheldraht von Lagern verschollen gewesen waren, oder aber nächste Angehörige, die nach ihren Vätern, Müttern, Brüdern und Schwestern suchten. Das war eine spontane Welle des Protestes und der Hoffnung, des inständigen Flehens und Glaubens, daß die mit Füßen getretene Gerechtigkeit wiederhergestellt werden möge.

Chruschtschow wies an, anhand dieser Briefe mehrere Übersichten zusammenzustellen. So wie schon der für ungültig erklärte «Leningrader Prozeß» und die bereits revidierten «Urteile» gegen einzelne Gefangene, die bis zum ZK hatten vordringen können, verdeutlichten diese Studien überzeugend die verbrecherische Verlogenheit vieler Anklagen. Es wurde klar, daß man in den kommenden ein bis zwei Jahren, wenn für eine enorme

107 N. Berdjajew, Der Sinn der Geschichte, Versuche. Philosophie des Menschengeschickes, Tübingen 1950, S. 39.

Zahl der gemäß verschiedenen Punkten des Artikels 58 Verurteilten die Haftzeit abgelaufen sein würde, diese Leute nach Hause würde entlassen müssen. Mit ihnen aber würden unstillbarer Schmerz und Zweifel Einzug halten, später auch gefolgt von Forderungen nach einer Bestrafung der Schuldigen. Niemand würde sich jetzt, nach Stalins und Berijas Tod, mehr erdreisten, diese Leute weiter in Lagern und Verbannungsorten dahinvegetieren zu lassen. Chruschtschow spürte mit anderen Worten, daß die Partei und das Land eine ausnehmend schwierige und verantwortungsvolle Entscheidung zu treffen hatten. Allein schon der Vorschlag, eine Untersuchungskommission zu bilden, war bei Molotow, Kaganowitsch und Woroschilow auf erbitterten Widerstand gestoßen. Während Malenkow noch schwankte, gab die Zustimmung Bulganins, Mikojans, Saburows und Perwuchins den Ausschlag für Chruschtschow, und die Kommission wurde gebildet. Sie stand unter der Leitung Pjotr Nikolajewitsch Pospelows, des langjährigen Chefredakteurs der «Prawda» und späteren Direktors des Marx-Engels-Instituts. Auf Chruschtschows Weisung erhielt die Kommission Zugang zu den Unterlagen des Innenministeriums und des KGB. Man muß es Pospelow auch lassen, er ging gründlich vor, so wie übrigens auch schon vor Jahren, als er mit G. F. Alexandrow, M. R. Galaktionow, W. S. Krushkow, M. B. Mitin und W. D. Motschalow die «Kurze Lebensbeschreibung» Stalins verfaßt hatte. Erst als Pospelow im Vorfeld des Parteitages Chruschtschow und alle Präsidiumsmitglieder über die Schlußfolgerungen der Kommission unterrichtete, wurde dem Ersten Sekretär klar, daß dieses Dokument entweder den Betonpanzer aus Lügen, Mythen und Legenden um Stalin aufbrechen oder aber für ihn persönlich das politische Aus nach sich ziehen würde.

Chruschtschow führte sich Pospelows Bericht mehrfach zu Gemüte und befragte seine Kollegen wiederholt, was nun geschehen sollte. Wie sollten die Parteitagsdelegierten von den Schlußfolgerungen der Kommission Kenntnis erhalten? Wer sollte es ihnen mitteilen? Vielleicht Pospelow? Lange widersetzten sich Molotow, Woroschilow und Kaganowitsch hartnäckig, zeitweise sogar recht wütend. Die erbitterten Debatten wurden nicht protokolliert, Chruschtschow selbst und mehrere andere Genossen sprechen in ihren Erinnerungen aber von einigen «harten» Argumenten, die die Gegner des Berichtes ins Feld führten: Weshalb sollten wir ohne zwingenden Grund in aller Öffentlichkeit unsere «schmutzige Wäsche» waschen? Wäre es nicht besser, die Überspitzungen ohne alles Aufsehen zu korrigieren? Sei sich Chruschtschow denn überhaupt im klaren, welche Konsequenzen es haben könnte, wenn die Schlußfolgerungen der Kommission an die Öffentlichkeit gelangten? Und hatten schließlich nicht alle Präsidiumsmitglieder des ZK bei der Willkür der Vergangenheit mehr oder minder ihre Hand im Spiel gehabt? Konnte man all diese Befürchtungen denn in den Wind schlagen? Doch Chruschtschow setzte sich durch. Am 13. Februar faßte das ZK den Beschluß, den Delegierten in einer geschlossenen Sitzung des Parteitages den Bericht über den Personenkult vorzutragen. Auch Chruschtschow befielen freilich wiederholt Zweifel. Doch wenn er dann an die Häftlingsbriefe dachte und sich den Wahnsinn der vergangenen Jahre vor Augen führte, stand für ihn immer deutlicher fest, daß sich die Folgen von Terror dieser Größenordnung, derartiger Rechtlosigkeit und solch schrecklicher Übergriffe ohnehin nicht lange verbergen lassen würden. Früher oder später käme die Wahrheit doch ans Licht. Es kam darauf an, die Initiative zu ergreifen, die Partei mußte die schreckliche Wahrheit erfahren. Dem Volk wollte Chruschtschow sie aber leider vorenthalten.

Der XX. ordentliche Parteitag schien bereits glücklich am altgewohnten Ende angelangt und kurz vor seiner Einreihung unter die ebenso farblosen und «durchorganisierten» anderen Parteitage zu stehen, die von der Presse prompt als «historisch» eingestuft zu werden pflegten, da kam der Clou: Den Parteitagsdelegierten wurde eine geschlossene Sitzung angekündigt. Bulganin, der auf dieser Sitzung den Vorsitz führte, erteilte dem Ersten Sekretär des ZK der Partei das Wort.

Das war Chruschtschows Sternstunde. Einst ein orthodoxer Stalinist, der dem «Führer» nie widersprochen hatte, bewies er mit einemal historischen Mut und Zivilcourage, wagte er es, sich über in Jahrzehnten angestaute Vorurteile hinwegzusetzen. Wie sich später herausstellen sollte, war dieser Schritt Chruschtschows kein Zufall.

So unauffällig er einst als ein Schräubchen unter vielen im engsten Kreise gewesen war, so energisch und häufig auch impulsiv zeigte er sich als Politiker an der Parteispitze. Neben seiner «Geheimrede» und mehreren unorthodoxen innenpolitischen Maßnahmen gehören zu Chruschtschows Verdiensten auch ausgefallene Schritte wie sein Besuch bei Tito zur Normalisierung der Beziehung mit der SFRJ, die Stationierung von Atomraketen auf Kuba, das Treffen mit US-Präsident Eisenhower, sein entschlossenes Reagieren auf die Ereignisse in Ungarn, die Herstellung freundschaftlicher Beziehungen zum ägyptischen Präsidenten Nasser, seine unversöhnliche Haltung zu Mao Zedong, die Unterstützung Vietnams und vieles andere mehr. All das war geprägt von der komplizierten, widersprüchlichen Persönlichkeit des Ersten Sekretärs und zeigt, daß es Chruschtschow keineswegs an Entschlußkraft, Mut und der Bereitschaft fehlte, die volle Verantwortung zu übernehmen. Allerdings sei gesagt, daß Nikita Sergejewitsch ein schlechter Analytiker war, häufig inkonsequent vorging und seine eigenen intellektuellen und politischen Fähigkeiten deutlich überschätzte. Mitunter wirkte sein Handeln schlechterdings unbedacht und kurzsichtig. Hinzu kam noch das alte Leiden, an dem nicht Chruschtschow, sondern unser gesamtes System krankte – die Bedeutung des ersten Mannes im Staate wurde verabsolutiert. Auch nach Stalin waren die politischen Strukturen noch immer nicht immun gegen den Cäsarismus, das In-den-Himmel-heben einer Führerpersönlichkeit und boten keine Gewähr von einer neuen Form von Kult. Chruschtschow bestätigte lediglich einmal mehr diesen Geburtsfehler eines Systems ohne wirklich demokratische Attribute.

Ich bin in meinen Ausführungen etwas vom Thema abgekommen, das ließ sich aber nicht vermeiden. Ohne diese Abschweifung wird nicht in vollem Umfang deutlich, welch historische Tragweite der Teil des XX. Parteitages besaß, auf dem der erste vernichtende Schlag gegen den Stalinismus geführt wurde. Damit begann die geschichtliche Demontage des «Führers», der über dreißig Jahre hinweg den Sozialismus Stalinscher Prägung gestaltet hatte.

Ich will hier nicht die einzelnen Aussagen von Chruschtschows Rede wiedergeben, sondern möchte vielmehr verdeutlichen, welch enorme Rolle er bei der damals noch am Anfang stehenden Entstalinisierung spielte und welch weitreichende Konsequenzen seine Rede in aller Welt nach sich zog.

... Doch kehren wir zu der beschriebenen geschichtsträchtigen Kulisse mit ihren beiden Hauptakteuren – dem voller Temperament vom Leder ziehenden Chruschtschow und dem Phantom Stalins – zurück. In der vibrierenden Stille des Saales arbeitete sich der Erste Sekretär von Punkt zu Punkt vor. Der von Pospelow und dessen Mitarbeitern vorgelegte Bericht umfaßte fast fünfzehn Abschnitte. Alle waren Teile des Ganzen, hatten aber auch für sich genommen Bedeutung. Die innere Logik ließ zu wünschen übrig. Im Anschluß an allgemeine methodologische Fragen des Personenkults, die Ansichten der Klassiker des Marxismus dazu sowie Lenins Beurteilung von Stalin ging der Redner beispielsweise ganz unvermittelt zum Thema «Volksfeinde» über, um danach wieder auf allgemeinere Probleme wie Lenin und die Opposition in der Partei oder das Prinzip der kollektiven Führung zu sprechen zu kommen. Einige Themen kamen mehrfach vor, so die Verantwortung für den Terror, Völkermord und Terror und wieder der Terror. In der Rede «über den Personenkult und seine Folgen» ging Chruschtschow auch auf Einzelfragen wie auf Stalin und den Krieg, auf den Konflikt mit Jugoslawien oder auf Berija ein.

Chruschtschow begann in ruhigem Ton: «Das folgende Referat hat nicht eine allseitige Beurteilung des Lebens und der Tätigkeit Stalins zur Aufgabe. Über Stalins Verdienste wurde noch zu seinen Lebzeiten eine völlig ausreichende Anzahl von Büchern, Broschüren, Studien verfaßt. Allgemein bekannt ist die Rolle Stalins bei der Vorbereitung und Durchführung der sozialistischen Revolution, während des Bürgerkrieges sowie im Kampf um die Errichtung des Sozialismus in unserem Lande. Darüber wissen alle gut Bescheid. Zur Zeit geht es um eine Frage, die für die Partei in Gegenwart und Zukunft gewaltige Bedeutung besitzt – darum, wie sich allmählich der Kult um die Person Stalins herausgebildet hat, der in einer bestimmten Phase zur Quelle einer ganzend Reihe äußerst ernster und schwerwiegender Entstellungen der Parteiprinzipien, der innerparteilichen Demokratie und der revolutionären Gesetzlichkeit wurde.» Im Saal saßen Delegierte, die hier zum ersten Mal (!) von Lenins «Brief an den Parteitag» und von dessen Einschätzung Stalins schon vom Beginn der zwanziger Jahre hörten. Das waren Enthüllungen, die endlich der Wahrheit zum Durchbruch verhalfen. Wenn Chruschtschow auch den «Trotzki-Sinowjew-Block» und die Bucharin-Anhänger anprangerte, äußerte er doch erstmals den ketzerischen Gedanken, zu Lebzeiten Lenins sei der Kampf gegen Oppositionelle nur «auf ideologischem Boden» ausgetragen worden.

Aber nicht das waren die Kerngedanken in der Geheimrede Chruschtschows, der Hauptakzent seiner Ausführungen lag vielmehr auf der Verurteilung der Stalinschen Rechtsverletzungen. «Es ist klar», so Chruschtschow weiter, «daß Stalin hier in einer ganzen Reihe von Fällen Intoleranz, Brutalität, Machtmißbrauch an den Tag legte. Anstatt zu beweisen, daß er politisch recht hatte, und die Massen zu mobilisieren, beschritt er oft den Weg der Repression und der physischen Vernichtung nicht nur gegenüber tatsächlichen Feinden, sogar auch gegenüber Menschen, die keine Verbrechen gegen die Partei und die Sowjetunion begangen hatten.»

Die Delegierten saßen starr vor Entsetzen da, als Chruschtschow ausführlich schilderte, wie die Gerichtsverfahren zurechtgezimmert wurden und wer die sogenannten Volskfeinde wirklich waren. Chruschtschow stellte ganz richtig fest, Stalins Konzeption vom «Volksfeind» habe die Anwendung grausamster Repressionen erlaubt, und zwar gegen jeden, der in irgendeiner Hinsicht nicht mit Stalin übereinstimmte, gegnerischer Absichten lediglich verdächtigt oder einfach verleumdet wurde. Als die im Saal Sitzenden diese schrecklichen Enthüllungen hörten, nahm die ihnen nur zu vertraute Gestalt in Marschallsuniform nach und nach die Züge eines blutbesudelten Scharfrichters an, dem sein eigenes Volk zum Opfer gefallen war.

Chruschtschow vollbrachte in den drei, vier Stunden, die seine Geheimrede dauerte, scheinbar Unmögliches. Vor allem nahm er Stalin den Führernimbus. Chruschtschow legte besonderen Nachdruck auf Stalins Führungs-Inkompetenz. Zu Recht warf er Stalin vor, sein Land und die Landwirtschaft nur aus Filmen gekannt, während des Krieges alle Operationen nur am Kartentisch geplant und die Meinung der Parteikader stets ignoriert zu haben. Die vernichtendste Kritik an dem von ihm heraufbeschworenen Geist übte der Erste Sekretär, der sich recht gut in der Landwirtschaft auskannte, an Stalins Politik in diesem Bereich. So ließ er die Delegierten wissen, Stalin habe sich in den letzten Jahren mit dem Gedanken getragen, die Steuern in der Landwirtschaft um 40 Milliarden Rubel zu erhöhen! Das waren wahrlich «Hirngespinste eines Mannes, der sich von den Realitäten völlig gelöst hatte». Als Chruschtschow die Inkompetenz des «Führers» und den abenteuerlichen Charakter seiner Entscheidungen vor Augen führte, zerstörte er den Nimbus der Unfehlbarkeit und Weisheit, mit dem Stalin sich so lange zu umgeben versucht hatte.

Im weiteren nannte Chruschtschow Beweise dafür, daß Stalin ein Henker und Sadist war, ein Mann ohne die elementarsten moralischen Skrupel. Er ging auf das Schicksal Kossiors, Tschubars, Postyschews, Kossarews, Eiches und anderer namhafter Bolschewiki ein und wies in diesem Zusammenhang darauf hin, daß Stalin der «Oberstaatsanwalt in diesen Fragen» gewesen sei. «Stalin erteilte nicht nur die Erlaubnis, er gab sogar auf eigene Initiative Weisungen für Festnahmen ... ‹Geständnisse› zu erpressen, auf denen dann die Anklagen aufgebaut wurden, war eine rein technische Angelegenheit ... Und die Untersuchungsrichter führten diese ‹Geständnisse› herbei» erklärte Chruschtschow. «Aber wie kann man einen Menschen dazu bringen, sich zu einem Verbrechen zu bekennen, das er nicht begangen hat? Nur auf eine Art – durch Anwendung von physischen Methoden der Beeinflussung, durch Folter, Beraubung des Bewußtseins, des Verstandes, der menschlichen Würde. Auf diese Weise wurden die ‹Geständnisse› erreicht.» Chruschtschow führte eine große Zahl von konkreten Fakten an, die Aufschluß über das Schicksal Kirows, Postyschews, Rudzutaks', Wosnessenskis, Kusnezows, Rodionows, Popkows, Rosenblums, der Opfer der Affäre um die «Mingrelische Nationalistische Organisation» und anderer Repressierter gaben. So erschien der «Führer» in einem anderen Licht – als ein blutrünstiger und gnadenloser Diktator und Tyrann.

Und schließlich stellte der Erste Sekretär in seiner «Geheimrede» den Führungsstil und die Leitungsmethoden Stalins generell in Frage. Chruschtschow hob besonders hervor, daß das Fehlen der Kollektivität in der Parteispitze eine direkt Folge des Mißbrauchs der persönlichen Macht war: «Es spricht für sich, daß während all der Jahre des Großen Vaterländischen Krieges praktisch kein einziges Plenum des ZK stattfand (in Wirklichkeit hatte 1944 ein ZK-Plenum stattgefunden – *D. W.*). Es gab zwar einen Versuch zur Einberufung eines ZK-Plenums 1941, als aus dem ganzen Lande die Mitglieder des ZK nach Moskau beordert wurden. Zwei Tage warteten sie auf die Eröffnung des Plenums, doch ihr Warten war vergeblich. Stalin wollte sich nicht einmal mit den Mitgliedern des ZK treffen ...» Immer wieder ließ Chruschtschow in seiner Rede den Gedanken anklingen, daß Stalin unter ständigem Mißbrauch seiner uneingeschränkten Macht im Namen des ZK sprach, ohne die Meinung der Mitglieder des Politbüros und schon gar nicht die der Mitglieder des ZK einzuholen. Häufig informierte er sie nicht einmal über von ihm im Alleingang getroffene Entscheidungen zu hochbrisanten Partei- und Staatsangelegenheiten. Wie verhängnisvoll sich seine Alleinherrschaft auswirkte, wird am Beispiel des Konflikts mit Jugoslawien deutlich. Chruschtschow erklärte unumwunden, Stalin habe in dieser Angelegenheit eine «schändliche Rolle» gespielt.

So schlug Chruschtschow mit seiner Geheimrede gleich mehrere Fliegen mit einer Klappe: Er machte deutlich, daß der «Führer» die ihm zugeschriebene Größe in Wirklichkeit gar nicht besessen hatte, weil es ihm an der nötigen Kompetenz, Weisheit und am nötigen Scharfblick mangelte. Der Referent stellte unmißverständlich fest, Stalin sei die Hauptverantwortung für Greueltaten, Verbrechen und für den Terror anzulasten. Ebenso entschieden verurteilte Chruschtschow die Alleinherrschaft des «Führers», die schlimme Folgen gehabt hatte. Chruschtschows Geheimrede bewirkte einen befreienden Aufbruch im öffentlichen Bewußtsein; sie war eine ungemein mutige Attacke gegen den Cäsarismus, gegen Gesetzlosigkeit und Totalitarismus, mit der keiner gerechnet hatte.

Chruschtschow war und blieb aber ein Produkt seiner Zeit. Sein persönliches Verdienst um die konsequente Enthüllung des Personenkults kann ihm niemand absprechen. Allein schon damit hat er sich in unserer Geschichte für immer einen Namen gemacht. Doch die vom einstigen «Hoftheoretiker» Stalins verfaßte Rede ging nicht in die Tiefe, nicht über die Oberfläche der Erscheinungen und Fakten hinaus und ließ die Genesis des Stalinismus und die Ursachen für die Deformierung des Sozialismus weitgehend unberührt. Damit nicht genug, gab er nicht einmal zu, daß solche Deformationen eingetreten waren. Die «Verdienste» Stalins stellte er dabei nicht völlig in Abrede: «Zweifellos hatte Stalin in der Vergangenheit große Verdienste gegenüber der Partei, der Arbeiterklasse und der internationalen Arbeiterbewegung ..., wobei Stalin überzeugt war, daß dies zur Verteidigung der Interessen der werktätigen Massen gegenüber den Umtrieben der Feinde und den Attacken des imperialistischen Lager unerläßlich sei.» Neben scharfer Kritik wurde Stalin damit gleichzeitig auch Absolution vor der Geschichte erteilt.

Chruschtschow hoffte, es würde genügen, den Personenkult und dessen Folgen kritisch parteiintern auszuwerten, um die Deformationen der Stalinzeit zu beseitigen. Das sagte er im Grunde auf dem Parteitag auch ganz offen: «Wir dürfen diese Frage nicht aus der Partei heraustragen, noch weniger in die Spalten der Presse. Eben deshalb referieren wir sie auf einer geschlossenen Sitzung des Parteitages. Man muß das Maß kennen, den Feinden keine Nahrung geben, ihnen nicht unsere Blöße enthüllen. Ich glaube, daß die Parteidelegierten all diese Maßnahmen richtig verstehen und beurteilen werden.»

Der Reformator, der den entscheidenden Durchbruch vollzogen hatte, konnte nicht begreifen, daß dieses «Denken hinter verschlossenen Türen» stalinistisches Denken bedeutete, das von besagtem unseligen Geist herrührte. «Das Maß zu kennen», bedeutete für Chruschtschow, diese ketzerischen Ansichten vor dem Volk, vor allem aber vor der Weltöffentlichkeit geheimzuhalten. Der Mann, der noch sechs Jahre zuvor den bekannten Artikel «Die Stalinsche Völkerfreundschaft als Unterpfand der Unbesiegbarkeit unserer Heimat» verfaßt hatte, konnte sich natürlich nicht von heute auf morgen von allem frei machen, was in Jahrzehnten in ihm herangereift war, zugenommen, und sich gefestigt hatte. Chruschtschow, der zu Lebzeiten des «Führers» diesem nicht ein einziges Mal widersprochen hatte, war sich natürlich bewußt, daß sein eigenes Handeln wie auch das der anderen Mitstreiter Stalins bis ins kleinste vom Diktator bestimmt worden war. Sie alle waren es gewöhnt, *Vollstrecker* ohne eigene Gedanken zu sein. Chruschtschow selbst erinnerte sich noch, daß er häufig nicht einmal zweitrangige, rein organisatorische Fragen entscheiden konnte, ohne sich direkt an Stalin zu wenden. Das war nicht einmal ungefährlich, denn es konnte eine große Abfuhr oder eine spöttische Entgegnung einbringen. Doch ließ es sich nicht umgehen, daß man sich an ihn wandte ...

«An das ZK der KPdSU(B)
Genossen Stalin

Hiermit bitten wir darum, die Jagdfliegerbataillone, die gegen die OUN-Leute (Ukrainische Nationalisten – *d. Ü.*) im Einsatz sind, in die staatliche Versorgung einzubeziehen.

Wir erbitten:

Kunstleder für Stiefelschäfte	–	104 300 dm
Vorschuhjuchten	–	744 dm
Schuhsohlenleder	–	20 380 dm
Nesselstoff für Unterwäsche	–	196 000 m
Garn	–	525 Rollen

18.IX.1946

N. Chruschtschow
S. Kruglow.»[108]

Man kann sich unschwer vorstellen, daß Stalins Mitstreiter in politischen Fragen überhaupt kein Mitspracherecht haben konnten, wenn sie beim «Führer» schon um Garn betteln mußten. Chruschtschow, der den ersten gewaltigen Schlag gegen den Stalinismus geführt hatte, konnte natürlich nicht im Handumdrehen all dessen schimpfliche Attribute abschütteln.

Die ganze Inkonsequenz, Halbherzigkeit und Geheimniskrämerei Chruschtschows manifestierte sich im Beschluß des Zentralkomitees der KPdSU über die Überwindung des Peronenkults und seiner Folgen vom 30. Juni 1956[109]. Dieses der Geheimrede Chruschtschows wenig ähnelnde Dokument war eindeutig ein Kompromiß mit den Stalinisten, auch wenn darin der Versuch unternommen wurde, die Ursachen für den Personenkult um Stalin offenzulegen. In dem Beschluß wird unter anderem betont, zu «den ernsten Fehlern» sei es erst «in Stalins letzten Lebensjahren» gekommen. Bei der Darlegung der «objektiven Ursachen» für das Entstehen dieses leninfeindlichen Phänomens berief sich der Beschluß weitgehend auf Argumente, mit denen Stalin selbst operiert hatte: «Nach Lenins Tode wurden die feindlichen Strömungen in der Partei aktiver – Trotzkisten, Rechtsopportunisten und bürgerliche Nationalisten, die dafür plädierten, von Lenins Theorie von der Möglichkeit des Sieges des Sozialismus in nur einem Lande abzugehen, was in der Praxis die Restauration des Kapitalismus in der UdSSR nach sich gezogen hätte. Die Partei startete einen erbarmungslosen Kampf gegen diese Feinde des Leninismus.» Im weiteren hieß es, man hätte «zu gewissen Einschränkungen der Demokratie greifen» müssen, «die durch die Logik des Kampfes unseres Volkes für den Sozialismus unter den Bedingungen der kapitalistischen Einkreisung gerechtfertigt wurden.» Das aber klang mehr nach einer Rechtfertigung als nach einer Erklärung für die Auswüchse des Personenkults. Chruschtschow ließ den Gedanken vom «leninistischen Kern» der Parteiführung wieder aufleben, der angeblich «unmittelbar nach Stalins Tode dem Personenkult und dessen Folgen einen entschiedenen Kampf ansagte». Wir wissen, daß es sich in Wirklichkeit ganz anders verhielt.

In dem Beschluß wird unter anderem die Frage gestellt: «Weshalb traten diese Personen denn aber nicht offen gegen Stalin auf und setzten ihn als Führer ab?» Es folgt die si-

108 ЦГАОР, Fundus 9 401, Liste 2, Akte 132, Bd. VI, Bl. 167–169.
109 Die Geheimrede Chruschtschows. Beschluß des Zentralkomitees der KPdSU über die Überwindung des Personenkults und seiner Folgen, Berlin 1990, S. 8, 21, 24, 41 f., 61, 76, 82–84, 92, 95 f., 100–102.

cherlich objektive, aber doch schrecklich bittere Feststellung: «Jedes Auftreten gegen ihn wäre unter diesen Umständen vom Volk nicht verstanden worden, das war keineswegs eine Frage mangelnden persönlichen Mutes. Es ist klar, daß niemand, der sich in dieser Situation gegen Stalin gewandt hätte, im Volke Unterstützung gefunden hätte.» Chruschtschow und das Präsidium des ZK wollten nicht eingestehen, daß schon viel früher gegen Stalin hätte vorgegangen werden müssen – nämlich schon, als Lenin der Partei dazu geraten hatte. Obwohl das im Beschluß ungesagt blieb und *die Partei von der Schuld für die Diktatur eines einzelnen freigesprochen wurde*, meinte man doch feststellen zu müssen, «daß die Sowjetmenschen Stalin als einen Menschen kannten, der stets für den Schutz der UdSSR vor Anschlägen der Feinde eintrat und für die Sache des Sozialismus kämpfte. Zuweilen (?!! – *D. W.*) wandte er in diesem Kampf unwürdige Methoden an und verstieß gegen die Leninschen Prinzipien und Normen des Parteilebens. Darin bestand Stalins Tragödie (?! – *D. W.*)» Demnach war das also nicht für das Volk, sondern nur für Stalin eine Tragödie gewesen ... Im weiteren heißt es in dem Beschluß: «Es wäre ein grober Fehler, aus der Tatsache, daß es in der Vergangenheit den Personenkult gab, auf irgendwelche Veränderungen in der Gesellschaftsordnung in der UdSSR zu schließen oder die Quelle dieses Kults in der Natur der sowjetischen Gesellschaftsordnung zu suchen. Sowohl das eine als auch das andere ist völlig falsch, denn es entspricht nicht der Wirklichkeit und läuft den Tatsachen zuwider.»

Bei der Lektüre des Beschlusses gewinnt man zunehmend den Eindruck, daß Chruschtschow zwar am 25. Februar 1956 im Duell mit Stalins Phantom dem gestürzten Idol die erste, doch gleich tödliche Niederlage beigebracht hatte, über diesen Sieg selbst erschrocken war. Nicht von ungefähr bewahrten das ZK und die offizielle Presse absolutes Stillschweigen über die «Geheimrede», als wollten sie das Volk vor einer ideologischen Erschütterung bewahren. Da jedoch die Leiter der Delegationen der Bruderparteien und die sowjetischen Parteifunktionäre in geschlossenen Sitzungen über den Inhalt der Rede informiert wurden, mußten gewisse Fakten unweigerlich an die Öffentlichkeit dringen. Schon Anfang Juni 1956 erschien der Wortlaut der Geheimrede in bürgerlichen Blättern der USA, Frankreichs und Großbritanniens. Bei uns aber gaben sich die offiziellen Parteiorgane über drei Jahrzehnte hinweg den Anschein, als stehe diese Frage überhaupt nicht auf der Tagesordnung, woran sie auch dann noch festhielten, als sie die Existenz dieses Dokuments letzten Endes nicht länger totschweigen konnten. Erst im Frühjahr 1989 wurde die Geheimrede im Informationsblatt «Iswestija ZK KPSS» (Nachrichten des ZK der KPdSU) veröffentlicht. Die langjährige Geheimhaltung dieses Dokumentes vor der Bevölkerung ist ein Beweis dafür, daß der Stalinismus leider noch immer lebt und lediglich seine Form geändert hat. Eigentlich müßte doch aber die Partei und gerade sie, die doch einst die Entlarvung und Bloßstellung des Stalinismus einleitete, diese Aufgabe auch zu Ende bringen. Mit dem Beginn der Erneuerung hätte auf einem der Parteitage oder Plenartagungen ein fundiertes analytisches Dokument angenommen werden müssen, das die Haltung der sowjetischen Kommunisten zu diesem dem Marxismus fremden Phänomen allseitig und erschöpfend reflektiert hätte. Ein solches Dokument liegt noch heute – Mitte 1989 – nicht vor.

Der «zweite Angriff», den Chruschtschow auf dem XXII. Parteitag gegen Stalin und den Stalinismus nun schon in aller Offenheit und vor aller Augen und Ohren führte, drängte die totalitär-bürokratische Denkweise lediglich zurück, ohne sie allerdings völlig beseitigen zu können. Dem schloß sich dann eine fünfundzwanzigjährige Pause an. Da Breshnew sich nicht entschließen konnte, Stalin und den Stalinismus ohne Einschränkungen wiederaufleben zu lassen, schlug er, dem Rat Suslows und anderer Mitstreiter folgend, einen anderen Weg ein: In der Geschichte gab es auf einmal *Bruchstellen* und *weiße Flecken.* Man tat, als hätte es Stalin, die Greueltaten der Stalindiktatur, die Tausende, ja Millionen zu Tode Gequälten, die Massenerschießungen und die Staatlichen Straflager (GULAG) nie gegeben. In den Nachschlagewerken jener Zeit wird man vergeblich nach Informationen über Trotzki, Bucharin, Sinowjew, Kamenew oder zahlreiche andere Revolutionäre suchen.

Die von Personen wie Pospelow (die Lobreden auf Stalin ebenso bereitwillig verfaßt haben wie geschichtliche Nekrologe auf ihn) fabrizierten Geschichtsklischees waren bis zur Unerträglichkeit simplifiziert. Es war, als hätte es Stalin nie gegeben. Geführt hatte die Partei (selbst wenn sie keine Parteitage und Plenartagungen einberufen hatte). Wenn Stalin überhaupt erwähnt wurde, dann nur in Verbindung mit anderen historischen Führerpersönlichkeiten, als einer unter vielen, dem allerdings «einige Irrtümer» unterlaufen waren. Selbst der XX. Parteitag, der vielleicht wirklich zu den Parteitagen gehörte, die von historischer Bedeutung waren, geriet für viele Jahre in ein ideologisches Vakuum. Man hatte das Gefühl, der Ungeist des Stalinismus hole insgeheim zum Gegenschlag aus.

Das war keineswegs Zufall. Stalin war gestorben, doch sein System blieb bestehen. Neue Leute kamen an die Macht, die den Mechanismus dieses Systems gebrauchten. Die beiden denkwürdigen Attacken der Geschichte, die Chruschtschow mit der Verwegenheit eines reformwilligen Romantikers gegen Stalin führte, konnten zwar tiefe Breschen in den Stalinismus schlagen, seine Nachfolger waren aber bald heimlich, still und leise mit allerlei politischen, ideologischen und sozialen «Heilpflastern» für dieses angeschlagene System zur Stelle. Die Bücher, die Alexander Solshenizyn und einige andere Schriftsteller und Historiker in der kurzen Tauwetterphase zu Papier bringen konnten, wurden schon bald als «unzeitgemäß» abgetan. In den offiziellen Forschungsarbeiten jener Zeit zu den zwanziger, dreißiger, vierziger und fünfziger Jahren erscheinen die Ereignisse wie durch einen Zerrspiegel.

Doch Chruschtschows Geheimrede hatte etwas ins Rollen gebracht. In den kommunistischen Parteien setzte ein langer und mühsamer Prozeß der Umbewertung der eigenen Geschichte, Werte, Programme und Anschauungen ein. Das ist ein Thema für sich. Manche Parteien hielten sich dabei an den Grundsatz: Nicht auf die Klärung der Wahrheit kommt es an, sondern darauf, wer sie klärt. Da mittlerweile, wie es in einem Beschluß des ZK der KPdSU hieß, «in der bürgerlichen Presse eine breite antisowjetische Hetzkampagne entfesselt» wurde, «zu deren Anlaß die reaktionären Kreise gewisse Tatsachen zu nehmen versuchen, die mit dem von der Kommunistischen Partei der Sowjetunion verurteilten Kult um die Person Stalins zusammenhängen», war die Reaktion vieler orthodoxer Führungskräfte auch dementsprechend. In anderen Fällen gab man sich (zum Beispiel in der Italienischen Kommunistischen Partei, vor allem aber in deren Führung, was besonders für Palmiro Togliatti zutraf) nicht mit kümmerlichen Erklärungen des Phänomens Stalinismus zufrieden, sondern setzte sich selbständig mit dessen Wesen auseinander.

In der Französischen Kommunistischen Partei war man in der Bewertung der Kernfragen des Stalinismus, seiner Entstehung und seiner Folgen, schon vorsichtiger.

Die Kommunistische Partei Chinas solidarisierte sich zunächst mit dem Inhalt der

Chruschtschowschen Geheimrede. Als sich dann aber die Meinungsverschiedenheiten zwischen den beiden Parteien zuspitzten, unterstützte die KP Chinas diesen Kurs nicht länger, sondern verurteilte die historische Aktion des XX. Parteitags. Am deutlichsten kommt die Haltung der KP Chinas zu Stalin wohl in einem gemeinsamen Artikel der beiden Parteizeitungen «Renmin Ribao» und «Hongqi» zum Ausdruck. In dem am 13. September 1963 veröffentlichten Artikel heißt es: «Auf dem XX. Parteitag der KPdSU verurteilte der Genosse Chruschtschow Stalin in Bausch und Bogen. In einer derart grundsätzlichen Frage, wie es die Frage nach Stalin ist, die für die gesamte kommunistische Weltbewegung Bedeutung hat, hatte er nicht zuvor mit den Bruderparteien Rücksprache genommen. Nach dem XX. Parteitag stellte er sie dann vor vollendete Tatsachen und versuchte, ihnen den Beschluß des Parteitages aufzuzwingen.» Weiter wurde in dem Artikel festgestellt: «Alle Verdienste und Fehler Stalins sind eine objektiv existierende historische Realität. Stellt man die Verdienste Stalins seinen Fehlern gegenüber, so überwiegen die Verdienste. Das Positive in Stalins Wirken kennzeichnet ihn vor allem anderen, wogegen seine Fehler von zweitrangiger Bedeutung sind. Jeder ehrliche, geschichtsbewußte Kommunist sieht bei einer Bilanz der theoretischen und praktischen Gesamtleistung vor allem diese, seine wesentliche Seite. Daher kommt es darauf an, den wesentlichen Aspekt von Stalins Leben und Wirken zu verteidigen und für den Marxismus-Leninismus, für den dieser einstand und den er weiterentwickelte, einzutreten, will man Stalins Fehler richtig erkennen, sie kritisieren und abstellen.»[110] Das ist eine zwar konservative, aber zumindest mit Argumenten untermauerte Haltung. Es gab auch andere Reaktionen.

Aus Anlaß des 100. Geburtstages von Stalin veröffentlichte Enver Hoxha 1979 in Tirana sein Buch «Mit Stalin», in dem er ausführlich seine fünf Begegnungen mit dem «Führer der Völker» beschreibt. Das Buch liefert keinerlei Argumente, die etwa die Ablehnung der Beschlüsse des XX. Parteitages der KPdSU durch die albanische Führung begründen würden, es ist vielmehr eine heftige gefühlsmäßige Auflehnung gegen die Verurteilung des Führerkults. Hoxha schreibt: «Nikita Chruschtschow und seine Spießgesellen haben in der ›Geheimrede‹ auf ihrem XX. Parteitag Josef Wissarionowitsch Stalin in den Schmutz getreten und versucht, ihn auf widerwärtigste Weise – mit den zynischsten trotzkistischen Mitteln herabzuwürdigen.»[111]

Im Prinzip «verdaute» jede kommunistische Partei die Geheimrede Chruschtschows auf dem XX. Parteitag auf ihre besondere Weise. Die Reaktion auf das, was sich in Moskau auf dem XX. Parteitag vollzogen hatte, war höchst widersprüchlich. Da gab es Erschütterung und Ratlosigkeit auf der einen Seite, aber auch frischen Wind im theoretischen Denken und eine Neubewertung der in der Vergangenheit gesammelten Erfahrungen. Es gab Renegatentum neben dem Streben nach Erneuerung, nach neuen Formen des politischen und gesellschaftlichen Wirkens. Ich glaube kaum, daß Chruschtschow ahnte, wie widersprüchlich die Folgen seines Vorstoßes sein würden.

Auch wird Chruschtschow, als die fast anderthalbtausend Delegierten des XX. Parteitags der KPdSU im Kremlpalast ihre Blicke auf ihn richteten, kaum geahnt haben, daß er bald im Blickpunkt der ganzen Welt stehen würde. In der Weltöffentlichkeit sollte ein

110 К вопросу о Сталине, Peking 1963, S. 6f.

111 Э. Ходжа, Со Сталиным. Воспоминания, Tirana 1979, S. 21.

Der Oberste Befehlshaber während der Berliner (Potsdamer) Konferenz. 1945

Stalin und Shukow während der Siegesparade. 24. Juni 1945

Der «Vater der Völker» während der Maidemonstration. 1952

Alliierte und Rivalen. W. Churchill und J. Stalin. 1945

Am Verhandlungstisch in Potsdam. 1945

Stalin unter Deputierten des Obersten Sowjets der UdSSR aus den Reihen der Heerführer. 1946

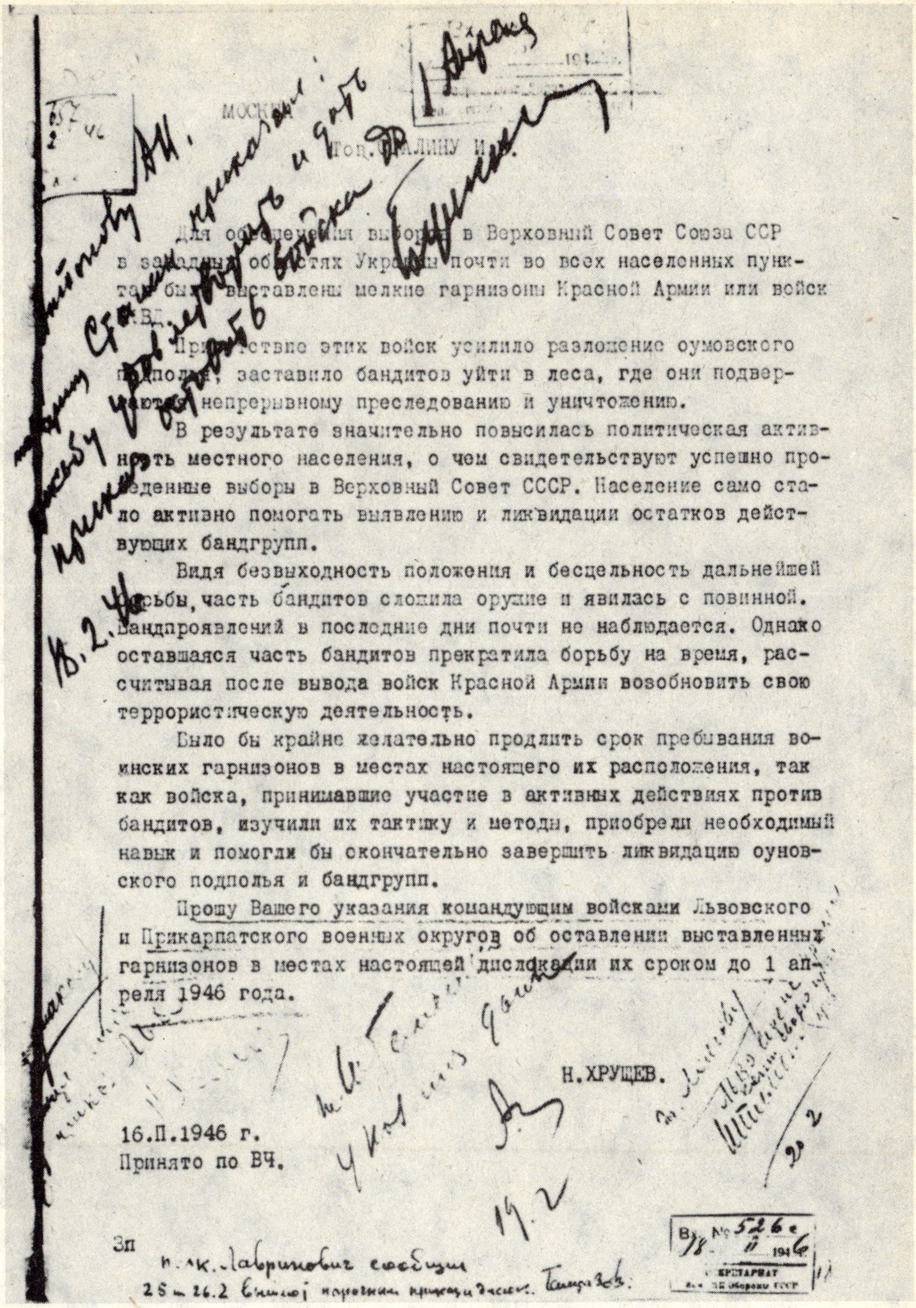
МОСКВА

Тов. СТАЛИНУ И.В.

Для обеспечения выборов в Верховный Совет Союза ССР в западных областях Украины почти во всех населенных пунктах были выставлены мелкие гарнизоны Красной Армии или войск НКВД.

Присутствие этих войск усилило разложение оуновского подполья, заставило бандитов уйти в леса, где они подвергаются непрерывному преследованию и уничтожению.

В результате значительно повысилась политическая активность местного населения, о чем свидетельствуют успешно проведенные выборы в Верховный Совет СССР. Население само стало активно помогать выявлению и ликвидации остатков действующих бандгрупп.

Видя безвыходность положения и бесцельность дальнейшей борьбы, часть бандитов сложила оружие и явилась с повинной. Бандпроявлений в последние дни почти не наблюдается. Однако оставшаяся часть бандитов прекратила борьбу на время, рассчитывая после вывода войск Красной Армии возобновить свою террористическую деятельность.

Было бы крайне желательно продлить срок пребывания воинских гарнизонов в местах настоящего их расположения, так как войска, принимавшие участие в активных действиях против бандитов, изучили их тактику и методы, приобрели необходимый навык и помогли бы окончательно завершить ликвидацию оуновского подполья и бандгрупп.

Прошу Вашего указания командующим войсками Львовского и Прикарпатского военных округов об оставлении выставленных гарнизонов в местах настоящей дислокации их сроком до 1 апреля 1946 года.

Н.ХРУЩЕВ.

16.II.1946 г.
Принято по ВЧ.

Зп

Meldung N.S.Chruschtschows an Stalin mit der Bitte, wegen der Bandentätigkeit die Truppen in der Westukraine bis zum 1.April 1946 in ihren Standorten zu belassen, und Stalins Befehl an den Chef des Generalstabes, der Bitte zu entsprechen

Stalin mit seinen Kindern Wassili und Swetlana. Tschornaja Retschka, 1947

Bei der Beisetzung M.I.Kalinins. 1946

Mao Zedong, Stalin, Chruschtschow und Bulganin im Präsidium der feierlichen Sitzung anläßlich von Stalins 70.Geburtstag. 1949

Feierliche Sitzung zu Ehren des 31. Jahrestages der Oktoberrevolution 1948

Wahlversammlung im Stalin-Wahlbezirk von Moskau. Februar 1946

Moskauer Pioniere überbringen Stalin zum 70. Geburtstag Blumengrüße. 1949

Malenkow, Berija und Woroschilow im Präsidium der feierlichen Sitzung anläßlich von Stalins 70. Geburtstag

Grußadresse der Moskauer zu Stalins 70. Geburtstag

In einem Kiewer Backwarenfachgeschäft

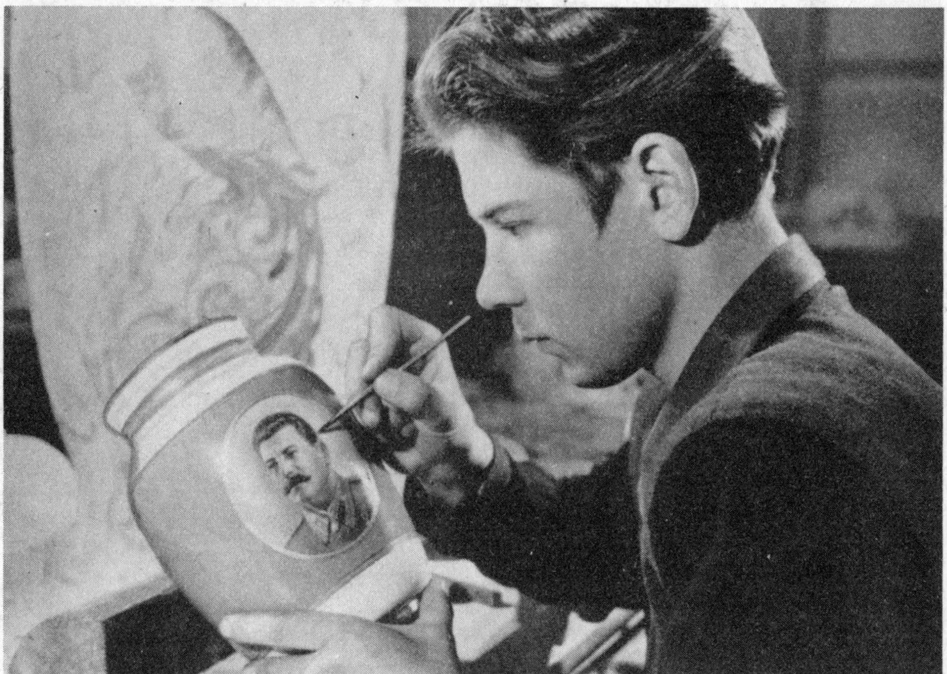

Ein weiteres Geschenk für den «Führer» *Foto: J. Chalip*

Wahlveranstaltung der Moskauer Stadtbezirke Stalin und Bauman zur Wahl Stalins in den Obersten Sowjet der UdSSR. 18. Februar 1950

Stalin-Denkmal am Moskwa-Wolga-Kanal. Eines von vielen tausend …

Irdische Götter sind sterblich. Stalins Beisetzung

Auf der Gorki-Straße am Tage der Beisetzung

Trauerakt für Stalin. Auf der Tribüne des Mausoleums: Togliatti, Ibárruri, Tscherwenkow, Rákosi, Kenney, Duclos, Gottwald, Bulganin, Molotow, Woroschilow, Malenkow, Chruschtschow, Berija, Zhou Enlai, Judin, Kaganowitsch, Mikojan, Saburow, Perwuchin und Schwernik

Ohne den «Hausherrn» ... Stalins Arbeitszimmer in der Kreml-Wohnung

langer Kampf der verschiedenen Sozialismuskonzeptionen entbrennen, der bis heute nicht entschieden ist. Die eine Konzeption predigt einen orthodoxen, grausamen, auf Gewalt ausgerichteten, kompromißlosen und einseitigen bürokratischen Sozialismus, der selbst Verbrechen toleriert, wenn sie im Namen der Idee begangen werden. Ihr gegenüber steht die Konzeption eines demokratischen, humanistischen, pluralistischen Sozialismus, der von dem Grundsatz ausgeht, eine edle Idee könne nur auf sauberen und humanen Mitteln und Methoden fußen, eine Konzeption, der historische Kompromisse und die Koexistenz verschiedener Systeme und Ideologen zugrunde liegen. Natürlich standen Chruschtschow damals noch nicht die konzeptionellen Anschauungen zu Gebote, in deren Besitz wir heute sind. Ich wage aber eines zu behaupten: Reduziert man das neue Denken nicht nur auf das rechtzeitige Erkennen der unheilvollen Realitäten des nuklearen Zeitalters, sondern versteht es als eine völlig neue «Lesart» der großen humanistischen Ideen, so kann man durchaus davon ausgehen, daß Chruschtschow jenen geistigen Werten, die noch heute manch einem als Ketzerei erscheinen, den Weg in die sozialistische Welt bahnte. Chruschtschow war es, der die Maske der Untadeligkeit vom Gesicht des Tyrannen riß, in dem wie in einem Zerrspiegel die unsagbar komplizierten Widersprüche der Epoche zutage traten. Stalin war ein unübertroffener Meister, wenn es darum ging, eine hohe Idee mit scheußlichem Widersinn in Einklang zu bringen.

Wir können heute einschätzen, daß der XX. Parteitag uns bei aller Unvollkommenheit des damals Begonnenen zusätzliche Möglichkeiten lieferte, nicht nur Klarheit über jene Epoche zu gewinnen, sondern auch das politische Porträt Stalins besser zu begreifen. Noch einmal möchte ich auf Nikolai Berdjajew verweisen, der wohl tiefgründiger als viele andere zu den Geheimnissen der Geschichtsphilosophie vorgedrungen ist. Diese Geschichtsphilosophie befähigt uns, durch das Prisma des ewig pulsierenden Seins viele Geheimnisse der einen oder anderen Persönlichkeit zu durchschauen, oder läßt uns wenigstens auf Zugang zu ihnen hoffen. Bei Berdjajew steht zu lesen: «Jeder Mensch ist seiner inneren Natur nach ein Kosmos, ein Mikrokosmos, in welchem die ganze reale Welt und alle großen geschichtlichen Epochen sich spiegeln und innewohnen.»[112]

Jeder Forscher, der sich in dem Bestreben, Klarheit über unwiederbringlich Vergangenes zu gewinnen, durch die Zeitläufe hindurcharbeitet, hat auch die Chance, mitunter sehr blasse, bisweilen aber auch knallig schreiende Momentaufnahmen des Menschen, dessen Porträt er zeichnen möchte, zu erblicken, Momentaufnahmen seines Denkens, Willens und leidenschaftlichen Wollens. Dazu gilt es, Relikte aus vergangenen, in Vergessenheit geratenen schrecklichen Zeiten «auszugraben». Die Relikte des Stalinismus bedürfen einer langwierigen Aufarbeitung. Mitunter sah ich mich veranlaßt, zusätzlich zur Analyse von konkreten Fakten auf Methoden der Geschichtsphilosophie zurückzugreifen, die in diesem Fall wie eine in die Vergangenheit gerichtete Prophetie anmuten. Nur wenn die Menschen die Vergangenheit richtig erkennen, werden sie in der Lage sein, richtige Prognosen für die Zukunft abzugeben.

112 N. Berdjajew, Der Sinn der Geschichte, S. 44.

Anstelle eines Schlußwortes

Das Verdikt der Geschichte

Bei einem der üblichen Abendrapporte Anfang 1945, als der Ausgang des Krieges bereits klar war, packte Berija kommentarlos ein in gestochener Schrift beschriebenes Blatt Papier auf Stalins Tisch. Daneben lag derselbe Text, im Volkskommissariat des Innern mit Schreibmaschine abgeschrieben. Stalin wußte, daß man ihn mit Lappalien nicht zu behelligen pflegte, und so vertiefte sich der «Führer» nach einem aufmerksamen Blick auf Berija in die Lektüre:

«Hochverehrter Jossif Wissarionowitsch!

Wir Enkel des Dichters Lew Nikolajewitsch Tolstoi, Ilja Iljitsch und Wladimir Iljitsch Tolstoi, und unsere Familien haben in Jugoslawien, wo wir seit 23 Jahren als Emigranten leben, die Befreiung von den deutschen Okkupanten durch die Truppen der Roten Armee erlebt und ersuchen um die Genehmigung, in die Heimat zurückkehren zu dürfen, um am Krieg teilzunehmen.

In voller Einsicht der Tatsache, daß unsere Emigration ein Fehler und ein Verbrechen war, bitten wir, uns das Recht und die Möglichkeit einzuräumen, uns in den titanischen Kampf einreihen zu dürfen, den unser Volk unter Führung der Sowjetmacht für das Glück seines Landes führt. Seit wir die Rote Armee in der Nähe unseres hiesigen Wohnortes in ihrem Kampf unterstützten, fühlen wir uns innerlich mit ihr verbunden und möchten jetzt nur eines: unsere Kraft und unser Leben ganz für unser Land einsetzen.

Wir hoffen, daß Sie uns rein menschlich nachfühlen und verstehen können, wie natürlich und aufrichtig unser Wunsch ist, und unsere Bitte nicht abschlagen.

Hochachtungsvoll

Ilja Iljitsch Tolstoi
Wladimir Iljitsch Tolstoi

20. Januar 1945

Novi Bečej, Jugoslawien.»[1]

Stalin blickte wieder zu Berija auf. ‹Da ist er ja wieder, der alte Adelsdünkel›, dachte der Oberste Befehlshaber, ‹... den titanischen Kampf, den unser Volk unter Führung der Sowjetmacht ... Die Macht haben sie ja wenigstens anerkannt, aber mich, den Führer ...› Stalins Gedankengänge wurden von Berija unterbrochen, der hastig bemerkte: «Dieser Ilja, eine früherer Gutsbesitzer, absolvierte 1916 das Seekriegskorps der zaristischen Armee. Im Bürgerkrieg kämpfte er auf der Seite der Weißen. Nach der Zerschlagung der Koltschak-Truppen flüchtete er nach Harbin und von dort über Japan und Italien nach Jugoslawien, wo er seit 1921 lebt. Seit 1933 ist er Mitglied der antisowjetischen «Mladorosskaja Partija» und wurde kurz vor Kriegsausbruch Leiter der Belgrader Sektion dieser Partei. Bis 1939 arbeitete er in der weißgardistischen Zeitung «Russkoje Delo» mit, die Lügenmärchen über die sowjetische Führung gedruckt und monarchistisches Gedanken-

1 ЦГАОР, Fundus 9401, Liste 2, Akte 103, Bd. III, Bl. 400.

gut verbreitet hat. Er lebte in ausgesprochen kümmerlichen materiellen Verhältnissen, verdiente sich sein Brot als Buchhalter und zusammen mit seinem Sohn auch als Schuster und Puppenmacher. Jetzt hat sich sein Sohn Nikita einem Truppenteil der Roten Armee angeschlossen ...»

«Und der andere Tolstoi?», unterbrach ihn Stalin.

«Wladimir Tolstoi ... Absolvent des Ersten Moskauer Korps. Vor 1917 Freiwilliger an der deutschen Front. Dann kämpfte er bei den Weißen. Mit den Wrangel-Truppen flüchtete er nach Konstantinopel. In Jugoslawien schlug er sich als Bauarbeiter durch, verdingte sich für Tagelohn als Gärtner und arbeitete als Angestellter in einem Tabakkontor in Makedonien ...»

«Antisowjetische Tätigkeit?»

«Bisher liegt nichts vor. Bei den Deutschen hat er als Sympathisant der UdSSR im Konzentrationslager gesessen.»

Stalin schwieg. Schwache Erinnerungen an den Bürgerkrieg, bei dem das Blut in Strömen geflossen war, gingen ihm durch den Kopf. Nicht ohne Schadenfreude dachte er: ‹Wie viele von diesen Reumütigen wird es jetzt wohl geben?› Die Geschichte hatte allen seine Stärke gezeigt und deutlich gemacht, daß er recht gehabt hatte. Splitter der Vergangenheit ...› Als habe er die Gedanken des «Führers» erraten, warf Berija ein:

«In Jugoslawien gibt es wahrscheinlich eine ganze Menge solche Ehemalige: weißgardistische Offiziere, Kosakenvolk ... So wie in der Tschechoslowakei und in Bulgarien ... Ich denke, man wird auch diese Tolstoi-Brüder in einem Lager auf Herz und Nieren prüfen müssen ... Warum sollten wir mit ihnen eine Ausnahme machen?»

Stalin aber widersprach nach einem kurzen Augenblick des Schweigens überraschend seinem Henkersknecht: «Lassen Sie es gut sein. Leiten Sie diesen Brief an Molotow weiter und erteilen Sie die Genehmigung für die Einreise in unser Land. Mag die Geschichte über sie richten ...»

Erst zweieinhalb Monate später stand auf dem Antrag der Tolstois schließlich der Vermerk: «Der Rückkehr beider in die UdSSR ist stattzugeben. *W. Molotow.* 3. IV. 45.»[2] Im Oktober bekamen dann die Familien der Enkelsöhne des großen russischen Schriftstellers die sowjetische Staatsbürgerschaft zuerkannt.

«Mag die Geschichte über sie richten ...» Ein ungewöhnlicher Ausspruch Stalins, war er es doch gewohnt, sich selbst als Richter zu gebärden. Der «Führer» war schon seit langem der festen Überzeugung, die Geschichte könne über alle urteilen, nur nicht über ihn. Der Diktator meinte, seine Person stehe über der Vergangenheit, der Gegenwart und der Zukunft. Auch wenn er begriffen hatte, daß die Vergangenheit viele, ja letztlich sogar alle einholt, bezog er das schwerlich auf sich selbst. Als Atheist, der vom Christentum herkam, wußte er, daß diese große Religion die Auferstehung predigt, doch er meinte sie nicht nötig zu haben. Er glaubte, die Erinnerung an ihn brauchte nicht künstlich am Leben gehalten zu werden. Und was das Gericht anging ... Stalins herrisch-dogmatischer Verstand hatte seit langem gefolgert, die Geschichte würde über ihn nicht Gericht halten, sondern seinen Namen in Lehrbücher schreiben, ihn preisen und für alle Zeiten rühmen. Was er vollbracht hatte, konnte schließlich jeder sehen: einen mächtigen Staat, eine wie ein Monolith festgefügte Partei und ein einiges Volk, das unter seiner Führung so viele Siege er-

2 Ebenda, Bl. 399, 408.

stritten hatte. Nein Stalin mußte selbst der Gedanke, ein Gericht der Geschichte könnte über ihn urteilen, fremd sein. Das war zu unwahrscheinlich. Das einzig Vorstellbare waren Ruhm und Dank für seine unsterblichen Verdienste.

Anfang schien es auch, als sollte alles genau so kommen. Zwei Jahre nach seinem Tod stand in umfangreichen apologetischen Ausführungen in der vom Verlag «Sowjetskaja Enziklopedija» (Sowjetenzyklopädie) herausgegebenen dreibändigen Enzyklopädie zu lesen: «Stalin war ein treuer Schüler und Kampfgefährte W. I. Lenins, der große Fortsetzer dessen unsterblichen Werkes, der Führer und Mentor der Kommunistischen Partei der Sowjetunion, des sowjetischen Volkes und der Werktätigen aller Länder.»[3] Dieses Beharrungsvermögen der apologetischen Töne sollte aber bald versiegen.

Heute wissen wir, daß seit Februar 1956, mittlerweile seit mehr als drei Jahrzehnten, über Stalin öffentlich Gericht gehalten wird. Es hatte aber auch in den Jahren der Alleinherrschaft Menschen gegeben, die sich schon damals offen gegen Stalins Politik aussprachen. Hierzu einige Beispiele: In Militärarchiven finden sich zahlreiche Lageberichte an die Politische Verwaltung der Roten Arbeiter-und-Bauern-Armee, aus denen deutlich wird, daß der blutige Terror von 1937/38 nicht nur blinden, mechanischen Beifall fand, sondern auch Fassungslosigkeit, Betretenheit und machmal sogar Protest auslöste. An dieser Stelle einige Auszüge aus politischen Lageberichten des Korpskommissars Goworuchin, des Divisionskommissars Wolkow und des Brigadekommissars Kruglow (Initialen werden darin, wie es in der damaligen Zeit häufig vorkam, nicht genannt):

– Schkrobat, Leutnant des 101. Artillerieregiments, parteilos: «Ich kann Stalin nicht abnehmen, daß Jakir und Tuchatschewski Volksfeinde sein sollen.»

– Subrow, Rotarmist: «Unter Zar Nikolaus reichten die Galgen nicht, und jetzt gehen die Patronen aus. Aber alle können schließlich nicht erschossen werden.»

– Truschinski, Lehrer an einer Artillerieschule: «Ist nicht vielleicht Stalin selbst ein Trotzkist?»

– Kirillow, Schiffskommandant: «Ich glaube nicht, daß Bucharin und die anderen Feinde des Volkes und des Sozialismus sind. Sie wollten einfach die Parteiführung ablösen.»[4]

Derartige Fälle finden sich in den Berichten in großer Zahl. In der Regel schließt sich auch sofort der Vermerk an, daß die betreffende Person «den Organen des NKWD für ein Ermittlungsverfahren übergeben wurde». Bedenken und schon Ansätze von Protest wurden postwendend unterdrückt.

Ich selbst kann mich noch entsinnen, wie Prokop Motschalow, unser Nachbar im Dorf, irgendwann Ende der vierziger Jahre, schon nach dem Kriege, einmal halblaut zu meinem Onkel bemerkte: «Bis aufs Blut hat Stalin die Kolchose drangsaliert ... Der hat das Dorf doch tatsächlich soweit gebracht, daß nur noch an Feiertagen Brot auf den Tisch kommt. Alles wird uns weggenommen, Steuern über Steuern ... Was soll das für ein Sozialismus sein?»

Ich und meinesgleichen hatten damals keinen Begriff, daß Menschen besser leben konnten und mußten. Schließlich kannten wir kein anderes, von Not, ewigen Mangelerscheinungen, Einschränkungen und Mobilmachungen freies Leben. Allgemeine Armut,

3 Энциклопедический словарь в 3-х томах, Bd. 3, Moskau 1955, S. 307.
4 ЦГАСА, Fundus 33 987, Liste 3, Akte 993, Bl. 164, 179 f., 217.

Reglementierungen und ein nicht beeinflußbares Leben waren zur Regel geworden. Über Stalin Gericht halten konnte, wer sein momentanes Leben mit früheren Zeiten zu vergleichen vermochte. Mir sind aus Dokumenten auch andere Fälle bekannt, in denen sich verschiedene Arbeiter, Bauern, Ingenieure, Schriftsteller oder Wissenschaftler, deren Bewußtsein und Gewissen nicht völlig verkleistert und deformiert waren, ganz direkt oder auch allegorisch gegen Stalin geäußert hatten. Das Thema des passiven, bisweilen aber auch wütenden sozialen und intellektuellen Protests ist bei uns übrigens noch nicht entsprechend untersucht worden.

Das Verdikt der Geschichte wird vor allem vom Volke gefällt, das über drei Jahrzehnte hinweg einem Manne folgte, der sich rücksichtslos an der großen Idee verging. Im Zuge der Urteilsfindung wird das politische Profil Stalins immer unkenntlicher. Ich werde wie gesagt, möglicherweise kein vollständiges Porträt dieses Tyrannen zeichnen können. Vielleicht wird mein Versuch lediglich auf eine Skizze beschränkt bleiben, derer sich später andere bei der Anfertigung dieses Poräts werden bedienen können. Schon heute ist aber klar: Wer über Stalin spricht und schreibt, muß sehr genau die Epoche betrachten, in der dieser Mann eine so tiefe und blutige Wunde hinterließ. Diese Aufgabe läßt sich mit einem Buch allein kaum bewältigen. Nichtsdestotrotz meine ich aber aus der Analyse von Tausenden Dokumenten, von Stalins Briefwechsel, der Entscheidungen und Weisungen des Diktators wie auch der Erinnerungen seiner Mitstreiter und anderer Personen, die Kontakt zu ihm hatten, die Berechtigung ableiten zu können, noch einige letzte Pinselstriche an diesem Porträt vorzunehmen. Dazu will ich einige Fragen zu beantworten suchen, deren Analyse hoffentlich uns den Generationen nach uns helfen wird, das historische Verdikt über Stalin und den Stalinismus zu fällen.

War Stalin ein Revolutionär? Offenbar ja. Aber was für einer und bis wann? Die Jahre der Illegalität, der Verbannungen und Gefängnisaufenthalte, die Zeit der Revolution und des Bürgerkrieges sowie der Einfluß Lenins, des wahren Führers der Revolution, ließen in diesem Mann Züge entstehen, wie sie damals bei vielen zu finden waren: Glaube an die Richtigkeit der marxistischen Ideen; die feste Gewißheit, daß sich die Wirklichkeit nach Überzeugungen verändern lasse; einen Hang zu kleinbürgerlichen Radikalismus; absolute Treue zu den Klassenkriterien und ein nihilistisches Verhältnis zu den demokratischen und humanistischen Werten. Da Stalin bei der Oktoberrevolution kaum in Erscheinung getreten war, lieferte er nicht besonders viel Stoff für Historiker. Er war ein Statist der Revolution, auch wenn er zu deren Führungskern gehörte. Es gibt allerdings uns früher nicht bekannte Beweise, die belegen, daß Stalin *mitunter* zu selbständigen Entscheidungen fähig war, was Lenin natürlich auch zu schätzen wuße. So wurde am 28. November 1917 auf einer Tagung des Rates der Volkskommissare, auf der Lenin den Vorsitz führte (zu den Anwesenden gehörten unter anderem Trotzki, Stučka, Petrowski, Menshinski, Glebow, Krassikow, Stalin und Bontsch-Brujewitsch), auch ein Punkt erörtert, zu dem ich einen Auszug aus dem Protokoll zitieren möchte:

«Angehört:»

2. Entwurf eines Dekrets (eingebracht von Gen. Lenin) über die Inhaftierung der bekanntesten Mitglieder des ZK der Partei der Volksfeinde (der Kadettenpartei – *D. W.*), die vor das Revolutionstribunal gestellt werden sollen.

Beschlossen:

Die Annahme und Bestätigung des Dekrets (einstimmig beschlossen bei einer Gegenstimme von Stalin).»[5]

Dieses Verhalten Stalins mag heute unwahrscheinlich anmuten. Wollte Stalin damit vielleicht nur auf sich aufmerksam machen? Dokumente sind etwas, das sich nicht ohne weiteres abtun läßt. Diese wenig bekannte Tatsache macht deutlich, daß Stalin in seiner Entwicklung zum Revolutionär eine recht merkwürdige Evolution durchlief. Er war nicht seit jeher ein Vampir. In der ersten Zeit mutet diese Evolution recht positiv an. Nicht von ungefähr hatte Lenin Stalins Ernennung zum Generalsekretär der Partei zugestimmt und ihn später als einen «hervorragenden Führer» beschrieben. An früherer Stelle schrieb ich, den mir vorliegenden Informationen zufolge habe wohl Kamenew Stalin für das Amt des Generalsekretärs vorgeschlagen, obgleich die offiziellen Meldungen hierzu anders lauteten. Mechlis behauptete beispielsweise in der «Prawda» vom 9. April 1949 unmißverständlich, Stalin sei «auf Vorschlag W. I. Lenins» Generalsekretär geworden. Doch Mechlis steht in zu zweifelhaftem Ruf, als daß man seinen Erklärungen Glauben schenken könnte.

Heute wissen wir, daß sich Stalin in seinem hohen Amt rasch veränderte. Die Geschichte hat deutlich gemacht, daß die Macht einen Menschen sein wahres Gesicht zeigen läßt. Stalin begann ein anderer zu werden. Viele schlimme Neigungen, die in diesem unauffälligen Manne geschlummert hatten, sollten sich nun rasch zeigen. Stalin zeigte sein wahres Gesicht. Schon ein knappes Jahr nach Stalins Ernennung stellte Lenin fest, daß einer der führenden Männer der Revolution politisch und moralisch viel zu wünschen übrig ließ.

Nach Lenins Tod starb im Generalsekretär sehr bald der Revolutionär und wurde der Diktator geboren. Anfang der dreißiger Jahre war er schon der Erste Konsul, Cäsar in Person. Jean Jaurès schrieb dazu: «Jetzt wird sich das Licht der Revolution einen Weg durch die düstere Atmosphäre des Thermidors bahnen.»[6] Schon war in diesem Tyrannen der Revolutionär von einst kaum wiederzuerkennen. Hätte man denn an jenem 28. November 1917, als Stalin gegen Lenins Vorschlag Einwände erhob, die Führer der Kadettenpartei vor Gericht zu stellen, vermuten können, daß derselbe Mann kurz vor seinem 70. Geburtstag im September 1949 in Seelenruhe, ohne auch nur eine einzige Bemerkung einem ganzen «Paket» von Urteilen der Sonderspruchkammer beim MdI der UdSSR seine Zustimmung geben würde:

am 2. September 30 Personen zu 20 Jahren Zwangsarbeit;
am 10. September 52 Personen zu 20 Jahren Zwangsarbeit;
am 16. September 31 Personen zu 20 Jahren Zwangsarbeit;
am 24. September – 76 Personen zu 20 Jahren Zwangsarbeit.[7]

So sollte es in all den Folgemonaten, die dem Diktatur noch beschieden waren, weitergehen. Die weitaus meisten dieser Menschen waren doch überhaupt keine Verbrecher. Mutet Stalin nicht wie ein erbarmungsloser Henker seines eigenen Volkes an? Läßt sich denn dieser Charakterzug aussparen, ohne Gefahr zu laufen, sein Porträt zu entstellen? So weit liegen die Pole in der dreißigjährigen Entwicklung dieses Mannes auseinander, der als Revolutionär begonnen hatte und sein Leben als blutrünstiger Tyrann beschloß.

5 ЦГАОР, Fundus 130, Liste 1, Akte 1, Bl. 20.
6 Jean Jaurès, Histoire socialiste de la Révolution française, Bd. VI., Paris 1972, S. 518.
7 ЦГАОР, Fundus 9401, Liste 2, Akte 236, Bd. III, Bl. 145, 161, 166, 194.

Stalin war ein Radikaler, dem aber revolutionäre Romantik und kühne Gedankenflüge von jeher fremd waren. Selbst als alle führenden Kräfte der bolschewistischen Revolution, allen voran Lenin, hofften, daß das Feuer der proletarischen Revolution auf die ganze Welt übergreifen werde, ließ Stalin dieser Gedanke recht kalt. Er glaubte nicht sonderlich daran. Mit einem spöttischen Lächeln reagierte Stalin, als Bucharin 1922 auf dem Vierten Kongreß der Kommunistischen Internationale sagte, der proletarische Staat habe ein Recht auf eine «Rote Intervention», weil «die Verbreitung des Systems, auf dem jede Rote Armee basiert, eine Verbreitung des Sozialismus, der proletarischen Macht, der Revolution»[8] sei. Der erste Generalsekretär der Partei sah den revolutionären Geist Europas wie übrigens auch Asiens mit äußerster Skepsis. Ihm war «Sozialismus in einem Lande» lieber. Man kann wohl sagen, daß sowohl Stalin als auch Trotzki ein kleinbürgerlicher revolutionärer Geist eigen war. Während Trotzki vom Gedanken einer «kommunistischen Weltrevolution» besessen war, hielt der Pragmatiker Stalin das im tiefsten Inneren für eine Utopie. Sein revolutionärer Elan zielte nicht auf mehr Breite, sondern auf mehr Tiefe.

Stalin war ungemein isolationistisch eingestellt. Wenn die Zeit gekommen sein würde, sollte er den «eisernen Vorhang» errichten. Auslandsreisen (selbst zu dienstlichen Zwekken) galten unter Stalin und ürigens auch noch später nachgerade als suspekt. Waren es in den zwanziger Jahren die kapitalistischen Länder, die sich gegen die «bolschewistische Seuche» abschotteten, sollte das in der Folgezeit schon Stalins Sorge sein, vor allem weil er die Realität fürchtete. Wie hätte man zum Beispiel das Märchen von der «absoluten Verelendung» des Proletariats im Westen aufrechterhalten können, wenn nicht den sowjetischen Menschen die Wahrheit vorenthalten worden wäre? Stalin konnte lediglich hohle revolutionäre Phrasen brauchen. Für den Diktator war nunmehr selbst eine Revolution suspekt, wenn sie nicht seinen Segen bekommen hatte.

Was für ein Staatsmann war Stalin? Das höchste Staatsamt bekleidete Stalin erst vom 6. Mai 1941 an, als er Vorsitzender des Rates der Volkskommissare wurde. Allerdings nahm er zu Beginn seiner schwindelerregenden Karriere gleich zwei verantwortungsvolle Posten ein, den des Volkskommissars für Nationalitätenfragen und den des Volkskommissares der Arbeiter-und-Bauern-Inspektion. Stalin verschwendete keine Zeit für – wie er meinte – utopische Betrachtungen über ein Absterben des Staates. Wenn er aber doch einmal darauf zu sprechen kam, wie das beispielsweise auf dem XVIII. Parteitag der Fall war, dann immer mit ein und demselben Ansatzpunkt: Das künftige Absterben des Staates vollziehe sich über dessen allseitige Festigung und Stärkung. Die «Revolution von oben» – und nur solche kamen für ihn nach der Oktoberrevolution noch in Betracht – brauche eine starke, «eherne» Macht, die nicht mit demokratischen Attributen belastet sei. Ihm kam niemals der Gedanke, daß das Volk in freier Entscheidung, bei der unbedingt auch Alternativen geboten werden müssen, neugewählten Volksvertretern das Regierungsmandat erteilen kann und muß. Als Stalin an die Macht kam, stand für ihn sofort fest, daß das auf Lebenszeit so bleiben sollte. Im Staate stellte er den Apparat über alles andere, und den größten Wert legte er auf das Ressort des Innern. Selbst die Partei vermochte er binnen sehr kurzer Zeit zu einer spezifischen Spielart des Apparats, wenn nicht gar zu einer Spielart eines staatlichen Ideologieordens zu machen.

8 Protokoll des Vierten Kongresses der Kommunistischen Internationale.

Den Staat betrachtete Stalin sofort als ein Machtinstrument, das den Machthabern ein Wahrheitsmonopol sicherte. Er ging zwar nicht bis zu dem Ausspruch «Der Staat bin ich», doch selbst als er vor 1941 noch nicht Regierungschef war, verfügte er schon über die absoluten Prärogative der legislativen und exekutiven Gewalt. Die Partei- und Staatsmaschinerie wurde für Stalin ein Mittel zur Sicherung seiner ungeteilten Alleinherrschaft. Dieser Mann hatte Platons «Der Staat» nie gelesen, aber wenn er es doch getan hätte, wäre er wohl sehr erstaunt gewesen, nach welch alten Rezepten er handelte. Platon schrieb: Wenn sie die Gesetze «gegeben, so haben sie damit ausgesprochen, daß dies ... für die Regierten gerecht sei, und den, der das übertritt, bestrafen sie als einen Gesetzesübertreter und Frevler ... daß in allen Staaten das nämliche gerecht ist, nämlich das der bestehenden Regierung Zuträgliche. Diese aber ist in Überlegenheit, so daß richtiges Nachdenken ergibt, wie das Gerechte überall dasselbe ist: nämlich das dem überlegenen Zuträgliche.»[9]

Damit dem Volk aber klar wird, daß nur der Staat darüber befinden kann, was gerecht ist und was nicht, heißt es, erbarmungslos gegen all die vorzugehen, die daran Zweifel anmelden. Aus alter Gewohnheit wurden für Stalin jeden Tag aus dem riesigen Postberg mehrere typische Briefe ausgesucht. Hierbei hing viel von Poskrjobyschew und dessen Apparat ab. Stalin gab aber fast nie Anlaß zu meinen, der Staat könnte sich geirrt haben. So hatte diesmal sein Referent einen Brief von den Angehörigen des Urenkels des Dekabristen Juri Anatoljewitsch Pestel in die Postmappe gelegt, in dem sie schrieben, dieser befinde sich schon zehn Jahre in Haft, ihm fehle eine Hand und man möge sich seiner erbarmen ... Schließlich bedeutete doch der Name Pestel so viel für Rußland ... Stalin aber legte den Brief kommentarlos beiseite. Oder ein anderes Beispiel:

«... Meine vier Söhne, die einst mit Orden geehrten Meister des Sports Nikolai, Alexander, Andrej und Pjotr, wurden am 21. März 1939 verhaftet und vom Militärkollegium des Obersten Gerichts der UdSSR gemäß Art. 58-10 des Strafgesetzbuches zu je zehn Jahren Freiheitsentzug verurteilt. Bitte erweisen Sie meinen Söhnen die Gnade, an der Front kämpfen zu dürfen.

12. März 1944 *Alexandra Stepanowna Starostina.*»[10]

Auch diesen Brief legte Stalin zur Seite, sollte sich doch Berija darum kümmern. Dieser kannte ja seine, des «Führers» Richtlinie: Der Staat straft niemanden grundlos.

Weshalb kam es in den Jahren von Stalins Alleinherrschaft zur Konsolidierung der totalen Bürokratie? Hierzu muß man wissen, daß unsere Gesellschaft Stalins Erklärungen zum Trotz in der Regierungszeit des Alleinherrschens keinen «vollständigen Sozialismus» errichtet hatte, sondern sich erst in einer entbehrungsreichen, mit zahlreichen Problemen überschatteten Übergangsphase befand. Die Bürokratie aber ist nur in der Lage, Widersprüche und Probleme zu verschärfen und zu vertiefen, sie vermag sie nicht zu lösen. Die mit der Macht, der Kultur, der öffentlichen Gesinnung und den Menschenrechten verbundenen Probleme schienen dank der Bürokratie für lange Zeit gelöst. In seinem Inneren förderte der Staat das Auswuchern der Bürokratie mit allen Mitteln, es wurden immer mehr Aufseher, Antreiber, Kontrolleure, Zensoren, Planer, Normer und Inspektoren gebraucht. Die außenpolitische Lage begünstigte den Zementierungsprozeß in der Bü-

9 Platon, Sämtliche Werke, Bd. 2, Berlin 1940, S. 23.
10 ЦГАОР, Fundus 9401, Liste 1, Akte 8180, Bl. 567.

rokratie ebenfalls. Je mehr Niederlagen die revolutionäre Bewegung erlitt und je größer die Kriegsgefahr wurde, um so begründeter wirkten die Maßnahmen, mit denen die Daumenschrauben angezogen wurden. Letzten Endes gab es einen Hauptsieger im Lande, und zwar die Bürokratie, die für lange Zeit die Oberhand über die Idee, die Partei und das Volk gewonnen hatte. Im Tempel der Bürokratie gab es auch einen Hohenpriester, den «großen Stalin». Im Grunde war der «Führer aller Völker» die Personifizierung der totalen Bürokratie. Die revolutionäre Lava, die sich aus dem Krater der Oktoberrevolution ergossen hatte, kühlte in der Kälte und Gefühlslosigkeit der stalinistischen Bürokratie ab. Lange Jahre sollten vergehen, bis die Geschichte ihre Wechsel zur Einlösung präsentieren würde.

Sozialismus und die Diktatur einer Persönlichkeit lassen sich nicht miteinander vereinbaren. Stalin aber setzte eine Synthese von beiden durch. Allein schon diese Tatsache gibt Anlaß für einen Urteilsspruch der Geschichte; ein Diktator bringt Millionen Menschen die Unfreiheit und die Freiheit einzig und allein für sich selbst. Wir müssen einräumen, daß die Gegner Stalins und des Stalinismus das früher als die Bolschewiki bemerkt und ausgesprochen haben. Schon 1932 erschien in Paris Alexandrows Buch «Ist Stalin ein Diktator?», in dem der Versuch unternommen wurde, die Frage nach dem Wesen des Stalinismus und nach dem Charakter der Staatsmacht des Despoten zu beantworten. «Stalin hat die Macht nicht an sich gerissen», schreibt der Autor, «sondern die Krone – die oberste Führungsposition – wurde ihm angetragen von dem von ihm geschaffenen und ihm treu ergebenen ehernen Apparat, an dessen Spitze eine Gruppe von einflußreichen neuen Parteiführern steht, die ihm in jeder Hinsicht beipflichtet.»[11] In diesem Zusammenhang möchte ich eines unterstreichen: Die Partei kann sich nicht der Verantwortung für die mit dem Namen Stalin verbundene Vergangenheit entziehen. Dogmatismus und Bürokratie wurden nicht nur von Staat und Gesellschaft, sondern auch von deren Institutionen hervorgebracht.

Stalin glaubte stets an die Allmacht der Staatsmaschinerie und beäugte die leisesten Regungen von gesellschaftlicher Eigeninitiative voller Argwohn. Jeden Versuch, eine nicht vom Apparat angewiesene gesellschaftliche Initiativgruppe – und sei sie noch so harmlos – zu gründen, wertete er als feindlichen Akt. Stalin brachte das Kunststück fertig, Alleinherrschaft und Sozialismus zu verbinden. Allerdings wurde der Sozialismus damit im Grunde genommen *absolutistisch.*

War Stalin ein bolschewistischer Parteiführer? Auch das ist eine Frage, die nicht der Autor, sondern die Zeit zu beantworten hat. Ich würde es so formulieren: Stalin konnte kein Führer der Partei der Bolschewiki sein. Das brachte auch Lenin ganz offen in seinem Brief zum Ausdruck, in dem er riet, den Generalsekretär mit einer anderen Aufgabe zu betrauen. Der Parteitag aber nahm die Warnung eines Parteiführers nicht ernst und handelte leichtsinnig. Stalin aber leitete hieraus wichtige Schlußfolgerungen für sich selbst ab, vor allem die, daß er als Generalsekretär einen Veränderungsprozeß innerhalb der Partei einleitete, die sich im Grunde schon Ende der zwanziger Jahre von der Partei Lenins unterschied. Die Partei, an deren Spitze Stalin stand, war eine *andere.* Worin äußerten sich diese Veränderungen? Sie betrafen vor allem die Zusammensetzung der Partei. Bei einem eingehenden Rückblick auf die Geschichte der Partei stellt sich diese als eine Ge-

11 Александров, Диктатор ли Сталин? Историко-догматический анализ, Paris 1932, S. 25.

schichte von Auseinandersetzungen zwischen verschiedenen Gruppen beziehungsweise «Fraktionen», «Abweichungen» und «Oppositionen» – so der damalige Sprachgebrauch – dar. Ich bin der Ansicht, daß die Meinungsunterschiede sowohl früher als auch in der Folgezeit über Gebühr dramatisiert wurden. Der Kampf um die Einheit war weitgehend Kampf um ein Einheitsdenken. Zu diesem Zwecke brauchte die Partei Beamtenseelen für die Theorie und angepaßte Funktionäre. Da es unmöglich war, seine Meinung *frei* zu äußern und gleichzeitig die Bereitschaft bestand, für die Durchsetzung eines einmal gefaßten Beschlusses zu kämpfen, drohte die revolutionäre Partei zu degenerieren. Eine Nomenklatur bildete sich heraus, und das absolute Recht des ZK (so wurde Stalins Wille häufig bemäntelt) setzte sich durch. Der demokratische Zentralismus schlug in einen bürokratischen um. Unter diesen Umständen entwickelte sich die Partei tatsächlich zu einem *Monolith.* Das aber bedeutete auf der einen Seite ein enormes soziales und politisches Gewicht und ein verschwindend geringes schöpferisches Potential auf der anderen. In seinen Briefen an Molotow äußerte sich Lenin im März 1922 besorgt über das Aufblähen der Partei und drang auf härtere Aufnahmebedingungen für neue Mitglieder: «Wenn wir 300 000 bis 400 000 Mitglieder in unserer Partei haben, so ist auch diese Zahl übermäßig hoch, denn entschieden alle Fakten sprechen dafür, daß das Niveau der jetzigen Parteimitglieder ungenügend ist.»[12]

Auf Betreiben von Stalin und Sinowjew wurden aber die Aufnahmebedingungen für die Partei weiter entschärft. Ihre Mitgliederzahlen stiegen kontinuierlich an, und dem Bericht des Generalsekretärs auf dem XIV. Parteitag im Jahre 1925 war zu entnehmen, daß sie die Millionengrenze schon überschritten hatte.[13] Schon 1928 waren zwei Drittel aller Mitglieder der Partei erst nach 1921, also zur Zeit der NöP, beigetreten, während der Anteil der Kommunisten, die ihr schon vor der Revolution als Mitglied angehört hatten, nur wenig mehr als ein Prozent ausmachte. Die revolutionäre Avantgarde hatte sich aufgelöst. Der Partei traten nicht wenige Personen bei, die nicht die entsprechenden politischen Voraussetzungen mitbrachten, nur ein niedriges kulturelles Niveau und geringe Bildung besaßen und in der Parteimitgliedschaft lediglich eine Möglichkeit sahen, ihren sozialen Status zu verbessern. Gleichzeitig stellte man strengere Anforderungen bei der Aufnahme von Fachleuten, also von ehemaligen Ingenieuren, Lehren oder Armeeangehörigen. Der Sachverstand der Parteimitglieder, ihr soziales und politisches Niveau gingen merklich zurück. An neuen Parteimitgliedern schätzte man besonders die Bereitschaft, den «Richtlinien» des ZK und seines Generalsekretärs zuzustimmen. Fünf, sechs Jahre nach Lenins Tod hatte sich die Zusammensetzung der Partei von Grund auf verändert, war die Partei willfähriger geworden und hatte begonnen, die Züge eines spezifischen Riesenapparates anzunehmen, der, wie gesagt, einem ideologischen Orden glich. Stalin wurde zunehmend der geeignete führende Mann dieser stark veränderten Partei.

Zudem mußte Anfang der dreißiger Jahre ein großer Teil des Führungskerns der Partei aus Lenins Zeiten «vom fahrenden Zug abspringen», wie Stalin es nannte, und zwar mit seinem Zutun.

Aus unerfindlichen Gründen erwähnen wir selten, daß der neue erste Mann in der Par-

12 Lenin, Werke, Bd. 33, S. 241.

13 XIУ съезд Всесоюзной коммунистической партии (большевиков). Стенографический отчет, Moskau – Leningrad 1926, S. 51f.

tei nicht ohne einen tiefgreifenden Wandel von Zusammensetzung, Struktur und Funktionen der Gremien und Organisationen der Partei zum Alleinherrscher, Cäsar und Diktator in Staat und Partei werden konnte. Und eben dieser Wandel gelang ihm. Als die letzten Vertreter der «Leninschen Garde» endlich unruhig wurden und sich besannen, war es schon zu spät. Alle Posten waren praktisch schon von persönlichen Günstlingen des Generalsekretärs besetzt. Deshalb kann ich auf die Frage «War Stalin ein bolschewistischer Parteiführer?» ganz eindeutig antworten: Er war der Führer einer Partei Stalinschen Zuschnitts, die sehr viel von ihrem Rüstzeug aus Lenins Zeiten eingebüßt hatte. Was blieb, war ein Zentralismus ohne Demokratie, eine Disziplin ohne schöpferischen Ansatz, Intoleranz Andersdenkenden gegenüber und Unterdrückung von Meinungsfreiheit.

Der zentrale Parteiapparat kontrollierte schon Mitte der zwanziger Jahre uneingeschränkt die Ernennung von Parteimitgliedern für die verschiedensten Funktionen, Stalin behielt diesen Verantwortungsbereich unter besonderer Kontrolle. So erstattete zum Beispiel Malenkow, der für Kaderfragen zuständig war und die Vorentscheidung über Berufungen in leitende Funktionen, Ernenungen und Abberufungen von Parteifunktionären traf, in den vierziger Jahren dem «Führer» regelmäßig über die Veränderungen auf der mittleren und der höheren Ebene der «Stalinschen Garde» Bericht. Die Einsichtnahme in Malenkows Unterlagen, in seine Korrespondenz und seine Berichte an Stalin macht deutlich, daß über diesen Kanal ständig «Material» zur endgültigen Etablierung des bürokratischen Riesensystems floß, das Partei, Staatsorgane, Sowjets, Sicherheitsorgane und weitere Organisationen zu einem einheitlichen Ganzen vereinigte. In Malenkows Unterlagen finden sich endlose Lisen von Emporkömmlingen: N. W. Schtanko, I. L. Masurin, P. I. Panfilow, A. I. Iwanow, W. A. Parfjonow, I. I. Oljunin, L. S. Bujanow, N. M. Iwanow sowie eine Vielzahl weiterer Namen.[14] Von nun an zählten diese Personen zu den Glücklichen, die nach dem Willen des «Führers» befördert worden waren.

Stalin konnte zum «Führer» der Partei werden, weil er eine eingleisige Gesellschaft schuf. Das haben unsere Gegner schon vor langer Zeit registriert. So stellte der Emigrant Richard Coudenhove-Kalergi 1932 in seinem Buch «Stalin & Co.» fest, daß Stalin seine eigene Ordnung geschaffen hatte: «... dort herrscht *ein* Wille, *eine* Weltanschauung, *eine* Partei, *ein* System. Die Sowjetunion ist eine einzige Plantage, die Sowjetbevölkerung eine einzige Arbeitsarmee.»[15] Das ist ein boshafter Ausspruch, in diesem Tonfall äußern sich gewöhnlich Besiegte. Doch die hier festgestellte Eingleisigkeit der Gesellschaft, die in jenen Jahren wie eine Inkarnation der Stärke wirkte, fiel später dem Verfall anheim. Die Geschichte belegt das heute mit ihrem Urteilsspruch. Vielfalt und Pluralismus fördern soziales, geistiges und moralisches Schöpfertum mehr als die trostlose kalte Einförmigkeit, die Stalin so liebte.

Stalin war nie ein Prophet, wenngleich er an Utopien glaubte. Er blickte nur unmittelbar nach vorn, so wie durch die Schießscharte eines Bunkers. Ein Geheimnis seines Triumphes (wie auch der Tragödie des Volkes) besteht darin, daß er die Schar von Revolutionären nach und nach durch ein Beamtenheer zu ersetzen vermochte. Es wäre falsch zu sagen, Stalin hätte die Bürokratie allein hervorgebracht. Das eine bedingte das andere.

14 ЦГАОР, Fundus 9401, Liste 2, Akte 256, Bd. I–III.
15 R. N. Coudenhove-Kalergi, Stalin & Co., Leipzig – Wien 1931, S. 23.

Die totale Bürokratie hätte sich ohne einen Führer, wie Stalin es war, nicht erfolgreich entwickeln können. Auch die Vergangenheit begriff er nur eingleisig, sonst wäre ihm ein weiteres Geheimnis seines Aufstiegs klar geworden: Jede Revolution produziert eine Konterrevolution, die einmal stark, ein anderes Mal schwach ist. Die Oktoberrevolution löste ebenfalls eine konterrevolutionäre Reaktion aus. Um diese zu ersticken, bedurfte es einer zweiten, einer Gegenwelle der Revolution. Sie zog sich über lange Zeit hin und ließ viele neue Personen aufsteigen. Am höchsten wurde Stalin von dieser Welle emporgehoben. Der Generalsekretär konnte sich auf diesen Wellenkamm halten, da er zugleich seine potentiellen Rivalen einen nach dem anderen in den Abgrund stieß. Als schließlich die Revolution abebbte, stand Stalin am Ufer an höchster Stelle, umgeben von einem Schwarm von Bürokraten, die alle Schlüsselpositionen des entstehenden Systems in Beschlag nahmen. Wie Trotzki es nannte, «war das bleierne Hinterteil der Bürokratie schwerer als der Kopf der Revolution.[16] Von nun an galt der Aufbau des Sozialismus nicht als soziale, sondern als administrative Aufgabe.

Ich habe die Aufmerksamkeit des Lesers noch einmal auf den Revolutionär, Staatsfunktionär und Parteiführer Stalin gelenkt, nachdem ich zuvor versucht hatte, diesen Mann als Theoretiker, Heerführer und Diplomat auszuleuchten. All das zusammengenommen trägt, wie ich hoffe, dazu bei, wenigstens eine Porträtskizze dieser noch immer heiß umstrittenen Persönlichkeit anzufertigen, wobei das Spektrum von zorniger Verurteilung über bittere Zweifel bis hin zu Versuchen reicht, wenigstens einige Bruchstücke von der Größe des einstigen Abgottes zu retten. Eine Zeit wird kommen, da das politische Porträt dieses Mannes dem Urteilsspruch der Geschichte entsprechend mit vereinten Kräften zu Papier gebracht wird.

Aus den vorliegenden Analysen läßt sich heute schließen, daß Stalin eine durch und durch *politische* Figur war. Dieser Mann betrachtete seine gesamte Umgebung durch die Brille seiner eigenen politischen Interessen, politischen Prioritäten und politischen Irrtümer. Stalin hielt ein utopisches «Paradies auf Erden» für möglich, allerdings um den Preis unermeßlichen Leids und größter Opfer von Millionen Menschen. Im Grunde genommen ging Stalin in seiner Politik davon aus, daß alle bisherige Geschichte lediglich eine Vorstufe der «wahren» Geschichte gewesen sei. Stalin war der Auffassung, das Glück der fernen künftigen Generationen, die einst das gelobte Land sehen würden, rechtfertige das qualvolle und bittere Dasein aller Menschen, die in der Vergangenheit beziehungsweise zu seiner Zeit auf der Erde lebten. Stalin war bereit, die Vergangenheit und Gegenwart des Volkes einer ephemerischen Zukunft zu opfern. Aber wie Berdjajew ganz richtig bemerkte, ist die Vergangenheit deshalb trügerisch, weil sie *nicht mehr* und die Zukunft deshalb, weil sie *noch nicht* existiert. Stalin vermochte in der Politik nie die Kluft zwischen Vergangenheit und Zukunft zu überwinden, weil er meinte, die *Gegenwart* sei nur eine «Vorgeschichte».

Stalin, der die Zeit unbedacht beschleunigen wollte («wir sind hundert Jahre im Rückstand und müssen diese Zeit in zehn Jahren durcheilen»), war bereit, Millionen Menschen zu vernichten, um den Kollektivierungsplan «vorfristig zu erfüllen». Er sah es als ganz natürlich an, wenn er Tausende seiner Genossen ins Nichts stürzte, um in «kürzester Frist» eine absolute Gleichschaltung zu erreichen. Offenbar glaubte er an absolute

16 Л. Троцкий, Что такое СССР и Куда он идёт? Paris 1936, S. 79.

Größen, an seine eigene Fähigkeit, Millionen Bürger der Zukunft durch unzählige Verbrechen in der Gegenwart «glücklich zu machen». Seine Politik der «Zukunftsgestaltung» war, welch edle Absichten dabei auch immer vorgeschoben wurden, ausnehmend verhängnisvoll. Für ihre Durchsetzung meinte er schon in der Gegenwart über die Zukunft von Millionen verfügen zu dürfen. Hier einige Auszüge aus einem Dokument zur Umsetzung von Entscheidungen, die Stalin zuvor getroffen hatte:

«Das Ministerium des Innern meldet, daß per 1. Januar 1950 2 572 829 Aus- und Übersiedler (zusammen mit ihren Familienangehörigen) registriert wurden. Das sind 894 432 Personen in Kasachstan, und die übrigen wurden etwa zu gleichen Teilen auf Mittelasien, den Ural und Sibirien verteilt und dort untergebracht. 278 636 Familien haben eigene Häuser und 625 407 Familien eigene Gärten und Haustiere. 1949 wurden 1 932 Aussiedler von der Sonderspruchkammer wegen versuchter Flucht aus ihrem zugewiesenen Wohnort zu je 20 Jahren Zwangsarbeit verurteilt. Gemäß Erlaß des Präsidiums des Obersten Sowjets vom 26. November 1948 wurden diese Personen für alle Zeiten an ihren neuen Wohnorten angesiedelt ...»[17] «Für alle Zeiten angesiedelt ...» Eine derart schicksalhafte Verdammnis und ... Sozialismus? Man glaubt sich in die fernen Zeiten des Zarismus zurückversetzt: Verbannung, Zwangsarbeit, Ungewißheit. Die Dimensionen sind freilich nicht miteinander vergleichbar. Offenbar hatte Berdjajew, auf den ich noch einmal zurückkommen möchte, recht, als er in seinem Werk «Der Geist der russischen Revolution» erklärte, es gebe «kein Volk, in dem so unterschiedliche Altersstufen zusammenkommen und wo das 20. Jahrhundert so eng neben dem 14. Jahrhundert liegt wie beim russischen Volk.»[18] Doch die mittelalterliche Grausamkeit wurde nicht vom Volk, sondern von Stalin ins 20. Jahrhundert hineingeholt. Den traurigen Erfahrungen der Geschichte, die wir mit Stalin personifizieren, stehen das Handeln und der Geist des Volkes gegenüber, das den Stalinismus abzustoßen versuchte. Am deutlichsten wird diese Tendenz bei einer eingehenden Analyse des Lebens aller Schichten der sowjetischen Gesellschaft.

Auch heute gibt es Menschen, die noch immer sagen: «Wir sind mit den Worten ‹Für die Heimat, für Stalin!› in den Kampf gezogen!» – «Läßt sich denn leugnen, daß die Menschen ihn liebten?» Nein, das läßt sich nicht leugnen. Die Menschen liebten ihn tatsächlich. Aber er liebte sie nicht! Mehr noch, er täuschte arglistig Millionen, indem er ein Gleichheitszeichen zwischen seiner Person und dem Sozialismus setzte. Der Glaube an den Sozialismus wurde automatisch auf ihn übertragen. Das ist, glaube ich, der paradoxeste Fall von Geistesverwirrung bei einem ganzen Volke oder, genauer gesagt, eines raffinierten Mißbrauchs des unbändigen Dranges von Millionen Menschen nach sozialer Gerechtigkeit, Glück und Wohlergehen für ungemein zynischen Zwecke. Enthusiasmus, Heldenmut und Einsatzbereitschaft der Massen machte sich Stalin für den Aufbau eines Systems zunutze, dessen Steuerpult allein von seiner Hand bedient wurde. Der Alleinherrscher würdigte den Staat zur «Stalinschen Macht» herab, in der allein seine eigenen Ideen, Anweisungen und Willensbekundungen von «historischer Bedeutung» waren.

Wir werden lange zurückschauen bei unserer Suche nach den tieferen Ursachen für das Fußfassen des Führerkults und anschließend des Cäsarismus als spezifische Form der

17 ЦГАОР, Fundus 9 401, Liste 2, Akte 269, Bd. I, Bl. 141–146.
18 Н. Бердяев, Духи русской революции, Paris 1923, S. 4.

Macht, die Stalin als sozialistische Macht auszugeben verstand. Das Fehlen von jedweden vernünftigen Alternativen oder, genauer gesagt, deren Zerschlagung ließ Stalins Chancen so ungeheuerlich groß werden. Es steht außer Zweifel, daß Stalin früher als seine Mitstreiter die «Geheimnisse der Macht», die eine *Einzelperson* in den Händen halten kann, erkannt hat. Bei der Lektüre von Losinskis Buch «Geschichte der Antike» unterstrich er bereits Ende der zwanziger Jahre mehrere aufschlußreiche Sätze (ich bin übrigens schon seit langem der Überzeugung, daß der Alleinherrscher nur das unterstrich, was für ihn *persönlich* von Belang war). In dem Kapitel über Octavianus Augustus strich er mit Bleistift die Worte «Der erste Bürger (der *princeps civitatis – d. Red.*) ... ist der oberste Herrscher» an. Im Text über Cäsar hob Stalin die Wendung «siegreicher Führer» hervor. Im «Lehrbuch der russischen Geschichte» unterstrich er den Satz: «Tschinggis-Chan metzelte viele Menschen mit den Worten nieder: ‹Der Tod der Besiegten ist nötig, damit die Sieger ruhig schlafen.›» Er war in der Tat ein Sieger, der aber, wie erst viel später klar werden sollte, «sein historisches Ziel verfehlte». Doch damit er «ruhig schlafen» konnte, mußten so viele Menschen sterben, wie es sich nicht einmal der blutigste Diktator hätte träumen lassen. Diese Ergänzungen machen wieder und wieder klar: Stalin wußte sehr wohl, was er wollte. Seine Opponenten wußten das weniger genau. Weshalb stieß der Führerkult nicht auf entsprechenden Widerstand? Das lag nicht nur an all den Ursachen, die ich schon im ersten Buch beschrieben habe, sondern auch am Fehlen von *revolutionärer Demokratie.* Sie allein hätte vielleicht Stalins Gewaltherrschaft verhindern können.

Natürlich hätte die von einem Raben gekrönte Schädelpyramide, die Wereschtschagin in seiner «Apotheose des Krieges» darstellte, als Symbol für Stalins persönliche Alleinherrschaft stehen können. Doch dieses Symbol wäre zu einfach gewesen, denn die Pyramide *zeigt nicht* das am Leben gebliebene Volk, das in seinen Hoffnungen und in seinem Glauben betrogen wurde, das Volk, für das die Tragödie der Vergangenheit seine eigene Geschichte ist ... An ihr aber kann man sich weder rächen noch darf man sie verlachen. Wir können und dürfen nicht in Abrede stellen, was nun einmal zum Sozialismus gehört. Doch was der Stalinismus in unser Leben hereingetragen hat, unterliegt dem Verdikt der Geschichte, da in einem langen und qualvollen, aber läuternden Verfahren gefällt wird. Lenins Worte: «Man muß den Mut haben, das Übel furchtlos einzugestehen, um es desto entschiedener zu bekämpfen ...»[19] sind noch heute aktuell.

Ja, das Übel des Stalinismus überwinden wir allmählich, das steht außer Zweifel. Doch meine ich, daß man nicht seinetwegen den Sozialismus generell ablehnen darf. Selbst nach einem so ungeheuren geschichtlichen Mißgriff (der für das Volk eine Tragödie war) darf nicht verfrüht gesagt werden, der sozialistische Entwicklungsweg sei nicht ergiebig. Die Erneuerung, die wir in Angriff genommen haben, hat noch keine überzeugende Antwort auf die Frage gegeben, worin die historische Chance des Sozialismus besteht. Manche Schritte und Entscheidungen von heute muten vorerst wie soziale Improvisationen an, sind halbherzig und inkonsequent. Meiner Auffassung nach hängt das nicht unwesentlich damit zusammen, daß wir unsere geschichtlichen Erfahrungen, Fehlschläge wie Erfolge, nicht entsprechend aufgearbeitet haben. Wir haben von den anderen Völkern und Gesellschaften nicht genügend gelernt. Wahrscheinlich lassen sich die sozialistischen Ideale mit völlig neuen Konzeptionen im ökonomischen, sozialen und geistigen

19 Lenin, Werke, Bd. 32, S. 366.

Bereich wahrmachen. Was wir brauchen, ist eine neue Sozialismuskonzeption, die man sich nicht naiv vom nächsten Plenum oder der nächsten Rede des einen oder anderen Staatsmannes erhoffen sollte. Die Demokratisierung der Gesellschaft bezieht nach und nach das Volk ins soziale Schöpfertum ein; nur so lassen sich Beschlüsse fassen, die den Hoffnungen und Erwartungen gerecht werden. Unser Volk ist zu groß, um sich mit wenigem zufriedenzugeben. Nachdem es den Stalinismus abgestreift hat, hat es ein Recht auf eine bessere Zukunft.

Die Erinnerung des Volkes ist für die Ewigkeit ausgelegt. Im Grunde genommen ist es stets die wichtigste Form zur «Restauration» der Vergangenheit. Ich denke, daß die Ewigkeit, von der Philosophen, Historiker und Schriftsteller so oft sprechen, nicht anders als in der Erinnerung existieren kann. Gerade die Erinnerung liefert letztlich eine unvoreingenommene Bewertung einer Epoche, eines Ereignisses oder einer Person und macht es möglich, das Band der Zeiten aufrechtzuerhalten. Aus Erinnerungen wissen wir heute über Stalin mehr Wahrheiten als zu seinen Lebzeiten. Über die Erinnerung können wir zu Läuterung gelangen, wenn wir Buße tun, denn noch ist vieles ungetan, mit dem wir unsere Seelen vom Banne Stalins lösen könnten. Allein die Erinnerung wird helfen, den Millionen Märtyrern, die Stalin und dem Stalinismus zum Opfer fielen, Gerechtigkeit widerfahren zu lassen.

Manch einer mag nun sagen: Der Verfasser dieses Buches hat sich bei seinem Porträt ausschließlich auf dunkle, düstere Farbtöne beschränkte. Ich hatte keine besonderen Vorurteile diesem Manne gegenüber. Doch als ich vor zehn Jahren begann, Material für das Buch zusammenzutragen, hatte ich noch keine Vorstellung, welche Abgründe der menschlichen Seele und welche abgrundtiefe Unmoral sich mir auftun würden. Nach dem Aufsuchen von Archiven und Begegnungen mit Menschen, die die Qualen der Stalinschen Hölle durchlitten hatten, verfolgten mich häufig über längere Zeit die tonlosen Stimmen der Menschen, denen frech und grausam das Leben genommen worden war. Ich konnte dieses Buch nicht anders schreiben.

Unsere Einsichten haben sich über mehrere Etappen herausgebildet. Ich denke, irgendwann im 21. Jahrhundert, wenn es niemanden mehr geben wird, der unmittelbar im Schatten des «Führers» lebte, wird ein abgeklärteres Verhältnis zu Stalin möglich sein. Vielleicht ist das Wort «abgeklärt» ungünstig gewählt. Stalin wird der Geschichte als einer der größten Despoten der menschlichen Zivilisation in Erinnerung bleiben, doch die zeitliche Distanz wird allmählich den Schmerz abklingen lassen. Die Zeit ist nicht nur der beste Redakteur und Biograph, sondern auch das beste Heilmittel. Uns wird stets unfaßbar bleiben, wie die Menschen unter dieser erbarmungslosen Diktatur den Ideen der Gerechtigkeit und des Humanismus treu bleiben (und zwar nicht aus Furcht allein!) und sich ihre Fähigkeit zu Heldenmut und einem langen Märtyrerlos bewahren konnten. Der dunkle Schleier der Vergangenheit läßt den Tyrannen leider nicht verschwinden, aber wir müssen alles daransetzen, daß nicht auch seine Opfer im Strom der Vergessenheit untergehen.

Mir ist klar, daß man eine Persönlichkeit wie Stalin, die – ob wir das wollen oder nicht – für immer ihren Platz in der Geschichte haben wird (ebenso wie Tamerlan, Tschinggis-Chan, Hitler und andere Despoten und Tyrannen), nicht verstehen kann, ohne ständig auf ökonomische, soziale, politische und geistige Parameter zurückzugreifen. Ich war bemüht, das zu tun, doch denke ich, daß der wichtigste Punkt des Verdikts, das die Geschichte sprechen wird, aus der Moral resultieren wird. Was meine ich damit?

Die höchste Politik ist ohne ein Bündnis mit der Moral ein falsches Juwel. Stalin, der ein grausamer Politiker war, füllte damit seine gesamte Existenz aus, ohne auch nur für die elementarsten moralischen Werte Platz zu lassen. Deshalb war der Mensch für den Diktator nur Mittel zum Zweck, eine statistische Einheit, ein Teilchen einer unermeßlichen amorphen Masse. Die sträfliche Vernachlässigung der Moral rächte sich an dem «Triumphator» grausam, seine historische Demontage war vorprogrammiert und unvermeidlich. Das wird, so meine ich, ein Punkt des Verdikts der Geschichte sein.

Stalins Triumph und die Tragödie des Volkes brachten deutlich eine alte Wahrheit ans Licht: Als erstes fällt stets die Wahrheit der Ungerechtigkeit zum Opfer. Stalin wußte viele große Ideen zu deformieren und durch seine eigenen Hirngespinste zu ersetzen; das ist vielleicht sein schlimmstes Verbrechen. Indem der Diktator den Leninismus nach seinem Gutdünken interpretierte, beging er ein Verbrechen am Denken. Mit seinem ganzen Leben und all seinem Handeln ist Stalin ein personifizierter Beweis dafür, daß die Lüge ein Universalübel ist. Alles Elend beginnt mit einer Lüge. Gewalt, Alleinherrschaft, Bürokratie, Dogmatismus und Cäsarismus – alles stand im Zeichen von Lügen. Jeder Bund mit der Lüge beschwört immer nur Unheil herauf. Das wird, so meine ich, ebenfalls im Verdikt der Geschichte zum Ausdruck kommen.

Der Versuch, Stalins politisches Porträt zu schreiben, verhalf mir zu der schmerzlichen Erkenntnis, daß vieles, was sich in unserer Geschichte ereignete, mit Mißachtung der Freiheit begann. Die Freiheit war das Ziel der Großen Sozialistischen Oktoberrevolution. Doch als die einfachen Menschen sie erkämpft hatten, konnten sie nicht über sie verfügen. Stalin lehnte die Freiheit mit der Begründung ab, sie sei gefährlich. Wahre Freiheit entfaltet sich nur bei wahrer Demokratie. Wenn es diese nicht gibt, fristet die Freiheit ein Schattendasein, schlägt sie in ideologische Knechtschaft, in kultartige Mythen oder in Klischees um. Stalin sprach nicht einmal gern über Freiheit. Man ging davon aus, daß sie eine Quelle habe, und zwar eine Quelle sozialer Natur. Doch soziale Freiheit kann nur im Verein mit geistiger Freiheit zur Geltung kommen.

In meinem Buch bin ich häufig – vielleicht sogar zu häufig – auf das Gewissen zu sprechen gekommen. Für Menschen wie Stalin ist das Gewissen eine Chimäre. Ich spreche hier nicht vom Gewissen des Diktators, denn er besaß gar keines. Doch bei allen Verbrechen Stalins hatten häufig auch Menschen ihre Hand im Spiel, die sich wohl bewußt waren, daß sie Böses taten. Zum großen Unglück gab es wenige, die ihre Gewissenschance zu nutzen versuchten. Bei sehr vielen war in dem mittlerweile entstandenen Beziehungssystem das Gewissen «versteinert», wie Wladimir Korolenko es nannte. Infolgedessen ließ ein so großes Volk es zu, daß das Gewissen in ein Reservat getrieben wurde, und ermöglichte auf diese Weise dem Großinquisitor auf lange Jahre, sein finsteres Werk zu vollbringen. Daß wir dabei nicht alles verloren, daß wir uns den Glauben an die großen Ideale bewahrt und uns zur Reue und zu einem neuen Anfang fähig gezeigt haben, ist nicht zuletzt darauf zurückzuführen, daß unser Gewissen die Fesseln der schmachvollen Unfreiheit abgeworfen hat.

Ja, wir haben sie abgeworfen. Doch ist es zu früh, auf die Pauke zu hauen. Ich erinnere nochmals daran, daß es sowohl in Rußland als auch in der Sowjetunion nicht wenige hochherzige Erneuerungsversuche gegeben hat, von denen allzu viele mit einer Niederlage der Reformer endeten. Möglicherweise haben wir ja zu schnell konstatiert, daß der Erneuerungsprozeß sich nicht mehr rückgängig machen läßt. Der Stalinismus ist politisch leider noch nicht tot. Krisen und ihre Behebung haben, wenn man es so ausdrücken darf, nicht nur eine fortschrittliche, sondern auch eine konservative Logik. Gebe es Gott, daß sich unsere Befürchtungen nicht als prophetisch erweisen. Immerhin warnt uns die russische und sowjetische Geschichte.

Das Leitmotiv meines Buches war, daß das Gewissen immer eine Chance hat, selbst, wenn der Triumph eines einzelnen Menschen in die Tragödie von Millionen umschlängt. Zur Freiheit gibt es keine Alternativen. Daran glaube ich heute mehr als je zuvor.

Ich schließe mein Buch mit den Wort, mit denen ich das Einführungskapitel geschlossen habe: Das Verdikt der Menschen kann trügerisch sein. Das Verdikt der Geschichte ist ewig.

Personenregister zu Band 2/1

Personenregister zu Band 2/2